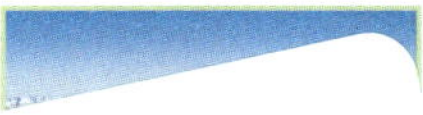

Östliches Südtirol
Seiten 142–199

Dolomiten
Seiten 200–227

VIS-À-VIS

SÜDTIROL

VIS-À-VIS

SÜDTIROL

Autor **Gerhard Bruschke**

DK

London • New York • München
Melbourne • Delhi

Drei Zinnen aus der spannenden Perspektive eines Hubschraubers *(siehe S. 9 und S. 164f)*

DK Penguin Random House

www.dorlingkindersley.de

Produktion DK Verlag GmbH, München (Ausgabe 2018)
Programmleitung Dr. Jörg Theilacker, DK Verlag
Projektleitung Stefanie Franz, DK Verlag
Projektassistenz Antonia Wiesmeier, DK Verlag
Text Gerhard Bruschke, München
Fotografien Gerhard Bruschke, Christine Rover
Illustrationen Andrea Barison, Oriana Bianchetti, Ivo Ceccarelli, Luca Fiorani, Arun Pottirayil, Eva Sixt, Stefania Testa
Kartografie Suresh Kumar, Mohammad Hassan, DK India; Grafema S.r.l., Novara; Matthias Liesendahl, Berlin
Gestaltung Ute Berretz, München
Redaktion Gerhard Bruschke, München
Schlussredaktion Philip Anton, Köln
Satz und Produktion DK Verlag, München
Druck RR Donnelley Asia Printing Solutions Ltd., China

Aktualisierte Neuauflage 2019 / 2020

ISBN 978-3-7342-0232-2
8 9 10 11 22 21 20 19

Dieser Reiseführer wird regelmäßig aktualisiert. Angaben wie Telefonnummern, Öffnungszeiten, Adressen, Preise und Fahrpläne können sich jedoch ändern. Der Verlag kann für fehlerhafte oder veraltete Angaben nicht haftbar gemacht werden. Für Hinweise, Verbesserungsvorschläge und Korrekturen ist der Verlag dankbar. Bitte richten Sie Ihr Schreiben an:

DK Verlag GmbH, Redaktion Reiseführer
Arnulfstraße 124, 80636 München
travel@dk-germany.de

Gerhard Bruschke

Der Diplom-Geograf lebt und arbeitet in München und im Allgäu.

Er ist Autor der Vis-à-Vis-Titel *Hamburg*, *Dresden*, *Straßburg & Elsass*, *Gardasee* und *Mallorca* sowie Redakteur der deutschen Ausgabe weiterer Reiseführer dieser Reihe. Außerdem verfasste er viele Beiträge für Länderkunden, Atlanten und Enzyklopädien (Print und Digital).

Schon vor seiner Diplomarbeit im oberen Martelltal bereiste Gerhard Bruschke häufig Südtirol – und kommt auch seitdem immer wieder gern hierher. An Südtirol faszinieren ihn vor allem Vielfalt und Kontraste: die Melange aus Tirol und »Bella Italia«, aus grauen Gipfeln und grünen Gärten, aus orangerotem Alpenglühen und tiefblauen Seen, aus jahrhundertealten Burgen und moderner Architektur, aus sonnenverwöhnten Almhütten und dunklen Weinkellern, aus Deutsch und Italienisch, aus Stolz und Lässigkeit der Bewohner …

»Schon am Brenner und am Reschen kommt das typische Südtirol-Gefühl auf. Selbst wenn die Reise tiefer in den Süden führt – ein paar Tage Südtirol müssen sein.«

◀ **Kirche am Latzfonserkreuz in den Sarntaler Alpen** *(siehe S. 88)*
◀◀ **Umschlag: Blick von St. Zyprian im Eggental auf den Rosengarten** *(siehe S. 93)*

Inhalt

Gadertal *(siehe S. 172f)*

Benutzerhinweise

Mit diesem Reiseführer wird Ihr Aufenthalt in Südtirol zum unvergesslichen Erlebnis. *Ein Porträt Südtirols* präsentiert anschaulich die attraktivsten Themen für Ihren Urlaub. Das Kapitel *Die Regionen Südtirols* stellt Orte und alles Sehenswerte anhand von persönlichen Favoriten des Autors sowie Texten, Karten, Fotos, Touren und Features vor. Ausgewählte Restaurants, Cafés, Kneipen, Clubs und Bars sowie Tipps für Shopping und Wellness finden Sie jeweils am Ende einer Region sowie im Kapitel *Zu Gast in Südtirol*. Die *Grundinformationen* bieten vielfältige Tipps und Hinweise für Anreise und Aufenthalt. Mit der *Extrakarte* finden Sie sich in Südtirol jederzeit bestens zurecht.

Die Regionen Südtirols

Südtirol wird in diesem Buch in vier Regionen unterteilt. Orte und Sehenswürdigkeiten sind nummeriert und auf den **Regionalkarten** *eingetragen. Eine* **Straßenkarte** *finden Sie auf den hinteren Umschlaginnenseiten, eine Übersicht über Südtirol mit praktischen Tipps bietet die* **Extrakarte**.

1 Panoramen
Die spannendsten Themen werden auf Doppelseiten mit großformatigen Fotos ausgesuchter Motive und kurzen animierenden Texten vorgestellt: Burgen, Natur, Kultur, Aktivurlaub, Genuss, Wellness, Shopping und Feste.

2 Porträtseiten
Im Porträt (im Anschluss an Panoramen) werden einzelne Themen vertieft: Messner Mountain Museum, Landschaften, Bergwelt, Kunst, Sagenwelt, Südtiroler Küche und Getränke, Törggelen, Wellness-Retreats, Höhepunkte des Jahres und vieles mehr.

Die Grafik zeigt Südtirol, unterteilt in vier Regionen mit ihrer jeweiligen Farbcodierung, die sich durch das ganze Buch zieht.

3 Features
Besonders spektakuläre Attraktionen werden auf einer Doppelseite porträtiert, die neben eindrucksvollen Fotos, informativen Texten und praktischen Tipps oft auch eine Übersichtskarte bietet.

Tabellen listen die spannendsten Elemente eines Feature-Themas auf. Durch die Nummerierung findet man sie leicht auf der Karte.

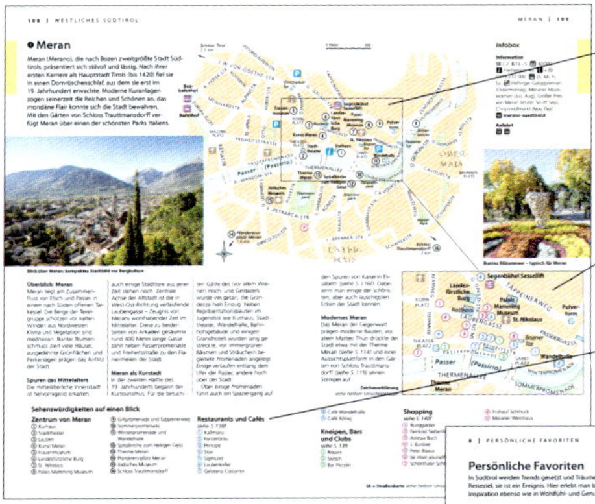

4 **Zentrumskarten**
Wichtige Städte werden detailliert beschrieben. Die Zentrumskarte bietet Orientierung, sie führt zu Sehenswürdigkeiten, Parkplätzen, Tourismusinformationen, Bahn- und Busbahnhöfen.

Ausschnitte stellen einzelne Bereiche der Zentrumskarte vergrößert dar. Sie bieten Platz für die Verortung aller Attraktionen.

Themenlisten zeigen die wichtigsten Restaurants, Clubs, Läden etc. Man findet sie in Zentrumskarte oder Ausschnitt.

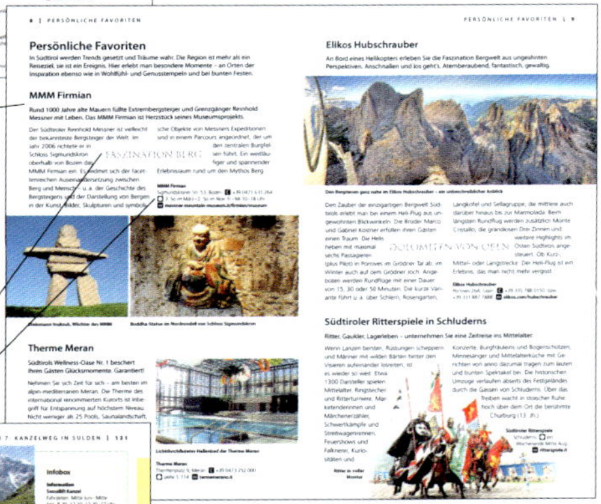

5 **Persönliche Favoriten**
Auf diesen Seiten (Seite 8f sowie jeweils zu Beginn einer Region) präsentiert der Autor seine ganz persönlichen Highlights – von Aktivitäten über Feste bis zu Kleinoden.

Zitate fassen den Reiz der vorgestellten Favoriten in wenigen treffenden Worten zusammen.

Infoblöcke zeigen Kontaktdaten wie Adressen, Telefonnummern, Weblinks – kurz und knapp.

6 **Touren**
Die Tourenvorschläge werden mit Karten, Texten und Fotos illustriert – ob Stadtspaziergang oder Bergwanderung, Rad- oder Autotour.

Routeninfos bündeln Wissenswertes zur Tour, z. B. Einkehrmöglichkeiten.

Das Roadbook gibt mit GPS-Koordinaten und Distanzen detaillierten Einblick in den Tourenverlauf.

Das Streckenprofil zeigt den Streckenverlauf, das Höhenprofil und den Zeitbedarf.

7 **Panoramakarten**
Die schönsten Landschaften sowie National- und Naturparks werden anhand von Fotos und einer Panoramakarte ausführlich vorgestellt. Wichtige Orte und Berggipfel sind eingezeichnet.

Die Verweise **Karte** *im Buch beziehen sich auf die* **Extrakarte** *zum Herausnehmen, die Verweise* **Straßenkarte** *auf die hinteren Umschlaginnenseiten.*

Der Maßstab ermöglicht es, Entfernungen zu schätzen, der Nordpfeil bietet Orientierung.

Persönliche Favoriten

In Südtirol werden Trends gesetzt und Träume wahr. Die Region ist mehr als ein Reiseziel, sie ist ein Ereignis. Hier erlebt man besondere Momente – an Orten der Inspiration ebenso wie in Wohlfühl- und Genusstempeln und bei bunten Festen.

MMM Firmian

Rund 1000 Jahre alte Mauern füllte Extrembergsteiger und Grenzgänger Reinhold Messner mit Leben. Das MMM Firmian ist Herzstück seines Museumsprojekts.

FASZINATION BERG

Der Südtiroler Reinhold Messner ist vielleicht der bekannteste Bergsteiger der Welt. Im Jahr 2006 richtete er in Schloss Sigmundskron oberhalb von Bozen das MMM Firmian ein. Es widmet sich der facettenreichen Auseinandersetzung zwischen Berg und Mensch – u. a. der Geschichte des Bergsteigens und der Darstellung von Bergen in der Kunst. Bilder, Skulpturen und symbolische Objekte von Messners Expeditionen sind in einem Parcours angeordnet, der um den zentralen Burgfelsen führt. Ein weitläufiger und spannender Erlebnisraum rund um den Mythos Berg.

MMM Firmian
Sigmundskroner Str. 53, Bozen. +39 0471 631 264.
3. So im März – 2. So im Nov: Fr – Mi 10 – 18 Uhr.
messner-mountain-museum.it/firmian/museum

Steinmann Inuksuk, Wächter des MMM

Buddha-Statue im Nordrondell von Schloss Sigmundskron

Therme Meran

Südtirols Wellness-Oase Nr. 1 beschert ihren Gästen Glücksmomente. Garantiert!

Nehmen Sie sich Zeit für sich – am besten im alpin-mediterranen Meran. Die Therme des international renommierten Kurorts ist Inbegriff für Entspannung auf höchstem Niveau. Nicht weniger als 25 Pools, Saunalandschaft, Thermenpark, Spa- & Vital-Bereich, Medical Spa und Fitness-Center – ein Rundumangebot unter einem Dach. Und: Der Blick durch die Glasfronten des futuristischen Gebäudes gibt den Besuchern das Gefühl, mitten in der Natur zu sein. Das ganz spezielle Südtirol-Gefühl – hier spüren Sie es hautnah.

Lichtdurchflutetes Hallenbad der Therme Meran

Therme Meran
Thermenplatz 9, Meran. +39 0473 252 000.
siehe S. 114. **termemerano.it**

Elikos Hubschrauber

An Bord eines Helikopters erleben Sie die Faszination Bergwelt aus ungeahnten Perspektiven. Anschnallen und los geht's. Atemberaubend, fantastisch, gewaltig.

Den Bergriesen ganz nahe im Elikos Hubschrauber – ein unbeschreiblicher Anblick

DOLOMITEN VON OBEN

Den Zauber der einzigartigen Bergwelt Südtirols erlebt man bei einem Heli-Flug aus ungewohnten Blickwinkeln. Die Brüder Marco und Gabriel Kostner erfüllen ihren Gästen einen Traum. Die Helis heben mit maximal sechs Passagieren (plus Pilot) in Pontives im Grödner Tal ab, im Winter auch auf dem Grödner Joch. Angeboten werden Rundflüge mit einer Dauer von 15, 30 oder 50 Minuten. Die kurze Variante führt u. a. über Schlern, Rosengarten, Langkofel und Sellagruppe, die mittlere auch darüber hinaus bis zur Marmolada. Beim längsten Rundflug werden zusätzlich Monte Cristallo, die grandiosen Drei Zinnen und weitere Highlights im Osten Südtirols angesteuert. Ob Kurz-, Mittel- oder Langstrecke: Der Heli-Flug ist ein Erlebnis, das man nicht mehr vergisst.

Elikos Hubschrauber
Pontives 26A, Lajen. ✆ +39 335 788 0150. bzw. +39 331 887 7888. **W elikos.com/hubschrauber**

Südtiroler Ritterspiele in Schluderns

Ritter, Gaukler, Lagerleben – unternehmen Sie eine Zeitreise ins Mittelalter.

Wenn Lanzen bersten, Rüstungen scheppern und Männer mit wilden Bärten hinter den Visieren aufeinander losreiten, ist es wieder so weit: Etwa 1300 Darsteller spielen Mittelalter. Ringstechen und Ritterturniere, Marketenderinnen und Märchenerzähler, Schwertkämpfe und Streitwagenrennen, Feuershows und Falknerei, Kuriositäten und Konzerte, Burgfräulein und Bogenschützen, Minnesänger und Mittelalterküche mit Gerichten von anno dazumal tragen zum lauten und bunten Spektakel bei. Die historischen Umzüge verlaufen abseits des Festgeländes durch die Gassen von Schluderns. Über das Treiben wacht in stoischer Ruhe hoch über dem Ort die berühmte Churburg (13. Jh.).

Südtiroler Ritterspiele
Schluderns. ◷ ein Wochenende im Aug. **W ritterspiele.it**

Ritter in voller Montur

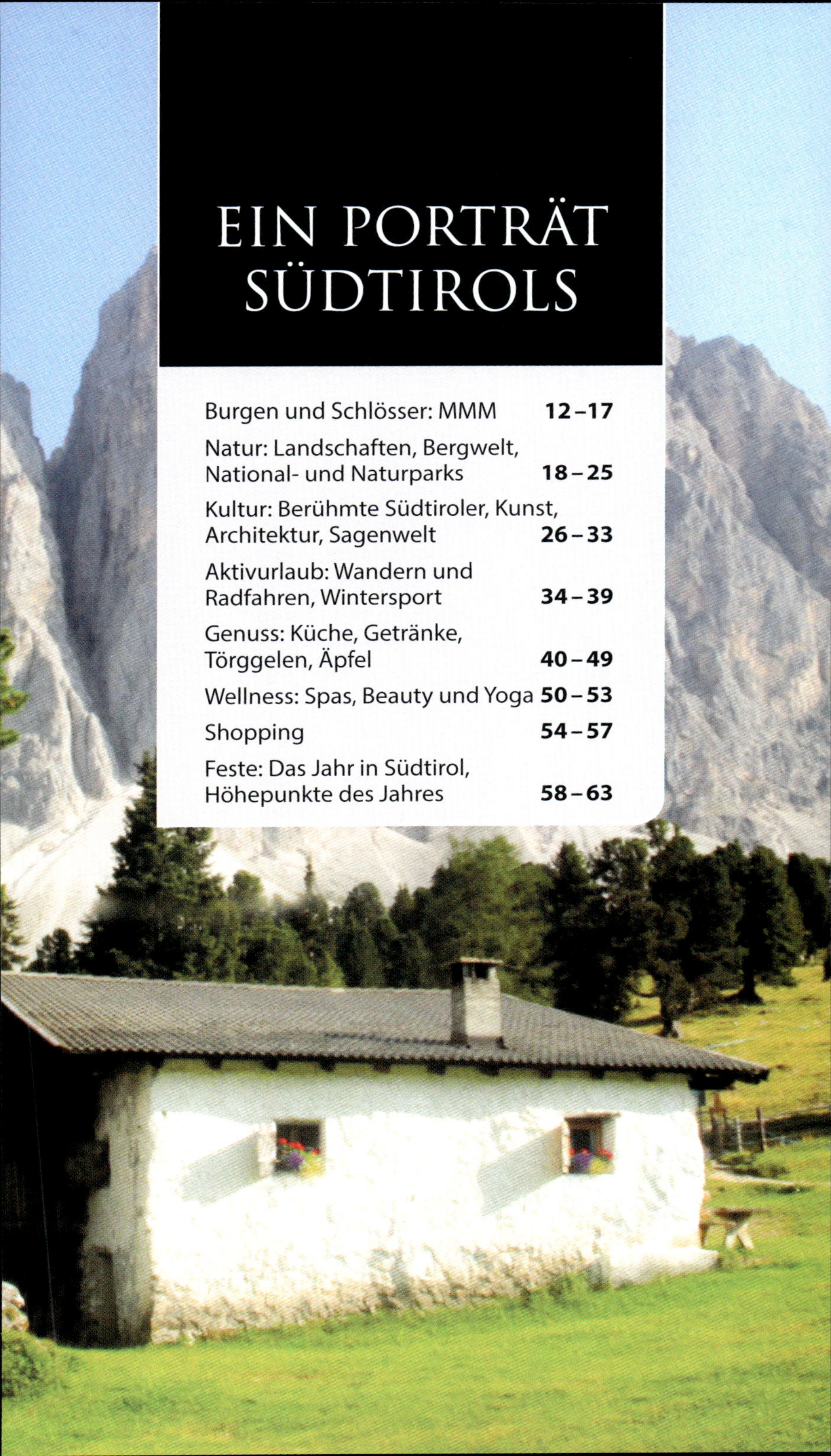

EIN PORTRÄT SÜDTIROLS

BURGEN

Paradies für Burgenfans: Rund 800 Festungen machen Südtirol zum wahren Burgenland. Die entlang wichtigen Handelsrouten »mit Weitblick« errichteten Festungen sind Dokumente einer bewegten Vergangenheit. Die hoch aufragenden, vielfach zinnenbekrönten Türme prägen ganze Landstriche.

Eine Zeitreise ins Mittelalter: In der goldenen Zeit des Burgenbaus (11.–13. Jh.) waren hier Adelsherren ansässig, die ihren Sitz von Rittern mit eiserner Garderobe verteidigen ließen. Viele Burgen sind noch immer in einem guten Zustand. Einige der heutigen Schlossherren führen Gäste persönlich durch die Gemächer der Anlagen.

Wo einst Schlossgeister spukten, muss man sich nicht mehr gruseln. Ihren schaurigen Charakter haben die Festungen längst verloren, nur in Sagen und Legenden lebt er weiter. Heute sind die Anwesen Sitz von Museen, Bühne für kulturelle Veranstaltungen oder Ort für Hochzeitsfeiern.

Burgen und Schlösser

Wie sich die Zeiten ändern: Im Mittelalter ließen Herrscher und Adelsherren an strategisch wichtigen Punkten Festungen und Residenzen errichten. Diese uneinnehmbar wirkenden Anlagen sollten Untergebene beeindrucken und Gegner abschrecken. Noch heute wirkt die Gestalt der Burgen und Schlösser Ehrfurcht einflößend. Doch mittlerweile heißt man in den teils holzgetäfelten und freskengeschmückten Sälen der Bauten Gäste herzlich willkommen. Viele sind Museen, sie ziehen Besucher in Scharen an.

① **Churburg** Die Festung (um 1250) über Schluderns birgt einen märchenhaften Arkadengang und eine Sammlung maßangefertigter Ritterrüstungen *(siehe S. 132)*.

② **Schloss Juval** Die Burg (1278) am Eingang zum Schnalstal wechselte oft ihren Besitzer. 1983 erwarb Reinhold Messner das Anwesen und richtete hier ein Museum ein *(siehe S. 17)*.

Top 3 Burgen und Schlösser

- ★ **Schloss Tirol**
- ★ **Schloss Trauttmansdorff**
- ★ **Churburg**

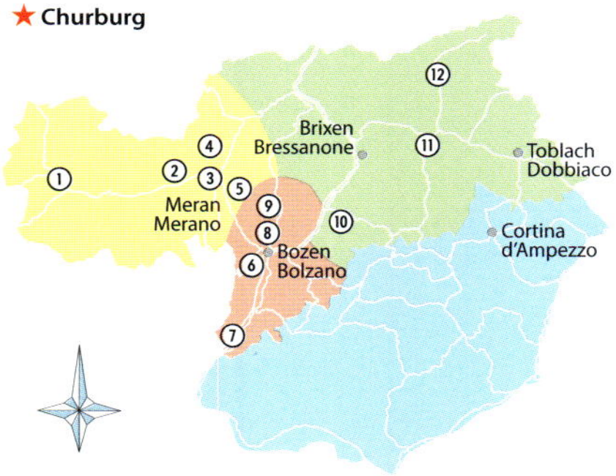

③ **Landesfürstliche Burg Meran** Außen wehrhaft, innen elegant: Die Burg (um 1470) dient heute als Museum *(siehe S. 111)*.

⑪ **Schloss Bruneck** Das Schloss (um 1250) ist Standort des MMM Ripa *(siehe S. 16)*.

⑫ **Burg Taufers** (hinten rechts) Die Bibliothek (13. Jh.) war schon oft Filmkulisse *(siehe S. 158f)*.

◀ **Seite 12–13: Schloss Gernstein bei Klausen *(siehe S. 182)***
◀◀ **Seite 10–11: Geisleralm und Geislerspitzen *(siehe S. 180f)***

Infobox

Webcam
bergfex.it/sommer/dorf-tirol/webcams/c6446/
elivewebcams.com/meran-schloss-trauttmansdorff-webcam-live

360°-Panoramafotos
ladinia.it/de/panorama-360-fotos/120-schloss-bruneck

④ **Schloss Tirol** Die Burg (11. Jh.) bei Meran ist ein beliebtes Fotomotiv *(siehe S. 120)*.

⑤ **Schloss Trauttmansdorff** Dieses Schmuckstück Merans (13. Jh.) besuchte Kaiserin Elisabeth *(siehe S. 118f)*.

Museumswelten

In einigen Südtiroler Burgen und Schlössern sind heute Museen untergebracht – u. a. das Südtiroler Landesmuseum in Schloss Tirol, das Museum in der Landesfürstlichen Burg Meran sowie über Südtirol verteilt drei Standorte des MMM.

⑥ **Schloss Sigmundskron** Für viele Südtiroler ist die Burg (10. Jh.) nahe Bozen ein Symbol der Eigenständigkeit. Heute ist sie Sitz des MMM Firmian *(siehe S. 17)*.

⑦ **Haderburg** Sagen *(siehe S. 33)* ranken sich um die atemberaubend auf einem frei stehenden Felsen über Salurn thronende Burg (11. Jh.).

⑧ **Schloss Maretsch** Was für eine Lage: Nahe der Altstadt von Bozen und von Weinbergen umrahmt. Die Anlage (12. Jh.) mit den vier Außentürmen bietet eine herrliche Sicht auf den Rosengarten *(siehe S. 80)*.

⑨ **Schloss Runkelstein** Die wegen eines Freskenzyklus auch »Bilderburg« genannte Festung (13. Jh.) steht bei Bozen *(siehe S. 85)*.

⑩ **Schloss Prösels** Heute bietet das Schloss (12. Jh.) in Völs den Rahmen für Kulturevents *(siehe S. 192)*.

Messner Mountain Museum (MMM)

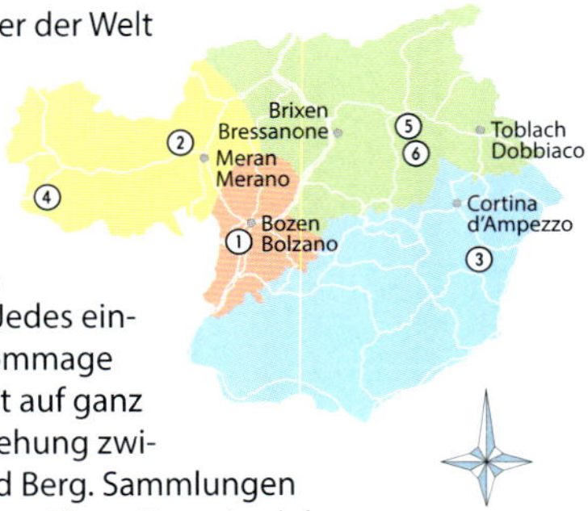

Als erster Mensch hatte er alle 14 Achttausender der Welt bestiegen – oft unter Einsatz seines Lebens. Doch ein gigantisches Projekt stand Reinhold Messner noch bevor. Mit der Gründung von sechs Museen gelang ihm die Bezwingung seines »15. Achttausenders«, wie die Bergsteigerlegende selbst einmal meinte. Sechs Orte – sechs Erlebnisse: Jedes einzelne dieser Museen ist eine Hommage an die Bergwelt und verkörpert auf ganz eigene Art die Beziehung zwischen Mensch und Berg. Sammlungen von Bildern, Masken, Eisgeräten etc. dokumentieren die Realität. Darüber hinaus wird eine emotionale Annäherung an den Mythos Berg ermöglicht. Reinhold Messner wollte mit dieser »Herkulesarbeit« etwas Einzigartiges schaffen – dies ist ihm zweifellos geglückt.

Steinmann am Firmian

⑥ **Corones**
Spektakulärer könnte die Lage kaum sein: Auf dem Gipfelplateau des Kronplatzes in 2275 Meter Höhe steht das sechste Museum (2015; *siehe S. 31*), das den MMM-Reigen vollendet. Dokumentiert wird die Geschichte des Alpinismus, den Messner wie kein Zweiter prägte. Die tolle Aussicht auf die Bergwelt gibt es als Bonus *(siehe S. 170f)*.

⑤ **Ripa**
Leben und Kultur der Bergvölker aus aller Welt beleuchtet das 2011 in Schloss Bruneck *(siehe S. 14)* eröffnete MMM Ripa – tibetisch: ri = Berg; pa = Mensch *(siehe S. 158)*.

④ **Ortles**
Im unterirdisch angelegten Museum (2004) in Sulden liegt der Schwerpunkt auf Schnee und Eis – von legendären Schneemenschen bis zu Eisklettern *(siehe S. 132)*.

Infobox

Zentrale: MMM Firmian
Karte G6. Schloss Sigmundskron, Sigmundskroner Str. 53, Bozen. ☎ +39 0471 631 264. Vom MMM Firmian aus sind die anderen Museen recht gut erreichbar. Das MMM Tour Ticket, ein Sammelticket, berechtigt zum jeweils einmaligen Eintritt.
W messner-mountain-museum.it/firmian/museum

① **Firmian**
Das Herzstück der Museumskette eröffnete 2006: In Schloss Sigmundskron *(siehe S. 15)* wandeln Besucher auf einem Parcours über Treppen, Wege und Türme thematisch von den Tiefen der Bergwelt zum Gipfel *(siehe S. 84f)*.

② **Juval**
Hier fiel der Startschuss: 1983 erwarb Messner das geschichtsträchtige Schloss Juval *(siehe S. 14)* und eröffnete darin 1995 das erste seiner Museen. Im Fokus steht hier der Mythos Berg. Heilige Berge wie der Fujisan in Japan und der Ayers Rock in Australien werden gewürdigt. Weitere Highlights sind eine Maskensammlung aus fünf Kontinenten und die Tibet-Abteilung *(siehe S. 125)*.

③ **Dolomites**
Das Museum (2002) auf dem Monte Rite widmet sich den Dolomiten: Zwischen Bildern und Fossilien eröffnen Glasflächen Bergpanoramen *(siehe S. 216)*.

Reinhold Messner

Reinhold Messner

Ihn »nur« als Extrembergsteiger oder Bergsteigerlegende zu bezeichnen, wird dem 1944 in Brixen geborenen Reinhold Messner wahrlich nicht gerecht. Auch mit dem gewaltigen Projekt MMM setzte sich der Südtiroler ein Denkmal. Was viele nicht wissen: Von 1999 bis 2004 war Messner für die italienischen Grünen Abgeordneter im Europäischen Parlament.

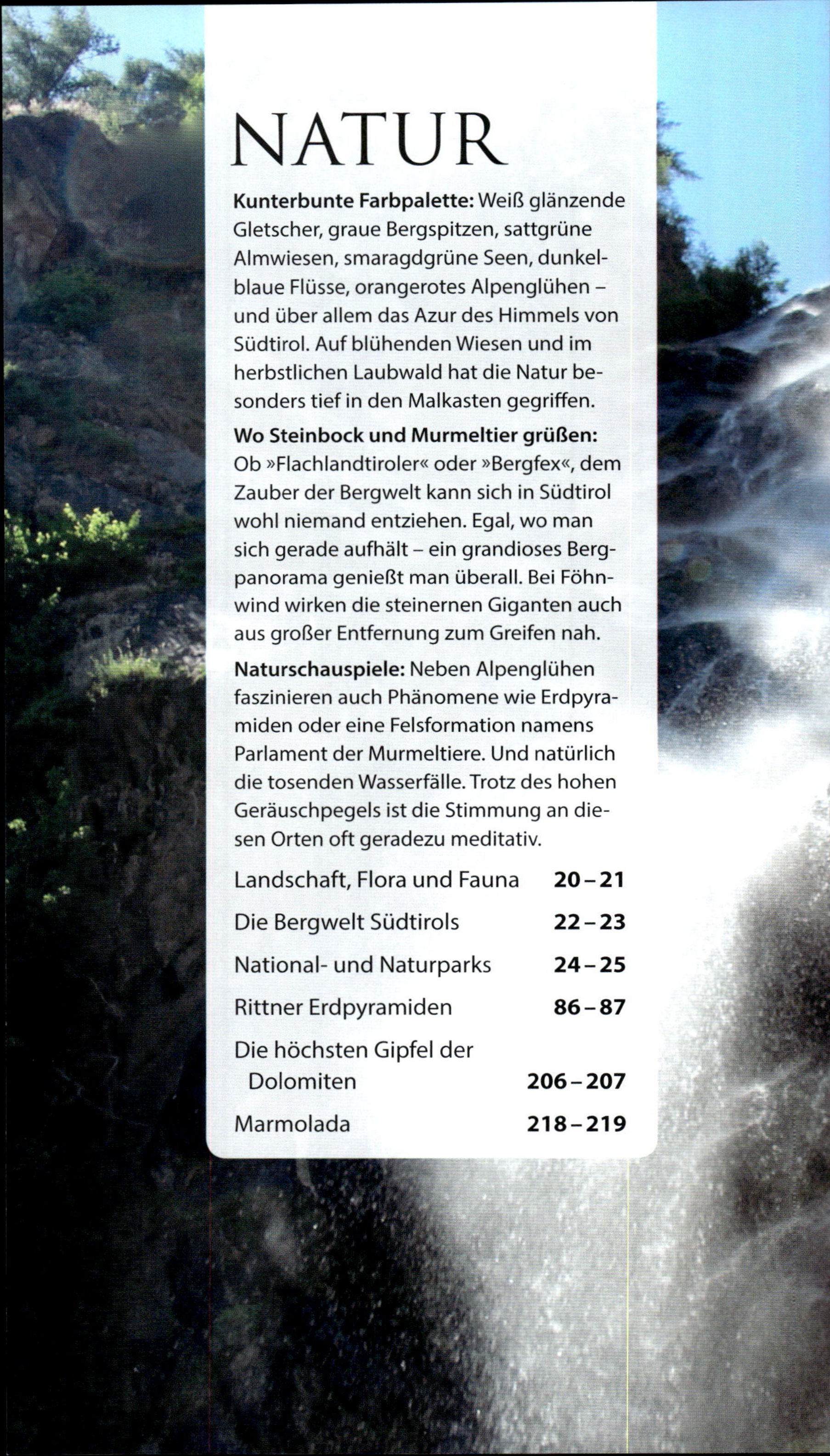

NATUR

Kunterbunte Farbpalette: Weiß glänzende Gletscher, graue Bergspitzen, sattgrüne Almwiesen, smaragdgrüne Seen, dunkelblaue Flüsse, orangerotes Alpenglühen – und über allem das Azur des Himmels von Südtirol. Auf blühenden Wiesen und im herbstlichen Laubwald hat die Natur besonders tief in den Malkasten gegriffen.

Wo Steinbock und Murmeltier grüßen: Ob »Flachlandtiroler« oder »Bergfex«, dem Zauber der Bergwelt kann sich in Südtirol wohl niemand entziehen. Egal, wo man sich gerade aufhält – ein grandioses Bergpanorama genießt man überall. Bei Föhnwind wirken die steinernen Giganten auch aus großer Entfernung zum Greifen nah.

Naturschauspiele: Neben Alpenglühen faszinieren auch Phänomene wie Erdpyramiden oder eine Felsformation namens Parlament der Murmeltiere. Und natürlich die tosenden Wasserfälle. Trotz des hohen Geräuschpegels ist die Stimmung an diesen Orten oft geradezu meditativ.

Landschaften, Flora und Fauna

Was für ein steiles Höhenprofil: Südtirol erstreckt sich vom tiefsten Punkt bei Salurn in 220 Metern bis zum 3905 Meter hohen Ortler quer durch viele Klimazonen – von mediterran bis hochalpin. Diese Vielfalt spiegelt sich auch in den Naturräumen sowie in der Pflanzen- und Tierwelt wider. Üppig bewachsene Gärten wie an der Mittelmeerküste und schroffe Bergspitzen, sonnenverwöhnte Eidechsen und scheue Murmeltiere, grüne Weinreben und das symbolträchtige Edelweiß stehen für diese spannenden Kontraste. Besucher erleben die Vielfalt bei Bergtouren oder – gemütlicher – bei Seilbahnfahrten.

Steinböcke sieht man auch im steilen Gelände über Felsen flitzen. Sie tummeln sich zwischen Wald- und Eisgrenze.

Mediterrane Gärten
Ein Bild des Südens: Im sonnenverwöhnten Klima der Tieflagen gedeiht mediterrane Vegetation. Wundervolle Gärten mit Zypressen, Feigenbäumen und Pinien umrahmen auch Schloss Trauttmansdorff bei Meran.

Hochgebirge
Symbol für die großartige Bergwelt der Dolomiten sind die Drei Zinnen. Sie überragen ihre Umgebung seit vielen Millionen von Jahren und sind eine Herausforderung für geübte Kletterer.

Seen
Smaragdgrün, still, tief und geheimnisvoll wirken die von steilen Kalkwänden flankierten Seen. Zu den kostbarsten Schmuckstücken gehört der Pragser Wildsee.

Flusstäler
Gletscher der Eiszeit schufen Täler wie das breite Etschtal. Sie bieten Platz für Siedlungen und Agrarflächen. Durch Etsch- und Eisacktal verlaufen die wichtigsten Verkehrsachsen Südtirols.

◀ **Der 82 Meter hohe Vilpianer Wasserfall im Etschtal**

Almen
Kuhglocken läuten, die Sonne lacht, die Aussicht ist top – der Inbegriff einer Alm. Viele Almen sind bewirtschaftet. Für eine Südtiroler Marende gibt es keinen besseren Ort.

Landschaften
Ein harmonisches Bild: Abseits der Naturlandschaften werden weite Teile von Kulturlandschaften mit Weinbergen, Obstgärten und Almwiesen eingenommen.

Flora
In den mediterran geprägten Tälern wachsen u. a. Zitrusbäume, Zypressen und Oleander. Das milde Klima ist ideal für den Wein- und Obstbau. Mittlere Höhenlagen sind das Areal der Mischwälder mit Fichten, Tannen, Buchen und Eichen als dominierenden Baumarten. Im Hochgebirge herrschen über der Waldgrenze Alpenwiesen vor, die zur Blütezeit in allen Farben leuchten.

Fichten, erkennbar an den hängenden Zapfen, zählen zu den charakteristischen Baumarten der Nadel- und Mischwälder Südtirols.

Alpendisteln stechen auf Bergwiesen wegen ihrer purpurroten Blüten heraus. Ihr Vorkommen reicht bis etwa 3000 Meter Höhe.

Der Fetthennen-Steinbrech (auch Gamswurz) ist eine Gebirgsblume, die auch in Schuttflächen und Felsspalten wurzeln kann.

Fauna
Die abgeschiedenen Wälder sind begehrter Lebensraum, z. B. für Hirsch- und Rehwild sowie Hasen und Füchse. Im Hochgebirge tummeln sich u. a. Steinböcke, Gämsen und Murmeltiere, über den Gipfeln kreisen Raubvögel wie Steinadler, Bussarde und Bartgeier mit weitgespanntem Gefieder. Eine Besonderheit bei den Nutztieren sind die Haflinger *(siehe S. 115)*.

Murmeltiere sind der Inbegriff der Hochgebirgsfauna. Die wie Pfeiftöne klingenden Schreie der Nager hört man über große Distanzen.

Gämsen sind flink unterwegs und scheuen dabei auch keinen messerscharfen Grat.

Steinadler ziehen ihre Kreise über der Gebirgswelt. Ihre Flügelspannweite kann mehr als zwei Meter betragen.

Die Bergwelt Südtirols

Rund zwei Drittel Südtirols liegen über 1500 Meter hoch. Die Vielfalt der Gebirgslandschaft zeigt sich auch hier in der typischen Ausprägung einzelner Höhenstufen. Zwischen Talboden und Gipfel erstrecken sich mehrere Vegetationszonen, die Bergbauern passten die Landwirtschaft den besonderen Anforderungen in den Bergen an. In der Grafik sind Kultur- und Naturlandschaften getrennt dargestellt – in der Realität vermischen sich diese beiden Räume jedoch. Die Grenzen der hier modellhaft dargestellten Höhenstufen sind Übergangsbereiche, die zwischen einzelnen Berggruppen variieren können.

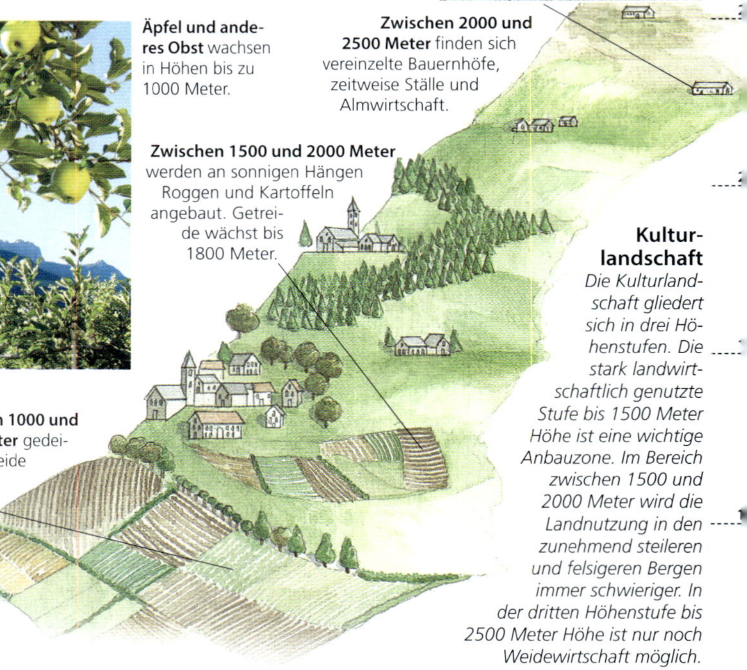

Äpfel und anderes Obst wachsen in Höhen bis zu 1000 Meter.

Zwischen 2000 und 2500 Meter finden sich vereinzelte Bauernhöfe, zeitweise Ställe und Almwirtschaft.

Zwischen 1500 und 2000 Meter werden an sonnigen Hängen Roggen und Kartoffeln angebaut. Getreide wächst bis 1800 Meter.

Zwischen 1000 und 1500 Meter gedeihen Getreide und Kartoffeln.

Kulturlandschaft

Die Kulturlandschaft gliedert sich in drei Höhenstufen. Die stark landwirtschaftlich genutzte Stufe bis 1500 Meter Höhe ist eine wichtige Anbauzone. Im Bereich zwischen 1500 und 2000 Meter wird die Landnutzung in den zunehmend steileren und felsigeren Bergen immer schwieriger. In der dritten Höhenstufe bis 2500 Meter Höhe ist nur noch Weidewirtschaft möglich.

Kulturlandschaft

Obstbau ist ein Schwerpunkt des Südtiroler Agrarsektors. Der Anbau erfolgt in Höhen bis etwa 1000 Meter.

Weinbau prägt die breiten, vor kalten Winden geschützten Flusstäler und die sonnenexponierten Hügellagen Südtirols.

Almwirtschaft mit Viehhaltung wird oberhalb der Bergwälder betrieben. Manche Almen bewirten auch Gäste.

Oberhalb von 3000 Metern erstreckt sich die Welt der Felsen und des ewigen Eises. Hier gedeihen Flechten und Moose, aber auch einige wenige Blumen, etwa Edelweiß und Gletschernelke.

Zwischen 2000 und 3000 Meter erstrecken sich Almweiden mit mehr oder weniger kurzem Gras, dazwischen wachsen Zwergsträucher (Alpenrosen, Wacholder, Latschen) und winzige Blumen.

Über 2000 Meter Höhe wachsen nur vereinzelte Nadelbäume.

Edelweiß und Enzian

Zwischen 1500 und 2000 Meter lösen Nadelwälder mit Fichten,Tannen, Lärchen und Kiefern die Laubwälder ab.

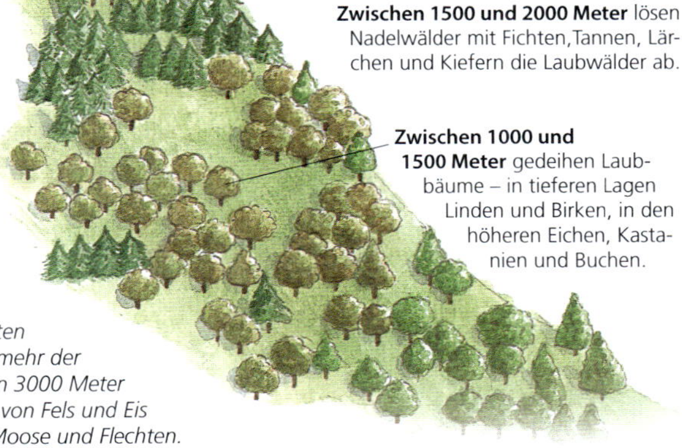

Zwischen 1000 und 1500 Meter gedeihen Laubbäume – in tieferen Lagen Linden und Birken, in den höheren Eichen, Kastanien und Buchen.

Naturlandschaft

In der Südtiroler Bergwelt sind oberhalb von 1000 Metern vier Vegetationszonen entwickelt: Zwischen 1000 und 1500 Meter erstrecken sich ausgedehnte Laubwälder, ab 1500 Meter die typischen alpinen Nadelwälder. Zwischen 2000 und 3000 Meter zeigt sich zwischen dem Weidegras und vereinzelten Zwergsträuchern immer mehr der blanke Fels. Oberhalb von 3000 Meter Höhe gedeihen im Reich von Fels und Eis kleinwüchsige Blumen, Moose und Flechten.

Naturlandschaft

Laubmischwald mit Dominanz von Laubbäumen bedeckt den Übergangsbereich zwischen Laub- und Nadelwäldern.

Nadelwald kann bis rund 2000 Meter dichte Bestände bilden. Mit zunehmender Höhe werden die Wälder lichter.

Alpiner Rasen, auch Matten genannt, ist im Hochgebirge die vorherrschende Vegetation oberhalb der Waldgrenze.

National- und Naturparks

Naturschutz ist ein zentrales Thema der Region, in allen Teilen Südtirols wurden National- und Naturparks eingerichtet. Größtes Schutzgebiet ist der Nationalpark Stilfser Joch mit ca. 135 000 Hektar. In diesen häufig bis in die Gipfelregionen reichenden Arealen tummelt sich eine artenreiche Tierwelt – u. a. Murmeltiere und Gämsen, Steinböcke und Steinadler. Dichte Wälder wechseln mit blühenden Wiesen. Besucher können dem Reichtum der Natur auf Wanderwegen und Naturlehrpfaden begegnen. Naturparkhäuser informieren anschaulich über Geologie, Fauna und Flora und bieten Kartenmaterial.

Murmeltiere machen sich bei Gefahr durch schrilles Pfeifen bemerkbar

Naturpark Texelgruppe – schroff und zackig wirkt die Gipfelregion der Texelgruppe. Highlights sind der Partschinser Wasserfall und die Spronser Seen. Um diese Berggruppe führt der Meraner Höhenweg (ca. 100 km).

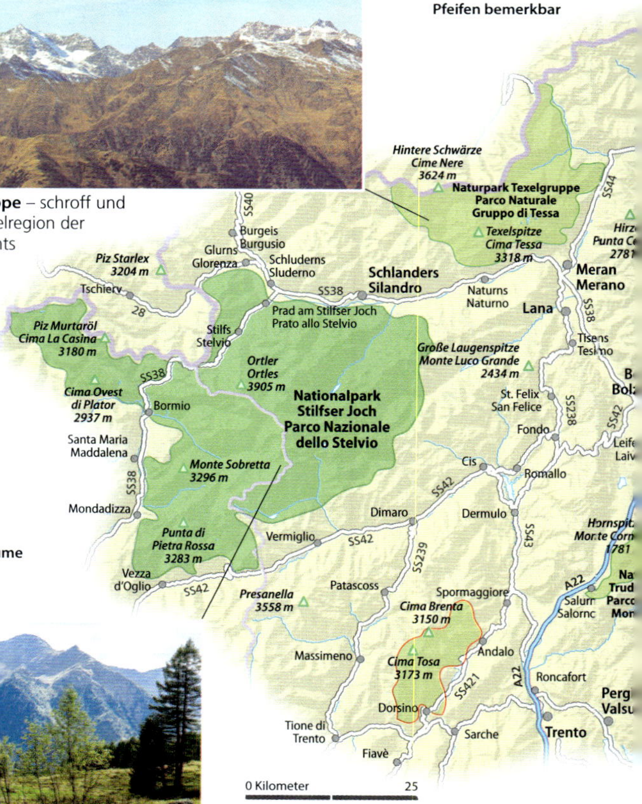

Edelweiß – Symbolblume der Alpen

Ein Anblick wie in Schottland: Hochlandrind auf einer Weide im Naturpark Fanes-Sennes-Prags

Nationalpark Stilfser Joch – atemberaubende Bergkulissen prägen Südtirols größtes Naturschutzgebiet. Es reicht von den Obst- und Weingärten des Vinschgau bis in die vergletscherten, vom Ortler gekrönten Gipfellagen.

Naturpark Puez-Geisler – steil aufragende Dolomitengipfel sowie ausgedehnte Bergwiesen und Almen prägen die Landschaft rund um die Puez- und die Geislergruppe. Der (rollstuhlgerechte) Naturerlebnisweg Zans entführt in die einzigartige Landschaft – u. a. in den »Konzertsaal Natur«.

Naturpark Drei Zinnen – geologisches Denkmal und einmaliger Blickfang sind die drei verwegen wirkenden Felsnadeln im Süden des Naturparks. Mit seinem dichten Netz an Wanderwegen sowie den zahlreichen Berghütten ist der Park ein besonders beliebtes Wanderparadies.

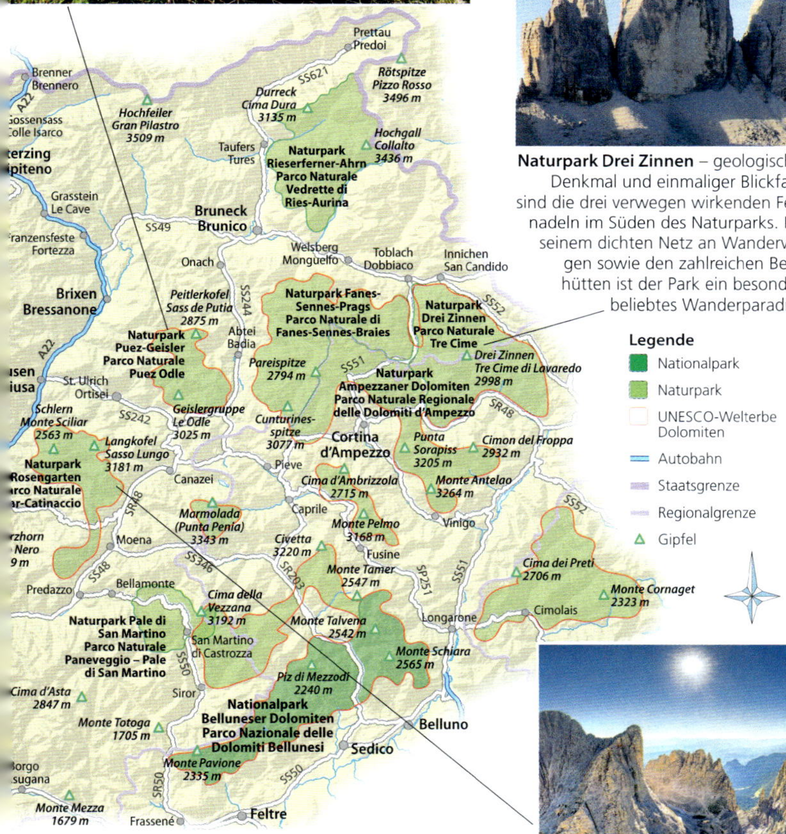

Naturpark Schlern-Rosengarten – egal, wo man sich gerade aufhält: Die spektakuläre Bergwelt mit ihren teils bizarr geformten Gipfeln bietet in alle Himmelsrichtungen grandiose Fotomotive. Der sagenumwobene Schlern zählt zu den landschaftlichen Wahrzeichen Südtirols.

UNESCO-Welterbe Dolomiten

Die Dolomiten zählen zweifellos zu den imposantesten Berglandschaften weltweit. 2009 wurde der monumentalen Gebirgsgruppe eine ganz besondere Ehre zuteil: Die UNESCO erklärte neun (in der Karte oben rot umrahmte) Abschnitte als »... Serie einzigartiger Gebirgslandschaften von außergewöhnlicher Schönheit ...« zum Weltnaturerbe. Damit stehen die Dolomiten in einer Reihe mit anderen weltberühmten Landschaften wie dem Great Barrier Reef, dem Amazonas-Regenwald oder den Nationalparks Grand Canyon, Yellowstone und Kilimandscharo.

Denkmal der Kaiserin Elisabeth in Meran *(siehe S. 116f)* ▶

ELISABETH

KULTUR

Deutsch-österreichische Kultur in Italien: Südtirol bietet einen faszinierenden Mix aus mitteleuropäischer und mediterraner Lebensart, gepaart mit alpenländischen Traditionen und einer gesunden Portion Bergbauern-Mentalität.

Südtirol ist dreisprachig: Neben Deutsch und Italienisch ist Ladinisch dritte offizielle Sprache. Verbreitet ist es in einigen Tälern des östlichen Südtirol, etwa im Grödner Tal und im Gadertal. Vielleicht werden Sie dort einmal mit »Bon dí« begrüßt.

Bunte Museumslandschaft: Von »Ötzi« über Archäologie bis Schreibmaschinen, von Kunst über Bergbau bis Wein – das reiche kulturelle Erbe Südtirols dokumentieren über die gesamte Region verteilte Museen. Wortschöpfungen wie Museion, Touriseum oder DoloMythos machen neugierig. Übrigens: Das höchstgelegene Museum befindet sich in 2275 Meter Höhe. Viel Spaß beim Stöbern und Entdecken.

Berühmte Südtiroler

Die Spitzen der Südtiroler Bergwelt stehen symbolisch für herausragende Leistungen berühmter Söhne und Töchter der Region. Viele Südtiroler setzten Maßstäbe und inspirierten Generationen von Gleichgesinnten – ob im Schatten der Berge ihrer Heimat oder in der großen weiten Welt. Machten sich im Mittelalter Minnesänger und Altarschnitzer aus Südtirol im deutschsprachigen Raum einen Namen, so sorgen heute Musikproduzenten und Stararchitekten international für Furore. Andere zeitgenössische Künstler besinnen sich auf die kulturellen Wurzeln ihrer Region. Zurück zur Bergwelt: Bergsteigerlegenden wie Luis Trenker und Reinhold Messner stehen stellvertretend für die Entwicklung vom traditionellen Bergsport zum modernen Alpinismus.

Peter Mitterhofer (1822–1893)
Der Erfinder konstruierte frühe Schreibmaschinen – wacklig, aber effektiv. Ein Museum in Partschirs zeigt Exemplare *(siehe S. 120)*.

Milo Manara (*1945)
Ein Meister des Pinselstrichs: Der vielseitige Illustrator kreierte neben erotischen Comics auch Comic-Versionen von Drehbüchern (u. a. von Federico Fellini), Artbooks, Platten- und CD-Cover. Aufsehen erregten auch Manaras Werbespots (u. a. für das legendäre Parfüm Chanel N° 5).

Matteo Thun (*1952)
Dem Himmel so nah! Wie ein überdimensionales Fernglas wirkt der Thun'sche Gucker, ein Aussichtspunkt in den Parkanlagen von Schloss Trauttmansdorff *(siehe S. 119)*. Seinen Weitblick bewies der Stararchitekt und Designer auch in vielen anderen Werken.

Andreas Hofer (1767–1810)
Der meist schneidig dargestellte Anführer des Tiroler Aufstands gegen die französischen und bayrischen Besatzer (1809) gilt in seiner Heimat als Volksheld.

Walther von der Vogelweide (um 1170–1230)
Um den herausragenden deutschsprachigen Lyriker des Mittelalters ranken sich viele Gerüchte. Mehrere Orte – auch Lajen im unteren Eisacktal – beanspruchen, Geburtsort des Dichters zu sein.

Margarete Maultasch (1318–1369)
Margarete von Tirol, als Alleinerbin Tirols Spielball mehrerer Dynastien, erhielt in ihren letzten Lebensjahren den Beinamen Maultasch (»liederliches Weib«). Für die Berechtigung dieses Namenszusatzes gibt es jedoch keine hinreichenden Belege.

Weitere Berühmtheiten

Neben den auf dieser Doppelseite vorgestellten Berühmtheiten setzten viele weitere Südtiroler Trends – jeder auf seine Art. Zur Prominenz gehören Extrembergsteiger und Museumsgründer Reinhold Messner (siehe S. 16f), *Skirennläufer Gustav Thöni, Schriftsteller Herbert Rosendorfer, Sterne- und TV-Koch Roland Trettl, TV-Moderator Markus Lanz, die Volksmusik-Stars Kastelruther Spatzen und der Raumfahrtpionier Max Valier.*

Giorgio Moroder (*1940)
Weltberühmt wurde der Musikproduzent, Komponist und dreifache Oscar-Preisträger durch Filmmusik (von *Top Gun* bis *Flashdance*). Einige seiner (Disco-)Songs stürmten die internationalen Charts.

Paul Flora (1922–2009)
Raben waren ein wiederkehrendes Motiv des Grafikers und Karikaturisten. Er machte sich vor allem durch satirische Buchillustrationen und die Gestaltung von Briefmarkenserien einen Namen.

Herbert Pixner (*1975)
Heimatsound aus Südtirol. Der Meraner Komponist und Multi-Instrumentalist interpretiert Volksmusik auf ganz eigene Art.

Michael Pacher (um 1435–1498)
Der Maler, Bildhauer und Meister der Spätgotik schuf neben Gemälden wie *Maria von Burgund* (um 1490) auch einige üppig verzierte Schnitzaltäre von großer kunsthistorischer Bedeutung. Pacher prägte die Tiroler Kunst des letzten Drittels des 15. Jahrhunderts wie kein Zweiter.

Paul Troger (1698–1762)
Der Pustertaler Barockmaler schuf u. a. die Deckenfresken im Dom von Brixen *(siehe S. 150)*.

Ganes
Popsound auf Ladinisch: Das Trio aus La Val in den Dolomiten trägt viele seiner Songs in dieser Regionalsprache *(siehe S. 189)* vor.

Oswald von Wolkenstein (um 1377–1445)
Der stets mit geschlossenem rechtem Auge porträtierte Adlige gehört zu den bekanntesten Minnesängern des ausgehenden Spätmittelalters.

Luis Trenker (1892–1990)
Der Bergsteiger, Regisseur, Autor und Schauspieler aus St. Ulrich zählt zu den Wegbereitern des Bergfilms.

Kunst

Südtirol ist eine Kunstregion mit zahlreichen Schätzen, kunsthistorische Zeugnisse aus mehreren Epochen faszinieren den Besucher. Überragend sind die üppig mit farbintensiven Fresken und monumentalen Flügelaltären ausgestalteten Kirchen. Malerschulen wie die Bozner, Brixener und Pustertaler setzten ebenso Maßstäbe wie viele Holzschnitzer. Das Stadtbild von Meran prägen auch einige Jugendstil-Juwele. Beispiele Südtiroler Baukunst sind zudem viele Burgen der Region *(siehe S. 12–15)*.

St. Nikolaus
Mahnend erhebt der hl. Nikolaus, Patron der spätgotischen Pfarrkirche in Meran, den Zeigefinger.

Schnatterpeckaltar
Gotische Pracht: Biblische Szenen mit mehr als 30 Figuren zieren den 14 Meter hohen Flügelaltar (Anfang 16. Jh.) der Kirche Mariä Himmelfahrt in Lana.

Innenraum des Brixener Doms
Gold und farbiger Marmor dominieren den mächtigen Innenraum dieses Meisterwerks barocker Baukunst. Die Deckenfresken schuf Paul Troger *(siehe S. 29)*.

Fresken
Herrliche Fresken schmücken viele Gotteshäuser. Zu den Hauptwerken der sogenannten Bozner Schule gehören Darstellungen in der Johanneskapelle der Dominikanerkirche von Bozen *(links)* und in der Pfarrkirche Mariä Himmelfahrt in Terlan *(oben)*.

Jugendstil in Meran
Wiener Sezessionsstil in Südtirol: Das Kurhaus von Meran zählt zweifellos zu den eindrucksvollsten Jugendstil-Bauten im gesamten Alpenraum. Sein Tympanon wird von einer Figurengruppe tanzender Mädchen gekrönt.

Holzskulptur
Südtirol ist für kunstvolle Holzschnitzereien weltberühmt. Eine Hochburg dieses traditionsreichen Kunsthandwerks ist das Grödner Tal. Die Bandbreite an Motiven reicht von traditionell bis modern.

Zeitgenössische Architektur

Südtirol widmet sich einerseits der Bewahrung von Traditionen, öffnet sich aber auch internationalen Kunstströmungen. Sinnbildlich dafür stehen Bauwerke einiger der bedeutendsten Architekten der Gegenwart. Ob Wellness-Oase oder Sakralbau, Weinkellerei oder Kunstmuseum – viele dieser faszinierenden Beispiele zeitgenössischer Architektur sind wahre Eyecatcher, die auch das Stadtbild vieler Metropolen bereichern könnten.

Kellerei Schreckbichl, Girlan
»Eichenholzfass-Fassade«: Die Kellerei setzt mit landschaftsgerechter Architektur und Fotovoltaik auf Nachhaltigkeit.

Pfarrkirche Leifers
Mix aus Alt und Neu: Der extravagante, mit bronzefarbenen Metallplatten bedeckte Anbau der Kirche im Zentrum von Leifers präsentiert sich in Gestalt einer asymmetrischen Pyramide.

Therme Meran
Urlaubsfeeling pur: Der weitläufige, lichtdurchflutete Glas-Stahl-Kubus von Matteo Thun *(siehe S. 28)* bereichert den Kurort nicht allein als Wellness-Tempel, sondern auch als architektonisches Wahrzeichen.

Salewa Cube
Knallbunte Griffe und Tritte sprenkeln den Outdoor-Bereich der Kletterhalle in Bozen. Der klettertechnisch anspruchsvolle, leichte Überhang unterstreicht die Verwegenheit der Architektur.

Museion
Eine wellenförmig gestaltete Brücke führt zum 25 Meter hohen Kubus des Kunstmuseums in Bozen. Bei Dunkelheit dienen die Glasfassaden als Projektionsflächen – wie eine Kinoleinwand.

MMM Corones
Stararchitektin Zaha Hadid gestaltete das Museum (2015) auf dem Kronplatz, das den Reigen der MMMs des Alpinisten Reinhold Messner schließt *(siehe S. 16f)*.

Sagenwelt

Wo die Alpen »glühen«, wo schaurig-finstere Burggemäuer imposant auf Bergrücken thronen, wo im Fels Hexen und Geister ihr Unwesen treiben, wo im Wald hinter jedem Baum unheimliche Gestalten wie Zwerge und Kobolde lauern, wo sich in den Tiefen der Seen Nixen tummeln – dort liegt Südtirol, ein verwunschenes, geisterhaftes Land. Und wenn sie nicht gestorben sind …

König Laurin und sein Rosengarten

Wie kommt ein mehr als 3000 Meter hohes Bergmassiv der Dolomiten zu einem so lieblich klingenden Namen wie Rosengarten? Die Antwort ist einfach sagenhaft.

Es war einmal ein Reich, das Reich von Zwergenkönig Laurin. Seine Burg umrahmte ein Garten mit den wohlriechendsten Rosen. Der Herrscher hielt sich für unbesiegbar – schließlich trug er einen Zaubergürtel, der ihm die Stärke von zwölf Kämpfern gab, und eine Tarnkappe, die ihm Unsichtbarkeit verlieh.

König Laurin als Holzfigur

Eines Tages erhielt er Kunde, dass der König an der Etsch einen Gemahl für seine schöne Tochter Similde suchte. Alle Adelsherren der Umgebung wurden zu einer Maifahrt geladen, um sich im Ritterwettkampf zu beweisen – alle, bis auf Laurin. Erbost reiste der Verschmähte dennoch zum Fest – mit Tarnkappe bekleidet als unsichtbarer Gast. Dort verliebte er sich in die schöne Similde – und entführte sie. Unter Dietrich von Bern verfolgten die Ritter die Entflohenen. Bewehrt mit seinem Zaubergürtel stellte sich Laurin vor dem Rosengarten dem Tross zum Kampf. Als seine Kräfte schwanden, zog er wieder die Tarnkappe über und sprang im Gefühl der Unbesiegbarkeit im Garten umher. Doch die Bewegungen der Rosen verrieten seine Spur. Die Ritter überwältigten ihn. Für den Verrat belegte Laurin den Garten mit einem Fluch: Kein Mensch sollte den nun zu Stein erstarrten Rosengarten jemals wieder sehen, nicht bei Tag und nicht bei Nacht. Laurin hatte aber nicht an die Dämmerung gedacht. Deshalb erblüht der Rosengarten bei Sonnenaufgang und -untergang jedes Mal von Neuem – in Form des Alpenglühens.

Die Nixe vom Karersee

Mit seinen Wasserspiegelungen und seiner gewaltigen Farbenvielfalt bietet der auch als »Regenbogensee« bekannte Karersee den Stoff, aus dem Legenden sind.

Man erzählt sich, dass im Karersee eine Nixe von zauberhafter Schönheit lebte. Häufig saß sie am Ufer und sang vor sich hin. Ihre Anmut und ihr Gesang betörten den vorbeiziehenden Hexenmeister von Masaré. Trotz all seiner Zauberkräfte scheiterte er beim Versuch, die Wasserfee zu entführen.

Verzweifelt bat er die Hexe Langwerda um Rat, die einen hinterhältigen Plan ersann. Der Hexenmeister solle – als Schmuckhändler verkleidet – einen Regenbogen zwischen Rosengarten und Latemar zaubern, die Nixe an den See locken und entführen. Die Farbenpracht des Regenbogens und das Funkeln der Edelsteine lockten die Nixe tatsächlich an. Doch der Hinterlistige hatte seine Verkleidung vergessen. So versteckte er sich am Ufer, was der Nixe nicht verborgen blieb. Als sie ihn bemerkte, verschwand sie im Karersee und ward nie mehr gesehen. Aus Zorn über sein Scheitern riss der Hexenmeister den Regenbogen vom Himmel, zerstörte ihn und warf die Einzelteile samt Juwelen in den See, der sich – seinem Beinamen »Regenbogensee« entsprechend – noch heute in schillernden Farben präsentiert.

Wasserspiegelung im smaragdgrünen Karersee

Der alte Weinkeller bei Salurn

Eine Südtiroler Burg und Südtiroler Wein stehen im Fokus dieser wundersamen Geschichte. Sie gehört zur Sammlung »Deutsche Sagen« der Gebrüder Grimm.

Haderburg in spektakulärer Lage

In der Haderburg hoch über Salurn soll sich Folgendes zugetragen haben: Anno 1688 kam Christoph Patzeber an den Gemäuern vorbei. Von Neugierde erfasst, betrat er das Anwesen und entdeckte einen unterirdischen Weinkeller mit 18 Weinfässern. Er kostete von den Tropfen und fand, dass dies der beste Wein war, den er je getrunken hatte. Er wollte etwas davon mitnehmen, allein es fehlte ihm ein Gefäß. Nach dem Kauf zweier leerer Flaschen in Salurn kehrte er zur Burg zurück. Nach Befüllen der Gefäße sah er drei alte Männer an einem Tisch sitzen. Darauf lag eine mit Kreide beschriebene Tafel. Patzeber fühlte sich ertappt, doch die Alten ließen ihn gewähren und erlaubten ihm sogar, wiederzukommen.

Wie er an den Wein gekommen war, sprach sich herum und erweckte Neid, Nachbarn klagten ihn an. Ein Gericht bestätigte aber die Rechtmäßigkeit des Erwerbs und sprach Patzeber frei. Als er wieder einmal zum Weinabfüllen kam, fand er den Keller nicht mehr. Eine unsichtbare Hand schlug ihn zu Boden. Er erblickte wieder die drei Alten und sah, wie sie mit Kreide ein Kreuz auf die Tafel malten. Mit letzter Kraft schleppte er sich nach Salurn, wo er starb. So bezahlte er die Weinzeche mit seinem Leben.

Schlernhexen

Schaurige Mythen ranken sich um den Schlern, das Wahrzeichen der Region. Zu den gefürchtetsten Figuren der Südtiroler Sagenwelt gehören die Schlernhexen.

Alpen-Grasnelke, in Südtirol Schlernhexe

Schlern – Heimat der Schlernhexen

Die Schlernhexen als Unheilsbringer
Schrecken verbreiteten die Wetterhexen auf dem Schlern. Die von ihnen verursachten Unwetter richteten verheerende Schäden an.

Die Rache der Schlernhexen
An einem heißen Sommertag legte sich ein Pfarrer unter einem Baum schlafen. Als er erwachte, war es tiefe Nacht. Er verirrte sich und landete an einem Hexentanzplatz, wo er von den Hexen zu Tode gequält wurde.

Die Schlernhexen und der Bauer Hansel
Eines Sommerabends erschien der Frau vom Bauer Hansel zwischen dunklen Wolken eine Hexe. Der Bauer nahm seine Flinte, schoss in die Wolken und tötete die Hexe. Sie fiel vom Himmel und landete direkt vor seinen Füßen. Hansel fiel daraufhin in tiefe Ohnmacht.

Die gute Schlernhexe Martha
Nicht alle Hexen sind böse. Die gute (!) Hexe Martha wohnte im Wald, liebte die Natur und konnte sich in ein Eichhörnchen verwandeln.

Die Schlernhexen der Gegenwart
Der Hexenmythos lebt. Als Namensgeber für Felsformationen sowie als Puppen, Skulpturen oder Maskottchen verbreiten Hexen heute aber keinen Schrecken mehr – außer nachts bei dichtem Nebel, wenn der Donner grollt …

AKTIV-URLAUB

Sport und Spaß zu allen Jahreszeiten: Südtirol ist das ganze Jahr über ein Dorado für Outdoor-Sportler. Ob in Wanderschuhen oder im Sattel, in der Kletterwand oder auf dem Golfplatz, in der Rodelbahn oder auf der Piste – spannende Optionen gibt es mehr als genug.

Ganz oben: Man muss kein Extrembergsteiger sein, um in ganz große Höhen zu gelangen. Von den Bergstationen der Sessellifte und Gondelbahnen ist es oft kein weiter Weg mehr bis zum Gipfel. Es lohnt sich, die Aussicht ist phänomenal.

Winterspaß pur bieten die verschneiten Landschaften. Wenn der Tag auf der Piste oder in der Rodelbahn zu kurz war: Weiter geht's beim Nachtskifahren oder beim Vollmondrodeln. Und danach mit Einkehrschwung in eine urige Hütte – vielleicht auf einen (Jager-)Tee? Der Tipp für alle, die nicht auf Brettern oder Kufen unterwegs sein wollen: Ein wunderbares Erlebnis ist es auch, einfach durch eine Schneelandschaft zu spazieren.

Wandern und Radfahren

Aktiv sein und die Natur genießen. Ob Spaziergang auf einer Promenade oder schweißtreibende Bergtour, ob gemütliches Slow-Cycling im Tal oder anspruchsvolle Fahrt auf einer Passstraße: Sonnenverwöhnte Landschaften, Bergpanoramen und blühende Wiesen machen jede Aktivität zum Naturerlebnis. Für die tieferen und mittleren Lagen sind Frühling und Herbst die besten Jahreszeiten, für die Hochlagen der Sommer. Vorschläge für Wandertouren in Südtirol finden Sie auch im Internet (www.suedtirolerland.it/de/freizeit-aktiv/berge-wandern).

Bergwandern
Nicht nur Gipfelstürmer kommen auf den gut markierten Wanderwegen in der Südtiroler Bergwelt auf ihre Kosten: Ein fantastisches Bergerlebnis bietet die Tour um die Drei Zinnen *(siehe S. 166f)*. Sie ist auch für Familien geeignet.

Waalwege
Recht gemütlich wandert man entlang den Waalen genannten Bewässerungskanälen im Vinschgau. Auf vielen Streckenabschnitten ist man im angenehmen Halbschatten unterwegs.

Stadtspaziergänge
Durch kulturhistorisch interessante Städte zu bummeln, ist ein Genuss – nicht nur für Senioren. Tipp: Von gepflegten Promenaden genießt man den Blick auf Meran *(links)*.

Themenwanderungen
Bei manchen Wanderungen dreht sich alles um ein bestimmtes Thema, z. B. eine Spezialität der Region (Käse, Wein, Äpfel). Auf den Spuren urzeitlicher Giganten wandelt man auf dem Saurierpfad bei Ulten – nicht nur für Kinder ein spannender Weg.

◀ **Pferdeschlitten mit Haflingern auf der Seiser Alm *(siehe S. 194f)***

Wandern

Südtirol bietet eine große Auswahl an Routen. Spaziergänger bummeln durch die pittoresken Orte, Genusswanderer begeben sich auf Waalwege oder steuern eine der tiefer gelegenen Almen an. Für Bergwanderer eignen sich Fernwanderwege (z. B. Meraner Höhenweg) mit mehrtägigen Touren und Hüttenübernachtungen.

Almwandern
Ein Spaß für die ganze Familie ist eine Wanderung zu einer bewirtschafteten Alm: Der Aufstieg ist leicht, und hinter jeder Ecke gibt es etwas Neues zu entdecken. Am Ziel wartet eine Brotzeit, begleitet vom Kuhglockenläuten.

Seenwanderungen
Wie auf Leinwand gemalt: Kristallklare Seen wie der Pragser Wildsee faszinieren durch ihre Kulisse. Auch im Sommer ist das Wasser recht kühl und bietet willkommene Erfrischung für die vom Wandern müden Füße.

Wegweiser bieten Orientierung auf allen Routen

Radtouren

Auch per Fahrrad ist man der wundervollen Natur sehr nahe. Für ein Gebirgsland verfügt Südtirol über ein beachtliches Netz an Radwegen. Auf Talstrecken kommt man gemütlich vorwärts, ambitionierte Radsportler können auf asphaltierten Straßen hoch gelegene Pässe erklimmen. Räder und Equipment kann man in vielen Orten leihen.

Radwanderungen
Was gibt es Schöneres, als durch ein blühendes Obstbaugebiet zu radeln? Sehr beliebt sind Radwanderungen in Flusstälern wie dem Etschtal.

Mountainbiken
Mit ihren langen Pfaden, Schotterstraßen und Waldwegen ist die Gebirgswelt ein Dorado für Mountainbiker. Auch so mancher Waalweg *(siehe S. 36)* stellt Singletrailfahrer vor Herausforderungen.

Weitere Informationen *siehe S. 240f*

Wintersport

Südtirol ist ein Winterwunderland mit ausgezeichneter Infrastruktur. Das Angebot an Pisten und Loipen ist riesengroß, Dolomiti Superski mit zwölf Skigebieten der größte Skiverbund der Welt. Wer sich seinen eigenen Weg durch den Schnee bahnen will, schnallt einfach Schneeschuhe oder Tourenskier an. Nach der sportlichen Betätigung kann man den Tag stimmungsvoll ausklingen lassen, denn die nächste Hütte zum Aufwärmen und Einkehren ist meist nur ein paar Schwünge entfernt.

Skifahren
Ob blaue, rote oder schwarze Pisten: Als Paradies für Skifahrer bietet Südtirol alles – von übersichtlichen Skigebieten für Familien bis zu Gletscherpisten für alle, die hoch hinaufwollen.

Snowboarden
Diese Sportart steht für Fun. Die größeren Skigebiete bieten auch gut ausgestattete Snowparks. Hier kann man seine einstudierten Tricks bis zur Perfektion üben.

Top 7 Skigebiete

- ★ **Gröden**
- ★ **Kronplatz**
- ★ **Alta Badia**
- ★ **Latemar**
- ★ **Sulden**
- ★ **Seiser Alm**
- ★ **Schöneben-Reschen**

Skihütten
Nicht nur zum Après-Ski verströmen Skihütten einen ganz besonderen Zauber. Auch der Anblick des Farbenspiels in verschneiter Landschaft bei Dunkelheit ist grandios.

Reiten im Schnee
Reiten hat das ganze Jahr über Saison. Beim flotten Galopp durch die verschneite Landschaft staubt der Schnee. Ein Genuss ist auch eine Fahrt mit einem Pferdeschlitten.

Weitere Informationen *siehe S. 242f*

Wintersport in Südtirol

Weitere beliebte Outdoor-Aktivitäten im Winter sind z. B. Rodeln (auch bei Flutlicht), Eislaufen und Skilanglauf. Ohne jegliches Equipment in den Genuss der winterlichen Märchenlandschaft kommt man bei einem schönen Winterspaziergang auf den geräumten Wegen der Täler.

Skitouren
Skitourengeher schätzen die Ruhe abseits präparierter Pisten. Beim Anstieg auf schneebedeckten Hängen vergisst man die Zeit.

Ballooning
Die großartige Winterstimmung aus luftiger Höhe zu erleben, ist ein unvergleichliches Erlebnis und sicher die gemütlichste Art, die Bergwelt zu erobern. Warm anziehen.

Schneeballschlacht
Kinder machen auch im Winter gern ihr eigenes Unterhaltungsprogramm und tollen im Schnee herum.

Schneeschuhwandern
Mit Schneeschuhen und Stöcken kommt man auch auf nicht geräumten Wegen gut vorwärts.

Skilifte
In Südtirol sind rund 400 Skilifte in Betrieb, vom einfachen Schlepplift bis zur geräumigen Großkabinenbahn. Die Fahrt hinauf ist ein Teil des Bergerlebnisses.

Gröden Eines der größten Skigebiete der Alpen. Die Weltcup-Piste Saslong ist Treffpunkt der Weltelite. B52, R105, S18, längste Abfahrt 11 km.

Kronplatz Beliebt bei Genussskifahrern und Familien. Ausgedehntes Übungsgelände für Kinder. B52, R42, S25, längste Abfahrt 7 km.

Alta Badia Ein geradezu ideales Skigebiet für Einsteiger und weniger Geübte. B70, R52, S8, längste Abfahrt 9 km.

Latemar Viele Pisten für »sportliche« Skifahrer. Perfekte Bedingungen für Snowboarder, u. a. mit einer 80 Meter langer Halfpipe. B9, R33, S7, längste Abfahrt 3 km.

Sulden Skifahren inmitten der Berg- und Gletscherwelt am Fuß des Ortler. Sehr hoch gelegenes Skigebiet (1900–3250 m). B17, R13, S14, längste Abfahrt 11 km.

Seiser Alm Skifahren auf der größten Hochalm Europas. Größter Snowpark Südtirols. Skikindergarten. B14, R46, S2, längste Abfahrt 3 km.

Schöneben-Reschen Einziges Skigebiet am Reschensee. Preisgekrönt als Skigebiet für die ganze Familie. B29, R30, S6, längste Abfahrt 5 km.

Pistenarten: B = Blaue (einfache) Piste R = Rote (mittlere) Piste S = Schwarze (schwierige) Piste

GENUSS

Eine kulinarische Reise durch Südtirol bietet eine typische Marende. Bei dieser deftigen Brotzeit lernt man viele Spezialitäten der Region kennen. Speck, Wurst, Käse etc. werden mit eingelegtem Gemüse auf einem Holzbrett drapiert. Die Zutaten stammen von hoch gelegenen Almen oder aus den Gärten sonnenverwöhnter Täler.

Törggelen – Südtirol, wie es leibt und lebt: Wenn sich die Natur mit den allerschönsten Farben schmückt und die wärmende Herbstsonne das Land in stimmungsvolles Licht taucht, dann ist es wieder so weit. Bei dem alten Südtiroler Brauch – mittlerweile eine Besucherattraktion – wird bei einer deftigen Mahlzeit der neue Wein verkostet.

Weinberge und Apfelfelder bis zum Horizont: In den Südtiroler Wein- und Obstbaugebieten prägen Reben und Apfelbäume die Landschaft genauso wie die vielen Burgen und Schlösser. Seine Prominenz verdankt Südtiroler Wein der gepflegten Buschenschankkultur. Übrigens: Jeder zehnte Apfel Europas kommt aus Südtirol.

Südtiroler Küche

Was für eine Melange: Kulinarisch verbinden sich in der Südtiroler Küche österreichische und italienische, alpine und mediterrane Traditionen. Spannend ist die Vielfalt mancher Spezialitäten. So werden etwa Knödel, Strudel und Teigtaschen in süßen und salzigen Varianten zubereitet – je nach Gusto, Anlass oder Tageszeit. Nehmen Sie sich Zeit fürs Entdecken. Wir bitten zu Tisch.

Vinschgauer (Vinschgerln)

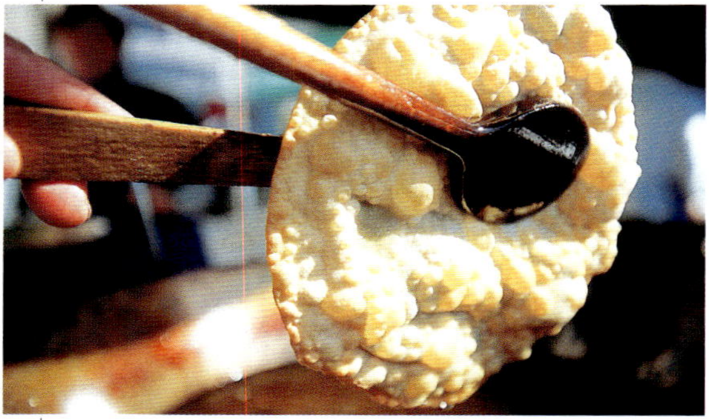

Tirtlan – mit Spinat, Kraut oder Mohn gefülltes Schmalzgebäck

Vorspeisen

Typisch Italien: Auch in Südtirol zählen Pasta-Gerichte zu den beliebtesten Vorspeisen. Besonders häufig serviert man hier *Pasta asciutta* mit Hackfleisch. Fast überall gibt es auch andere Pasta-Klassiker – je nach Jahreszeit so leckere wie ungewöhnliche Variationen wie Spaghetti mit Spargel und Speck oder mit Kürbisblüten.

Eine auch von Besuchern geschätzte Besonderheit in Südtirol sind die kleinen Portionen Speck mit Brot, die gern vor dem Hauptgang gereicht werden. Eher dem österreichischen Erbe entsprechen die vielen verschiedenen Suppen, allen voran die berühmte Speckknödelsuppe. Knödel in der Suppe gibt es aber auch in anderen Varianten, beispielsweise mit Leber. Die typische Südtiroler Gerstensuppe wird aus Brühe mit Gerstengraupen, Kartoffeln und Selchfleisch (Kasseler) zubereitet. Eine beliebte Beilage zu Suppen sind *Tirtlan*. Die Teigtaschen aus Roggen- und Weizenmehl werden in schwimmendem Fett ausgebacken und dann mit einer Mischung aus Topfen (Quark) und Kraut oder Spinat gefüllt. Es gibt auch süße Varianten, z. B. mit Mohnfüllung.

Köstlich sind die Schlutzkrapfen, die wie Ravioli oder Maultaschen aus Nudelteig geformt werden, dem man aber etwas Roggenmehl zugibt. Sie werden klassisch mit Spinat, aber auch mit Mangold, Löwenzahn, Brennnesseln, Rote-Bete-Püree oder Wirsing sowie mit Topfen, Ricotta oder Graukäse gefüllt. Dazu gibt es eine Sauce aus Butter und Parmesan.

Klassiker der Region sind zudem Nocken (Knödel), die variantenreich als Vorspeise oder kleines Hauptgericht dienen. Sie werden mit verschiedenen Käse- und Gemüsesorten zubereitet und oft mit Butter-Parmesan- oder Tomatensauce serviert.

Hauptgerichte

Die Hauptgerichte entsprechen eher der Tiroler Küche. Häufig kommt Schweinefleisch auf den Tisch – sei es

Südtiroler Speck

Südtiroler Speck

»Wenig Salz, wenig Rauch und viel Luft« – so lautet die Faustregel bei der Herstellung des Südtiroler Specks. Für den Geschmack dieser Spezialität verbindet man das Beste aus zwei gastronomischen Kulturen: Einerseits lässt man die Schweineschlegel wie im südlicheren Italien in Speckkammern an der Bergluft reifen, andererseits räuchert man sie wie nördlich der Alpen. Der Rauch darf allerdings nicht zu heiß werden. Hinzu kommt eine Pökelmischung aus wenig Salz und Gewürzen – ein wohlgehütetes Geheimnis der Hersteller. Das Ergebnis ist ein wunderbar leicht geräucherter Rohschinken, der milder ist als reine Räucherschinken aus nördlicheren Regionen, aber würziger schmeckt als die *prosciutti* des Südens.

◀ Vinschgauer und Äpfel – typische Produkte Südtirols

Schlutzkrapfen
Südtirols »Ravioli« werden oft mit Spinat gefüllt, dazu gibt es Butter und Parmesan.

Apfelstrudel
Die mit Äpfeln und Rosinen gefüllten Strudel sind mit oder ohne Vanillesauce ein Genuss.

in Form von Braten, knusprigen Haxen oder als Wurst beim Bauernschmaus. Typische Fleischgerichte sind auch Zwiebelrostbraten und Lammbraten sowie Wild in verschiedenen Variationen. Dazu schmecken Pilze, die in Südtirol im Spätsommer und Herbst gesammelt werden.

Als typische Beilagen dienen hier Semmel- und Kartoffelknödel oder Kartoffeln. Lecker und deftig sind das Herrengröstl mit zartem Kalbfleisch und das Bauerngröstl aus Rindfleisch und Bratkartoffeln. Eine Köstlichkeit sind die KartoffelblattIn: Zu den knusprigen Küchlein, die aus Kartoffelteig zubereitet und in Fett ausgebacken werden, isst man traditionell Sauerkraut. Die klaren Bäche und Seen der Region liefern viele frische Süßwasserfische, etwa Forellen, Barsche, Hechte und Saiblinge.

Brot

Südtirols Brotkultur ist stark von Österreich beeinflusst. In den Bäckereien werden viele Brotsorten von dunkel und gewürzt bis leicht und weiß angeboten sowie verschiedenste Semmeln (Brötchen). Eine Besonderheit sind die recht intensiv schmeckenden Vinschgauer oder Vinschgerln, Sauerteigfladen aus Roggen- und Weizenmehl.

Mehl- und Süßspeisen

Österreichs kulinarisches Erbe schimmert vor allem in den Mehlspeisen durch. Südtirol ist bekannt für Apfelstrudel. Aber auch andere Strudelsorten – mit Mohn, Topfen oder pikanten Füllungen – sind zu empfehlen. Zum Standardangebot zählen Palatschinken und Kaiserschmarrn, der mit Holundersirup verfeinert wird. Knödel gibt es in mehreren süßen Varianten.

Südtirols Früchte und Nüsse werden zu Kuchen und Torten verarbeitet. Ein weiteres Highlight ist Maronencreme aus gerösteten Esskastanien, Milch, Zucker und Zimt. Dazu passt ein Espresso oder ein Cappuccino – typisch Italien.

Strauben werden häufig mit Preiselbeermarmelade serviert

Südtiroler Knödel

Speckknödel: Diese pikante Variante mit (magerem) Speck und Zwiebeln wird oft mit Krautsalat serviert.

Kasknödel: Die mit Graukäse zubereiteten Knödel werden gern auf Lauch angerichtet.

Marillenknödel: Eine (mit Zuckerwürfel gefüllte) Marille wird mit Knödelteig umhüllt und mit Zucker und Zimt bestreut.

Spinatknödel: Bei der Gemüsevariante ist gehackter Spinat (häufig auch Ricotta) Bestandteil des Knödelteigs.

Steinpilzknödel: Die Verfeinerung mit klein geschnittenen Steinpilzen ist ebenfalls beliebt.

Tris vom Knödel (Dreierlei Knödel) mit Kas-, Spinat- und Speckknödel

Südtiroler Getränke

Das milde, sonnenreiche Klima ermöglicht Weinbau. Die edlen Tropfen der Region stehen für Vielfalt und genussvolle Abwechslung. Mit Vernatsch, Lagrein und Gewürztraminer verfügt die Region sogar über drei autochthone (hier entstandene) Rebsorten. Wie wäre es z. B. mit einem Ausflug entlang der Südtiroler Weinstraße *(siehe S. 90f)* oder einem Besuch des Südtiroler Weinmuseums in Kaltern *(siehe S. 92)*?

Vor dem Essen genießt man in Südtirol gern einen Aperitif, nach dem Mahl einen Kaffee oder einen kräftigen Obstbrand. Für eine fruchtige Erfrischung zwischendurch geradezu ideal ist der kohlensäurehaltige Softdrink Spuma.

Weißburgunder, Chardonnay, Pfefferer (Goldmuskateller), Gewürztraminer ***(von links)***

Weißwein

Südtirol zählt zu den ältesten Weinbaugebieten Mitteleuropas, innerhalb Italiens mit rund 5300 Hektar jedoch zu den kleinsten. Seit einigen Jahren sind Weißweine auf dem Vormarsch: Mittlerweile werden auf rund 60 Prozent der Weinbaufläche Südtirols weiße Rebsorten kultiviert. Bekannt sind sie auch für ihren frischen, fruchtbetonten Charakter. Wichtigster Weißwein Südtirols ist der vollmundige, von blumigem Duft geprägte Grauburgunder (Pinot Grigio) vor Gewürztraminer, Chardonnay und Weißburgunder.

Rotwein

Dass Südtirol auch als Dorado für Weinliebhaber gilt, liegt nicht zuletzt an den roten Tropfen. Wie auch die Weißweine der Region brauchen sie keinen internationalen Vergleich zu scheuen, manche belegen in internationalen Weinführern regelmäßig Spitzenplätze. Südtiroler Rotwein par excellence ist der rubinrote Vernatsch, der mengenmäßig die wichtigste Rolle spielt. Je nach Lage, Klima und Boden präsentiert er sich immer etwas anders, populäre Variationen sind z. B. Edel- und Grauvernatsch. Weitere Klassiker unter den Rotweinen sind der dunklere, ausdrucksvolle Lagrein sowie Blauburgunder, Merlot und Cabernet Sauvignon.

Lagrein, Blauburgunder, Edelvernatsch, Vernatsch, St. Magdalener ***(von links)***

Bier

Das Hopfengetränk stand in Südtirol immer im Schatten der edlen Tropfen. Dennoch werden einige Qualitätsbiere gebraut. Bekannteste Brauerei ist Forst in Algund. Auch die Biere von Batzen Bräu in Bozen und Rienzbräu in Bruneck genießen bei Biertrinkern einen guten Ruf. Einige Wirtshäuser in Südtirol brauen ihr eigenes (unfiltriertes) Bier – jeweils nach einem ganz speziellen, wohlgehüteten Rezept.

Forst Kronen und 1857

Batzen Bräu

Bierdeckel von Rienzbräu

Stilvolles Weinlager in der Kellerei Schreckbichl, Girlan

Südtiroler Kellereien

In den 1990er Jahren starteten die meist genossenschaftlich organisierten Kellereien eine Qualitätsoffensive. Schon seit Jahren produzieren sie trotz des kleinen Anbaugebiets Spitzenweine. Immer wichtiger wird – neben der Qualitätsoptimierung – der Nachhaltigkeitsaspekt.

Kaffee

Kaffee

Südtirol pflegt seine Kaffeekultur. Eine Besonderheit ist der im Bergdorf Altrei aus der Feigenbohne produzierte Altreier Kaffee. Dort – im tiefsten Süden Südtirols – kann man diese Kaffeevariante kosten.

Aperitifs

Eine kulinarische Tradition: Vor einem gehaltvollen Essen werden in Südtirol – typisch für Italien – Aperitifs mit fruchtig-bitterer Note gereicht. Zu den Favoriten unter den Appetitanregern gehört Aperol. Der Likör mit auffallend orangeroter Farbe eignet sich auch als Basis für Cocktails mit Weißwein oder Prosecco (Aperol Spritz). 2005 erfand ein Bozner Barkeeper den Cocktail Hugo, der aus Prosecco, Soda, Holunderblüten- oder Zitronenmelissesirup, frischer Minze und Limettenstücken gemixt wird. Campari ist der Klassiker für Longdrinks wie Campari Soda, das auch schon fertig gemischt angeboten wird.

Campari Soda

Hugo

Aperol – Basis für eine Reihe von Mixgetränken, etwa für Spritz

Spuma bionda *(links)* und Spuma nera

Spuma

Limonaden wie Spuma sind beliebte Durstlöscher – ob hell (bionda) oder dunkel (nera). Bei der Produktion werden unterschiedliche Aromastoffe hinzugefügt. Sehr populär ist die dem österreichischen Almdudler ähnliche Variante mit Kräutern, aber auch Zitrone oder Mandarine werden verwendet. Die nichtalkoholischen Limonaden werden gern mit anderen Getränken vermischt, Spuma nera etwa mit Rotwein.

Schnäpse und Liköre

Hochprozentiges aus Südtirol ist der krönende Abschluss einer herzhaften Mahlzeit, einer zünftigen Jause oder eines beschwingten Törggeleabends. Obstbrände werden überwiegend aus Marillen, Kirschen, Birnen, Zwetschgen und Äpfeln aus Südtiroler Gärten produziert. Wie wohl überall in Italien hat auch hier der Tresterbrand Grappa viele Anhänger. 2012 eröffnete in Glurns die erste Whiskydestillerie Italiens. Marillenlikör ist zentrale Ingredienz des beliebten Dessertgetränks »Beschwipste Marille«.

Beschwipste Marille

Törggelen

Südtirols fünfte Jahreszeit! Die Bezeichnung »Törggelen« kommt nicht etwa vom weinseligen Torkeln, sondern von »Torggel«, wie man in Südtirol eine Traubenpresse nennt. Alljährlich im Herbst heißt man vor allem im Eisacktal und entlang der Südtiroler Weinstraße Gäste zum Törggelen willkommen. In urigen Buschenschänken werden der junge Wein der Saison und die deftige Küche Südtirols serviert. Treten Sie ein!

Esskastanien

Kastanien
Als Herbstfrucht dürfen Kastanien (»Keschtn«) auch beim Törggelen nicht fehlen. Mit ihrem angenehm mehlig-nussigen Geschmack passen Esskastanien ganz hervorragend zu Wein. Man isst sie meist als Nachspeise mit Butter. In manchen Buschenschänken werden als Dessert auch Krapfen mit süßer Kastanienfüllung gereicht.

Wein
Der Wein ist das Ziel – zumindest beim Törggelen, einem strahlenden Ausdruck für Südtiroler Genuss und Lebensfreude. In einer Weinregion wie dieser wird natürlich auch die Verkostung des neuen Weins gebührend gefeiert. Getrunken wird ab September der süße Most, der »Siaße« oder »Suse«, interessanter ist ab Ende Oktober jedoch der junge Wein (»Nuier«), der schon über sieben Prozent Alkohol aufweisen kann. Da er es durchaus in sich haben kann, sorgen herzhafte Spezialitäten der Region für die nötige »Unterlage«. Zu den Hochburgen des alten Südtiroler Brauchs gehören vor allem das Eisacktal, die Umgebung von Bozen, das Etschtal um Meran und die Südtiroler Weinstraße. Beim Törggelen feiern Einheimische gemeinsam mit Gästen – gesellig, gemütlich und genussvoll. Der Besuch einer Buschenschänke rundet einen Tag in Südtirols wundervoller Natur perfekt ab.

Blauburgunder, Lagrein *(von links)*

Weißburgunder, Chardonnay, Pfefferer (Goldmuskateller) *(von links)*

Ein Glas Wein und ein Südtiroler Speckbrettl – das ist Törggelen

Veranstaltungen

Zünftig geht es zu in den Buschenschänken, die ihre Stuben zum Törggelen öffnen. Diese Bauernhöfe mit Weinproduktion sind urgemütliche Orte Südtiroler Gastlichkeit. Doch auch im Freien wird getörggelt. Bei vielen kulinarischen Veranstaltungen verwandeln sich ganze Orte in riesige Törggelestuben. Für das leibliche Wohl, Musik und Unterhaltung ist bestens gesorgt, Märkte ziehen Besucher in Scharen an. In Klausen wird beim »Gassltörggelen« an mehreren Samstagen ab Ende September in den Straßen gefeiert, zu den Höhepunkten gehört neben dem Umzug die Wahl der Törggelekönigin. Bei den Törggeletagen in Tramin gibt es an einem Wochenende im Oktober den »Nuien«, auf dem Festplatz serviert man typische Gerichte. Kastanienküche gibt es von Mitte Oktober bis Anfang November beim »Keschtnigl« im Eisacktal. So kann der Herbst kommen.

Marende

Ein Traum und für viele Besucher der Inbegriff für Südtirol: blauer Himmel, freier Blick auf die Bergwelt und dazu eine Marende – eine typische Tiroler Brotzeit mit heimischen Köstlichkeiten. Wein und Speck dürfen nicht fehlen – ob zum Törggelen oder in einer anderen »Jahreszeit«.

Buschenschänken

Eppan
Gasthof Lipp
Perdonig 30.
☎ +39 0471 662 517.
Gasthof Wieser
Perdonig 29.
☎ +39 0471 662 376.

Feldthurns
Glangerhof
Guln 37. ☎ +39 0472 855 317.
Obermoserhof
Schnauders 26.
☎ +39 0472 855 215.
Wöhrmannhof
Tschiffnon 19B.
☎ +39 0472 855 250.

Klausen
Huberhof
Pardell 50.
☎ +39 0472 855 479.
Martscholerhof
Gufidauner Str. 27.
☎ +39 0472 847 207.
Moar zu Viersch
Verdings 22.
☎ +39 0472 855 489.

Kuens
Hilberkeller
Kuenser Str. 23.
☎ +39 0473 240 051.

Lana
Jausenstation Greitwies
Pawigl 3. ☎ +39 0473 563 376.

Prissian / Tisens
Jausenstation Saxiller Keller
☎ +39 0473 920 723.

Schenna
Hasenegg
Schennaberg 2.
☎ +39 0473 949 419.

Tramin
Berggasthaus Gummererhof
Söll 68. ☎ +39 0471 860 430.

Tscherms
Bachgütl
Raffeinweg 26.
☎ +39 0473 56 38 89.

Völs am Schlern
Wassererhof
Völserried 21.
☎ +39 338 777 9227.

Speckknödel

Speck

Mahlzeiten

Einfach, bäuerlich und lecker: Das Essen beim Törggelen entspricht einer Menüfolge. Als Vorspeise wird häufig eine Suppe (z. B. Gersten-, Gemüse- oder Speckknödelsuppe) gereicht, auch Schlutzkrapfen, Knödel sowie Speck- und Käseplatte sind dabei. Das Hauptgericht besteht meist aus einer Schlachtplatte (u. a. mit diversen Würsten, Rippchen und Surfleisch), dazu gibt es Kartoffeln, Sauerkraut und Brot. Den Abend versüßen Kastanien, Krapfen mit Marmelade- oder Mohnfüllung sowie Apfelstrudel.

Südtiroler Schüttelbrot

Schüttelbrot

Knusper, knusper … Die trockenen, an Knäckebrot erinnernden Fladen werden aus Roggenmehl und Sauerteig gebacken. Traditionell wird Schüttelbrot mit Gewürzen wie Fenchel- und Anissamen sowie Kräutern wie Brotklee versehen, in moderneren Varianten beispielsweise auch mit Sesam oder Zwiebeln. In ihre sehr flache Form werden sie vor dem Backen mit den Händen auseinandergetrieben und geschüttelt, worauf ihr Name beruht. Die auf speziellen Regalen getrockneten Schüttelbrotfladen schimmeln nicht und sind lange haltbar, zudem können sie platzsparend aufbewahrt werden. Für die Bauern in früheren Zeiten, die ihr Brot selbst backen mussten, waren dies wichtige Vorteile. Schüttelbrot passt hervorragend zu einer typischen Südtiroler Marende mit Speck, Kaminwurzn und Käse und als würziges Knabbergebäck zum Wein.

Marende

Südtiroler Äpfel

Apfelparadies Südtirol: Über 300 Sonnentage im Jahr mit insgesamt mehr als 2000 Sonnenstunden bieten perfekte Bedingungen für den Apfelanbau. Über die Hälfte der Ernte wird exportiert, größter Abnehmer ist Deutschland. Äpfel sind nicht nur als Zwischenmahlzeit oder im Apfelstrudel beliebt, sondern auch die Basis für Südtiroler Obstbrände, Weine, Säfte und Essige sowie für Beauty-Produkte wie Apfelbalsam oder Duftöle.

Qualität: Südtiroler Apfel g.g.A.
Qualität ist in Südtirol Herzenssache – auch bei Äpfeln. Die geschützte geografische Angabe (g.g.A.) ist ein Garant für die Einhaltung strenger Vorschriften bei Produktion und Kontrolle.

Logo Südtiroler Apfel g.g.A.

Apfelsorten
Viele Sorten tragen kuriose Namen, die wenig über ihre Eigenschaften aussagen. Doch egal, wie sie heißen – jeder Apfel ist zum Anbeißen.

Braeburn **– fein-säuerlich, sehr »knackiges« Fruchtfleisch**

Elstar **– fein-säuerlich, auch beliebt für Apfelstrudel**

Fuji **– sehr süß, weltweit häufigste Sorte**

Golden Delicious **– süß, in Südtirol häufigste Sorte**

Granny Smith **– sehr säuerlich, beliebter »Backapfel«**

Idared **– fein-säuerlich, weißes Fruchtfleisch**

Jonagold **– süß-säuerlich, beliebter Apfel für Säfte**

Morgenduft **– süß-säuerlich, klassischer Kochapfel**

Pinova **– leicht süß, sehr aromatisch**

Red Delicious **– süß, sehr groß, fest, saftig**

Gala **– süß, eröffnet die Apfelernte im August**

Topaz **– fein-säuerlich, beliebter Bio-Apfel**

Winesap **– süß-säuerlich, sehr festes Fruchtfleisch**

Apfelanbau

Was für eine eindrucksvolle Kulisse: Die sonnenverwöhnten Täler und Hanglagen werden von hohen Gipfeln umrahmt, die den Apfelpflanzungen Schutz vor Kaltlufteinbrüchen bieten – ideale Bedingungen für hohe Ernteerträge.

Infobox

Führungen in Obstgenossenschaften und Apfelplantagen
Apfelexperten erklären u. a. Anbau, Ernte, Lagerung, Verpackung, Transport und Verarbeitung von Äpfeln.
W suedtirolerapfel.com/unsbesuchen/apfelfuehrungen

Obstgenossenschaft Lana.
W vog.it/de/die-obstgenossenschaften/og-lana

Obstgenossenschaft Melix, Vahrn.
W vog.it/de/die-obstgenossenschaften/og-melix-brixen

Obstgenossenschaft Fruchthof Überetsch, Frangart.
W vog.it/de/die-obstgenossenschaften/og-fruchthof-ueberetsch

Obstgenossenschaft Roen, Kaltern.
W vog.it/de/die-obstgenossenschaften/og-roen

Mehr Infos zu Südtiroler Äpfeln:
W suedtirolerapfel.com

Anbaugebiet

Mit einer Anbaufläche von insgesamt rund 18 000 Hektar ist Südtirol das größte geschlossene Obstanbaugebiet Europas. Es reicht von Mals im Vinschgau das Etschtal hinunter bis Salurn im Süden. Auch ein Teil des Eisacktals wird für die Kultivierung von Äpfeln genutzt. Das Höhenspektrum für den Anbau liegt etwa zwischen 200 und 1000 Metern über dem Meer. Die meisten der rund 7000 Apfelbauern bewirtschaften kleinere Pflanzungen mit einer Fläche von etwa zwei bis drei Hektar. Geerntet wird von Mitte August bis November. Den Anfang macht die früh reifende Sorte Gala, den Abschluss bildet Pink Lady®. Die gesamte Ernte liegt pro Jahr bei rund einer Million Tonnen.

Bio-Pioniere

Als Vorreiter in Sachen Bio-Anbau ist Südtirol der größte Produzent von Bio-Äpfeln in Europa. Rund fünf Prozent der gesamten Ernte werden organisch-biologisch produziert – ohne Einsatz von Mineraldüngern und chemischen Pflanzenschutzmitteln. Manche Landwirte gehen noch einen Schritt weiter und betreiben biologisch-dynamischen Anbau, der auch den Einfluss der Gestirne berücksichtigt. Erfreulicherweise werden in Südtirol auch beim integrierten Anbau Pflanzenschutzmittel mit Bedacht eingesetzt.

Apfelblüten

Club-Äpfel

Neben den herkömmlichen Apfelsorten gibt es auch sogenannte Clubsorten mit eingetragenen Markenzeichen. Hinter den Namen verbergen sich eher junge, neuartige Kreuzungen, deren Angebot bewusst überschaubar gehalten wird. Eigentlich handelt es sich dabei weniger um Apfelsorten, sondern eher um Markennamen.

Jazz®

Rubens®

Modi®

Pink Lady®

Kanzi®

WELLNESS

Hochwertige Südtiroler Naturprodukte sind die Basis vieler Wellness-Erlebnisse. Die traumhaft schöne Region liefert die Zutaten für Essenzen wie etwa Traubenkernöl oder Apfelbalsam. Die mit viel Sonnenschein gesegnete Lage Südtirols, sein Licht und seine Farben sowie der bereichernde Einfluss italienischer Kultur und Küche sind Teil des Verwöhnprogramms.

Alpine Wellness: Heubäder sind ein Südtiroler Original. Ein Bad im nassen Heu aus Gras und dem bunten Blütenreigen der Almwiesen ist ein völlig neues sinnliches Erlebnis. Die besten Zutaten dafür stammen angeblich von der berühmten Seiser Alm. Eine Alternative: Legen Sie sich einfach auf eine Almwiese, schließen Sie die Augen, und genießen Sie den Duft der Pflanzen.

Südtirol und die Welt: Das Angebot an wohltuenden Wellness-Treatments kennt auch in Südtirol keine Grenzen. Neben bewährten heimischen Anwendungen, etwa mit wohltuendem Edelweißöl, bietet mancher Wellness-Heaven auch fernöstliche Behandlungen wie Shiatsu und Ayurveda.

Spas, Beauty und Yoga	**52 – 53**
Wellness-Adressen	**101, 141, 199, 227**
Wellness	**244 – 245**

Spas, Beauty und Yoga

Wenn es Zeit für eine Auszeit ist, bietet sich das Genießerland Südtirol an. Entspannung und Energie, Wärme und Wohlbefinden für Körper, Geist und Seele kennzeichnen den Aufenthalt. Viele Wellness-Oasen verschaffen ihren Gästen ganz besondere Glücksmomente. Refugien der Ruhe und Inspiration sind Yoga-Retreats und die top ausgestatteten Wellness-Hotels. Gönnen Sie sich einmal ein Heubad, diese Südtiroler Erfindung bietet ein einmaliges Erlebnis.

Yoga
Mit Balance und Harmonie die innere Mitte stärken. Diese besondere Facette aktiver Entspannung erlebt man in idyllisch gelegenen Yoga-Retreats, die in Südtirol oft in Hotels untergebracht sind. So werden aus Yoga-Kursen und -Workshops wahre Yoga-Urlaube.

Top 3 Yoga-Retreats

- ★ Hotel Schwarzschmied, Lana
- ★ Natur Idyll Hochgall, Rein in Taufers
- ★ Hotel La Vimea, Naturns

Massage mit Edelweißöl
Den Duft der Alpen auf der Haut spüren – Massagen mit heimischen Essenzen bündeln die heilende Kraft der Natur. Eine Ganzkörpermassage mit Edelweißöl ist eine Wohltat. Ein Sträußchen der Alpenblumen darf nicht fehlen.

Aromatherapie mit Latschenkiefernöl
Ein reines Naturprodukt: Wie andere ätherische Öle kann auch das aus Zweigen und Nadeln der Latschenkiefer destillierte Öl Wunder wirken – vor allem bei Erkrankungen der Atemwege.

Aromen von Ölen und Blüten sorgen für Wohlgefühl

◀ **Anti-Aging – eine Südtiroler Besonderheit ist das Apfelbad**

Wellness in Wasserwelten
Südtirol setzt Maßstäbe bei Thermen. Neben grandiosen Badelandschaften und Erlebniswelten locken hier auch perfekte Spa- und Vital-Bereiche. Die pfiffige Architektur tut ihr Übriges: Durch die riesigen Glasfronten der Therme Meran (oben; siehe S. 114) *genießt man den Blick auf die Südtiroler Bergwelt.*

Apfelbad
Tauchen Sie ein in die wohltuende Welt des Energiespenders Apfel. Das Ritual umfasst neben einem ausgedehnten Bad auch eine Massage mit einer Apfelessenz. Wegen des Peeling-Effekts werden Apfelbäder gern als Anti-Aging-Behandlung eingesetzt.

Heubäder
Heu wird in ein warmes Wasserbad getaucht, die freigesetzten ätherischen Öle der Blüten wirken stimulierend und heilend. Zur Entspannung nach einer Heupackung (ca. 20 Min.) wird man in warme Tücher gehüllt.

Heu – Basis für wohltuende Bäder und Packungen

Wellness-Hotels
Genuss und Entspannung unter einem Dach: Wellness-Hotels bieten ihren Gästen mit Fango und Feng-Shui, Meersalz und Marmor, Algenbad und Ayurveda-Anwendungen ein buntes Verwöhnprogramm. Viele der Resorts befinden sich in den schönsten Ecken Südtirols, wo sie mit der bezaubernden Umgebung eine magische Einheit bilden.

Top 5 Wellness-Hotels

- ★ Das Paradies, Latsch
- ★ vigilius mountain resort, Lana
- ★ Sport & Wellness Resort Quellenhof, St. Martin
- ★ Parc Hotel am See, Kaltern am See
- ★ Garberhof, Mals

Weitere Informationen *siehe S. 244f*

EMBAWO

SHOPPING

Made in Südtirol: Bei Mode und Accessoires präsentiert sich die Ideenschmiede Südtirol durchgestylt italienisch. Designer aus der Region erfinden Unikate – von extravagant bis leger – für besondere Momente und Anlässe. Dabei wird alte Handwerkskunst in zeitgemäßer Formensprache interpretiert.

Shopping-Paradies für jeden Geschmack: Von Outlets mit gigantischem Sortiment über Boutiquen in prächtigen Shopping-Meilen wie etwa den Bozner Lauben bis zu urigen Läden in stimmungsvollen Gassen – Südtirol bietet für jeden Besucher ein ganz besonderes Shopping-Ambiente.

Ein Erlebnis für die Sinne sind Märkte – von Wochenmärkten bis zu Genussmärkten wie PUR Südtirol mit Standorten in Meran, Bozen, Bruneck und Lana. In diesen Schatzkammern für regionale Delikatessen findet man garantiert das richtige kulinarische Mitbringsel und kann sich selbst verwöhnen. Nebenbei: Auf den Märkten entdeckt man das »wahre« Südtirol. Einfach verweilen, shoppen und genießen.

Shopping

Wie überall in Italien werden auch in Südtirol Trends gesetzt. Handwerk meets Design, Tradition trifft hier auf Innovation, Brauchtum auf Zeitgeist. Ob in der großen Manufaktur oder im kleinen Atelier: Das Kunsthandwerk ist überwiegend handgemacht. Großen Wert legt man auf die Verwendung natürlicher Materialien wie Holz und Wolle. Lassen Sie beim Packen für den Urlaub viel Stauraum für Mitbringsel. Oder noch besser: Kaufen Sie sich vor Ort die entsprechenden Taschen und Koffer (vielleicht aus Holz?). Dann findet sich auch für Gaumenfreuden aus dem Genussparadies Südtirol genügend Platz im Gepäck.

Capriz – Käserei im Pustertal mit Erlebniswelt und Museum ***(siehe S. 144)***

Delikatessen

Südtirol ist ein wahres Schlaraffenland. Mit zahlreichen kulinarischen Köstlichkeiten von höchster Qualität lockt es Genießer an. International begehrt ist Südtiroler Speck *(siehe S. 42)*. Als traditionsreiches Weinbaugebiet bietet die Region Liebhabern edler Tropfen eine üppige Auswahl *(siehe S. 44)*. Ein originelles Mitbringsel ist ein Obstbrand mit einer Frucht im Inneren der Flasche. Am besten erwirbt man die Delikatessen im Direktverkauf – ob auf dem Bauernhof, in der Käserei, auf der Alm, beim Imker oder in der Kellerei. Dort können die meisten Produkte auch gekostet werden.

Schüttelbrot **Apfelgelee** **Wein**

Holzschnitzerei

Geschnitzte Krippenfiguren aus Südtirol sind weltberühmt. Die Palette an Motiven ist jedoch weitaus bunter – vom Schachspiel bis zum Edelweiß, vom Steinbock bis zur Kuckucksuhr, von Schreibutensilien bis zur Schale. Die Objekte werden aus ausgesuchten Hölzern geschnitzt und anschließend bemalt – alles Handarbeit. Hochburg ist das Grödner Tal, wo auch PEMA in St. Ulrich (www.pema.it) und Demetz Patrick in St. Christina (www.demetz-patrick.com) ansässig sind.

Gämse aus Holz, PEMA

Äpfel aus Holz

◄ **Schicke Tasche aus Holz von Embawo**

Taschen und Koffer aus Holz und Leder
Ein absoluter Blickfang! Embawo *(siehe S. 198)* in Vahrn produziert aus ausgesuchtem Holz und Leder elegante Taschen in italienischem Design und höchster Perfektion. Jedes Stück ist extravagant, praktisch und durch individuelle Farbe und Maserung des Holzes ein Unikat. Eine spezielle Verleimtechnik ermöglicht vielerlei Formen und Rundungen. Ob heimisches Apfelholz oder »exotisches« Palisanderholz – nur die feinsten Hölzer werden verwendet.

Brieftaschen aus Holz
Ultraleicht und absolut praktisch: Wood.Mate (www.woodmate.it) in Karneid fertigt Brieftaschen und Etuis für Kredit- und Visitenkarten aus edlem Holz – auf Wunsch auch mit persönlicher Lasergravur. Sie haben die Qual der Wahl: rötliches Kirschbaumholz, tiefbraunes Nussbaumholz, das schwarzgraue Holz der Mooreiche oder …

Holzetui von Wood.Mate

Schmuck aus Zeitungspapier
Eine Alternative zu Gold- und Silberschmuck: Die Designerin Eva Maria Moser (www.evamariamoser.com) produziert in Algund Ringe, Halsketten, Ohrringe und Broschen aus Zeitungspapier, Baumwolle und Nussbaumholz. So wird aus einem Zeitungsausschnitt mit einer schnelllebigen Meldung ein schönes Designobjekt für die Ewigkeit.

Filzprodukte

Hier dreht sich alles um Wolle und Filz: Massagegürtel, Yogamatten, Kräuterkissen, Handyhüllen und – natürlich – Filzpantoffeln. Der Veredelung des heimischen Produkts Schafwolle widmet sich die Ultner Wollmanufaktur Bergauf (www.bergauf.it). Wie wär's mit einer flauschigen Wolldecke? Auch die aus Schaf-Schurwolle gemachten Haunold-Filzprodukte von Zacher in Innichen (www.haunold.info) dokumentieren traditionsreiche Handwerkskunst. Wärmflaschen, Sitzkissen und mehr werden hier seit 1560(!) gefertigt.

Handtaschen aus Filz, Bergauf

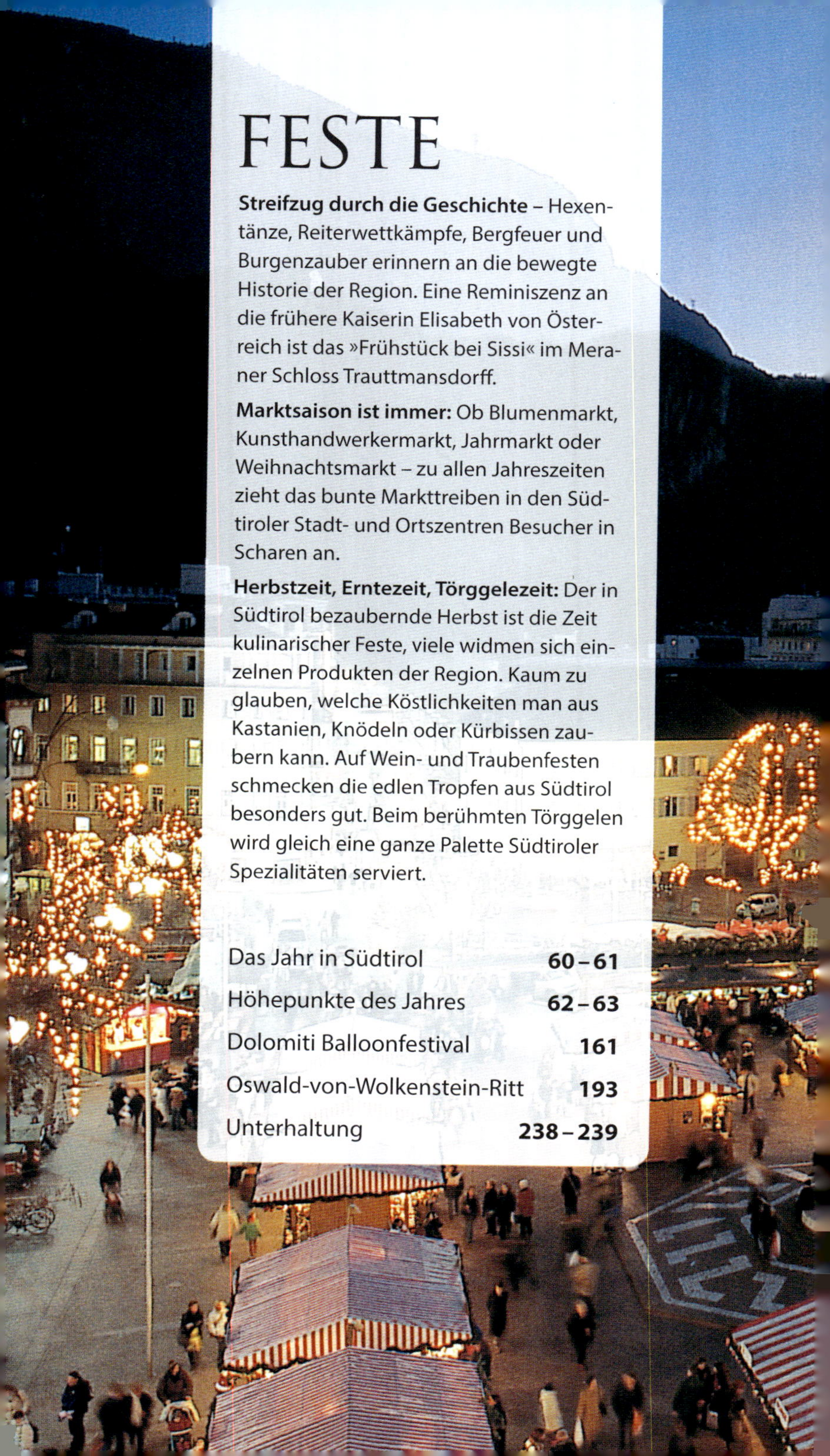

FESTE

Streifzug durch die Geschichte – Hexentänze, Reiterwettkämpfe, Bergfeuer und Burgenzauber erinnern an die bewegte Historie der Region. Eine Reminiszenz an die frühere Kaiserin Elisabeth von Österreich ist das »Frühstück bei Sissi« im Meraner Schloss Trauttmansdorff.

Marktsaison ist immer: Ob Blumenmarkt, Kunsthandwerkermarkt, Jahrmarkt oder Weihnachtsmarkt – zu allen Jahreszeiten zieht das bunte Markttreiben in den Südtiroler Stadt- und Ortszentren Besucher in Scharen an.

Herbstzeit, Erntezeit, Törggelezeit: Der in Südtirol bezaubernde Herbst ist die Zeit kulinarischer Feste, viele widmen sich einzelnen Produkten der Region. Kaum zu glauben, welche Köstlichkeiten man aus Kastanien, Knödeln oder Kürbissen zaubern kann. Auf Wein- und Traubenfesten schmecken die edlen Tropfen aus Südtirol besonders gut. Beim berühmten Törggelen wird gleich eine ganze Palette Südtiroler Spezialitäten serviert.

Das Jahr in Südtirol

Südtirol ist zu allen Jahreszeiten eine Reise wert, jede Saison hat ihren ganz speziellen Reiz. Der Veranstaltungskalender bietet ein buntes Mosaik an Festen und Feierlichkeiten – von lebhaften Karnevalsumzügen über sportliche Ritterspiele, ambitionierte Musikfestivals und ausgelassene Weinfeste bis zu stimmungsvollen Weihnachtsmärkten. Auf vielen Volksfesten spürt man das ausgeprägte Traditionsbewusstsein der Bewohner, die sich zu diesen Anlässen gern in typischer Tracht zeigen. Was und wo auch immer gefeiert wird: Für das leibliche Wohl der Gäste ist bei jedem Anlass bestens gesorgt.

Nebeldecke über den Tallagen

FRÜHLING

In den Hochlagen der Alpen sind Wintersportler aktiv, in den Tälern erwacht die Natur zu wahren Blütenmeeren.

März

Sterzinger Osterspiele *(Beginn zwei Wochen vor Ostern)*, Sterzing. Historisches Festival mit Theater und Musik.

Haflinger Galopprennen *(Ostermontag)*, Meran. Buntes Spektakel zur Eröffnung der Pferderennsaison.

Gardenissima *(März / Apr)*, Gröden. Längster Riesenslalom der Welt (ca. 6 km). Für Top- und Freizeitfahrer.

April

Blütenfesttage *(zwei Wochen Anfang Apr)*, Lana. Bauernmarkt, Genussmeile, Ausflüge zu Wein- und Apfelgärten.

Yoga Meeting *(Mitte Apr)*, Meran. Yoga und Meditation mit Workshops im Kurhaus.

Spargelfest *(Ende Apr)*, Terlan. Fest zum Start in die Spargelsaison.

Freizeit Messe *(Ende Apr)*, Bozen. Urlaub, Fitness, Garten, Beauty, Familie, Genuss.

Südtiroler Weinstraßenwochen *(sechs Wochen ab Ende Apr)*, Orte an der Weinstraße.

Mai

Blumenmarkt *(um den 1. Mai)*, Bozen. Blütenzauber auf dem Waltherplatz.

SOMMER

Die warme Jahreszeit ist die touristische Hauptsaison. Bei traditionsreichen Volksfesten werden Historie und Brauchtum der Region lebendig.

Juni

Keramikmarkt *(ein Wochenende Anfang Juni)*, Naturns. Kunsthandwerkermarkt.

Frühstück bei Sissi *(jeden So im Juni)*, Meran. »Kaiserlicher« Brunch mit Musik in Schloss Trauttmansdorff.

Asfaltart *(ein Wochenende im Juni)*, Meran. Straßenkünstlerfest und Familienspaß mit Clowns, Akrobaten und Musik.

Oswald-von-Wolkenstein-Ritt *(siehe S. 193)*.

Castelronda *(ein Wochenende im Juni)*. Faszination Mittelalter mit Veranstaltungen in Burgen um Bozen und Eppan.

Herz-Jesu-Feuer *(ein So im Juni)*. Bergfeuer im Gedenken an die Tiroler Freiheitskämpfe.

Südtirol Jazzfestival *(zehn Tage Ende Juni / Anfang Juli)*. Jazz überall in der Region.

Oswald-von-Wolkenstein-Ritt, größtes Reiterfest Südtirols *(Juni; siehe S. 193)*

Feiertage

Januar

Capodanno
Neujahr *(1. Jan)*

Epifania
Dreikönig *(6. Jan)*

März / April

Domenica di Pasqua
Ostersonntag *(März / Apr)*

Lunedì dell'Angelo
Ostermontag *(März / Apr)*

Anniversario della Liberazione
Tag der Befreiung *(25. Apr)*

Mai

Festa del Lavoro
Tag der Arbeit *(1. Mai)*

Lunedì di Pentecoste
Pfingstmontag *(Mai / Juni)*

Juni

Festa della Repubblica
Tag der Republik *(2. Juni)*

◀ »Original Südtiroler Weihnachtsmarkt« *(siehe S. 63)* auf dem Waltherplatz in Bozen

Idyllische Herbststimmung bei Klausen

Juli

Hexentanz *(Vollmondnacht im Juli)*, St. Martin in Thurn. Hexen treiben ihr Unwesen.
Schlern International Music Festival *(drei Wochen im Juli)*, Völs. Klassische Musik.
Südtirol Classic *(eine Woche im Juli)*. Oldtimer-Rallye quer durch Südtirol. Für Genießer.
Kalterer Seespiele *(drei Di im Juli/Aug)*, Kaltern. Konzerte von Klassik bis Musical.

August

Marmor & Marille *(Anfang Aug)*, Laas. Fest um zwei typische Produkte aus dem Ort.
Südtiroler Ritterspiele *(Mitte Aug)*, Schluderns. Mittelalter-Reiterwettkämpfe *(siehe S. 9)*.
Altstadtfest *(Ende Aug; alle zwei Jahre: 2020, 2022 etc.)*, Brixen. Musik,Theater, Essen.

HERBST

Der Herbst ist wegen stabiler Witterung und Laubfärbung bei Wanderern beliebt. Einige Feste widmen sich der Ernte.

September

Knödelfest *(2. So im Sep)*, Sterzing. Knödelessen (70 Knödelarten von Speck bis Marille) an einer 400 Meter langen Tafel.
Gsieser Almhüttenfest *(3. So im Sep)*, Gsieser Tal. Schlemmen zum Sommerende.
Kürbistage *(letztes Wochenende im Sep)*, Lana. Kürbisgerichte, Kürbisschnitzereien etc.
Speckfest *(Ende Sep/Anfang Okt)*, Villnöss. Speckgerichte, Krönung der Speckkönigin.
Almabtrieb *(siehe S. 62)*.

Oktober

Kastelruther Spatzen Fest *(drei Tage im Okt)*, Kastelruth. Die beliebte Musikgruppe zu Gast in ihrem Heimatort.
Traubenfest *(Wochenende Mitte Okt)*, Meran. Fest zum Ende der Weinernte. Umzug.
Tag der Romanik *(ein Sa Mitte Okt)*, Mals. Führungen durch Kirchen, Klöster und Kapellen.
Stegener Markt *(Wochenende Ende Okt)*, Stegen. Tirols größter Markt. Shoppen und feiern.
Keschtnriggl *(drei Wochen ab Mitte Okt)*, Tisens, Prissian, Völlan, Lana. Kastanientage.

November

Sealamorkt *(2. Nov)*, Glurns. Traditioneller Herbstmarkt.
Merano WineFestival *(fünf Tage im Nov)*, Meran. Treffpunkt der Weinwelt mit Showcooking und Degustationen.

WINTER

Weihnachtsmärkte und buntes Karnevalstreiben sind Highlights der kalten Jahreszeit.

Dezember

Alpenadvent *(siehe S. 63)*.
Krippenausstellung *(Adventszeit)*, Tesero. Lebensgroße Krippendarstellungen in Höfen.
Weihnachtsmärkte *(siehe S. 63)*.

Januar

Hexenprozess *(Anfang Jan)*, Cavalese. Erinnerung an die Zeit der Hexenverfolgungen.
Kastelruther Bauernhochzeit *(siehe S. 63)*.
Dolomiti Balloonfestival *(neun Tage Anfang Jan)*, Toblach. Ballonfahrten über die verschneiten Dolomiten.
Schneeskulpturen Festival *(zwei Wochenenden im Jan)*, Innichen, St. Vigil.

Februar

Karneval *(Feb/März)*. Umzüge und Maskenfeste in vielen Orten. Populär: Egetmann-Umzug in Tramin *(siehe S. 62)*.
Scheibenschlagen *(erster Fasten-So)*, Vinschgau. Zur Feier der Rückkehr des Frühlings schleudert man brennende Holzscheiben über die Felder.

Dolomiti Balloonfestival *(Jan)*

August
Ferragosto
Mariä Himmelfahrt
(15. Aug)

November
Ognissanti
Allerheiligen
(1. Nov)

Dezember
Immacolata Concezione
Unbefleckte Empfängnis
(8. Dez)
Natale Weihnachten
(25. Dez)
Santo Stefano *(26. Dez)*

Höhepunkte des Jahres

Südtiroler sind für ihr Traditionsbewusstsein bekannt, mit Hingabe pflegt man hier alte Bräuche. Ob das Fest besinnlich-kirchlich oder ausgelassen-heidnisch ist – die Stimmung ist immer ergreifend. Für Speis und Trank ist gesorgt, Gäste sind jederzeit herzlich willkommen.

Teilnehmer am Egetmann-Umzug

Egetmann-Umzug, Tramin (Februar/März)

Wild, laut und für Besucher voller Rätsel – dieses Fest ist so farbenprächtig wie feucht-fröhlich. Halten Sie sich in ungeraden Jahren den Faschingsdienstag frei.

Schnappviecher beim Egetmann-Umzug in Tramin

Was andernorts als Karnevals-, Faschings- oder Fasnachtsumzug zelebriert wird, ist in Tramin der Egetmann-Umzug. Ein Spektakel mit einigen Besonderheiten: Teilnehmen dürfen nur einheimische Männer, rund 800 sind unterwegs. Wer keine Maske trägt, beschmiert sein Gesicht mit Ruß und Schminke. Die Spitze des Umzugs bildet ein berittener Trompeter. Ihm folgen die überdimensionalen Schnappviecher *(links)* und viele weitere Figuren. Protagonist ist der Egetmann-Hansl. Diese mit Zylinder, Frack und weißen Handschuhen bekleidete Puppe fährt in der Hochzeitskutsche, die (männliche) Braut sitzt neben dem Kutscher. In Umzugswagen oder als tanzende Gruppen unterwegs sind auch Hexen, Schwarzbrenner, Zigeuner, Pfannenflicker, Waschweiber, Wikinger und viele andere. Besonders laut wird es, wenn Wilder Mann (mit Hasenfell), Weißer Bär und Grüner Bär vorbeizeihen. Das ganze Dorf ist mit Leib und Seele dabei. Die Schaulustigen am Straßenrand werden von den Umzugsteilnehmern mit Sägespänen, Heublumen und Konfetti beworfen. Beliebt ist das Einreiben mit Ruß. Der Frühling kann dann kommen!

Almabtrieb (Herbst)

Alle Jahre wieder wird ein ganz normaler Vorgang im Jahresablauf der Almwirtschaft zum festlichen Ereignis. Auch den Tieren scheint das zu gefallen.

Almauftrieb und Almabtrieb sind die wesentlichen Fixpunkte im Arbeitsjahr der Viehhirten. Die Zeit dazwischen verbringen die Rinder auf den grasreichen Hochalmen. Je nach Höhenlage der Almen und Wetterlage werden die Tiere zwischen Mitte September und Mitte Oktober zurück ins Tal getrieben. Gefeiert wird, dass die Herde den Sommer auf den Hochalmen gut überstanden hat. Zu diesem Anlass werden die Tiere festlich geschmückt, vorneweg marschiert die besonders prächtig dekorierte Kranzkuh, dahinter die anderen Kühe, gefolgt von den Kälbern. Auch die Hirten putzen sich heraus, im Tal warten Blaskapellen, Tanzveranstaltungen, Bauernmärkte und dem feierlichen Anlass entsprechend köstliche Menüs mit allem, was die Südtiroler Küche an Spezialitäten bietet.

Der Almauftrieb im Spätfrühling erfolgt übrigens ohne großes Aufsehen – ein Grund mehr, im Herbst nach Südtirol zu kommen.

Kranzkuh beim Almabtrieb

Weihnachtsmärkte

Auf den schönsten Plätzen der Städte wird es in der Adventszeit heimelig, wenn der Duft von Glühwein, Lebkuchen und gebrannten Mandeln in der Luft liegt.

Weihnachtsmarkt vor dem Brixener Dom

Weihnachtsmarkt vor dem Zwölferturm, Sterzing

Südtirol ist auch in der Adventszeit eine Reise wert. Fast jeder Ort hat seinen eigenen Weihnachtsmarkt, als »Original Südtiroler Weihnachtsmärkte« gelten aber nur die »Big Five« in Bozen, Meran, Sterzing, Brixen und Bruneck. Ob Marktplatz oder Kurpromenade: Die in Adventsbeleuchtung getauchten Schauplätze präsentieren sich stimmungsvoll. Alles erstrahlt – die Plätze und Gassen ebenso wie die Augen der Besucher. Stände verkaufen Südtiroler Kunsthandwerk und Köstlichkeiten der Region (von Kaiserschmarrn bis Speckknödel). Zum Aufwärmen gibt es Glühwein sowie Tees und Schnäpse aus heimischen Kräutern. Stadtführungen im Laternenschein, Krippenausstellungen, Kutschenfahrten und Konzerte runden das Programm ab. Illuminierte Häuserfassaden bilden eine bezaubernde Kulisse.

Besinnlicher als auf den belebten Märkten der Städte geht es z. B. beim Alpenadvent in Sarnthein zu. Besucher erleben hier Adventsbräuche wie Klöckeln: An zwei Donnerstagabenden im Advent poltern Gruppen vermummter Männer lärmend durchs Dorf.

Kastelruther Bauernhochzeit (Januar)

Was für ein Auftakt für eine Eheschließung! Die romantische Schlittenfahrt einer Hochzeitsgesellschaft durch die verschneite Landschaft ist Nostalgie pur.

Eine Zeitreise ins 19. Jahrhundert: Wenn mitten im Winter fesch geschmückte Pferde Schlitten mit Menschen in historischen Trachten durch den Schnee ziehen, dann ist es wieder so weit: Die alle zwei Jahre veranstaltete originalgetreue Nachstellung einer historischen Bauernhochzeit auf der Seiser Alm hält eine Tradition am Leben. Brautpaare und ihre geladenen Gäste sind unterwegs. Passanten jubeln ihnen zu und machen Fotos. Die einstündige Schlittenfahrt am frühen Nachmittag führt von St. Valentin nach Kastelruth. Nach der Ankunft präsentieren sich die Paare samt Hochzeitsgesellschaft auf dem Dorfplatz dem Publikum. Ein Moderator erläutert die Besonderheiten jeder Tracht und hat einige Anekdoten parat. Danach schreitet man zum Festmahl. Tradition wird auch beim gastronomischen Angebot großgeschrieben. Die Gerichte des Hochzeitsmahls (»Hoazetkuchl«) werden nach uralten Rezepten zubereitet, wie anno dazumal – von Bauerngröstl über Gamsrücken und Teigfleckerl bis Graukäse mit Zwiebeln. Was zur Abrundung nicht fehlen darf, sind Leckereien wie Mohnkrapfen und Buchteln. Danach gibt es Musik und Tanz. Übrigens: Die Speisen kann man nicht nur exklusiv an diesem Tag probieren, sondern in den Kastelruther Gaststuben eine ganze Woche lang.

Schlittenfahrt bei der Kastelruther Bauernhochzeit

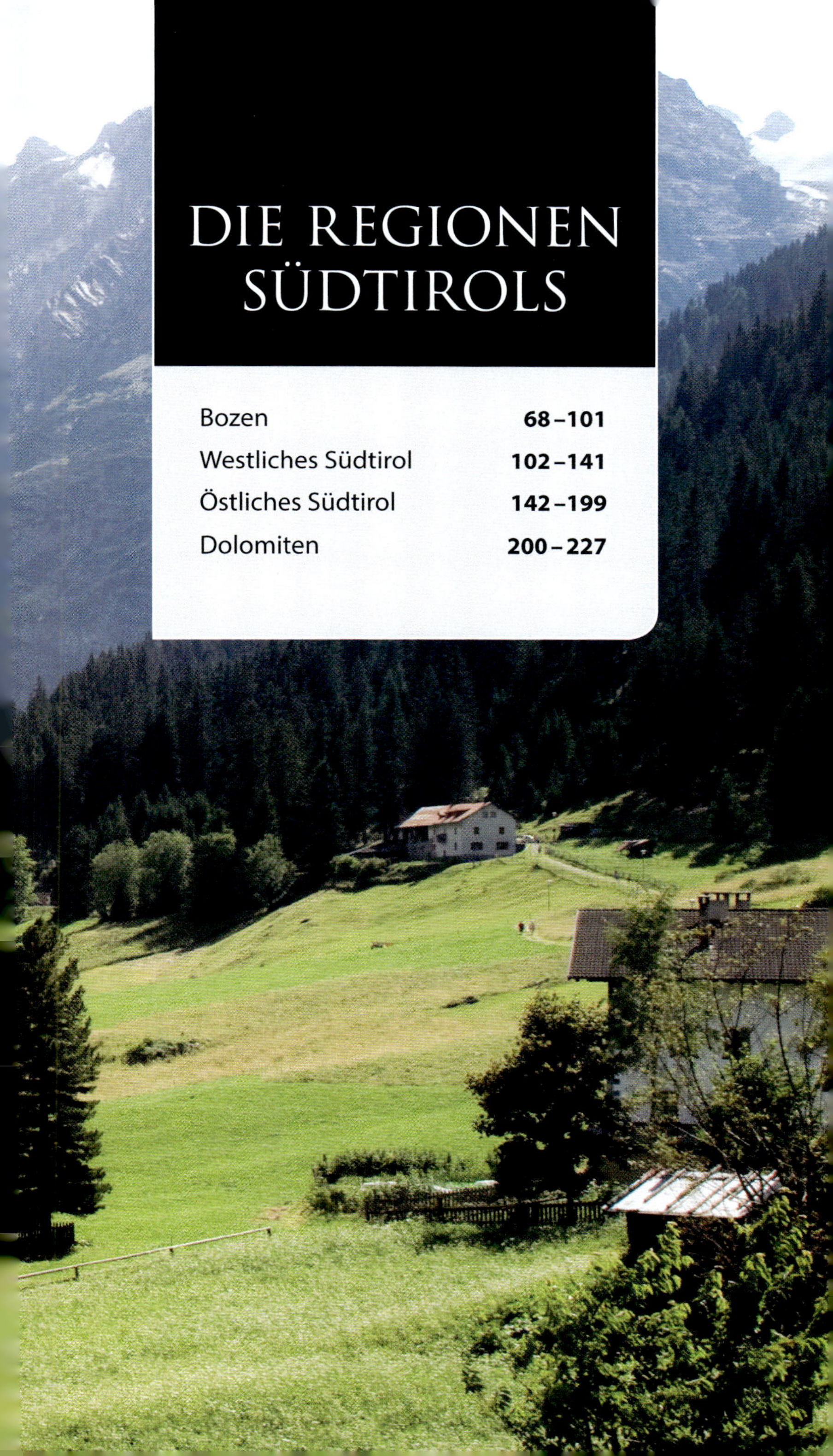

DIE REGIONEN SÜDTIROLS

Südtirol auf der Karte

Die in den Zentralalpen gelegene Provinz Südtirol ist die nördlichste Italiens. Im Norden und Osten grenzt sie an die österreichischen Bundesländer Tirol und Salzburg, im Westen an den Schweizer Kanton Graubünden, im Süden an die italienischen Regionen Lombardei und Veneto sowie an die Provinz Trentino, mit der sie die Region Trentino-Südtirol (Trentino-Alto Adige) bildet.

Südtirol erstreckt sich über einen Höhenbereich von rund 3700 Metern. Weitere Fakten zu Geografie und Klima, Bevölkerung und Verwaltung, Wirtschaft und Verkehr etc. finden Sie auf Seite 250f.

Meraner Kurhaus vor Gipfelkulisse

Legende

- Autobahn
- Autobahn (im Bau)
- Schnellstraße
- Hauptstraße
- Nebenstraße
- Eisenbahn
- Staatsgrenze
- Regionalgrenze
- Gipfel

◀ **Kirche Mariä Heimsuchung in Stilfs, Ortsteil Trafoi, im Trafoier Tal kurz vor dem Stilfser Joch**

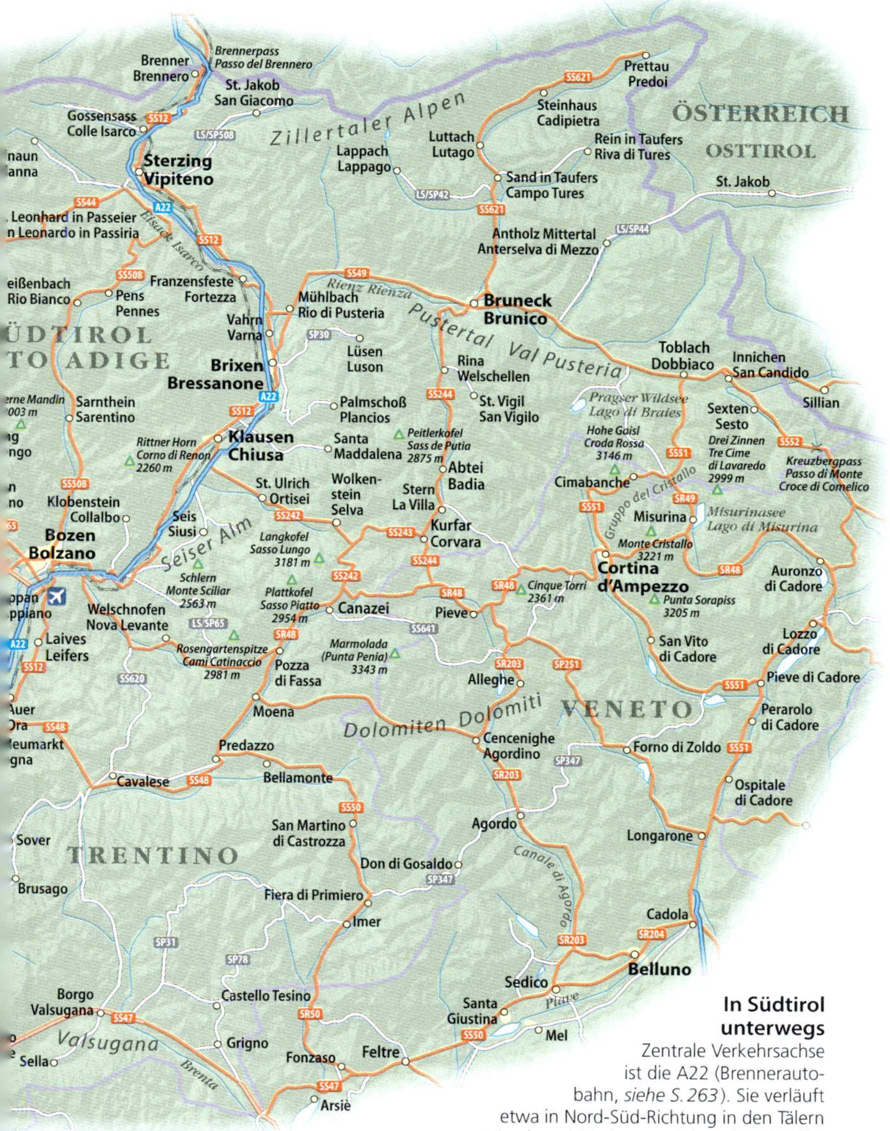

In Südtirol unterwegs

Zentrale Verkehrsachse ist die A22 (Brennerautobahn, *siehe S. 263*). Sie verläuft etwa in Nord-Süd-Richtung in den Tälern von Eisack und Etsch – parallel zur Landstraße. Beide zählen zu den am stärksten befahrenen Straßen Europas. Bestens ausgebaute Landstraßen führen auch durch den Vinschgau (oberes Etschtal) und das Pustertal, die beiden anderen Südtiroler Haupttäler. Um in Seitentälern in die Bergwelt zu gelangen, sind auf kurvenreichen Strecken teils große Höhenunterschiede zu überwinden, Teilabschnitte verlaufen durch Tunnel. Manche Passstraßen (z. B. Timmelsjoch oder Stilfser Joch) sind nur in der warmen Jahreszeit befahrbar. Eisenbahnstrecken führen durch die Haupttäler, mit Bussen kommt man auch in abgelegene Orte. Viele Berggipfel sind über moderne Seilbahnen erreichbar.

Edelrauthütte (2545 m) in den Zillertaler Alpen

Weitere Zeichenerklärungen *siehe hintere Umschlagklappe*

Bozen

Kunst, Kultur und Kulinarik: Die Landeshauptstadt Südtirols ist ein multikultureller Begegnungsort mit besonderem Flair. Messe, Universität, Theater und Museen zeigen ihre Entwicklung zu einem wichtigen Zentrum im Alpenraum, das seinen alten Charme bewahrt hat.

Das »Tor zu den Dolomiten« liegt einzigartig am Zusammenfluss von Etsch, Eisack und Talfer und verdankt seine Entwicklung den Verkehrsachsen, die an den Ufern dieser drei Flüsse entstanden. Die Stadt blickt auf eine lange Tradition als Handelszentrum im Übergangsbereich zwischen Mittel- und Südeuropa zurück. Dies dokumentieren noch heute die urigen Einkaufsgassen der verwinkelten Altstadt – vor allem die Laubengasse mit ihren jahrhundertealten Häusern.

Die intensive Italienisierung Südtirols in der Ära des Faschismus veränderte das Stadtbild dramatisch. Westlich und südwestlich der Altstadt entstanden neue, streng gegliederte Stadtviertel, in denen sich Zuwanderer aus Süditalien niederließen. Dennoch hat die lange Zeit österreichischer Herrschaft deutliche Spuren hinterlassen. Dies zeigt sich auch am vielfältigen kulinarischen Angebot – vom urgemütlichen Tiroler Gasthof bis zum schicken Ristorante ist alles vertreten.

Bozen steht für Vielfalt: In der Altstadt finden sich Gemüseläden neben Boutiquen mit neuester Mode aus Mailand. Die Museen decken ganze Epochen ab – vom Steinzeitmann »Ötzi« bis zur Moderne.

Auch die Umgebung der Stadt geizt nicht mit Attraktionen: Traumhaft schöne Täler wie das Sarntal, Naturphänomene wie die Rittner Erdpyramiden, Felsformationen wie Rosengarten und Latemar, sagenumwobene Orte wie die Stoanernen Mandln, kulturgeschichtlich bedeutende Bauwerke wie Burg Hocheppan und natürlich die Südtiroler Weinstraße mit ihren Kellereien und Weinhandlungen – die Liste ist lang. Sicher werden Sie auf Streifzügen durch Bozen und sein Umland Ihre ganz eigenen Entdeckungen machen.

Blumenarrangement auf dem Bozner Blumenmarkt Festa dei Fiori

◀ **Denkmal von Walther von der Vogelweide auf dem Waltherplatz in Bozen** *(siehe S. 76)*

Persönliche Favoriten

Südtirol steht für Gastlichkeit und Tradition. Ob in den engen Gassen der Landeshauptstadt oder auf Aussichtsbergen in der Umgebung, ob Luxushotel, Gasthof, Weinkellerei oder Markt: Überall locken Genuss und Lebensfreude.

Parkhotel Laurin

Das Grandhotel ist ein Gesamtkunstwerk mit perfekt gelungenem Mix aus Jugendstil-Flair und modernstem Komfort. Kurzum: the place to be.

WAHRE GRANDEZZA

Kein Zweifel, das 1910 eröffnete Traditionshotel ist das »erste Haus am Platz«. Kurzer Steckbrief: großzügige Zimmer und Suiten mit Kunstobjekten und Kirschholzmöbeln, lauschiger Park mit Summer Lounge und beheiztem Pool, Restaurant mit Kochkunst unter Palmen, Bar mit Ledersesseln, offenem Kamin, Fresken zur Laurinsage und Live-Musik. Lassen Sie sich verwöhnen, Zeit spielt keine Rolle. Auch wenn es schwerfällt: Verlassen Sie das Hotel ab und zu, um auch das Stadtleben kennenzulernen.

Parkhotel Laurin
Laurinstr. 4. ☎ +39 0471 311 000. **Bar** ◷ tägl. 7.30–1 Uhr. **W laurin.it**

Summer Lounge im Parkhotel Laurin

Laurin Bar mit Jugendstil-Fresken

Gasthof Kohlern

Auf dem Hausberg der Bozner erlebt man den Inbegriff von luxuriöser Sommerfrische.

Nur eine kurze Fahrt mit der ältesten Seilbahn der Welt oder mit dem Auto – und schon ist man in Kohlern *(siehe S. 84)*, einer Oase der Ruhe in wahrlich aussichtsreicher Lage. Mit Markenzeichen wie uriger Stube und Marmorbädern bietet der stilvoll restaurierte Gasthof eine wunderbare Balance zwischen Gediegenheit und Luxus. Wählen Sie Ihr individuelles Wohlfühlprogramm mit Südtiroler Schmankerlküche, Infinity Pool, Sauna mit Bergblick, Heu- und Rosenblütenbädern, Relaxmassagen mit Aromaölen usw. Was will man mehr? Ein Traum sind die beiden Zimmer mit Dachloggia.

Terrasse des Gasthofs Kohlern: Mehr Ausblick geht nicht

Gasthof Kohlern
Kohlern 11. ☎ +39 0471 329 978. **Restaurant** ◷ Mai–11. Nov; 7. Dez–6. Jan: Di–So. **W kohlern.com**

Familie Malojer

Im Weinberg unterwegs

Weinkeller im Gummerhof

Malojer Gummerhof

Eine renommierte Weinkellerei mit langer Tradition. Einst belieferten die Malojer sogar den Habsburger Adel in Wien. Genießen Sie ein Gläschen in der Vinothek.

GENUSS MIT TRADITION

Edle Tropfen von Chardonnay bis Cabernet, von Müller-Thurgau bis Merlot direkt vom Erzeuger – in Südtirol haben Sie die Auswahl. Wie wäre es mit einem Besuch im Gummerhof? Hier wird großer Wert auf Tradition gelegt. Die Familie Malojer betreibt das Unternehmen seit 1880 in nunmehr fünfter Generation mit viel Herzblut und Fachwissen. Die Ursprünge reichen noch wesentlich weiter zurück. Bei der Gründung im Jahr 1480 lag der damalige Weinhof noch isoliert inmitten von Weinreben. Bozen dehnte sich um den Gummerhof aus, die letzte verbliebene Kellerei im Stadtgebiet. Produziert, verkostet und verkauft werden Weine aus besten Bozner Lagen. Am Abend werden zum Wein frische Gerichte der Südtiroler Küche serviert. Auf Anfrage finden Führungen durch die Weinkeller statt.

Malojer Gummerhof
Weggensteinstr. 36. ☎ +39 0471 972 885. ◷ Mo–Fr 8–13, 14.30–22 (Do, Fr bis 23 Uhr), Sa 8–13 Uhr.
W malojer.it

Obstmarkt

Eine farbenprächtige Verführung zum Verkosten und Naschen. An den Ständen spürt man den Süden.

Ein Fest für die Sinne: Appetitlicher und bunter kann man Obst und Gemüse nicht präsentieren. Der Obstmarkt – neben dem Waltherplatz eine weitere »gute Stube« der Stadt – ist ein Muss für jeden Besucher. Auch wenn die Produkte aus unmittelbarer Umgebung stammen: Hier zeigt sich Bozen von seiner mediterranen Seite. Neben Obst und knackigem Gemüse bieten die vielen Stände auch Delikatessen wie Käse, Speck und Schinken in großer Auswahl, dazu Nüsse und Trockenfrüchte, Gewürze und Gebäck, Pilze und Blumen.

Über das Treiben wacht im Neptunbrunnen mit stoischer Ruhe und Dreizack in der Rechten die bronzene Statue des Neptun.

Stand auf dem Obstmarkt

Obstmarkt
Zwischen Lauben, Franziskanergasse, Museum- und Goethestraße. ◷ Mo–Fr 7–19, Sa 7–13 Uhr.

Überblick: Bozen

Bozen (Bolzano), die Hauptstadt des vorwiegend deutschsprachigen Südtirol, ist vielfältig und voller Kontraste. Die Atmosphäre im historischen Zentrum erinnert an eine mitteleuropäische Stadt, in der Neustadt ist das Flair eher italienisch. Die Gebiete Überetsch und Unterland im Süden sind das Land des Weinbaus und der Burgen. Doch die Region bietet noch viel mehr: Erdpyramiden und Eislöcher, Seilbahnen und Silhouetten, Freskenzyklen und Federkielstickerei, Gipfel und Gotik, Etsch und Eisack, »Regenbogenseen« und Rosengarten, Museen und Mysterien, Postkartenmotive und Panoramen.

Blick von Bozen zur Rosengartengruppe mit den Vajolet-Türmen

Ein Südtiroler Stimmungsbild – Weinberge in herbstlichen Farben umrahmen den tiefblauen Kalterer See

In der Region Bozen unterwegs

Die Täler von Eisack und Etsch sind die zentralen Verkehrsachsen. In den Flusstälern verlaufen die Brennerautobahn A22, die SS12 und eine Hauptstrecke der Eisenbahn. Die auch von Bussen befahrenen Nebenstraßen erschließen Seitentäler wie Sarntal und Tierser Tal. Die mit einem Teil der Großen Dolomitenstraße identische SS241 führt durch das Eggental zum Karerpass. Bozen hat einen Flughafen, Flugverbindungen mit Deutschland, Österreich und der Schweiz gibt es zurzeit jedoch nicht.

Weitere Zeichenerklärungen *siehe hintere Umschlagklappe*

Sehenswürdigkeiten auf einen Blick

1. *Bozen / Bolzano S. 74–85*
2. Ritten / Renon
3. Sarntal / Val Sarentino
4. Terlan / Terlano
5. Eppan / Appiano
6. Kaltern / Caldaro
7. Tramin / Termeno
8. Kurtatsch / Cortaccia
9. Eggental / Val d'Ega
10. Tierser Tal / Val di Tires
11. Rosengarten / Catinaccio
12. Latemar
13. Überetsch und Unterland Oltradige-Bassa Atesina
14. Aldein / Aldino
15. Auer / Ora
16. Neumarkt / Egna
17. Salurn / Salorno

Touren

- T1 Spaziergang in Bozen *S. 82f*
- T2 Rittner Erdpyramiden *S. 86f*
- T3 Südtiroler Weinstraße / Strada del Vino *S. 90f*
- T4 Große Dolomitenstraße *S. 94f*

Legende

- Autobahn
- Schnellstraße
- Hauptstraße
- Nebenstraße
- Panoramastraße
- Eisenbahn (Hauptstrecke)
- Eisenbahn (Nebenstrecke)
- △ Gipfel

Erdpyramiden – bizarre Spitztürme aus Erdreich mit steinernen »Hüten«

Fotomotiv par excellence: Karersee mit Latemar

❶ Bozen

Die Brücken über die Talfer zwischen Altstadt und Neustadt stehen symbolisch für Bozen: Die Stadt schlägt Brücken – zwischen Nord und Süd, Tradition und Moderne, deutsch- und italienischsprachiger Bevölkerung, alpinem Lebensgefühl und mediterran-lässigem Ambiente. Bozen ist eine vitale Stadt, hier spielt sich vieles im Freien ab. Kein Wunder – während die Berge Schutz vor kalten Nordwinden bieten, strömt warme Luft aus dem Mittelmeerraum von Süden ungehindert das Etschtal hinauf in die Stadt. Im Sommer kann es in Bozen sehr heiß werden.

Das Stadt Hotel Città und Café liegt zentral am Waltherplatz

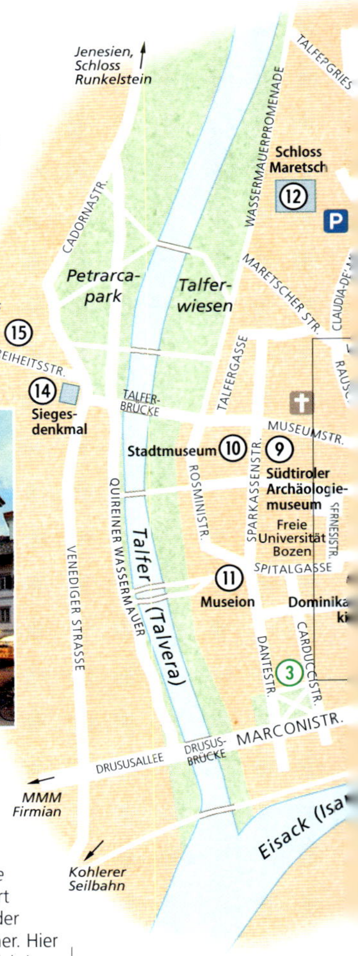

Überblick: Bozen

Die in Nord-Süd-Richtung fließende Talfer markiert die Grenze zwischen Altstadt (am Ostufer) und Neustadt. Mit Petrarcapark und Talferwiesen erstrecken sich die »grünen Lungen« Bozens an beiden Flussufern. Fast alle Sehenswürdigkeiten befinden sich im ältesten Teil der Stadt.

Altstadt

Die mittelalterliche Altstadt breitet sich zwischen Talfer, Eisack und den im Norden und Osten aufragenden Bergen aus. Das Zentrum bildet der ausladende Waltherplatz. Bei einem Bummel durch die engen Gassen *(siehe S. 81)* um den Platz spürt man die Lebensfreude der Stadt und ihrer Bewohner. Hier flaniert man und trifft sich in Cafés und Terrassenlokalen. Die illustren Gassen werden von schmucken, in Pastellfarben gehaltenen Häusern verschiedener Baustile (Gotik, Renaissance und Barock) flankiert. Lauben genannte Arkaden spenden Schatten, kunstvoll gestaltete Erker sowie Fresken und Stuckverzierungen bereichern viele Fassaden.

Neustadt

Nach der Machtübernahme der Faschisten in Italien entstand ab 1922 westlich der

Sehenswürdigkeiten auf einen Blick

Zentrum von Bozen

① Waltherplatz
② Dom Maria Himmelfahrt
③ Dominikanerkirche
④ Obstmarkt
⑤ Merkantilmuseum
⑥ Kirche Sankt Johann im Dorf
⑦ Parkhotel Laurin
⑧ Franziskanerkirche
⑨ Südtiroler Archäologiemuseum
⑩ Stadtmuseum
⑪ Museion
⑫ Schloss Maretsch
⑬ Naturmuseum Südtirol
⑭ Siegesdenkmal
⑮ Gries

Restaurants und Cafés

siehe S. 98f

① Walthers'
② Stadt Hotel Città
③ Vögele
④ Batzen Häusl
⑤ Forsterbräu Bozen
⑥ Hopfen & Co.
⑦ Zur Kaiserkron
⑧ La Gang Dei Würstel

Zeichenerklärung
siehe hintere Umschlagklappe

Infobox

Information
SK C3. **K** G6. 107 000.
Südtiroler Str. 60.
+39 0471 307 000.
tägl. Bozner Weinkost (März), Blumenmarkt (Apr, Mai), Bolzano Festival Bozen (Aug, Sep), Christkindlmarkt (Nov, Dez).
bolzano-bozen.it

Anfahrt
6 km südl.; derzeit keine Flüge von/nach D, A und CH.

Bozner Engel von Thun

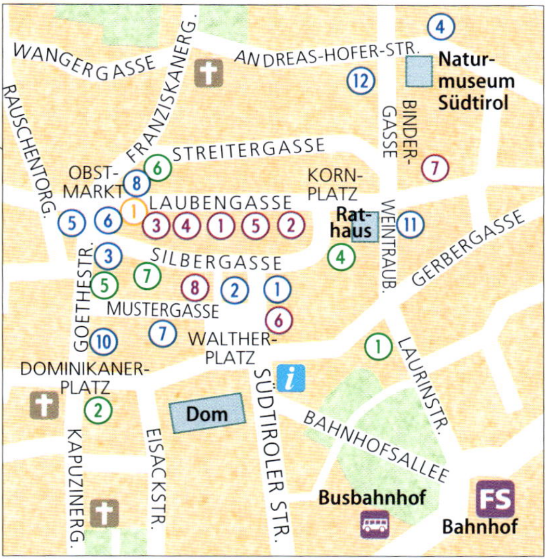

Talfer die architektonisch klar strukturierte »italienische« Neustadt mit einigen monumentalen Bauten und vielen Industriebetrieben. Hier hört man in den Bars und Restaurants fast nur Italienisch – im Gegensatz zur Altstadt, in der Deutsch vorherrscht.

9. Löwengrube
10. Konditorei Monika
11. Gelateria Eccetera
12. Weißes Rössl

Kneipen, Bars und Clubs

siehe S. 99

1. Laurin Bar
2. Miró Club
3. Disco Okay
4. Exil Lounge Café
5. Salinas Lounge Bar
6. Nadamas
7. Enoteca il Bacaro

Shopping

siehe S. 100f

1. Athesia Buch
2. Sportler Flagship Store
3. Oberrauch-Zitt
4. Boggi Milano
5. Tschager
6. Loacker Shop
7. Globus
8. Sacher Shop
9. Thuniversum

Wellness

siehe S. 101

1. Thaler

Waltherplatz Piazza Walther ①

Alle Wege der Altstadt führen zum Waltherplatz, dem pittoresken Zentrum und »Salon« der Stadt. Der Platz ist ein absolutes Muss für Flaneure und idealer Startpunkt für einen Streifzug durch Bozens Zentrum *(siehe S. 82f)*.

In der Mitte ragt aus einer kleinen Blumeninsel ein marmornes Denkmal (1889) des Lyrikers und Minnesängers Walther von der Vogelweide *(siehe S. 28)* auf, nach dem der Platz benannt wurde. Auf den großzügigen Terrassen der Cafés und Restaurants trifft man sich auf einen Espresso oder zum Essen und genießt den Blick auf das schlanke Denkmal und die Arkadenhäuser, die dem Platz einen würdigen Rahmen geben. Einen schönen Blick über das Treiben genießt man auch von den Sitzbänken rund um das Denkmal – vielleicht mit einem Eisbecher in der Hand?

Tipp: Bummeln Sie auch bei Dunkelheit über den Waltherplatz, wenn die Fassaden und Bogengänge der umliegenden Häuser illuminiert werden. In der Adventszeit bringt der größte Südtiroler Christkindlmarkt den Platz zum Leuchten.

Dom Maria Himmelfahrt Duomo di Santa Maria Assunta ②

Waltherplatz.
+39 0471 978 676. **Dom** Mo–Fr 7.30–18, So 8–20 Uhr.
Domschatzkammer
Di–Sa 10–12.30 Uhr.
für Turmbesteigung.
dompfarre.bz.it

Ein Wahrzeichen von Bozen und markantes Element der Stadtsilhouette ist der gotische Dom (13./14. Jh.). Das Gotteshaus an der südwestlichen Ecke des Waltherplatzes wurde auf den Grundmauern einer romanischen Vorgängerkirche erbaut. Der filigrane Turm misst 62 Meter und ist ein wichtiger Orientierungspunkt bei Stadterkundungen. Ein Blickfang ist auch das Kirchendach, dessen schwarze, gelbe und grüne Ziegel regelmäßige Rautenmuster bilden.

Löwenskulptur am Walther-Denkmal

Im Innenraum der dreischiffigen Hallenkirche faszinieren vor allem der monumentale barocke Hochaltar und der Freskenschmuck.

Die Domschatzkammer, ein Museum sakraler Kunst, birgt u. a. Gold- und Silberschmiedearbeiten, Wandteppiche, liturgische Gewänder und Gemälde.

Der Turm des Doms kann nach telefonischer Anmeldung im Rahmen einer einstündigen Führung bestiegen werden, die Aussicht über Bozen und Umgebung ist fantastisch.

Dominikanerkirche Chiesa dei Domenicani ③

Dominikanerplatz.
+39 0471 973 133. Mo–Sa 9.30–17, So 12–18 Uhr.

Die 1272 fertiggestellte Kirche mit angrenzendem Kloster gehört zu den ältesten gotischen Bauwerken in Tirol, der

Waltherplatz mit der Marmorstatue des mittelalterlichen Lyrikers Walther von der Vogelweide

Restaurants in Bozen *siehe Seite 98f*

Appetitlich, frisch und farbenfroh – ein Stand auf dem Obstmarkt

Umbau zu einer dreischiffigen Hallenkirche erfolgte Ende des 15. Jahrhunderts. Zur Ausstattung gehören einige der bedeutendsten Kunstwerke der Stadt, vor allem der Bilderschmuck ist berühmt. Künstlerisch wertvollster Teil der Kirche ist die Johanneskapelle mit einigen in intensiven Farben gestalteten Fresken (u. a. mit Szenen aus dem Leben Johannes des Täufers und Marias) von Schülern Giottos. Eindrucksvoll ist die perspektivische Darstellung der Werke.

Der Kreuzgang zeigt Gestaltungselemente mehrerer Epochen. Teile des von Friedrich Pacher geschaffenen Freskenzyklus (um 1496) mit Szenen aus Altem und Neuem Testament sind erhalten.

Obstmarkt Piazza delle Erbe ④

Siehe S. 71.

Merkantilmuseum Museo Mercantile ⑤

Lauben 39. +39 0471 945 702. Juli–Sep: Mo–Sa 10–18 Uhr; Okt–Juni: Mo–Sa 10–12.30 Uhr. nach Anmeldung. **handelskammer.bz.it**

Wohlstand durch Handel. Dieses Motto der Stadt dokumentiert kein Bauwerk besser als der 1727 nach Plänen des Veronesers Francesco Perotti fertiggestellte stattliche Merkantilpalast. Das Gebäude zwischen Lauben und Silbergasse ist Standort des 1997 eröffneten Merkantilmuseums, in dem die Tradition Bozens als Drehscheibe des Handels sowie als Messeplatz anschaulich erläutert wird. Das Museum wird von der Handelskammer Bozen verwaltet.

Schon der Blick auf die erhabene Fassade lässt die historische Bedeutung des Gebäudes erahnen. In den prunkvoll ausgestatteten Räumen trafen sich einst die Mitglieder des 1635 gegründeten Merkantilmagistrats, der die genauen Spielregeln für den Handel in und um Bozen festlegte. Original erhaltenes Mobiliar und Gemälde zieren die einzelnen Räume, eine Dokumentensammlung offenbart die Entwicklung der Handelsgeschichte. Herzstück des Baus ist der eindrucksvolle Ehrensaal, in dem das Handelsgericht tagte.

Sonderausstellungen zu verschiedensten Themen – von Südtiroler Berühmtheiten bis zu historischen Gewändern – ergänzen das Angebot.

Kirche St. Johann im Dorf Chiesa di San Giovanni in Villa ⑥

St.-Johann-Gasse. +39 0471 978 676. Apr–Okt: Sa 10–12.30 Uhr.

Die 1180 erstmals erwähnte Kirche liegt ein wenig versteckt, doch der Abstecher dorthin lohnt sich. Seine heutige Gestalt verdankt das kunsthistorische Kleinod Umbauten im 14. Jahrhundert, als auch der romanisch-gotische Glockenturm mit den zwei- und dreibogigen Fenstern errichtet wurde. Wände und Decke des einschiffigen Innenraums wurden mit prachtvollen Fresken ausgemalt, von denen einige Schülern von Giotto zugeschrieben werden.

Parkhotel Laurin ⑦

Siehe S. 70.

Franziskanerkirche Chiesa dei Francescani ⑧

Franziskanergasse 1. +39 0471 977 293. Mo–Sa 10–12, 14.30–18, So 15–18 Uhr.

Schlichtheit und Weite kennzeichnen die dreischiffige Franziskanerkirche und das angegliederte Kloster (13. Jh.). Zu den Glanzpunkten der Ausstattung gehört der 1500 vom Brixener Meister Hans Klocker geschaffene hölzerne Flügelaltar, der zu den Hauptwerken spätgotischer Altarschnitzkunst zählt. Als sogenannter Weihnachtsaltar stellt er die Geburt Jesu dar. Die Fresken an den Wänden stammen aus dem 14. bis 17. Jahrhundert. Ein Blickfang ist das breite Fresko mit 16 in Talare gekleideten franziskanischen Professoren berühmter Universitäten jener Zeit (u. a. Oxford, Paris und Heidelberg).

Im Kreuzgang sind Fragmente von Fresken aus dem 14. Jahrhundert erhalten.

Südtiroler Archäologiemuseum Museo Archeologico dell'Alto Adige ⑨

Museumstr. 43. +39 0471 320 100. Di–So 10–18 Uhr (Juli, Aug, Dez: auch Mo). 1. Jan, 1. Mai, 25. Dez. **iceman.it**

Eine Kulturstätte von Weltruf: Die Dauerausstellung des 1998 eröffneten Museums widmet sich auf drei Stockwerken ausschließlich der Gletschermumie »Ötzi« *(siehe S. 79).*

Im Erdgeschoss werden die Umstände des Fundes und der dadurch ausgelöste Medienhype beleuchtet. Im ersten Stock wird der vom Similaungletscher freigegebene »Ötzi« in einer Kühlzelle verwahrt, in der mit –6,5 °C und nahezu 100 Prozent Luftfeuchtigkeit die Bedingungen im Inneren des Gletschers imitiert werden. Museumsbesucher können durch ein kleines Fenster einen Blick auf den rund 5300 Jahre alten Gletschermann werfen. In klimatisierten Vitrinen sind die bei der Mumie gefundene Ausrüstung und Bekleidung ausgestellt. Highlight im zweiten Stock ist die naturgetreue Rekonstruktion der Mumie. Spätestens hier kommt jeder Besucher ins Staunen.

Sonderausstellungen widmen sich diversen Themen, z. B. weiteren Funden im Gletschereis oder der Geschichte und Bedeutung von Kupfer.

Fassade des 1905 eröffneten Stadtmuseums

Stadtmuseum Museo Civico ⑩

Sparkassenstr. 14. +39 0471 997 960. Di–So 10–18 Uhr. 1. Jan, 24., 25., 31. Dez. **gemeinde.bozen.it/stadtmuseum**

Kulturgeschichte und Volkskunde Bozens und Südtirols seit dem Mittelalter werden im Stadtmuseum auf spannende Weise präsentiert. Fresken, Holzschnitzereien, Stuckarbeiten, Altäre, Wohnungseinrichtungen, Goldschmiedearbeiten, Trachten und vieles mehr – von den rund 15 000 Objekten des 1905 eröffneten Museums kann jeweils nur ein kleiner Teil gezeigt werden.

Die Grafiksammlung umfasst u. a. Stiche, Aquarelle, Zeichnungen und Plakate, deren Motive von Burgen über Landschaften bis zu anatomischen Studien reichen. Sehr originell ist die Sammlung geschnitzter und bemalter Holzmasken, die zur Advents- bzw. Faschingszeit getragen wurden. Vier originalgetreu eingerichtete Stuben zeigen bäuerliche und bürgerliche Wohnkultur.

Museion ⑪

Piero-Siena-Platz 1. +39 0471 223 413. Di–So 10–18 Uhr (Do bis 22 Uhr). 1. Jan, 24., 25., 31. Dez. ab 18 Uhr frei. **museion.it**

Ein kubusförmiges, lichtdurchflutetes Gebäude mit transparenter Fassade ist Sitz des Museums für moderne und zeitgenössische Kunst – ein wahres Kaleidoskop der internationalen Szene. Das Museum versteht sich nicht nur als Präsentationsforum für Malerei und Bildhauerei, Licht- und Videokunst, sondern auch als Wirkungsstätte der Künstler.

Die Architektur ist Teil des innovativen Konzepts: Die Stirnseiten des Kubus werden gelegentlich als Projektionsflächen eingesetzt. Somit wird Medienkunst auf ganz ungewöhnliche Art erlebbar.

Mit seiner Lage an den Talferwiesen will das 2008 eröffnete Museum auch eine Brücke zwischen Altstadt und Neustadt schlagen. Diesem Ansatz entsprechen die beiden geschwungenen Stege für Fußgänger und Radfahrer, auf denen man sich von der italienisch geprägten Neustadt dem Kunsttempel nähert.

Transparente Stirnseite des Museion

Restaurants in Bozen *siehe Seite 98f*

»Ötzi«

Wie ein Lauffeuer verbreitete sich die Nachricht vom Fund einer Gletschermumie. Wanderer hatten sie am 19. September 1991 am Similaungletscher der Ötztaler Alpen in rund 3200 Meter Höhe entdeckt. Bald wurde das Ausmaß dieser Sensation bekannt: Bis dahin gab es auf der ganzen Welt noch keinen so gut erhaltenen Fund eines Menschen, der vor mehreren Jahrtausenden gelebt hatte. Der Tote wurde zum Medienstar und bekam einen griffigen Kosenamen: »Ötzi«. Der Mann aus dem Eis ist wohl der bestuntersuchte Mensch aller Zeiten. Bis ins kleinste Detail wurde er durchforscht. Erbgut, Krankheiten und Verletzungen wurden diagnostiziert und seine Lebensweise rekonstruiert. Viele Rätsel konnten gelüftet werden, doch manches Geheimnis wird »Ötzi« wohl ewig für sich behalten. Eigens für die Gletschermumie wurde das Südtiroler Archäologiemuseum in Bozen *(siehe* *S. 78)* errichtet, wo man »Ötzi« ausgiebig bewundern kann.

»Ötzi«
Wer war er? Ausgestoßener oder Oberhaupt eines Clans? Warum war er in diesen unwirtlichen Hochlagen unterwegs? Noch heute wirft die Gletschermumie viele Fragen auf. Das lebensnahe Modell vermittelt eindrucksvoll, wie der im Alter von etwa 45 Jahren Verstorbene zu Lebzeiten ausgesehen haben könnte – das Ergebnis jahrzehntelanger detaillierter Forschung. »Ötzi« starb vermutlich an den Folgen eines Pfeilschusses.

Dolch mit Scheide
Der 13 Zentimeter lange Dolch hat eine Feuersteinklinge und einen Griff aus Eschenholz. Klinge und Griff wurden mit einer Tiersehne verbunden. Die Scheide besteht aus Lindenbast.

Beil
Zur Ausrüstung des Manns vom Tisenjoch gehörte auch dieses Beil mit einer zehn Zentimeter langen Klinge aus Kupfer, einem seinerzeit wertvollen Metall. Das Werkzeug könnte er zum Baumfällen und auch als Waffe eingesetzt haben.

Denkmal am Tisenjoch
Nahe der Fundstelle der vom Gletscher freigegebenen Mumie wurde eine Steinpyramide errichtet. Die Inschrift informiert u. a. über das Datum des Fundes.

Schuhe
Der Schaft der Schuhe war aus Rindleder gefertigt, die Sohlen aus Bärenfell – ein eingesticktes Lederband hielt beide Teile zusammen. Der Innenschuh aus Grasgeflecht war durch einen Riemen mit der Sohle verbunden.

Schloss Maretsch – früher ein Wehrbau, heute Veranstaltungsort

Schloss Maretsch Castel Mareccio ⑫

Claudia-de'-Medici-Str. 12. +39 0471 976 615. auf tel. Anfrage. **maretsch.info**

Mitten im Grünen – zwischen Talferwiesen und Weinbergen – ragt Schloss Maretsch auf. Das Anwesen mit quadratischem Grundriss, vier runden Ecktürmen und vierkantigem Bergfried wurde Anfang des 13. Jahrhunderts von den Herren von Maretsch als Wehrbau errichtet, ab dem 15. Jahrhundert von neuen Besitzern im Stil der Renaissance zum Schloss umgestaltet. Zu den prunkvollsten Räumen gehören der mit Fresken ausgestaltete Römersaal, der lang gestreckte Philosophengang mit allegorischen Darstellungen und der von einem Glasdach bedeckte Burghof. Das Schloss wird für Tagungen, Ausstellungen, Vorträge, Hochzeiten und andere Events genutzt. Besichtigungen sind im Rahmen einer Führung möglich.

Naturmuseum Südtirol Museo di scienze naturali ⑬

Bindergasse 1. +39 0471 412 964. Di–So 10–18 Uhr. 1. Jan, 1. Mai, 25. Dez. **naturmuseum.it**

Hier begibt man sich auf eine Zeitreise durch die so reichhaltige wie faszinierende Landschafts- und Naturgeschichte Südtirols. Der Rundgang durch das 1997 eröffnete Museum führt anhand von Dioramen, Modellen, Inszenierungen und Experimenten durch unterschiedlichste Lebensräume. Tauchen Sie ein in die bunte Welt tropischer Korallenriffe, entdecken Sie seltene Mineralien, und testen Sie Ihr Wissen über Fauna und Flora Ihrer Urlaubsregion. Anfassen ist ausdrücklich erlaubt.

Die Architektur des Gebäudes ist ebenfalls bemerkenswert. Das Museum ist im früheren Amtshaus von Kaiser Maximilian I. untergebracht. Der gotische Gewölbesaal des um 1500 erstmals erwähnten Hauses wird für Sonderausstellungen genutzt, mehrere schmucke Erker gliedern die Fassade.

Siegesdenkmal in der Bozner Neustadt

Siegesdenkmal Monumento alla Vittoria ⑭

Siegesplatz. **Dokumentationszentrum** +39 324 581 0106. Apr–Sep: Di, Mi, Fr–So 11–13, 14–17, Do 15–21 Uhr; Okt–März: Di–Sa 10.30–12.30, 14.30–16.30, So 10.30–12, 15–17 Uhr. 1. Jan, Ostern, 1. Mai, 24., 25., 31. Dez.

Nach der faschistischen Machtergreifung 1922 entstand in Bozen westlich der Talfer die italienische Neustadt. Am Eingang zur Neustadt mit ihren breiten, teils von Kolonnaden flankierten Alleen (u. a. Corso Libertà; Freiheitsstraße) ließ Mussolinis »Staatsarchitekt« Marcello Piacentini 1928 das gewaltige Siegesdenkmal errichten. Kontroversen um das im Stil eines Triumphbogens gestaltete, rund 20 Meter hohe Monument blieben nicht aus. Im Jahr 2014 wurde unter dem Denkmal die Ausstellung BZ '18–'45 zur Stadtgeschichte während der faschistischen Herrschaft eingerichtet.

Gries ⑮

Die Freiheitsstraße führt zum ehemaligen Kurort Gries, der ebenfalls italienisiert wurde. Die barocke Stiftskirche der Abtei Muri-Gries zieren kunstvolle Fresken (u. a. des Südtiroler Malers Martin Knoller). Zu den Kostbarkeiten der Alten Pfarrkirche in Gries gehört der Schnitzaltar (1475) des Bruneckers Michael Pacher *(siehe S. 29)*, eines der herausragendsten gotischen Kunstwerke in Südtirol.

Restaurants in Bozen *siehe Seite 98f*

Bozner Gassen

In den engen Gassen der Altstadt spaziert man durch fast 1000 Jahre Geschichte. Das Herz Bozens war ein pulsierender Handelsplatz und damit Grundlage für den Wohlstand der Bürger. Bei einem Streifzug kann man unter Arkaden shoppen, das Treiben auf dem bunten Obstmarkt erleben, in einem der vielen Cafés oder Weinlokale entspannen, Passanten beobachten – und dabei die Zeit vergessen. Jede Gasse hat ihren eigenen Reiz: die berühmten Lauben mit ihren schattigen Bogengängen, die Mustergasse mit ihren repräsentativen Palais, die schmucke Silbergasse mit schönen Bürgerhäusern und dem Merkantilmuseum, die Bindergasse mit ihren traditionsreichen Wirtshäusern. Fast an jedem Haus kann man besondere Details entdecken. Achten Sie auf Fresken, Stuckverzierungen, Erker, Fensterformen, Tür- und Straßenschilder, Inschriften etc.

Obstmarkt / Piazza delle Erbe
Eine schmucke Ecke: Schmiedeeiserne Balkone, Erker, Malereien und Fensterläden schmücken die pastellfarbenen Fassaden der Häuser am Obstmarkt, dem mediterranen Herzen von Bozen *(siehe S. 71)*.

Laubengasse
Via dei Portici
Die meistbesuchte Straße der Stadt wird von Arkadengängen (Lauben) flankiert – ideal für einen Shopping-Bummel, wenn es mal regnen sollte.

Kornplatz
Piazza del Grano
An die frühere Nutzung des Platzes als Getreidemarkt erinnert noch das Waaghaus, in dem Korn und andere Handelswaren gewogen wurden. Bei einem Bummel zwischen Waltherplatz und Lauben kommt man hier vorbei.

Detail an einer Fassade

Bindergasse / Via dei Bottai
Jahrhundertealte Gaststätten mit originellen Schildern und Wandmalereien kennzeichnen die vorbildlich restaurierten Häuser der Gasse.

T1 Spaziergang: Ein Tag in Bozen

Arkaden und Ambiente, Promenaden und Palazzi, »Ötzi« und Obstmarkt, Gassengewirr und Grandezza, Flaniermeilen und Flusslandschaften – die Landeshauptstadt bietet alles. Vieles von der Pracht und dem Zauber Bozens können Sie an einem einzigen Tag erleben. Begeben Sie sich auf einen spannenden Streifzug durch die Stadt, und genießen Sie Ambiente, Kunst und Kulinarik.

② Dom mit 62 Meter hohem Turm – ein Wahrzeichen von Bozen

9 Uhr: Idealer Startpunkt für einen Stadtrundgang ist der Waltherplatz ①. Imposant ragt die Statue von Walther von der Vogelweide in der Platzmitte auf. Von den Bänken rund um das Denkmal – oder von der Terrasse eines der Straßencafés – kann man das Treiben auf dem Platz gut beobachten. Der Blick fällt auch auf den Dom ②, dessen filigraner Turm das Stadtbild prägt. Falls Sie sich für sakrale Kunst interessieren: Der Innenraum wird Sie zum Staunen bringen.

10:30 Uhr: Nun begeben Sie sich auf einen Bummel durch die berühmten Bozner Gassen. Biegen Sie in die Mustergasse ③ ein, die noch von den stattlichen Palazzi des Adels und Großbürgertums gesäumt wird. Achten Sie auf Details an den überwiegend pastellfarbenen Fassaden. Am Ende der Gasse biegen Sie rechts ab und danach erneut rechts in die Silbergasse ④ mit ihren urigen Läden. Im Merkantilmuseum ⑤ wird der frühe Wohlstand der Stadt dokumentiert. Am Kornplatz mit dem Waaghaus folgen Sie der leichten Linkskurve. In der Laubengasse biegen Sie zunächst rechts ab. Nach wenigen Häuserblocks erreichen Sie den Rathausplatz ⑥, der mit Rathaus und den angrenzenden Bauwerken ein harmonisches Ensemble bildet. Nun folgen Sie der Laubengasse in entgegengesetzter Richtung ⑦. Unter den Arkaden gibt es viele alteingesessene Bozner Geschäfte, das Flair ist einmalig.

12 Uhr: Am westlichen Ende der Lauben erreichen Sie den Obstmarkt ⑧. Biegen Sie beim Neptunbrunnen rechts ab, und lassen Sie sich von den Farben und Gerüchen betören. Zum Mittagessen eignen sich mehrere Lokale am Markt, darunter die Franziskanerstuben. Bei kleinerem Appetit können Sie sich natürlich an den Ständen mit Gebäck und Obst versorgen.

⑩ Museion mit der neuen doppelten Fußgängerbrücke

Restaurants in Bozen *siehe Seite 98f*

Pfau am Haus Bindergasse 5

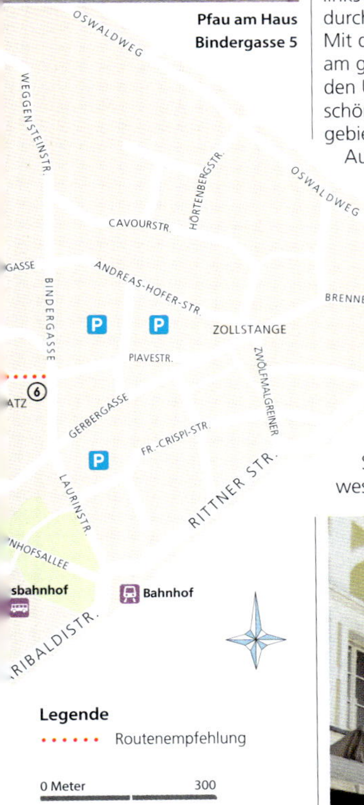

14 Uhr: Die Dominikanerkirche ⑨ ist üppig mit prachtvollen Kunstwerken ausgestaltet. Am Dominikanerplatz führt die Route in westlicher Richtung zum Museion ⑩, einem lichtdurchfluteten Museum für moderne und zeitgenössische Kunst. Die Architektur ist absolut faszinierend, vielleicht läuft auch gerade eine spannende Ausstellung?

15.30 Uhr: Hinter dem Kunsttempel überqueren Sie die Talfer auf der wellenförmig gestalteten Brücke. Am Westufer halten Sie sich rechts. An der Talferbrücke biegen Sie links zum Siegesplatz mit Siegesdenkmal ⑪ ab. Unter dem gewaltigen Monument am »Eingang« zur Neustadt wurde eine Ausstellung zur Stadthistorie (1918–45) eingerichtet.

16.30 Uhr: Nun ist ein wenig Erholung angesagt. Zurück am Siegesplatz biegen Sie links ab und schlendern durch den Petrarcapark. Mit den Talferwiesen am gegenüberliegenden Ufer bildet er ein schönes Naherholungsgebiet, Bänke laden zum Ausruhen ein. An der zweiten Brücke nach dem Siegesplatz wechseln Sie ans Ostufer der Talfer. Folgen Sie nun der Wassermauerpromenade nach links bis zum Schloss Maretsch ⑫, genießen Sie den Blick auf das Anwesen. Auch in entgegengesetzter Richtung ist die Promenade ideal zum Flanieren. An der Talferbrücke biegen Sie links ab. Zwei Museen locken mit Ausstellungen: Stadtmuseum ⑬ und Südtiroler Archäologiemuseum ⑭ mit »Ötzi«. Vielleicht möchten Sie die Gletschermumie besuchen?

Erfrischung gefällig?

18 Uhr: Anschließend bummeln Sie durch die Museumstraße wieder zum Obstmarkt, den Sie bereits mittags kennengelernt haben. Sie waren viel unterwegs. Um den Tag gemütlich ausklingen zu lassen, müssen Sie aber nicht mehr weit gehen. Rund um den Obstmarkt ist alles geboten.

19 Uhr: Hopfen & Co. ⑮ an der Ecke Obstmarkt und Silbergasse überzeugt mit selbst gebrautem Bier und köstlichen Südtiroler Spezialitäten.

21 Uhr: Wie wäre es nach dem Essen mit einem Drink in besonderem Ambiente? Dann ist das Nadamas ⑯ – Pub, Musikbar und Restaurant unter einem Dach – am anderen Ende des Obstmarkts genau das Richtige.

⑧ Obstmarkt, ein beliebter Treff in Bozen

Zeichenerklärung *siehe hintere Umschlagklappe*

Gasthof Kohlern auf dem Kohlerer Berg

Umgebung von Bozen
Nicht nur das Stadtgebiet ist reich an Sehenswürdigkeiten, auch das Umland von Bozen lockt mit Attraktionen – von schönen Wandergebieten bis zu kulturhistorisch bedeutenden Stätten.

Kohlern
5 km südl. von Bozen. **Seilbahn**
+39 0471 978 545.
kohlererbahn.it

Hoch über dem Eisacktal in rund 1130 Meter Höhe liegt Kohlern mit den Ortsteilen Bauernkohlern und Herrenkohlern. Ein wahres Sommerparadies: Herrscht im Talkessel drückende Hitze, so erlebt man auf dem Kohlerer Berg angenehme Frische. Auch viele Einwohner der Stadt genießen die Ruhe in dem von Wäldern und Wiesen geprägten Naturschutzgebiet.

Man erreicht den Ort mit dem Auto auf einer kurvenreichen Bergstraße oder – viel bequemer – innerhalb von fünf Minuten mit der seit 1908 betriebenen Seilbahn, der weltweit ältesten ihrer Art. Mittlerweile sind moderne Kabinen für bis zu 20 Personen im Einsatz. Nahe der Bergstation steht ein etwa 50 Meter hoher Aussichtsturm, der Blick von oben reicht von Bozen bis zum Ortler. Für Wanderungen bietet sich ein dichtes Netz an gut markierten Wegen an. Es gibt diverse Einkehrmöglichkeiten, darunter den Gasthof Kohlern *(siehe S. 70)*.

Promenaden
In der Stadt und doch mitten in der Natur: Auf mehreren bezaubernd angelegten und gepflegten Promenaden kann man genussvoll flanieren und ständig wechselnde Aussichten genießen. Zu den schönsten gehören Guntschna-, Oswald- und Wasserpromenade. Jede ist nur wenige Kilometer lang, Bänke laden zur Rast, der Blick geht immer ins Grüne.

Die **Guntschnapromenade**, ein botanischer Lehrpfad, windet sich hinter der Alten Pfarrkirche in Gries *(siehe S. 80)* durch mediterrane Vegetation (u. a. Zitrusbäume, Zedern, Kaktusfeigen, Zypressen, Magnolien und Agaven) einen Sonnenhang hinauf nach Guntschna. Egal, zu welcher Jahreszeit man unterwegs ist: Immer stehen einige der beschilderten Pflanzen in voller Blüte.

Die **Oswaldpromenade** verläuft von der Talfer in Serpentinen zwischen Weinbergen und Wäldern bis ins Weindorf St. Magdalena, Ursprungsort des gleichnamigen Weins. Die gotische Kirche birgt schöne Fresken der Bozner Schule. Genießen Sie im Ort auch den Blick auf den Rosengarten.

Die **Wasserpromenade** führt am Ufer der Talfer durch die Talferwiesen sowie an Schloss Maretsch *(siehe S. 80)* vorbei Richtung Norden bis Schloss Runkelstein *(siehe S. 85)*.

Schloss Sigmundskron
Sigmundskroner Str. 53. +39 0471 631 264. 3. So im März–2. So im Nov: Fr–Mi 10–18 Uhr.
messner-mountain-museum.it/firmian/museum

Ein besonderer Platz in besonderer Lage: Die auf einem Bergrücken thronende mächtige Burganlage im Südwesten

Bozen mit Blick nach Süden – die Stadt liegt in einem nach Süden offenen Talkessel. Zwischen Altstadt *(links)* und Neustadt fließt die Talfer *(vorn)*,

Restaurants in Bozen *siehe Seite 98f*

von Bozen ist Standort des 2006 eröffneten MMM Firmian *(siehe S. 17)* und Zentrale des aus sechs Museen bestehenden MMM-Projekts *(siehe S. 16f)*. In den alten Mauern (10. Jh.) werden die unterschiedlichsten Facetten der Beziehung zwischen Mensch und Bergwelt thematisiert – von den Anfängen des Bergsteigens bis zum Alpinismus unserer Zeit. Außerdem widmet sich das Museum der künstlerischen Darstellung der Berge. Gemälde, Skulpturen und vielfältige Erinnerungsstücke von Expeditionen des Extrembergsteigers säumen den Parcours, der im Uhrzeigersinn um den zentralen Burgfelsen führt. Die Objekte stammen von Bergkulturen aus aller Welt.

Per Audioguide wird man von Schlossherr Reinhold Messner quasi persönlich durch das Anwesen geführt.

Ausstellungsraum auf Schloss Sigmundskron

Jenesien

10 km nordwestl. von Bozen. 3000. Schrann 7, +39 0471 354 196. **jenesien.net**

Mit der Seilbahn oder auf einer kurvigen Straße erreicht man den ca. 1100 Meter hoch gelegenen Ort. Er erstreckt sich auf dem von Lärchenbeständen geprägten Hochplateau des Salten am Tschögglberg. Als Hochburg der Haflingerzucht *(siehe S. 115)* ist Jenesien ein Reiterparadies, mehrere Reiterhöfe bieten Ausritte an. Wer es bequemer mag, nimmt an einer Kutschenfahrt teil. Den Arbeitsalltag erlebt man bei Führungen durch Bio-Bauernhöfe, Käsereien und Imkereien. Beim Schupfenfest (Sep) werden in den Hütten nach Omas Rezepten zubereitete Köstlichkeiten aufgetischt.

Wanderwege führen u. a. zur Ruine von Burg Helfenberg (12. Jh.) und zu Erdpyramiden – ein lohnendes Ausflugsziel, auch wenn sie weniger spektakulär als die Rittner Erdpyramiden *(siehe S. 86)* sind.

Schloss Runkelstein

3 km nordöstl. von Bozen. +39 0471 329 808. Mitte März–1. Nov: Di–So 10–18 Uhr; 2. Nov–Mitte März: Di–So 10–17 Uhr. 1. Jan, 9. Jan–12. Feb, 24., 25., 31. Dez. **runkelstein.info**

Der größte profane Freskenzyklus des Mittelalters in ganz Europa ist Anziehungspunkt der »Bilderburg« hoch über der Talfer am Eingang zum Sarntal. Der Zyklus ist eine echte Rarität, da die meisten nichtsakralen Fresken jener Zeit nicht mehr erhalten sind. Die Schlossherren des aus dem 13. Jahrhundert stammenden Anwesens ließen die Wände mit höfischen Szenen bemalen. Dargestellt sind z. B. Ritterturniere, Reigentänze und Jagdausflüge. Man sieht auch Szenen aus der Literatur, etwa Darstellungen der Tafelrunde von König Artus oder der Sage von Tristan und Isolde – ein einmaliges kunsthistorisches Juwel von unschätzbarem Wert.

Nach einem Besuch lockt die rustikale Burgschänke zur Einkehr. Das Schloss mit der bunten Bilderwelt war schon oft Filmkulisse.

sie mündet in den von Baumreihen gesäumten Eisack. Weinberge reichen bis an den Stadtrand. Etwa in der Bildmitte erkennt man den Flughafen.

T2 Rittner Erdpyramiden

↺ ▸◂ 6,6 km ⏱ 1:50 Std. ↗ 202 m ↘ 202 m

Berggenuss ganz ohne Auto. Die abwechslungsreiche Tour führt mit Seilbahn und Bahn sowie auf einem einfachen Panoramaspaziergang zu einem besonderen Naturphänomen. Ein Ort zum Staunen: Auf dem Bergrücken Ritten ragen die markantesten und mit bis zu 30 Metern auch höchsten Erdpyramiden Europas auf. Diese pfeilerartigen geologischen Naturdenkmäler mit Deckstein scheinen aus dem Boden zu sprießen. Die Tour eignet sich wunderbar für einen halbtägigen Ausflug von Bozen aus.

Von Bozen nach Oberbozen per Seilbahn
Mit der Rittner Seilbahn erreicht man Oberbozen in zwölf Minuten. Der Höhenunterschied zwischen Tal- und Bergstation beträgt 950 Meter.

Erdpyramiden und Aussichtsplattform ⑤
Ein fast unwirklicher Anblick: Gebilde wie aus einer Tropfsteinhöhle mitten in idyllischer Landschaft.

Von Oberbozen nach Klobenstein per Bahn
Die Rittner Bahn fährt von der Bergstation in 16 Minuten zum Ausgangspunkt der Tour.

Entstehung von Erdpyramiden

In verfestigtem Erdreich, das mit größeren Steinen versetzt ist (z. B. in Moränen), wäscht Regen über Jahrtausende das feinere Material aus. Unter den freigelegten Steinen entstehen kegelartige Gebilde. Fallen die Steine ab, werden die Erdpyramiden abgetragen.

Legende
Routenempfehlung
Andere Straße

Brücke ⑥
Der gedeckte Steg am nördlichsten Punkt der Tour überquert die Finsterbachschlucht und führt auf den Weg zur Kirche Maria Saal in Lengmoos.

Infobox

Information
SK D2. **K** H5–6.
Rittner Seilbahn
Talstation: Rittnerstr. 12. Fahrzeiten: Mo–Sa 6.30–22.45, So 7.10–22.45 Uhr. ☎ +39 0471 356 100. ♿ **W ritten.com**

Rittner Bahn
Fahrzeiten: tägl. 6.26–23 Uhr.
♿

Café Erdpyramiden
Plattl 16, Lengmoos.
🕓 März–Nov: tägl. 8–20 Uhr.
☎ +39 0471 356 372.

Roadbook

Start: Klobenstein
GPS-Koordinaten: 46.541667, 11.458333

① **Klobenstein / Collalbo** — **km 0,0**
Vor dem Bahnhof folgt man dem Wegweiser Richtung Erdpyramiden (Weg Nr. 24).

② **Fennpromenade** — **km 0,7**
Nach der Abzweigung auf Weg Nr. 20 geht es auf diesen Waldweg. Er verläuft zuerst flach, steigt dann allmählich an. Tafeln erläutern die Berge auf der anderen Talseite.

③ **Aussichtspunkt** — **km 1,6**
Von hier sieht man die Erdpyramiden aus der Ferne. Am Ende der Fennpromenade steigt man nach Lengmoos ab und folgt der Straße nach Norden.

④ **Café Erdpyramiden** — **km 3,0**
Von der Terrasse des Cafés hat man eine grandiose Aussicht. Vielleicht zu einer Tasse Kaffee und einem Apfelstrudel?

⑤ **Aussichtsplattform Erdpyramiden** — **km 3,6**
Von der Aussichtsterrasse (mit Sitzbänken) wirken die Erdpyramiden zum Greifen nah – der ideale Ort für Fotos.

⑥ **Brücke** — **km 3,9**
Der Weg weiter nach Norden führt zur gedeckten Holzbrücke über den Finsterbach.

⑦ = ① **Klobenstein / Collalbo** — **km 6,6**
Gleicher Weg zurück zum Bahnhof, aber nach Lengmoos rechts abbiegen.

Fennpromenade ②
Der Wanderweg führt durch Laubwald um den Fennberg herum. An lichten Stellen genießt man den Blick auf imposante Dolomitengipfel.

Streckenprofil

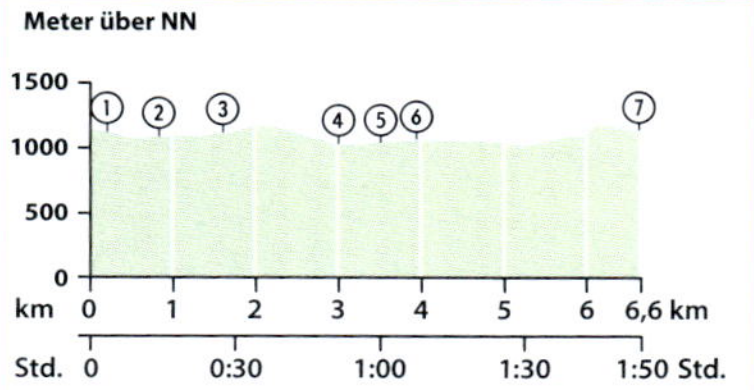

❷ Ritten

SK D2. **K** H5–6. 8000. Dorfstr. 5, Klobenstein, +39 0471 356 100. **ritten.com**

Die von Bozen per Seilbahn erreichbare Gemeinde Ritten (Renon) erstreckt sich auf dem gleichnamigen Bergrücken mit dem Rittner Horn (2260 m) als höchstem Berg. Ein beliebtes Ausflugsziel sind die Erdpyramiden *(siehe S. 86f)*.

❸ Sarntal

SK C2. **K** G5–H6. Kirchplatz 9, Sarnthein, +39 0471 623 091. **sarntal.com**

Nördlich von Bozen bis zum Penser Joch (2211 m) verläuft das Sarntal (Val Sarentino). Über dem Tal ragen Burgruinen in teils abenteuerlicher Lage auf. Erst durchquert man in vielen Tunneln eine enge Schlucht. Später öffnet sich das Tal zur Wiesenlandschaft mit bewaldeten Hängen.

Hauptort ist Sarnthein. Sarner sind traditionsbewusst. Bräuche wie das Klöckeln *(siehe S. 63)* und alte Handwerkszweige wie Federkielstickerei oder Herstellung von Filzpantoffeln gehören zur Identität. Gefragt sind auch Produkte aus der Sarner Latschenkiefer.

Ein Mysterium sind die Stoanernen Mandln (»steinerne Männchen«), eine Formation von mehr als 100 aus aufgeschichteten Steinen bestehenden Figuren in 2003 Meter Höhe – vielleicht Hexenwerk?

❹ Terlan

SK C2. **K** G6. 4000. Dr.-Weiser-Platz 2, +39 0471 257 165. **terlan.info**

Terlan (Terlano) ist für Weißwein und Spargel bekannt – eine perfekte Paarung. Die Spargelernte beginnt Anfang April, frisch gestochen kommt der Spargel in die Restaurants. Details zu Geschichte und Kultur des Weinanbaus vermittelt eine zweistündige Wanderung auf dem Terlaner Weinweg.

Über dem Tal thront auf einem Bergsporn die Burg Neuhaus. Das um 1220 fertiggestellte Anwesen wird im Volksmund auch Burg Maultasch genannt. Angeblich residierte hier zeitweise Fürstin Margarete Maultasch *(siehe S. 28)*, die letzte Tiroler Regentin. Man erreicht die Burg über die nach der früheren Landesherrin benannte Promenade.

Der spitze Turm der mit kostbaren Wandfresken ausgestalteten Pfarrkirche Mariä Himmelfahrt ist mit 75 Metern einer der höchsten in Südtirol.

Im »Rosendorf« Nals lohnt sich ein Besuch der Schwanburg (13. Jh.) mit der ältesten privaten Weinkellerei Südtirols.

Heilig-Kreuz-Kirche in Eppan

❺ Eppan

SK C3. **K** G7. 15 000. Rathausplatz 1, +39 0471 662 206. **eppan.com**

Der Name des Weinbauorts Eppan (Appiano) steht für Burgen und Schlösser, Landhäuser und Ansitze. Adlige und reiche Händler ließen sich diese Anwesen inmitten malerischer Reblandschaften errichten. Einige der ehrwürdigen Gemäuer dienen als Theater- oder Konzertbühne. Zu den berühmtesten Anlagen gehört Burg Hocheppan *(siehe S. 89)*.

Ein besonderes Naturphänomen sind die Eppaner Eislöcher zwischen Eppan und Kaltern. Sogar im Sommer entweicht hier aus Felsspalten kalte Luft.

Blick auf Terlan mit dem auffallend hohen Kirchturm

Hocheppan

Der Stammsitz der Grafen von Eppan aus dem 12. Jahrhundert thront auf einem uneinnehmbar scheinenden Felsen. Von Hocheppan konnte man seinerzeit angeblich mehr als 30 andere Burgen sehen. Die Burgkapelle gehört zu den herausragenden romanischen Kunstdenkmälern Südtirols. Wegen der Bedeutung ihrer Fresken wurde ihr der Name »Sixtinische Kapelle der Alpen« zuteil. Hocheppan ist auf einem gut ausgebauten Fußweg erreichbar. Viele Besucher entscheiden sich für die Drei-Burgen-Runde. Bei dieser etwa zweistündigen Wanderung gelangt man auch zu Schloss Korb und Schloss Boymont.

Infobox

Information
SK C3. **K** G6.
Hocheppaner Weg 16, Missian.
+39 0471 662 206.
Apr–Mitte Nov: Do–Di 10–18 Uhr (Okt: tägl.).
Öffnungszeiten wie Burg.
obligatorisch.
hocheppan.it

Burg Hocheppan
Exponierte Lage auf einem steilen Felsen, Fernblick über die Umgebung, kompakte Bauweise, zinnenbewehrte Mauern und ein hoch aufragender Bergfried – Hocheppan hat alles, was eine mittelalterliche Burg brauchte, um potenzielle Angreifer abzuschrecken.

Fresken
Die Burgkapelle schmückt ein herrlicher romanischer Freskenzyklus (13. Jh.). Die teilweise byzantinisch beeinflussten Bilder zeigen u. a. christliche Motive, Jagdszenen und die berühmte Darstellung der »Knödelesserin«, einer Frau, die gerade einen Knödel verspeist.

Burgschenke
In der Burgschenke mit Laube kommen typische Südtiroler Gerichte auf den Tisch – u. a. diverse Knödelvarianten, im Herbst auch Törggelenmenüs.

T3 Südtiroler Weinstraße

↺ ▸◂ 100 km ⏲ 2:50 Std. (reine Fahrzeit)

Die Weinstraße (Strada del Vino) ist eine der bekanntesten touristischen Strecken der Region. Bei einer Fahrt zwischen Weinbergen, Burgen und bunt bemalten Häusern vor gigantischer Bergkulisse kommt das Südtirol-Gefühl auf. Die Genussroute zu beiden Ufern der Etsch führt durch eine malerische Gegend, in der Trauben berühmter Weine reifen – u. a. Riesling, Gewürztraminer, Cabernet Sauvignon und Blauburgunder. Über Geschichte und Kultur des Weinbaus in Südtirol informiert das Weinmuseum in Kaltern.

Weinberge und Burgen bei Eppan

Weingut Schreckbichl
Tradition trifft auf Moderne: Das etablierte Weingut in Girlan setzt auch architektonische Akzente *(siehe S. 31)*.

Roadbook

Start: Bozen / Bolzano
GPS-Koordinaten: 46.490670, 11.339820

① **Bozen / Bolzano** **km 0,0 (0 Min.)**
Weinberge reichen bis an den Stadtrand von Bozen. Hier beginnt die Entdeckungstour durch die Südtiroler Weinwelt.

② **Terlan / Terlano** **km 12,0 (25 Min.)**
Infotafeln entlang dem Terlaner Weinweg erläutern die lange und erfolgreiche Weingeschichte des hübschen Orts.

③ **Eppan / Appiano** **km 23,0 (45 Min.)**
Viele stattliche Landhäuser dokumentieren den durch den Weinbau erlangten Wohlstand. Einige können besichtigt werden.

④ **Kaltern / Caldaro** **km 33,0 (1:05 Std.)**
Das älteste Weinbaumuseum Italiens ist in den historischen Mauern eines Weinkellers untergebracht.

⑤ **Kalterer See / Lago di Caldaro** **km 38,0 (1:15 Std.)**
Ein aus der Vernatsch-Traube produzierter Wein ist nach dem Kalterer See benannt. Er zählt zu den wärmsten Seen in den Alpen.

⑥ **Tramin / Termeno** **km 44,0 (1:25 Std.)**
Hier hat der berühmte Gewürztraminer seine Wurzeln. Bekannt ist der Ort auch für einige meisterhafte Freskenzyklen.

⑦ **Kurtatsch / Cortaccia** **km 51,0 (1:40 Std.)**
Bei einem Spaziergang auf dem ca. zwei Kilometer langen Weinlehrpfad erfährt man alles, was man über Wein aus Südtirol wissen muss (www.weinlehrpfad.it).

Weingut Manincor
Seit dem 17. Jahrhundert wird auf dem Weingut in Kaltern an der Qualitätsspirale gedreht.

Weingut Elena Walch
Die Weinkellerei in Tramin ist ein Familienbetrieb in fünfter Generation. Degustationen und Führungen durch die Kelleranlagen sind sehr beliebt.

Traminer

Weinkeller auf dem Weingut Manincor in Kaltern

Routeninfos

Länge: Die 100 Kilometer lange Tour führt durch die wichtigsten Weinorte der Region. An der Strecke liegen viele Kellereien und Weinhandlungen.
i +39 0471 860 659.
W **suedtiroler-weinstrasse.it**

Südtiroler Weinmuseum
Goldgasse 1, Kaltern. ☎ +39 0471 963 168. ◯ Apr–Mitte Nov: Di–Sa 10–17, So, Feiertage 10–12 Uhr. W **weinmuseum.it**

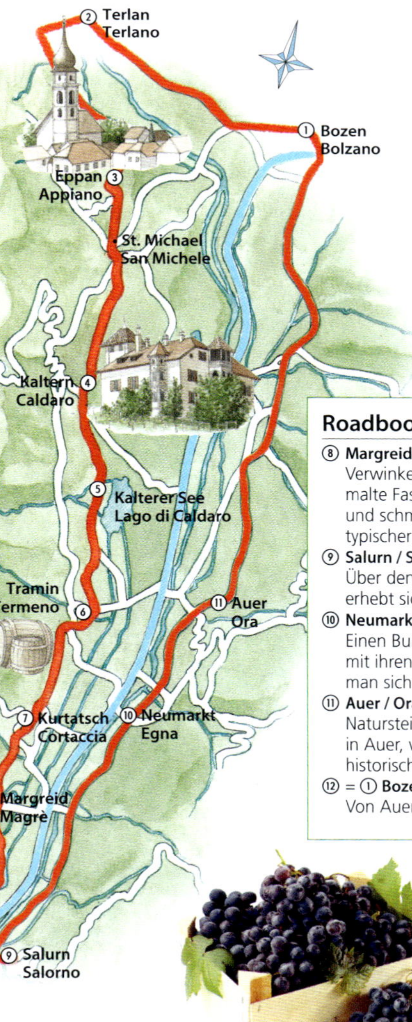

Weißburgunder, Chardonnay und Lagrein

Südtiroler Weinstraße
STRADA DEL VINO

Logo der Südtiroler Weinstraße

Roadbook *(Fortsetzung)*

⑧ **Margreid / Magrè** **km 55,0 (1:50 Std.)**
Verwinkelte Gassen und kunstvoll bemalte Fassaden mit Erkern, Torbogen und schmiedeeisernen Gittern – ein typischer Ort entlang der Weinstraße.

⑨ **Salurn / Salorno** **km 63,0 (2:00 Std.)**
Über den südlichsten Ort der Tour erhebt sich die markante Haderburg.

⑩ **Neumarkt / Egna** **km 74,0 (2:15 Std.)**
Einen Bummel durch die Laubengasse mit ihren prachtvollen Häusern sollte man sich nicht entgehen lassen.

⑪ **Auer / Ora** **km 81,0 (2:25 Std.)**
Natursteinhäuser prägen das Ambiente in Auer, wo man auch Reste einer prähistorischen Siedlung besichtigen kann.

⑫ = ① **Bozen** **km 100,0 (2:50 Std.)**
Von Auer geht es zurück nach Bozen.

Frisch gepflückte Weintrauben – der Inbegriff von Südtirol

❻ Kaltern

SK C3. **K** G7. 8000. Marktplatz 8, +39 0471 963 169.
kaltern.com

Kaltern (Caldaro) und der Kalterer See zählen zweifellos zu den beliebtesten Urlaubsgebieten Südtirols, der See zu den wärmsten der Alpen. Nach ihm ist der hier produzierte Wein aus der Vernatsch-Traube benannt. Einen Überblick über Geschichte und Bedeutung des Weinbaus in der Region bietet das **Südtiroler Weinmuseum**, das älteste Weinbaumuseum in Italien. Führungen enden mit einer kleinen Verkostung im Weinkeller, geradezu ein Idyll ist der angegliederte Weingarten.

Kaltern verbindet Tradition und Moderne eindrucksvoll. Einige Bauten wie etwa das winecenter der Kellerei Kaltern sind architektonisch spannend.

Tipp: Die zum Mendelpass (1363 m) führende Mendelbahn war bei ihrer Inbetriebnahme 1903 die erste elektrisch betriebene Bahn in Tirol und ist noch heute eine der steilsten der Welt (maximale Steigung: 64 %).

Südtiroler Weinmuseum
Goldgasse 1. +39 0471 963 168. Apr–Mitte Nov: Di–Sa 10–17, So 10–12 Uhr. 1. Nov. Do 10 Uhr. **weinmuseum.it**

❼ Tramin

SK C3. **K** G7. 3000. Mindelheimer Str. 10A, +39 0471 860 131.
tramin.com

Ein Weindorf, wie es im Buche steht: alte Gemäuer, Wirtshäuser mit Tischen unter Schatten spendenden Bäumen und ringsum Weinberg an Weinberg. Der Gewürztraminer verdankt dem Ort seinen Namen.

Berühmtestes Kunstwerk in Tramin (Termeno) ist der romanische Freskenzyklus (um 1220) in der Kirche St. Jakob in Kastelaz oberhalb des Orts. Die Sockelzone zeigt miteinander kämpfende Fabelwesen, darüber sind friedlichere biblische Szenen dargestellt. Auch der Innenraum von St. Valentin ist vollständig mit (gotischen) Fresken ausgemalt.

Ein Highlight im Veranstaltungskalender ist der alle zwei Jahre im Februar stattfindende Egetmann-Umzug *(siehe S. 62)*.

❽ Kurtatsch

SK C3. **K** G8. 2000. Hptm.-Schweiggl-Platz 8, +39 0471 880 118. **gemeinde.kurtatsch.bz.it**

Nach Süden werden die Orte entlang der Südtiroler Weinstraße *(siehe S. 90f)* beschaulicher, auch wenn das Thema Wein in Kurtatsch (Cortaccia) ebenso präsent ist wie in Kaltern und Tramin. Wissenswertes über den Weinanbau erfährt man bei einem Spaziergang auf dem rund zwei Kilometer langen, mitten durch Weinberge führenden Weinlehrpfad (www.weinlehrpfad.it) – ein schönes Naturerlebnis.

Themenwechsel: Das Museum Zeitreise Mensch dokumentiert menschliches Leben seit der Steinzeit. Animationen und Experimente machen den Besuch zur Attraktion (www.museumzeitreisemensch.it).

Einen tollen Blick genießt man vom Fennberg, einem Plateau mit einem der höchstgelegenen Weingärten Europas.

❾ Eggental

SK D3. **K** H6–J7. Dolomitenstr. 4, Welschnofen, +39 0471 619 500. **eggental.com**

Das Eggental (Val d'Ega) mit dem Hauptort Welschnofen ist das südlichste Seitental des Eisacktals und bietet eine der meistfotografierten Kulissen Südtirols: den Karersee mit dem Latemar *(siehe S. 93)*. Der sagenumwobene »Regenbogensee« *(siehe S. 32)* beeindruckt durch seine Färbung. Man kann ihn auf einem Spazierweg in weniger als einer Stunde umrunden. Mit jeder neuen Perspektive scheint sich die Farbe des Sees zu ändern.

Pastellfarbene Häuser umrahmen den Marktplatz von Kaltern

Dem Himmel so nah – Sternwarte Max Valier in Gummer, Eggental

Viel weiter reicht der Blick im **Planetarium Südtirol** und in der **Sternwarte Max Valier** in Gummer, die nach dem Raumfahrtpionier benannt ist.

Golfer genießen das Bergpanorama vom Golfplatz am Karerpass, einer 9-Loch-Anlage in 1580 Meter Höhe.

Planetarium Südtirol / Sternwarte Max Valier
Gummer 5, Karneid. +39 0471 610 020. **Planetarium** Zeiten bitte der Website entnehmen.
Do abends (Sternwarte, tel. anmelden).
planetarium.bz.it

⑩ Tierser Tal

SK D3. **K** HJ6. St.-Georg-Str. 79, +39 0471 640 055.
tiersertal.com

Eine verwegene Schlucht mit verwegener Bergwelt: Schlern im Norden und die Felszacken des Rosengartens im Osten und Süden bilden eine markante Silhouette.

Doch nicht nur die Natur lässt einen staunen – die gut erhaltenen Fresken (um 1420) der Bozner Schule an der südlichen Außenwand der gotischen Kirche St. Katharina im Tierser Ortsteil Breien sind ein Blickfang. Auch St. Zyprian im gleichnamigen Ortsteil zieren Wandgemälde.

An das im Tierser Tal (Val di Tires) einst bedeutende Müllerhandwerk erinnert eine restaurierte, funktionsfähige Mühle am Ortseingang von Tiers.

⑪ Rosengarten

SK D3. **K** J6.

Was für ein traumhaft schönes Farbenspiel: Die mit dem Sonnenstand wechselnden Farben des Bergmassivs faszinieren jeden Betrachter. Besonders stimmungsvoll ist der Anblick bei Sonnenaufgang und -untergang, wenn der Rosengarten (Catinaccio) »erblüht«. Nicht umsonst rankt sich um dieses Phänomen eine illustre Sage *(siehe S. 32)*. In Begriffen wie Sessellift König Laurin, Laurinswand oder Laurinspass lebt die Laurinsage weiter.

Für Bergsteiger und Wanderer ist die Berggruppe zwischen Tierser Tal im Westen und Fassatal im Osten durchaus »von dieser Welt«. So unbezwingbar die mächtig aufragenden, schroffen Felswände aus der Ferne auch scheinen mögen – einige Wanderwege erschließen den Rosengarten. Von den Bergstationen der Seilbahnen führen auch bequeme Spazierwege mit wunderschönen Aussichten durch das Massiv.

Höchster Berg ist der nur über einen Klettersteig erreichbare Kesselkogel (3002 m). Berühmter ist jedoch die Rosengartenspitze (2981 m). Weite Teile des Rosengartens liegen im Naturpark Schlern-Rosengarten *(siehe S. 25)*.

⑫ Latemar

SK D3. **K** J7.

Das südlich des Karerpasses aufragende gewaltige Bergmassiv Latemar ist touristisch weniger erschlossen und damit deutlich »einsamer« als etwa der Rosengarten, die Kulisse jedoch nicht weniger atemberaubend. Höchster Gipfel dieser Berggruppe ist die 2842 Meter hohe Westliche Latemarspitze. Ein grandioses Panorama bietet die Aussichtsplattform Latemar.360°. Familien schätzen den Erlebnisweg Latemar.Natura mit vielen Stationen und Informationstafeln. Von Alm zu Alm führt der (auch kinderwagentaugliche) Weg Latemar.Alp.

»Alpenglühen« im Rosengarten

T4 Große Dolomitenstraße

142 km · 3:30 Std. (reine Fahrzeit)

Eine Fahrt auf dieser Traumstraße ist ein unvergessliches Roadmovie. Mit ihren vielen engen Serpentinen und den teils steilen Abgründen ist sie nichts für schwache Nerven. Doch die durchgehend asphaltierte, ganzjährig befahrbare Strecke zählt zu den schönsten Alpenrouten. Sie können die Tour auch abkürzen, für das letzte Teilstück stehen zwei Varianten zur Auswahl (siehe Roadbook).

Karersee ②
Schillernd und sagenumwoben: Der Karersee bietet mit dem Latemar im Hintergrund eine zauberhafte Kulisse *(siehe S. 92)*.

Steinbock – Bewohner der Felsregionen

Roadbook

Start: Zentrum von Bozen
GPS-Koordinaten: 46.295386, 11.211712

① **Bozen / Bolzano** — **km 0,0 (0 Min.)**
Die Hauptstadt Südtirols ist Startpunkt der Tour, die zunächst Richtung Südosten durch das wildromantische Eggental führt. Ein Teil der ersten Etappe verläuft durch Tunnel.

② **Karersee** — **km 26,0 (35 Min.)**
Nicht nur Romantiker halten hier an: In der Mitte des grünen Sees steht eine Statue der Nixe vom Karersee *(siehe S. 32)*. Rund um die See wachsen die berühmten Klangfichten, aus den seit Jahrhunderten Violinen gebaut werden. Im Durchgang zur Aussichtsplattform begeistert eine Klanginstallation von Klangfichtenhölzern von Manfred Mayer. Wer nun genug hat, gelangt über das Tierser Tal wieder ins Eisacktal. Hinter dem Karersee steigt die Strecke zum Karerpass (1752 m) an und dann ins Fassatal hinab. Die Aussicht auf Rosengarten (Norden) und Latemar (Süden) ist einmalig.

③ **Canazei** — **km 50,0 (1:10 Std.)**
Auch hinter dem Ort Canazei, dem nächsten Etappenziel, kann man von der Großen Dolomitenstraße abzweigen: Über das Sellajoch (2218 m) gelangt man ins Grödner Tal. Die Weiterfahrt auf der Hauptroute lohnt sich aber, denn nun wird der Streckenverlauf spektakulär. Über 27 Kehren erreicht man das Pordoijoch.

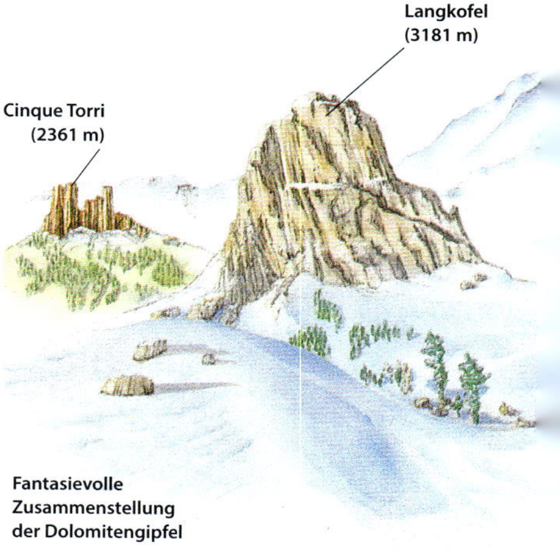

Fantasievolle Zusammenstellung der Dolomitengipfel

Monte Cristallo ⑥
Schroff, bizarr und spektakulär präsentiert sich der 3221 Meter hohe »Kristallberg«, ein anspruchsvoller Kletterberg. Mit dem Fernglas erkennt man oft Alpinisten auf den Klettersteigen.

Legende
- Routenempfehlung
- Andere Straße
- Autobahn
- Gipfel

Roadbook *(Fortsetzung)*

④ **Pordoijoch** **km 63,0 (1:35 St.)**
Die Passhöhe (2239 m) ist der höchste Punkt der Tour. Eine Seilbahn fährt noch auf den Sass Pordoi (2950 m). Sensationeller Blick auf Marmolada, Langkofel und Sellagruppe.

⑤ **Arabba** **km 72,0 (1:50 Std.)**
In Arabba führen Abzweigungen von der Hauptroute über den Passo di Campolongo (1875 m) ins Grödner Tal und ins Gadertal. Die Große Dolomitenstraße verläuft über den Passo di Falzàrego (2105 m).

⑥ **Cortina d'Ampezzo**
km 111 (2:50 Std.)
Für die Weiterfahrt stehen zwei Routen zur Auswahl: Eine (28 km) führt nach Norden, die andere (31 km) nach Osten. Beide umfahren den Monte Cristallo und laufen bei Schluderbach (10 km südlich von Toblach) zusammen.

⑦ **Toblach / Dobbiaco**
km 142 (3:30 Std.)
Durch das von der Rienz durchflossene Höhlensteintal kommt man zum Zielort.

Marmolada vom Pordoijoch aus ④
Auch noch vom höchsten Punkt der Route (2239 m) wirkt der am höchsten aufragende Gipfel der Dolomiten (3343 m) mächtig.

Zeichenerklärung *siehe hintere Umschlagklappe*

⓭ Überetsch und Unterland

SK C3. **K** G6–7.

Für viele Besucher ist diese reiche Kulturlandschaft der Inbegriff von Südtirol. Seinen Reiz bezieht das Gebiet zu beiden Seiten der Etsch aus dem harmonischen Nebeneinander von Hügelland (Überetsch) und ausgedehnten Tallagen (Unterland).

Überetsch (Oltradige) erstreckt sich westlich der Etsch flussabwärts von Bozen. Es ist das bedeutendste Weinbaugebiet Südtirols, seit Jahrtausenden werden hier Reben kultiviert. In den zahlreichen Kellereien produziert man einige der bekanntesten Weine Südtirols (u. a. Kalterer See und Gewürztraminer). Die größten Gemeinden sind Eppan und Kaltern *(siehe S. 88 und S. 92)*. Neben Weinbau prägen auch Burgen das Gebiet, die Anzahl an wehrhaften Anlagen ist enorm. Zu den berühmtesten und meistbesuchten gehört Hocheppan *(siehe S. 89)*. Zudem wurden im 16. und 17. Jahrhundert viele herrschaftliche Landhäuser errichtet, für deren Baustil der Begriff »Überetscher Stil« kreiert wurde: Mit Erkern, Laubengängen und Loggien wirken sie durchaus ein wenig verspielt.

Nach Süden geht das Gebiet Überetsch in das Unterland (Bassa Atesina) über, das auch auf das östliche Ufer der Etsch übergreift. Tramin, Kurtatsch *(siehe S. 92)* westlich des Flusses sowie Aldein, Auer, Neumarkt und Salurn *(siehe unten)* östlich der Etsch sind Hauptorte dieses Gebiets. Auch hier dominiert an den Hängen der Weinbau, im Etschtal zwischen Bozen und Salurn erstrecken sich riesige Obstplantagen, vor allem Äpfel werden großflächig angebaut.

⓮ Aldein

SK C3. **K** G7. 1700.
Dorf 11, +39 0471 886 823.
gemeinde.aldein.bz.it

Mehrere alte Bergbauernhöfe, die zum Teil weit verstreut liegen, prägen Aldein (Aldino) und das ebenso ruhige Nachbardorf Radein.

So beschaulich es hier auch zugehen mag – Aldein und seine Umgebung warten mit einigen besonderen touristischen Highlights auf. An die lange Tradition des Müllerhandwerks in Aldein erinnern mehrere restaurierte Mühlen unterschiedlichen Typs, die als Ensemble im Rahmen einer kleinen Wanderung mit Führung besichtigt werden können (www.museum-aldein.com/de/muehlenensemble).

Umgebung: Auch Südtirol hat einen Grand Canyon. Zugegeben – nicht ganz so spektakulär wie das Naturwunder in den USA. Aber die acht Kilometer lange und 400 Meter tiefe Bletterbachschlucht zählt immerhin zu den wildesten Europas. Im **Geoparc Bletterbach** östlich von Aldein kann man sich auf eine spannende Zeitreise durch Jahrmillionen begeben. In den Gesteinsschichten, die man auf dem Rundwanderweg passiert, präsentiert sich die vielfältige Geologie der Dolomiten wie ein offenes Buch. Das Farbenspektrum ist beträchtlich: Weißer Dolomit wechselt mit gelbem Sandstein und rötlichen Vulkangesteinen. An vielen Punkten informieren Schautafeln über die Entstehung der Schlucht und ihre Einzigartigkeit. Auch hier gefundene Fossilien werden erläutert.

Ab in die geologische Vergangenheit! Doch bevor man sich auf den (bestens ausgeschilderten) Weg macht, sollte man im Besucherzentrum und im GEO Museum in Radein vorbeischauen (www.museum-aldein.com/de/geomuseum).

Geoparc Bletterbach
Lerch 40, Aldein. +39 0471 886 946. Mai–Okt: tägl. 9.30–18 Uhr. **bletterbach.info**

⓯ Auer

SK C3. **K** G7. 3500. Hauptplatz 5, +39 0471 089 000.
gemeinde.auer.bz.it

Der für das Südtiroler Unterland typische Ort in rund 250 Meter Höhe verströmt mediterranes Ambiente: Im Gemeindegebiet von Auer (Ora) gedeihen zwischen Weinbergen auch Palmen sowie Fei-

Blick in die wilde Bletterbachschlucht

Haderburg oberhalb von Salurn

gen- und Zitronenbäume. Schöne verwinkelte Gassen mit Natursteinhäusern prägen das Dorf. Ein kunsthistorisches Kleinod ist die spätgotische Kirche St. Peter mit einer der ältesten Orgeln im Alpenraum.

Einen schönen Blick über das Etschtal bei Auer und auf den Wasserfall des Schwarzenbachs hat man von einem Hügel, den man über die sogenannte Katzenleiter erreicht. Dieser Steig aus 540 Steinstufen ist recht steil, auf Bänken am Weg kann man sich ausruhen. Startpunkt der kurzen Wanderung ist der Hauptplatz.

Auf einer Anhöhe südlich von Auer befindet sich das Ruinenfeld Castelfeder. Der Ort war bereits in prähistorischer Zeit besiedelt, auch Reste von Bauwerken aus der römischen Antike und dem Mittelalter sind erhalten. Die Anlage gehört zu den mysteriösesten Orten Südtirols.

⑯ Neumarkt

SK C3. **K** G7. 5000. Rathausring 7, +39 0471 829 111.
gemeinde.neumarkt.bz.it

Bei einem Bummel durch die malerische Laubengasse kann man erahnen, welche Bedeutung Neumarkt (Egna) bereits im Mittelalter als florierendes Handelszentrum hatte. Herrschaftliche Häuser mit Bogengängen, prachtvoll verzierten Fassaden und stimmungsvollen Hinterhöfen zeugen vom Wohlstand jener Zeit. Das Laubenfest Anfang August ist das älteste Dorffest in Südtirol.

Auch wenn die Sonne zum Verweilen im Freien einlädt – das **Museum für Alltagskultur** ist auf jeden Fall einen Besuch wert. In den alten Wohnräumen wird bürgerliches Wohnen zwischen 1815 und 1950 dargestellt. Hier werden alte Bräuche wieder zum Leben erweckt. Im Puppenzimmer schlagen nicht nur Kinderherzen höher.

Die Kirche Unsere Liebe Frau im benachbarten Vill zählt zu den Meisterwerken hochgotischer Architektur in Tirol.

Umgebung: Seine Reise nach Venedig führte Albrecht Dürer im Jahr 1494 auch durch dieses Gebiet. Auf dem in St. Florian (südlich von Neumarkt) startenden, bis Segonzano im Trentino verlaufenden Dürerweg kann man auf den Spuren des Malers wandeln (www.duererweg.it). Seine Eindrücke hielt Dürer in mehreren Aquarellen fest.

Equus-Brunnen, Neumarkt

Museum für Alltagskultur
Andreas-Hofer-Str. 50. +39 333 239 4540. Ostern–Okt: So, Di, Fr 10–12, Mi, Do 16–18 Uhr.
museum-alltagskultur.it

⑰ Salurn

SK C3. **K** G8. 4000. Rathausplatz 1, +39 0471 888 811.
gemeinde.salurn.bz.it

An einer Engstelle des Etschtals – bekannt als Salurner Klause – liegt Salurn (Salorno). Den Ort am südlichen Ende der Südtiroler Weinstraße *(siehe S. 90f)* prägen stattliche Häuser aus Renaissance und Barock. Adelswappen an einigen Fassaden deuten auf die früheren Besitzer hin.

Auf einem schroffen Felsen erhebt sich die im 11. Jahrhundert erstmals erwähnte Haderburg, das Wahrzeichen von Salurn. Auf dem gut begehbaren »Weg der Visionen« erreicht man die Anlage in rund 20 Minuten. Die gemütliche Burgschenke lädt zur Einkehr (www.zum18tenfass.it). Um die Haderburg rankt sich die Sage vom alten Weinkeller *(siehe S. 33)*.

Zu beiden Seiten der Bletterbachschlucht ragen die Felswände steil auf

Restaurants

Bozen wird für seine Gastlichkeit gerühmt. Die Palette an Lokalen reicht von gemütlichen Bierstuben über schicke Gourmettempel und moderne Weinbars bis zu smarten Cafés und coolen Lounges. Viele bieten auch Plätze im Freien an – ob auf einer ausladenden Piazza, in einer engen Gasse oder im stimmungsvollen Innenhof. Übrigens: Auch Nachtschwärmer haben in Bozen ihren Spaß.

Restaurants und Cafés

① Walthers' €

Waltherplatz 6, 39100 Bozen

+39 0471 982 548

walthers.it

Auf der Terrasse sitzt man im »Salon« der Stadt. Die Bühne ist groß, schließlich ist der Waltherplatz riesig. Starten Sie mit einem Aperitif – mit Spritz, Hugo oder Campari. Genießen Sie danach ein typisch italienisches Gericht, ob Pasta, Pizza oder einen knackigen Salat. Und zum Schluss eins der köstlichen *dolci*.

② Stadt Hotel Città €€

Waltherplatz 21, 39100 Bozen

+39 0471 975 221

hotelcitta.info/de/cafe-und-restaurant

»Seit 1913 Gastfreundschaft im Herzen von Bozen« lautet das Motto des Hotels mit Restaurant und Café. Eine perfekte Wahl: Ob beim Essen *à la carte* oder zu Kaffee und Kuchen – beste Lage und gemütliches Flair sind hier garantiert.

③ Vögele €

Goethestr. 3, 39100 Bozen

+39 0471 973 938

So, Feiertage

voegele.it

Eine Institution in Bozen. Stilvoll speist man in den Biedermeierräumen, stimmungsvoll auf der Terrasse unterm Sternenhimmel. Geboten wird Südtiroler Traditionsküche. Erdäpfelblattln und Stockfischgröstl zählen zu den Klassikern des Hauses.

④ Batzen Häusl €

Andreas-Hofer-Str. 30, 39100 Bozen

+39 0471 050 950

batzen.it/batzen-hausl

Bozens ältestes Wirtshaus bietet über 600 Jahre Gasthaustradition. Das Bier wird in der hauseigenen Manufaktur gebraut. Ein beliebter Treff für alle, die deftig-schmackhafte Südtiroler Küche (warme Gerichte bis 0.45 Uhr) und die Atmosphäre in einer Bierstube oder einem Biergarten schätzen. Auf die nächsten 600 Jahre!

Terrasse des Stadt Hotel Città

Schild am Weißen Rössl

⑤ Forsterbräu Bozen €€

Goethestr. 6, 39100 Bozen

+39 0417 977 243 So

forsterbrau.it/de

Ein weiterer Vertreter Bozner Bierkultur. Mit seinen urigen Stuben bietet das Forsterbräu Südtiroler Flair. Bei der Auswahl an Bieren der Marke Forst – von Light über Pils bis Doppelbock – finden Sie sicher Ihren Favoriten.

⑥ Hopfen & Co. €

Obstplatz 17, 39100 Bozen

+39 0471 300 788

boznerbier.it

Seit mehr als 150 Jahren ist das Hopfen & Co. in Betrieb. Es gibt Bier aus eigener Produktion in fünf Größen (0,2–1 Liter: Kleines, Bozner, Mittel, Großes, Maß) und dazu viele Knödelspezialitäten. Das Lokal ist sehr populär, der Andrang ist entsprechend groß.

⑦ Zur Kaiserkron €€€

Musterplatz 2, 39100 Bozen

+39 0471 980 214 So

zurkaiserkron.com/de

Der ideale Ort für ein einmaliges kulinarisches Erlebnis: Vom Oktopus-Carpaccio über hausgemachte Schlutzkrapfen, das Fischfilet vom Holzkohleofen bis zum Erdbeersüppchen – hier ist alles vom Feinsten. Adel verpflichtet eben.

⑧ La Gang Dei Würstel €

Obstplatz 13, 39100 Bozen

Würstelstände sind aus dem Bozner Stadtbild nicht wegzudenken. An diesem kommt kaum ein Besucher vorbei. Ideal für den schnellen Imbiss.

Preiskategorien € = preiswert €€ = mittel €€€ = gehoben

⑨ Löwengrube €€
Zollstange 3, 39100 Bozen
+39 0471 970 032 ● So
loewengrube.it/de
Die Löwengrube ist beides: gemütliches Wirtshaus mit gediegener Stube und moderne *enoteca* mit trendiger Weinbar. Das Paradies für Bier- und Weinliebhaber überzeugt auch mit grandioser Küche aus Südtirol.

⑩ Konditorei Monika €
Goethestr. 13, 39100 Bozen
+39 0471 977 744 ● So
cafemonika.it
Genießen Sie Kaffeehaustradition im alten Wiener Stil. Mehlspeisen, Torten und Pralinen zeigen hohe Konditorkunst. Ein Stück Sachertorte oder ein Kastanienherz gefällig? Es gibt auch Eisspezialitäten aus eigener Produktion.

⑪ Gelateria Eccetera €
Weintraubengasse 23, 39100 Bozen
+39 0471 972 930
gelateriaeccetera.com/de
Eisliebhaber aufgepasst: Hier findet man ganz Italien in einem einzigen Eissalon – die Zitronen sind aus Sizilien, Haselnüsse und Pfefferminze aus dem Piemont …

⑫ Weißes Rössl €
Bindergasse 6, 39100 Bozen
+39 0471 973 267
weissesroessl.org/de
Das Gasthaus bietet Tiroler Küche sowie jede Menge Gemütlichkeit. Man speist in einer der gastlichen Stuben oder im Innenhof.

Kneipen, Bars und Clubs

① Laurin Bar €€€
Laurinstr. 4, 39100 Bozen
+39 0471 311 000
laurin.it/de/bar/laurin-bar
Die stilvolle Bar im Parkhotel Laurin *(siehe S. 70)* ist ein Ort für Genuss und Inspiration. Die Jugendstil-Fresken zeigen Szenen aus der Laurinsage.

② Miró Club €€
Dominikanerplatz 3B, 39100 Bozen
+39 338 342 2305 ● So–Mi
disco-miro.com
Für Nachtschwärmer: drei Stockwerke mit Bars, Dancefloor und Smokers Lounge. DJs und Live-Musik bis tief in die Nacht.

③ Disco Okay €€€
Gilmstr. 9, 39100 Bozen
● So–Mi
disco-okay.com
In diesem Club wird man mit hämmernden Beats bedient. Champagner und gute Cocktails in großer Auswahl.

④ Exil Lounge Café €€
Kornplatz 2, 39100 Bozen
+39 0471 971 814 ● So
vinum.it/exil
Ein Szenelokal mit wunderbaren Cocktails und einer großen Auswahl an Weinen sowie Kaffee- und Teesorten. Für den kleinen Hunger stehen Snacks bereit.

⑤ Salinas Lounge Bar €€
Goethestr. 7, 39100 Bozen
+39 338 376 3284 ● So

Bruschetta in den Farben Italiens

Die Lounge Bar ist ideal für einen Drink – ob Wein, Cocktail oder frisch gepresster Obstsaft. Man sitzt auf Sofas vor Natursteinwänden. Kleine Gerichte wie Pasta und Tapas. Coole Bar.

⑥ Nadamas €€
Obstmarkt 43/44, 39100 Bozen
+39 0471 980 684
ristorantenadamas.it
Ein beliebter Treff für alle, die in entspannter Atmosphäre gern ein Glas Wein oder ein Bier vom Fass genießen und dazu Musik hören möchten. Asiatische und mediterrane Gerichte.

⑦ Enoteca il Bacaro €
Silbergasse 17, 39100 Bozen
+39 0471 971 421 ● So
Etwas versteckt und dafür sehr ruhig liegt dieses Weinlokal, doch die Suche lohnt sich auf jeden Fall. Top-Auswahl italienischer Weine. Gute Snacks, darunter Bruschette und Sandwiches.

Wandmalereien und Kassettendecken prägen die Laurin Bar

Fresko in der Laurin Bar

⓪ *siehe Zentrumskarte Seiten 74f*

Shopping

Bozens Shopping-Meile ist die Laubengasse. Unter den Arkaden zu beiden Seiten haben Trends und Traditionen nebeneinander Platz. Neben erlesenen Boutiquen mit internationalem Angebot bieten hier auch alteingesessene Bozner Geschäfte ihre Waren an. Wenn Sie beim Bummel mal eine Pause machen wollen: Das nächste Café ist sicher nur wenige Meter entfernt.

Farbig, fruchtig, frisch: Stand auf dem Obstmarkt *(siehe S. 71)*

① Athesia Buch

Laubengasse 41, 39100 Bozen
+39 0471 081 100
athesiabuch.it/filialen/bozen_buch

In diesem Tempel für Leseratten finden Sie die ideale Reiselektüre – von Spezialliteratur über Südtirol und Romane für sämtliche Altersklassen bis zu Rätselheften für den Zeitvertreib und sogar CDs. Im Eingangsbereich gibt es darüber hinaus Zeitungen und Zeitschriften, Geschenkbücher und Postkarten. Auf den bereitgestellten Sofas können Sie dann in aller Ruhe auswählen und schmökern.

② Sportler Flagship Store

Laubengasse 1, 39100 Bozen
+39 0471 977 719
my.sportler.com/it/filiali-sportler/sportler-bolzano

Eine Erlebniswelt: Mit seiner geballten Ladung Sport ist der Store »die« Adresse für alle, die in Südtirol aktiv sein wollen. Hier gibt es auf sechs Etagen Equipment für mehr als 40 Sportarten, u. a. für Wandern und Bergsteigen, Radfahren und Mountainbiken, Tennis und Schwimmen, Ski- und Snowboardfahren sowie Funsport usw. Highlight des Sporthauses ist das Wasserbecken mit dem sieben Meter langen Segelboot, dessen Masten sich über vier Stockwerke erheben. Das Meeresrauschen begleitet Besucher durch das ganze Haus.

③ Oberrauch-Zitt

Laubengasse 67, 39100 Bozen
+39 0471 972 121
oberrauch-zitt.com

Tradition meets Fashion: Das mittlerweile in sechster Generation bestehende Familienunternehmen macht Modetrends erlebbar und hat eine rasante Entwicklung hinter sich. Der 1846 unter den Bozner Lauben gegründete Tuch- und Stoffladen avancierte zum größten und bekanntesten Modehaus in Südtirol. Ausgehend vom Kerngeschäft mit Loden und Trachten wurde das Sortiment im Lauf der Zeit um die Bereiche Classic, Sport, Fashion und Accessoires erweitert.

④ Boggi Milano

Laubengasse 57, 39100 Bozen
+39 0471 972 158
boggi.com

Italienische Schneiderkunst von zeitloser Eleganz bis zu lässigem Look für den modernen kosmopolitischen Mann – da darf ein Store in Bozen natürlich nicht fehlen. Bei Boggi Milano gibt es Anzüge, Mäntel, Sakkos, Hosen, Westen, Hemden und Schuhe von bester Qualität und in großer Auswahl. Dazu findet man auch die passenden Accessoires – Gürtel, Krawatten, Brieftaschen, Manschettenknöpfe und Einstecktücher. Auch Freizeitkleidung wie T-Shirts, Polohemden, Badehosen und Bermudashorts gehören zum Sortiment.

⑤ Tschager

Laubengasse 2, 39100 Bozen
+39 0471 973 674
tschagerart.com

Der Familienbetrieb verkauft Südtiroler Kunsthandwerk. Krippen und Figuren aus Holz, Porzellan und Terrakotta, Webarbeiten und Glasmalereien sind Schwerpunkte des Sortiments. Bei vielen Figuren handelt es sich um Interpretationen kunsthistorischer Originale. Eine Besonderheit ist die aus Ton gestaltete SIMAN-Kollektion als moderne Variante typischer Krippendarstellungen. Dabei werden Figuren in weichen Linien ohne Ecken und Kanten gefertigt.

⑥ Loacker Shop

Waltherplatz 11, 39100 Bozen
+39 0471 053 673 tägl.
loacker.it

Der Weg von einer Konditorei zu einer international renommierten Marke war lang. Am Waltherplatz im Herzen Bozens tauchen

Bergsportausrüstung, Sportler Flagship Store

Sie ein in die Genusswelt der hausgemachten Pralinen und Waffelkreationen, Schokoladen und Törtchen. Chocoholics fühlen sich hier wie im Schlaraffenland. Wenn Sie ein süßes Mitbringsel aus Südtirol suchen – hier finden Sie es bestimmt.

⑦ Globus
Rathausplatz 4, 39100 Bozen
+39 0471 976 060
globus-mode.com
Mit Damen-, Herren- und Kindermode sowie Young Fashion ist das Globus ein Modehaus für die ganze Familie. Ein besonderer Service ist Personal Shopping mit einem Stylingberater außerhalb der üblichen Öffnungszeiten (nach Anmeldung) und der Schneiderei-Service. Weitere Standorte des Traditionshauses befinden sich in Meran, Brixen und Bruneck.

Verführerische Auslage im Sacher Shop

⑧ Sacher Shop
Waltherplatz 21, 39100 Bozen
+39 0471 975 221 tägl.
sachershop.it
Ein Stück Wien im Herzen von Südtirols Metropole. Schokoladenliebhaber in aller Welt kennen den Namen Sacher. Der Shop in Bozen ist der einzige außerhalb Österreichs, dem Herkunftsland der legendären Sachertorte, deren Originalrezept seit 1832 als streng geheim gilt. Im Sacher Shop finden Sie alle Produkte aus der prestigeträchtigen Wiener Konditorei, darunter auch viele nette Geschenkideen – selbstverständlich alles in Originalverpackung. Schauen Sie doch einfach auf eine Kostprobe vorbei.

Waffeln von Loacker

⑨ Thuniversum
Luigi-Galvani-Str. 29, 39100 Bozen
+39 0471 245 255
thun.com
Das weltweit agierende Unternehmen Thun verfügt mit dem Bozner Thuniversum über einen seiner größten Flagship Stores. Hier erlebt man die gesamte Produktpalette des Herstellers von Geschenkartikeln in unverwechselbaren Formen und Farben. Berühmtheit erlangten vor allem die pausbäckigen Tonengel in vielen Größen und Variationen. Das Spektrum umfasst auch zahlreiche andere Utensilien – von Figuren über Leuchten bis zu Geschirr. Das Gebäude wurde nach Plänen von Matteo Thun *(siehe S. 28)*, einem Familienmitglied, gestaltet. Noch ein Tipp: Im Panoptikum kann man sich auf eine virtuelle Reise durch die Bergwelt der Dolomiten begeben. Dabei erlebt man einzigartige Perspektiven.

Wellness

Orte zum Chillen und Entspannen – sie finden sich auch in Bozen. In diesen Oasen kommt man zwischen Sightseeing und Shoppen zur Ruhe und kann sich verwöhnen lassen. Augen schließen und genießen.

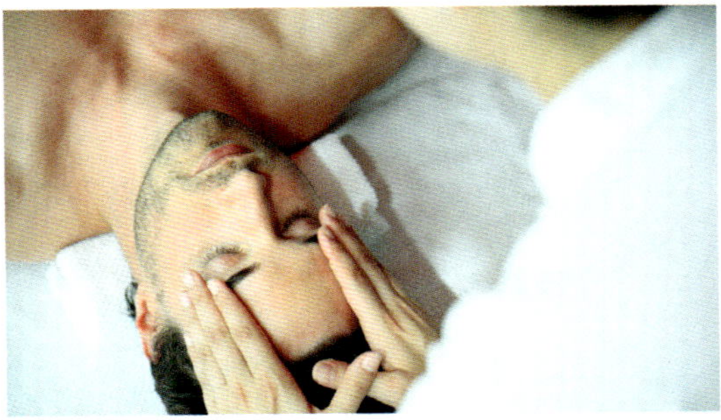
Gesichtsbehandlung – immer mehr Männer kommen auf den Geschmack

① Thaler
Laubengasse 69, 39100 Bozen
+39 0471 313 000 So
thalershop.com/Cosmetic-und-Make-up-Studio
Machen Sie im Urlaub doch einmal Kurzurlaub für Körper, Geist und Seele. Ob für einen schnellen Beauty-Flash oder einen glamourösen Abend: Gönnen Sie sich eine wohltuend-entspannende Gesichtsbehandlung oder ein professionelles Make-up. Die Kosmetikerinnen und Visagistinnen bei Thaler verwenden dafür ausschließlich Pflege- und Stylingprodukte renommierter Qualitätsmarken, die Sie natürlich auch im Shop erwerben können. Düfte gibt es ebenfalls – vom exklusiven Nischenparfum bis zum neuesten Trendduft.

⓪ *siehe Zentrumskarte Seiten 74f*

Westliches Südtirol

Alpine Vielfalt ist das Markenzeichen des westlichen Südtirol. Kernlandschaft ist der Vinschgau, ein etwa 80 Kilometer langes, von der oberen Etsch durchflossenes Tal. Nebentäler stoßen bis in Hochgebirgsregionen vor. Krönender Abschluss ist die »Sonneninsel« Meran.

Am Reschenpass beginnt der Süden. Zwischen Reschensee und Meran erstreckt sich der Vinschgau in teilweise über 1000 Meter Höhe. An seinen äußersten Rändern bieten sich zwei völlig unterschiedliche Ansichten, die exemplarisch für die markanten Kontraste und die vielfältige Historie des Vinschgau stehen: der aus dem Reschensee ragende Kirchturm und das prunkvolle Kurhaus in Meran.

Bei einer Reise durch den Vinschgau lernt man Orte mit wertvollen Kunstdenkmälern kennen: Burgeis hat das höchstgelegene Benediktinerkloster Europas, Mals seine Türme, Glurns ein komplett erhaltenes spätmittelalterliches Stadtbild, Schluderns die schönste Festung im Vinschgau, Schlanders den höchsten Kirchturm Südtirols, Naturns den ältesten Freskenzyklus im deutschsprachigen Raum, Dorf Tirol das bedeutendste Schloss Tirols. Nicht zu vergessen natürlich Meran mit seinen Promenaden und Jugendstil-Bauten. Ebenso reichhaltig sind die Schätze der Natur: Laas weist den weltberühmten Marmor auf, Partschins einen spektakulären Wasserfall, der gesamte Vinschgau köstlich-knackige Äpfel. Die ganze Welt in einem Garten findet man in Trauttmansdorff. Auch die Seitentäler warten mit Superlativen auf: Hinter dem Suldental erhebt sich der höchste Berg Südtirols, das Martelltal liefert die aromatischsten Erdbeeren.

Reich ist das westliche Südtirol an Prominenz: »Ötzi«, Andreas Hofer, Kaiserin Elisabeth – sie alle haben Geschichte geschrieben. Noch mehr Historie erlebt man auf weiteren »Bühnen«: von den Waalwegen bis zu den Ritterspielen der Churburg.

Übrigens: Wer nicht mit dem Auto unterwegs ist, kommt mit der Vinschger Bahn bestens voran.

Insel der Exotik: Alpengasthof Tibet am Stilfser Joch

◀ **St. Nikolaus prägt die Silhouette Merans** *(siehe S. 108–119)* **vor der Kulisse der Texelgruppe**

Persönliche Favoriten

Der Westen Südtirols ist eine Region voller anziehender Gegensätze. Dies erlebt man beim Bummel durch ein Kuriositätenkabinett genauso wie beim Blick aus ungewohnten Perspektiven. Egal, wo Sie sind – genießen Sie das Besondere.

Miramonti Boutique Hotel – mit ein paar Schwimmzügen zum Bergpanorama

Miramonti Boutique Hotel

Ein alpines Hideaway in 1230 Meter Höhe, das jeden Gast verzaubert. Ein Rückzugsort für Individualisten, ein Erlebnis für Entdecker, eine Oase des Glücks. Gefühle, die bleiben.

Wenn ein weit gereistes Paar ein Boutique-Hotel eröffnet, geht für beide ein Traum in Erfüllung – und für die Gäste werden Träume wahr. Klares Design und grandiose Natur bilden den Rahmen für intensive Momente: vom Forest Bathing bis zur Waldsauna. Im Infinity Pool ist man dem Himmel ganz nah.

Miramonti Boutique Hotel
St. Kathreinstr. 14, Hafling. ☎ +39 0473 279 335. **W hotel-miramonti.com**

Meran 2000 – Seilbahn auf den Tschögglberg

Kaspressknödel

Meran 2000

Das Ski- und Naherholungsgebiet oberhalb von Meran ist zu allen Jahreszeiten ein wunderbares Ausflugsziel für Outdoor und Genuss, für Familien wie Individualisten.

Vom Tal geht es per Berg- oder Umlaufbahn hinauf zur »Sonnenterrasse Merans«. Im Winter locken Skigebiet und Snowpark, im Sommer Outdoor Kids Camp, Mountainbiketrails und zahlreiche Wanderwege – von Rundwanderungen bis zu Gipfeltouren, unterwegs grüßen Murmeltiere. Bergluft macht hungrig. Urige Hütten und Berggasthöfe verwöhnen mit regionalen Spezialitäten.

Meran 2000
Tschögglberg oberhalb von Meran. ☎ +39 0473 234 821. **W meran2000.com**

FlyHirzer Tandemflüge

Unvergleichliche Aussichten aus der Vogelperspektive bietet ein Gleitschirmflug. Der Traum vom Fliegen wird wahr. Seien Sie mutig, und lassen Sie sich überraschen!

FREI WIE EIN VOGEL

Laut- und schwerelos am Himmel zu schweben – dieses Gefühl ist wohl mit nichts zu vergleichen. Trauen Sie sich, denn bei einem Tandemflug sind Sie nicht allein: Ein staatlich geprüfter Tandempilot mit langjähriger Erfahrung begleitet Sie. Zu den Klassikern des Anbieters FlyHirzer gehören die vier Optionen am Hirzer: Mittelstationflug (15 Min.), Bergstationflug (30 Min.), Thermikflug (45 Min.) und Gipfelflug (60 Min.). Die Startplätze befinden sich in 1450 bzw. 2200 Meter, der Landeplatz in Saltaus am Torgglerhof in 450 Meter Höhe. Die Flüge finden natürlich nur bei geeigneter Witterung statt. Vor dem Start erhalten die Teilnehmer eine ausführliche Einführung in die Materie des Fliegens. Nach erfolgter Landung bekommt man ein Flug-Diplom. Übrigens: Tandemflüge eignen sich auch hervorragend für Menschen mit Handicap.

FlyHirzer Tandemflüge
Obertall 24B, Schenna. +39 334 266 2424.
flyhirzer.com

FlyHirzer Tandemflüge: Ein Profi lenkt, der Urlauber genießt

Knottnkino

Südtirols originellstes »Kino« auf dem Rotsteinkogel bietet das ganze Jahr über rund um die Uhr ein einmaliges Naturerlebnis. Kinospektakel bei freiem Eintritt.

Ein Open-Air-»Kino« in 1465 Meter Höhe mit der Natur als Drehbuchautor, Regisseur und Hauptdarsteller. Der Künstler Franz Messner macht es möglich: Von seinen aus Kastanienholz und Stahl angefertigten fest installierten Kinosesseln aus hat man beste Sicht über das Etschtal mit dem Meraner Becken und die wundervolle Bergkulisse mit ihren vielen Knottn (Felsen) – von der Texelgruppe bis zur Ortlergruppe. Einfach Platz nehmen und genießen. Bringen Sie Zeit mit, denn das Programm wechselt im Tagesverlauf. Ein Traum sind natürlich die Sonnenuntergänge und Vollmondnächte. Mit einer Flasche Südtiroler Wein und einer Brotzeit in Ihrem Wandergepäck macht dieses Kino noch mehr Spaß.

Knottnkino – Kinoerlebnis ohne Leinwand

Knottnkino
SP98 zwischen Vöran und Hafling, ab Egger Hof (1 Std.) oder Gasthof Alpenrose (40 Min. kostenloses Parken).

Überblick: Westliches Südtirol

Der Charakter der Region reicht von alpin bis mediterran. Der Similaungletscher, aus dem nach Tausenden von Jahren »Ötzi« auftauchte, ist für das westliche Südtirol ebenso typisch wie Meran mit seinem südlichen Zauber, den auch Kaiserin Elisabeth schätzte. Im spätmittelalterlichen Glurns scheint die Zeit stillzustehen, Waale verströmen Nostalgie. Doch die Region präsentiert sich auch hochmodern: Laaser Marmor ist weltberühmt, die Therme Meran setzt Wellness-Trends. Und dazwischen Apfelpflanzungen, so weit das Auge reicht.

Reschensee mit Grauner Kirchturm

Churburg – Festung und Juwel der Renaissance

Blick über den Haidersee auf den Ortler – der Berggigant wirkt zum Greifen nah

Sehenswürdigkeiten auf einen Blick

Touren

Weitere Zeichenerklärungen *siehe hintere Umschlagklappe*

Im westlichen Südtirol unterwegs

Hauptachse des oberen Etschtals ist die Straße vom Reschenpass durch den gesamten Vinschgau bis Meran und weiter Richtung Bozen (SS40 bzw. SS38). Sehr gut ausgebaut sind zudem die Nebenstraßen in den Seitentälern, wo auch das Busnetz dicht ist. Eisenbahnfreunde genießen eine Fahrt mit der Vinschger Bahn auf der Strecke zwischen Meran und Mals. Die Route verläuft ebenso parallel zur Etsch wie der Radweg durch das Tal.

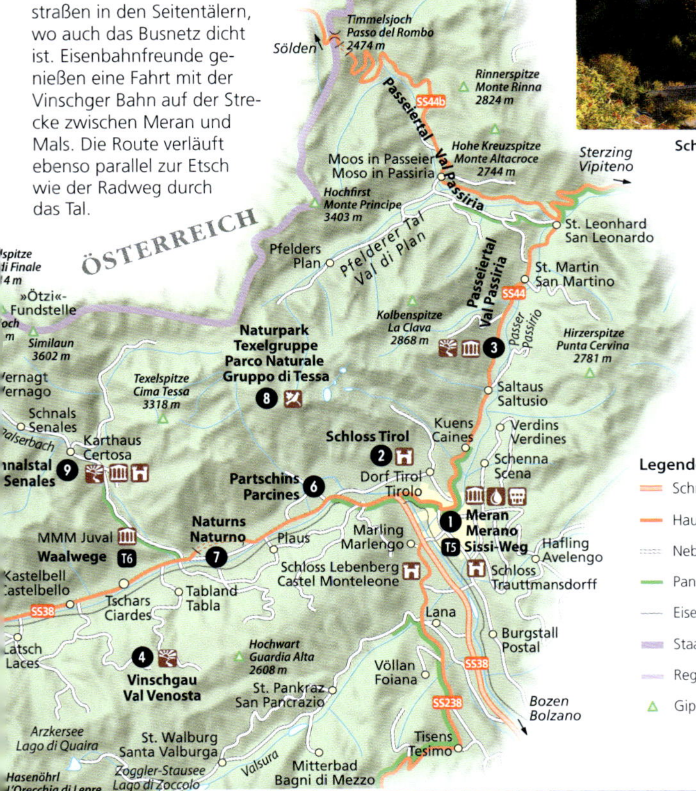

Schloss Tirol oberhalb von Meran

Kurstadt Meran mit Kurhaus am Fuß der Texelgruppe

❶ Meran

Meran (Merano), die nach Bozen zweitgrößte Stadt Südtirols, präsentiert sich stilvoll und lässig. Nach ihrer ersten Karriere als Hauptstadt Tirols (bis 1420) fiel sie in einen Dornröschenschlaf, aus dem sie erst im 19. Jahrhundert erwachte. Moderne Kuranlagen zogen seinerzeit die Reichen und Schönen an, das mondäne Flair konnte sich die Stadt bewahren. Mit den Gärten von Schloss Trauttmansdorff verfügt Meran über einen der schönsten Parks Italiens.

Blick über Meran: kompaktes Stadtbild vor Bergkulisse

Überblick: Meran
Meran liegt am Zusammenfluss von Etsch und Passer in einem nach Süden offenen Talkessel. Die Berge der Texelgruppe schützen vor kalten Winden aus Nordwesten. Klima und Vegetation sind mediterran. Bunter Blumenschmuck ziert viele Häuser, ausgedehnte Grünflächen und Parkanlagen prägen das Antlitz der Stadt.

Spuren des Mittelalters
Die mittelalterliche Innenstadt ist hervorragend erhalten, auch einige Stadttore aus jener Zeit stehen noch. Zentrale Achse der Altstadt ist die in West-Ost-Richtung verlaufende Laubengasse – Zeugnis von Merans wohlhabender Zeit im Mittelalter. Diese zu beiden Seiten von Arkaden gesäumte rund 400 Meter lange Gasse zählt neben Passerpromenade und Freiheitsstraße zu den Flaniermeilen der Stadt.

Meran als Kurstadt
In der zweiten Hälfte des 19. Jahrhunderts begann der Kurtourismus. Für die betuchten Gäste des (vor allem Wiener) Hoch- und Geldadels wurde viel getan, die Grandezza hielt Einzug. Neben Repräsentationsbauten im Jugendstil wie Kurhaus, Stadttheater, Wandelhalle, Bahnhofsgebäude und einigen Grandhotels wurden lang gestreckte, von immergrünen Bäumen und Sträuchern begleitete Promenaden angelegt. Einige verlaufen entlang dem Ufer der Passer, andere hoch über der Stadt.

Über einige Promenaden führt auch ein Spaziergang auf

Sehenswürdigkeiten auf einen Blick

Zentrum von Meran

① Kurhaus
② Stadttheater
③ Lauben
④ Kunst Meran
⑤ Frauenmuseum
⑥ Landesfürstliche Burg
⑦ St. Nikolaus
⑧ Palais Mamming Museum
⑨ Gilfpromenade und Tappeinerweg
⑩ Sommerpromenade
⑪ Winterpromenade und Wandelhalle
⑫ Spitalkirche zum Heiligen Geist
⑬ Therme Meran
⑭ Pferderennplatz Meran
⑮ Jüdisches Museum
⑯ Schloss Trauttmansdorff

Restaurants und Cafés

siehe S. 138f

① Kallmünz
② Forsterbräu
③ Principe
④ Sissi
⑤ Sigmund
⑥ Laubenkeller
⑦ Gelateria Costantin

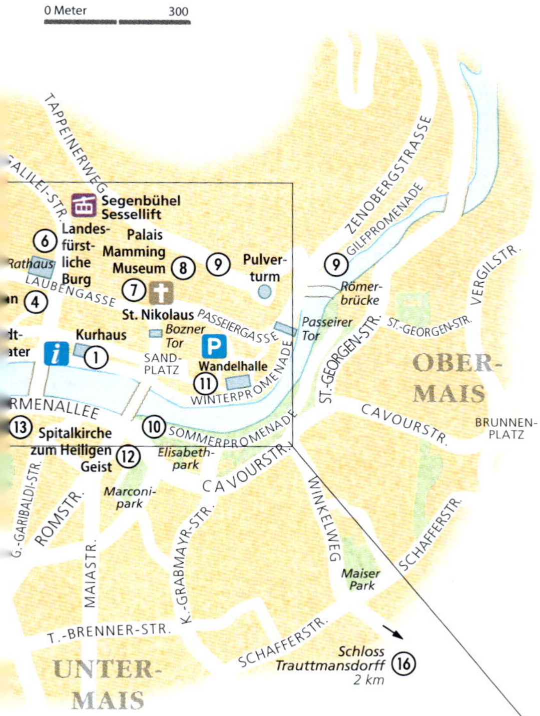

Infobox

Information
SK C2. **K** F4–5. 40 000. Freiheitsstr. 45. +39 0473 272 000. Di, Mi, Fr, Sa. Haflinger Galopprennen (Ostermontag), Meraner Musikwochen (Juli, Aug), Großer Preis von Meran (letzter So im Sep), Christkindlmarkt (Nov, Dez).
merano-suedtirol.it

Anfahrt

Buntes Blütenmeer – typisch für Meran

den Spuren von Kaiserin Elisabeth *(siehe S. 116f)*. Dabei lernt man einige der schönsten, aber auch lauschigsten Ecken der Stadt kennen.

Modernes Meran

Das Meran der Gegenwart prägen moderne Bauten, vor allem Matteo Thun drückte der Stadt etwa mit der Therme Meran *(siehe S. 114)* und einer Aussichtsplattform in den Gärten von Schloss Trauttmansdorff *(siehe S. 119)* seinen Stempel auf.

Zeichenerklärung
siehe hintere Umschlagklappe

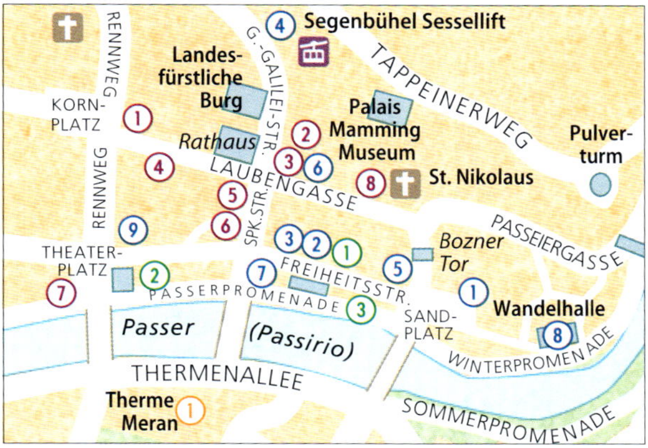

(8) Café Wandelhalle
(9) Café König

Kneipen, Bars und Clubs
siehe S. 139
(1) Rossini
(2) Sketch
(3) Bar Piccolo

Shopping
siehe S. 140f
(1) Runggaldier
(2) Feinkost Siebenförcher
(3) Athesia Buch
(4) J. Kuntner
(5) Peter Bijoux
(6) be more yourself
(7) Schönthaler Schokoladen
(8) Boutique Christine
(9) Meraner Weinhaus

Wellness
siehe S. 141
(1) Therme Meran

Kurhaus ①

Freiheitsstr. 33. +39 0473 496 000. Mo–Do 8.30–12, 15–17, Fr 8.30–12 Uhr sowie zu Veranstaltungen. **kurhaus.it**

Architektonisches Schmuckstück an der Passerpromenade ist das Kurhaus. Hier zeigt sich Meran von seiner mondänsten Seite. Vom Foyer bis zur Galerie – Pracht in allen Ecken.

Das Interieur des Pavillon des Fleurs (295 m²) im 1873 vollendeten älteren Trakt strahlt mit großen Spiegeln und Stuckarbeiten Eleganz aus.

Der neuere Trakt wurde 1912–14 erbaut. Herzstück ist der Kursaal (1113 m²). Große Fensterfronten lassen viel Licht in den mit Jugendstil-Ornamenten geschmückten Saal, der für seine Akustik bekannt ist. Ein besonderes Sahnestück ist die dreigeschossige Rotunde. Die vielen kleinen Leuchten suggerieren dem Besucher einen Sternenhimmel.

Das Kurhaus ist nicht nur Ort der Nostalgie, sondern lebendiges künstlerisches Zentrum Merans. Der Veranstaltungsreigen umfasst u. a. Konzerte, Lesungen, Theater- und Tanzdarbietungen, Ausstellungen, Bälle und Modeschauen. Auch Tagungen und Galadinners finden hier einen würdigen Rahmen. Trotz aller Festlichkeit wirkt die Atmosphäre im Kurhaus angenehm ungezwungen, ja geradezu luftig-leicht.

Stadttheater – stilvoller Schauplatz für anspruchsvolle Unterhaltung

In dieses Stimmungsbild passen auch die vom Dach grüßenden tanzenden Grazien, eine auf dem Dreiecksgiebel stehende Skulptur.

Stadttheater ②

Theaterplatz 1. +39 0473 496 000. nur bei Veranstaltungen. **kurhaus.it/de/stadttheater-meran**

Vorhang auf für ein Theater, das nicht nur kulturelle Akzente setzt, sondern als weiteres Juwel des Jugendstils auch das Stadtbild bereichert.

Das am 1. Dezember 1900 mit einer Vorstellung von Goethes *Faust* eröffnete Prestigeobjekt sollte den Glanz Merans steigern und Adel und Kurgäste anziehen. Nach einem Aufenthalt von Giacomo Puccini in Meran wurde es 1923 in Teatro Puccini umbenannt. Auf den Brettern standen schon Schauspieler wie Magda Schneider, Heinz Rühmann, Paula Wessely und Mario Adorf. Die Bühne für Sprech- und Musiktheater sowie Konzerte verfügt noch über einen klassischen Orchestergraben. Nach jeder Vorstellung fällt der Vorhang in Rot und Gold.

An der Fassade beeindruckt der klassizistische, von Säulen getragene Vorbau mit Balkon.

Lauben ③

Wie Bozen hat auch Meran seine Lauben (Via Portici). In dieser im 13. Jahrhundert angelegten Gasse zwischen

Kurhaus – Prunkstück an der Passerpromenade vor eindrucksvoller Kulisse

Restaurants in Meran *siehe Seite 138f*

Landesfürstliche Burg – Adelsresidenz aus dem 15. Jahrhundert

Kornplatz und Pfarrplatz zeigt sich der mittelalterliche Zauber Merans am stärksten. Sie wird zu beiden Seiten von bunt bemalten Häusern mit niedrigen Bogengängen, verzierten Giebeln und Erkern flankiert. Mit ihren zahlreichen Läden sind die Lauben die lebhafteste Geschäftsstraße der Stadt. Das Angebot der Läden und Boutiquen reicht von Kunsthandwerk über Delikatessen bis zu Mode. Hier kann man das ganze Jahr über – natürlich auch bei Regen – flanieren und einen gemütlichen Schaufensterbummel machen.

Übrigens: Meraner bezeichnen die dem Fluss zugewandte Seite der ca. 400 Meter langen Gasse als »Wasserlauben«, die gegenüberliegende als »Berglauben«.

Kunst Meran ④

Lauben 163. +39 0473 212 643. Di–Sa 10–18, So 11–18 Uhr. **kunstmeranoarte.org**

Der Standort klingt ungewöhnlich: Untergebracht ist das innovative Museum im Haus der Sparkasse. Die moderne Kunsthalle (Merano Arte) zeigt auf drei Etagen wechselnde Ausstellungen zu künstlerischen Positionen in den Genres bildende Kunst, Architektur, Musik, Literatur, Fotografie, Neue Medien und Kommunikationstechniken. Großen Anklang fanden die Werkschau Meret Oppenheim sowie die Ausstellungen »Wohn Raum Alpen«, »Utopische Projekte in den Alpen« oder »Architektur und Wein in Mitteleuropa«.

Frauenmuseum ⑤

Meinhardstr. 2. +39 0473 231 216. Mo–Fr 10–17, Sa 10–12.30 Uhr. **museia.it**

Kultur- und Alltagsgeschichte aus weiblicher Sicht ist Thema des Frauenmuseums (Museo delle Donne), das 2011 im Klarissenkloster (1309) am Kornplatz eröffnet wurde. Im Fokus steht die Darstellung von Frauenidealen, Frauenbildern und Frauenrollen im 19. und 20. Jahrhundert anhand von Mode, Accessoires (Hüte, Broschen, Knöpfe etc.) und ausgewählten Alltagsgegenständen. Vor allem Mode (insbesondere die Bekleidung der Beine) wird hier als Spiegel der Gesellschaft verstanden.

Die Dauerausstellung ist im Stil einer Geschäftsstraße mit Schaufenstern gestaltet. Die Objekte in den Vitrinen schildern anschaulich die gesellschaftlichen Veränderungen der letzten 200 Jahre. Alles in allem ein ungewöhnliches und in Europa vermutlich einzigartiges Museum.

Landesfürstliche Burg ⑥

Galileistr. +39 329 018 6290. Ostern–6. Jan: Di–Sa 10.30–17, So 10.30–13 Uhr. eingeschränkt. **gemeinde.meran.bz.it/de/Landesfuerstliche_Burg**

Trotz der Zinnenkrone wirkt das Anwesen mit dem wohlklingenden Namen eher wie ein Adelspalais, weniger wie eine Burg. Herzog Sigmund von Tirol ließ die Landesfürstliche Burg (Castello Principesco) um 1470 errichten und nutzte sie als Stadtresidenz, in der er auch Kaiser Maximilian I. empfing. Lange Zeit war das Anwesen dem Verfall preisgegeben, gegen Ende des 19. Jahrhunderts wurde es umfassend restauriert.

Durch das Innere der Burg weht noch heute der Geist des Spätmittelalters. Die Lebensgewohnheiten jener Epoche werden anhand von Möbeln, Küchenutensilien, Musikinstrumenten und Waffen dokumentiert. Achten Sie auch auf den Kachelofen.

Die Burg bildet heute einen idyllischen Rahmen für standesamtliche Trauungen und Hochzeitsfeiern.

Shoppen in den gepflegten Lauben

St. Nikolaus ⑦

Pfarrplatz 3. +39 0473 230 174.
stadtpfarre-meran.it

Das östliche Ende der Lauben *(siehe S. 110f)* bildet der Pfarrplatz. Hier steht die Pfarrkirche St. Nikolaus, deren 83 Meter hoher Turm die Silhouette von Meran dominiert. Die Kirche ist wichtigstes Gotteshaus, architektonisches Wahrzeichen und eines der beliebtesten Fotomotive der Stadt.

Die spätgotische dreischiffige Hallenkirche entstand ab dem 14. Jahrhundert. Sie ist dem hl. Nikolaus geweiht, dem Schutzpatron der Händler und der Reisenden – passend zu Meran, das schon früh ein überregional bedeutendes Handelszentrum war. Eine Skulptur des Heiligen ziert die südliche Kirchenfassade. Ein Blickfang ist die meisterhafte Fensterrose über dem Spitzbogenportal. Auffallend an der Fassade ist zudem die Fülle an Wandgemälden, die biblische Szenen oder einzelne Heilige darstellen. Der 52 Meter lange Innenraum vermittelt einen kompakten Eindruck. Der Chor zählt zu den Meisterwerken der Tiroler Gotik. Reich ist die Ausstattung mit Skulpturen. Die Gemälde an den Altären stammen vom Tiroler Freskenmaler Martin Knoller.

Neben der Kirche steht die achteckige zweistöckige Barbarakapelle mit zwei Barockaltären und einem gotischen Flügelaltar.

Palais Mamming Museum ⑧

Pfarrplatz 6.
+39 0473 270 038.
Ostern–6. Jan: Di–Sa 10.30–17, So 10.30–13 Uhr.
palais mamming.it

Das 2015 eröffnete Palais Mamming Museum präsentiert die umfangreiche Sammlung des Meraner Stadtmuseums. Schwerpunkt ist die (kunst-)historische Entwicklung Merans seit der Frühgeschichte. Zu sehen sind u. a. archäologische Funde, Gemälde, Skulpturen und Kunsthandwerk namhafter und weniger bekannter Tiroler Künstler.

Doch die Kulturstätte ist weit mehr als ein herkömmliches Heimatmuseum. Denn neben diesen vielfältigen kunsthistorischen Objekten aus der Region ist das Museum auch für seine Kuriositäten aus aller Welt bekannt. So sind im Palais Mamming auch diverse »Exoten« zu bewundern, darunter eine ägyptische Mumie, eine sudanesische Waffensammlung und eine Totenmaske Kaiser Napoléons.

Das 1900 eröffnete Stadtmuseum zählt zu den ältesten Museen Südtirols. Sein Standort wurde aus Platzgründen mehrmals verlegt, da die Sammlung immer umfangreicher wurde. Das Ende des 17. Jahrhunderts erbaute, schön restaurierte Barockpalais Mamming am Meraner Pfarrplatz bildet einen würdigen Rahmen für das kunsthistorisch wertvolle Inventar.

Skulptur des hl. Nikolaus

Gilfpromenade und Tappeinerweg ⑨

Meran ist bekannt für seine wunderbaren Promenaden, auf denen man in aller Ruhe flanieren kann.

Die Gilfpromenade ist nach der Gilfklamm benannt, die die Passer auf ihrem Weg zur Etsch zwischen dem Zenoberg und Obermais gegraben hat. Wegen der sonnenverwöhnten Hanglage gedeiht hier eine farbenprächtige subtropische Vegetation. Ganz besonders schön ist das Frühlingsbunt. Die etwa einen Kilometer lange Promenade windet sich bis zum zwölf Meter hohen Pulverturm. Wohl jeder Spaziergänger bleibt mehrfach stehen, zu grandios ist die Aussicht auf Meran und die Passer.

Am Pulverturm, dem einzigen verbliebenen Rest der Burg Ortenstein (14. Jh.), kann man auf dem Tappeinerweg weitergehen. Der in Meran tätige Kurarzt und Botaniker Franz Tappeiner (1816–1902) ließ sich seinerzeit viel einfallen, damit sich die Gäste in der Stadt wohlfühlten. So legte er hier Ende des 19. Jahrhunderts den Weg an, der später nach ihm benannt wurde. Diese mehr als vier Kilometer lange Promenade verläuft etwa 100 Meter oberhalb des Tals über die Hänge des Küchelbergs. Die Höhenunterschiede auf dem Weg sind gering, die Ausblicke umso eindrucksvoller. Palmen, Pinien, Korkeichen, Zypressen, Magnolien,

Pulverturm – Ruine zwischen Gilfpromenade und Tappeinerweg

Restaurants in Meran *siehe Seite 138f*

Pflanzenfigur an der Gilfpromenade

Agaven und viele andere Gewächse versetzen den Spaziergänger gedanklich ans Mittelmeer. Einzelne Abschnitte der Promenade sind als botanischer Lehrpfad gestaltet. Eine Büste am Wegesrand ehrt Franz Tappeiner.

Sommerpromenade ⑩

Der Name des Spazierwegs ist so schön wie das Ambiente. Die Promenade am südlichen Ufer der Passer war in den warmen Monaten die bevorzugte Flaniermeile des Habsburger Hochadels. Die Bäume spendeten bei Hitze angenehmen Schatten, außerdem konnte man auf diese Weise den vornehmen blassen Teint erhalten.

Im Elisabethpark am Beginn der Sommerpromenade zeigt ein aus Laaser Marmor errichtetes Denkmal (1903) die Kaiserin von Österreich auf einem Korbstuhl sitzend. Sie war wohl der berühmteste Gast der Stadt und weilte gern auf Schloss Trauttmansdorff *(siehe S. 118f)*. An drückend heißen Tagen bietet die Grünanlage angenehme Frische.

Winterpromenade und Wandelhalle ⑪

Die sonnige Winterpromenade am Nordufer der Passer eignet sich für auch in der kalten Jahreszeit zum Flanieren – daher ihr Name. Gleich am Anfang wird sie von der Wandelhalle (1889) flankiert. Der mit reichem Blumenschmuck versehene Jugendstil-Bau bot Schutz bei Regen. Künstler verwandelten die aus Gusseisen gestaltete Halle mit ihren Landschaftsbildern in eine offene Gemäldegalerie, Gedenktafeln und Büsten erinnern an verdiente Persönlichkeiten der Kurstadt, Cafés und Sitzbänke laden zum Verweilen (und Sonnen) ein.

An der Postbrücke und am Steinernen Steig kann man zwischen Sommer- und Winterpromenade wechseln.

Spitalkirche zum Heiligen Geist ⑫

Romstr 1. ☎ +39 0473 230 081.

Hinter dem gotischen Kirchenportal entdeckt man ein kunsthistorisches Kleinod. Der 1271 gemeinsam mit einem Spital errichtete erste Bau fiel 1419 einer schweren Überschwemmung zum Opfer. Der neue Kirchenbau wurde 1483 geweiht. Zu den Höhepunkten im Innenraum gehören der Renaissance-Altar und eine Kreuzigungsgruppe. Bemerkenswert sind außerdem die feinen Steinmetzarbeiten sowie der zehneckige Chorumgang. Fresken schildern die tragische Zerstörung der Vorgängerkirche durch die Fluten der Passer.

Die Kirche ist ein Musterbeispiel für gotische Raumharmonie und steht seit 1949 unter Denkmalschutz.

Winterpromenade und Wandelhalle am Nordufer der Passer

Therme Meran – Wohlfühloase in einem Kubus aus Glas und Stahl

Therme Meran ⑬

Thermenplatz 9. +39 0473 252 000. **Hallenbad** tägl. 9–22 Uhr. **Freibad** Mitte Mai–Mitte Sep: tägl. 9–20 Uhr. **Sauna** Mo–Fr 13–22, Sa, So 9–22 Uhr. **Spa** tägl. 9–19 Uhr. **termemerano.it**

Gönnen Sie sich einen Wohlfühltag. Meran blickt auf eine lange Tradition als Kurort. In der 2005 eröffneten Therme Meran wird sie zu neuem Leben erweckt: 25 unterschiedlich temperierte Pools im Innen- und Außenbereich, diverse Saunen, ein riesiger Thermenpark (52 000 m²), Spa- und Vital-Bereich, Medical Spa, Fitness-Center und Bistro – was will man mehr? Übrigens: Der Thermenpark ist nicht nur Liegewiese, sondern mit Palmen- und Rosengärten auch ein Ort der Düfte, der Farben und der Besinnung.

Schon beim Betreten des Wellness-Tempels lässt man die Welt da draußen hinter sich. Ausgefallene Designelemente entführen in einen eigenen Kosmos, auf Stararchitekt Matteo Thun kann man sich schließlich verlassen. Durch die Glasfronten genießt man den Blick auf die Bergwelt der Texelgruppe.

Erleben Sie in der Therme Meran Wellness völlig neu. Ein Tipp: Nach dem Aufenthalt in der Südtiroler Bio-Heusauna mit der Atmosphäre eines Bergbauernhofs entspannen Sie im Schneeraum, wo zarte Flocken von der Decke rieseln. Im Spa-Bereich finden sich garantiert die passenden Anwendungen für sie und ihn.

Pferderennplatz Meran ⑭

Gampenstr. 140. +39 0473 446 222. Rennen: Mai–Okt (Termine siehe Website). **ippodromomerano.it/de**

Im Ippodromo Merano werden zwischen Mai und Oktober etwa 20 Renntage veranstaltet – mit Schwerpunkt Hindernisrennen. Wer die 1935 vom renommierten Architekten Paolo Vietti-Violi (1882–1965) entworfene (und heute unter Denkmalschutz stehende) Rennbahn betritt, versteht, warum diese zu den schönsten Rennsportanlagen Europas gezählt wird: Der Blick von der Tribüne auf den Rennkurs mit den im Hintergrund aufragenden Bergen ist einzigartig. Sportlicher Höhepunkt ist der Große Preis von Meran, ein hoch dotiertes Hindernisrennen über eine Distanz von 5000 Metern (Sep). Dann liegt ein Hauch von Ascot über der Anlage, und häufig sind aus diesem Anlass internationale Spitzenjockeys zu Gast.

Jüdisches Museum ⑮

Schillerstr. 14. +39 0473 236 127. Di, Mi 15–18, Do, Fr 9–12 Uhr. Sa–Mo, jüdische Feiertage. frei. **juedischegemeindemeran.com**

Mit der zunehmenden Bedeutung des Kurbetriebs Ende des 19. Jahrhunderts ließen sich immer mehr jüdische Ärzte in Meran nieder, unter den Kurgästen finden sich Namen wie Franz Kafka, Stefan Zweig, Arthur Schnitzler oder Sigmund Freud. Die jüdische Gemeinde wuchs. 1901 wurde die Synagoge eingeweiht. Im Untergeschoss ist das Jüdische Museum untergebracht. Zu seinen Exponaten gehören Dokumente, Fotos und rituelle Gegenstände. Ein besonders wertvolles Stück ist der seidene, mit Stickereien versehene Tallit (Gebetsmantel) eines Rabbi. Auch die Judenverfolgung wird thematisiert.

Schloss Trauttmansdorff ⑯

Siehe S. 118f.

Blick durch das Eingangstor auf die Synagoge mit dem Jüdischen Museum

Restaurants in Meran *siehe Seite 138f*

Haflinger

Sogar Pferdelaien erkennen die blondmähnigen Haflinger auf den ersten Blick. Die Wiege von Südtirols ureigener Pferderasse liegt im Bergdorf Hafling südöstlich von Meran. Wegen ihrer Trittsicherheit, Robustheit und Genügsamkeit sind die ursprünglich auf Hochalmen gezogenen Tiere ideale Gebirgspferde. Ihre Verlässlichkeit und Vielseitigkeit machte sich der Mensch zunutze. Früher dienten die Pferde als Nutztiere bei der Arbeit auf dem Feld oder im Wald. Heute sind sie wahre Allrounder, die u. a. bei Kutschenfahrten und Reiterspielen eingesetzt werden. Für Urlauber sind Haflinger sportliche wie zuverlässige (und charmante) Freizeitgefährten.

Infobox

Information
Reitzentren und Reiterhöfe
W suedtirol.info/de/erleben/sommer/reiten

Haflinger
W suedtirol-it.com/hafling/haflinger-pferde.html

Südtiroler Haflinger Pferde Sportverein
W haflinger-pferdesportverein.com

Haflinger in freier Natur
Ein Bild wie gemalt: Die Mähne ist seidig-blond, das fuchsfarbene Fell leuchtet in der Sonne, der Schweif weht im Wind. Haflinger und Südtirol mit seiner wunderschönen Landschaft bilden eine Einheit.

Haflinger auf der Seiser Alm
Haflinger sieht man heute nur noch selten Heuwagen ziehen. Auf Europas größter Hochalm weiden sie oder werden in der Reiterei und für Kutschenfahrten eingesetzt.

Haflinger mit Schlitten
Auf Kufen und Hufen durch die verschneite Landschaft zu gleiten, ist ein unvergessliches Wintererlebnis. Der Ausritt führt durch eine Welt der Stille, nur das Galoppieren und Schnauben der Pferde erfüllt die Luft. Hüllen Sie sich einfach in eine Decke, und genießen Sie das Leben.

Wappen von Hafling
Unverwechselbar: Im Wappen des Bergdorfs Hafling (Avelengo) posiert ein einheimisches Pferd auf grüner Wiese vor einer Tanne. Die Pferderasse ist nach dem Ort auf dem Tschögglberg benannt.

T5 Sissi-Weg

3,0 km · 0:45 Std. · ↗ 45 m · ↘ 45 m

Die Kurstadt ist reich an Geschichten, eine besonders aparte erzählt der Sissi-Weg. Viele Stellen in Meran erinnern an die österreichische Kaiserin, die sich hier gern aufhielt. Auf ihren Spuren wandelt man auf stimmungsvollen Promenaden an der Passer entlang und durch mondäne Viertel mit prachtvollen Villen und Ansitzen bis zu den geradezu paradiesischen Gärten von Schloss Trauttmansdorff als finalem Höhepunkt. Der Sissi-Weg ist durchgehend gut beschildert.

Palme

Elisabethpark ②
Am Eingang des idyllischen Parks am Beginn der Sommerpromenade wird man von der Kaiserin persönlich begrüßt. Das aus Laaser Marmor gestaltete Denkmal wurde 1903 enthüllt. Es zeigt die Kaiserin auf einem Korbstuhl sitzend mit einem Buch auf dem Schoß.

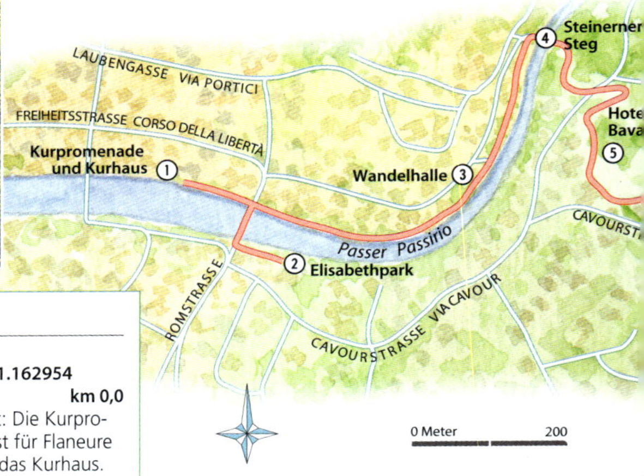

Roadbook

Start: Kurhaus, Meran
GPS-Koordinaten: 46.670430, 11.162954

① **Kurpromenade und Kurhaus** — **km 0,0**
Jugendstil ist das Zauberwort: Die Kurpromenade entlang der Passer ist für Flaneure wie gemacht. Prunkstück ist das Kurhaus.

② **Elisabethpark** — **km 0,4**
Über die Postbrücke geht es ans Südufer der Passer. Beim Denkmal am Eingang zum Park schaut man der voller Grazie dargestellten Kaiserin in die Augen.

③ **Wandelhalle** — **km 0,8**
Zurück am Nordufer biegt man rechts in die Winterpromenade ein. Nehmen Sie den Namen der Halle (1889) wörtlich, und lustwandeln Sie – so wie seinerzeit betuchte Kurgäste und der Habsburger Adel.

④ **Steinerner Steg** — **km 1,0**
Über die älteste Brücke (1617) Merans wechselt man die Flussseite. In ihrer Bauart erinnert die Brücke an römische Viadukte.

⑤ **Hotel Bavaria** — **km 1,3**
Eine Reminiszenz an Bayern: Zwei bronzene Löwen flankieren den Eingang des (natürlich) weiß-blau gestrichenen Hotels. Das bayrische Wappentier erinnert an Elisabeths Lieblingsbruder Carl Theodor.

⑥ **Schloss Rottenstein** — **km 1,5**
Ein weiterer Lieblingsplatz der Kaiserin war das Schloss (13. Jh.) ihres Schwagers Erzherzog Karl Ludwig.

Kurpromenade und Kurhaus ①
Das Kurhaus ist der ganze Stolz der mondänen Stadt, die Kurpromenade ihre »gute Stube«. Wie auf allen Flaniermeilen gilt natürlich auch hier: sehen und gesehen werden. Über die elegante Postbrücke gelangt man ans andere Ufer der Passer und somit von der Winter- zur Sommerpromenade.

Restaurants in Meran *siehe Seite 138f*

Wandelhalle ③
Jugendstil-Ornamente, Blütenpracht, Bilderschmuck und Cafés: Die entlang der Winterpromenade verlaufende Wandelhalle ist ein inspirierender Ort zum Flanieren und Verweilen.

Hotel Bavaria ⑤
Zwei bronzene Löwen bewachen den Eingang.

Infobox

Information
Kurhaus
Mo–Do 8.30–12, 15–17, Fr 8.30–12 Uhr. **kurhaus.it**

Gärten von Schloss Trauttmansdorff und Touriseum
Apr–Mitte Okt: tägl. 9–19 Uhr (Juni–Aug: Fr bis 23 Uhr); Mitte–Ende Okt: tägl. 9–18 Uhr; Anfang–Mitte Nov: tägl. 9–17 Uhr.
trauttmansdorff.it
touriseum.it

Roadbook *(Fortsetzung)*

⑦ **Brunnenplatz** **km 1,7**
An diesem Platz wurde 1869 das erste Hotel der Stadt erbaut. Hier beginnt das Villenviertel Obermais.

⑧ **Ansitz Reichenbach** **km 1,8**
In dem Ansitz (14. Jh.) lebte der bekannte Kurarzt Franz Tappeiner. Der Wegbereiter des Kurbetriebs ließ den idyllischen Tappeinerweg anlegen.

⑨ **Schloss Rubein** **km 2,3**
Beim Aufenthalt der Kaiserin im Herbst 1870 kam in dem Schloss (12. Jh.) ein Teil ihres über 100 Personen zählenden Hofstaats unter.

⑩ **Schloss Pienzenau** **km 2,5**
Ein üppiger Garten umrahmt das Anwesen (14. Jh.), in dem die aus Wien mitgebrachten Pferde des kaiserlichen Trosses untergebracht waren.

⑪ **Gärten von Schloss Trauttmansdorff und Touriseum** **km 3,0**
Elisabeth liebte die Gärten und blühte hier auf. Eine Dauerausstellung im Touriseum widmet sich der Kaiserin.

Gärten von Schloss Trauttmansdorff ⑪
Die meisterhafte Gartenanlage ist geometrisch, aber nicht nach starren Mustern gestaltet. Die hier nachgebildeten Gartenlandschaften aus aller Welt schaffen einen Mikrokosmos, in dem man sich verlaufen möchte.

Zeichenerklärung *siehe hintere Umschlagklappe*

Schloss Trauttmansdorff und Gärten ⑯

Kann der Garten Eden schöner sein? Die frühere Ferienresidenz von Kaiserin Elisabeth bietet ein Erlebnis für die Sinne. Wohlriechende Pflanzen in allen Farben und aus aller Welt zieren die prachtvollen Gärten. Das terrassenförmige Areal (12 ha) mit über 80 Gartenlandschaften ist wie ein Amphitheater gestaltet. In den Künstlerpavillons gehen Natur und Kunst eine wundervolle Verbindung ein. Nicht versäumem: Botanische Unterwelt. Highlights der Veranstaltungen sind musikalisch-kulinarische Events wie das World Music Festival oder das »Frühstück bei Sissi«. Im Schloss ist das Touriseum untergebracht. Das Museum thematisiert 200 Jahre Fremdenverkehr in Südtirol überaus originell.

Leuchtend rote Kaktusblüte

Voliere
Papageien sind stimmgewaltige Bewohner der Voliere am höchsten Punkt der Gartenanlage. Ein 15 Meter langer Steg führt hinaus in die Weite – die Aussicht ist grandios.

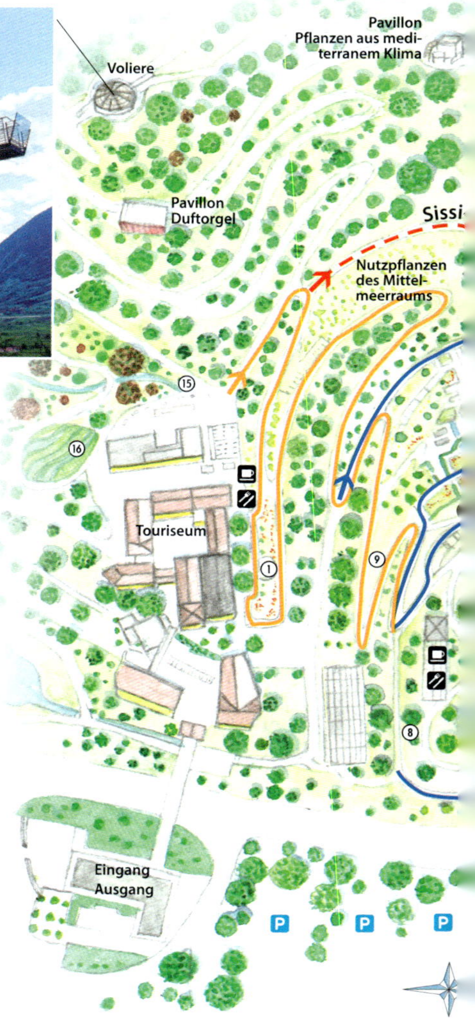

Attraktionen (Auswahl)

① Sissi-Terrasse
② Italienischer Garten
③ Englischer Staudengarten
④ Sinnesgarten
⑤ Rosengarten
⑥ Kastanienhain
⑦ Palmenwald
⑧ Limonaia
⑨ Olivenhain
⑩ Weinberg
⑪ Obstanger
⑫ Auwald
⑬ Geologisches Mosaik
⑭ Bauerngarten
⑮ Japanischer Garten
⑯ Reisfelder und Teeanbau

Restaurants in Meran *siehe Seite 138f*

Matteo Thun'scher Gucker
Wie durch ein überdimensionales Fernglas genießt man den Blick über Meran, das Etschtal und die Bergkulisse. Die Plattform ist transparent – beim Gang über die Stufen fühlt man sich, als würde man zum Himmel schweben.

Infobox

Information
St.-Valentin-Str. 51a, Meran.
☎ +39 0473 255 600 (Gärten), +39 0473 255 655 (Touriseum).
◯ Apr–Mitte Okt: tägl. 9–19 Uhr (Juni–Aug: Fr bis 23 Uhr); Mitte–Ende Okt: tägl. 9–18 Uhr; Anfang–Mitte Nov: tägl. 9–17 Uhr.
W **trauttmansdorff.it**
W **touriseum.it**

Pavillon Sukkulente Pflanzen
Der begehbare Pavillon ist in Form eines Kugelkaktus gestaltet und zeigt das Innenleben dieser Pflanze.

Legende
- Sonnengärten
- Wasser- und Terrassengärten
- Landschaften Südtirols
- Panoramaweg zum Matteo Thun'schen Gucker

Sissi-Promenade
Die Kaiserin hielt sich gern hier auf, ihre Wohnräume sind zu besichtigen. Die Sissi-Promenade führt durch einen Teil der Anlage.

Seerosenteich mit Bühne
Von Juni bis August locken Gartennächte mit Musikgenuss. Das World Music Festival ist ein einzigartiges Erlebnis.

Zeichenerklärung *siehe hintere Umschlagklappe*

❷ Schloss Tirol

SK C2. **K** F4. Schlossweg 24. +39 0473 220 221. Mitte März–Mitte Dez: Di–So 10–17 Uhr. Di–Sa 10.15, 14 Uhr. **schlosstirol.it**

Auf einem Hügel bei Dorf Tirol thront das bedeutendste Schloss Tirols (11. Jh.), die Keimzelle der Region. Benannt ist es nach den mächtigen Grafen von Tirol, die hier bis 1420 ihren Stammsitz hatten. Heute birgt das aufwendig restaurierte Anwesen das Südtiroler Landesmuseum für Kultur- und Landesgeschichte. Ein Gang durch die erhabenen Gemäuer ist eine Reise durch die Jahrhunderte. Kunsthistorisch spannend sind u. a. die Portale als Musterbeispiele romanischer Bauplastiken in Tirol. Mit ihren teils mehrdeutigen mittelalterlichen Symbolen geben sie bis heute Rätsel auf. Meisterwerke der Steinmetzkunst sind auch die Kapitelle im Rittersaal.

Die Schlossfestspiele und das Mittelalterfest (beide im Aug) sind Highlights des Veranstaltungskalenders. Populär sind auch die musikalischen Soireen (Juni/Juli).

Partschinser Wasserfall

Installation an der italienisch-österreichischen Grenze am Timmelsjoch

❸ Passeiertal und Timmelsjoch

SK C1–2. **K** F2–G4. Passeirerstr. 40, St. Leonhard, +39 0473 656 188. **passeier.net**

Wer in Südtirol von oben einsteigen will, reist vom Ötztal über das Timmelsjoch (2474 m) an. An der Passhöhe beginnt das rund 50 Kilometer lange Passeiertal (Val Passiria). Der Kontrast ist gewaltig: oben eine Welt aus Fels und Eis, im Tal mediterranes Flair. Das Erlebnisbergwerk Schneeberg (www.schneeberg.org) informiert über den Bergbau, der Bunker Mooseum (www.museum.hinterpasseier.it) in Moos über Natur und Geschichte des Tals.

Eine Besonderheit sind die Schildhöfe. Diese Anwesen von Landwirten, die in den niederen Adel aufgestiegen waren, heben sich deutlich von den vielen Bauernhäusern ab.

Noch heute ist im Tal der Passer der Mythos Andreas Hofer *(siehe S. 121)* lebendig.

❹ Vinschgau

Siehe S. 122f.

❺ Ultental

SK B2–C3. **K** D6–F5. St. Walburg 104, +39 0473 795 387. **ultental-valdultimo.com**

Eine für Südtiroler Verhältnisse recht abgeschiedene Welt – was vor allem Wanderer zu schätzen wissen. Mehrere Stauseen, darunter der zwei Kilometer lange Zoggler Stausee, durchziehen das etwa 40 Kilometer lange Tal mit dem Hauptort St. Walburg. Das Ultental (Val d'Ultimo) mündet bei Lana ins Etschtal. Der von Obstpflanzungen umrahmte Ort ist eine Hochburg der Apfelproduktion *(siehe S. 48f)*. Von Lana führt eine Seilbahn zum vigilius mountain resort (www.vigilius.it) in rund 1500 Meter Höhe. Das von Stararchitekt Matteo Thun *(siehe S. 28)* entworfene Berg- und Bio-Designhotel aus Holz ist ein Gesamtkunstwerk.

❻ Partschins

SK C2. **K** F4. 3500. Spaureggstr. 10, +39 0473 967 157. **partschins.com**

Der kleine Ort birgt Schätze. Ein Museum (www.schreibmaschinenmuseum.com) erinnert an den in Partschins (Parcines) geborenen Erfinder Peter Mitterhofer *(siehe S. 28)*. Ebenfalls zu empfehlen: das K. u. K. Museum Bad Egart.

Ein so lautes wie spannendes Spektakel ist der Partschinser Wasserfall, mit 97 Metern einer der höchsten in Südtirol. Vor allem zur Zeit der Schneeschmelze (Mai/Juni) ist er ein imposantes Naturereignis. Die Eisenbahnwelt (www.eisenbahnwelt.eu) zieht große und kleine Fans magisch an.

Andreas Hofer

Für viele Südtiroler ist Hofer der Inbegriff des Helden. Der aus dem Passeiertal stammende Gastwirt und Viehhändler (1767–1810) war Anführer des Tiroler Aufstands von 1809 gegen die Besetzung seiner Heimat durch Truppen Bayerns und Frankreichs. Hofer stand an der Spitze des Tiroler Landsturms gegen die feindlichen Heere. Drei Mal wurde Innsbruck, die Tiroler Hauptstadt am Bergisel, zurückerobert. Doch am 1. November 1809 erlitten Hofer und seine Männer an jenem Bergisel die entscheidende Niederlage. Hofer floh in die Berge seines Heimattals, wurde jedoch verraten, verhaftet und nach Mantua geschafft, wo er am 20. Februar 1810 erschossen wurde. Der Mythos Andreas Hofer lebt weiter – in Festen, Filmen, Denkmälern, Liedern, Theaterstücken und Gedenktagen.

Infobox

Information
MuseumPasseier
SK C2. **K** G3. Passeirerstr. 72, St. Leonhard in Passeier.
+39 0473 659 086.
Mitte März–Anfang Nov: Di–So 10–18 Uhr (Aug, Sep: tägl.).
museum.passeier.it

Tiroler Landsturm
Die Aufständischen strebten den Wiederanschluss Tirols an Österreich an. Das Ölgemälde (um 1820) zeigt den zum Mythos gewordenen Anführer in der Bildmitte.

Geburtshaus
Der Sandhof, Hofers Geburtshaus, ist heute Sitz des MuseumPasseier. Hier beginnt der Andreas-Hofer-Rundweg (Gehzeit ca. 80 Min.).

Andreas Hofer
Sein auf zeitgenössischen Darstellungen sanft wirkendes Antlitz täuscht über seine Zähigkeit hinweg. Heute wird Andreas Hofer differenziert gesehen: Dem Bild des Freiheitskämpfers steht entgegen, dass er sich den Idealen der Aufklärung widersetzte. Der Vermarktung der »Marke Hofer« tut dies jedoch keinen Abbruch.

Museum-Passeier
Das Museum beleuchtet die Rolle Hofers sowie das Phänomen »Held« aus diversen – auch kritischen – Perspektiven.

❹ Vinschgau

Der Reschenpass als Eingangstor, Ötztaler Alpen und Ortlergruppe mit vergletscherten Dreitausendern als würdevolle Umrahmung, die Etsch als blaues Band und jede Menge Sonnenschein – die Natur hat es gut gemeint mit dem Vinschgau (Val Venosta). Apfelpflanzungen so weit das Auge reicht, kleine Dörfer mit großen kunsthistorischen Schätzen, auf Felsvorsprüngen thronende Burgen und die »Perle Meran« am unteren Ende des Tals runden das Mosaik ab. Apfelblüte in Zartrosa, Wander- und Waalwege *(siehe S. 124f)*, Radstrecken, Törggelen und schneesichere Skigebiete: Urlaub hat hier das ganze Jahr Saison.

Kloster Marienberg / Monte Maria
Ein Kloster der Superlative: Europas höchstgelegene Benediktinerabtei (1350 m) hat einige der schönsten romanischen Fresken im Alpenraum.

Glurns / Glorenza
Ein Ort wie ein Bilderbogen des Spätmittelalters: Die Stadtmauer mit Türmen und Toren, die engen Gassen mit Lauben und die originellen Fassaden ergeben ein bezauberndes Flair.

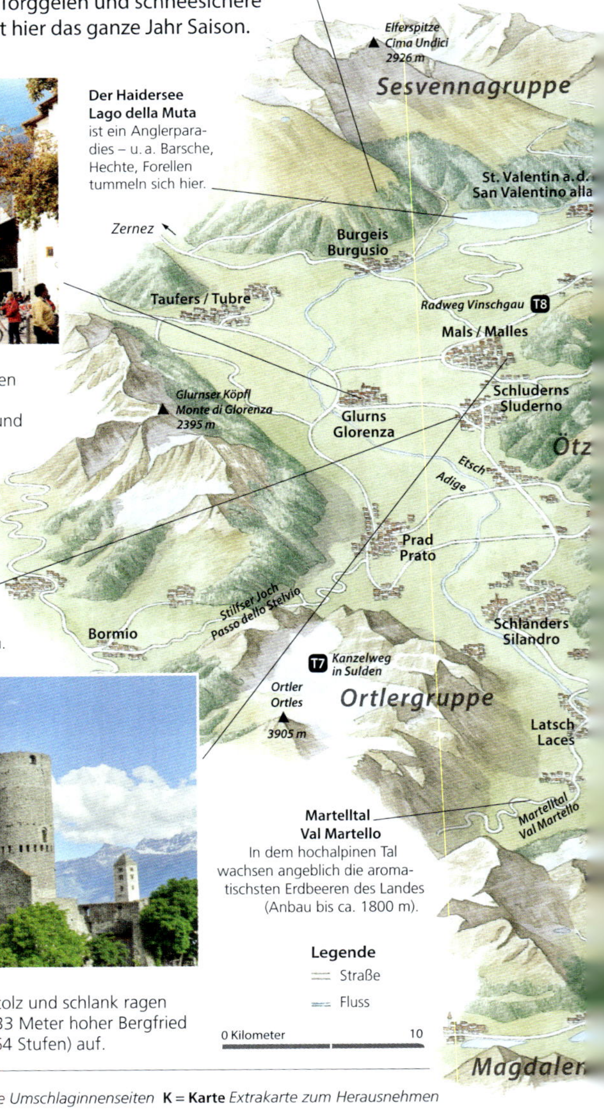

Der Haidersee Lago della Muta
ist ein Anglerparadies – u. a. Barsche, Hechte, Forellen tummeln sich hier.

Schluderns / Sluderno
wird von der Churburg überragt, der schönsten Festung im Vinschgau.

Martelltal Val Martello
In dem hochalpinen Tal wachsen angeblich die aromatischsten Erdbeeren des Landes (Anbau bis ca. 1800 m).

Mals / Malles
Mals und seine Türme: Stolz und schlank ragen vier Kirchtürme und ein 33 Meter hoher Bergfried (Turmbesteigung über 164 Stufen) auf.

Reschensee Lago di Resia
Wie ein steinernes Periskop ragt der Kirchturm des alten Dorfs Graun aus dem Stausee.

Infobox

Information
SK A–C2. **K** B3–F5.
Tourismusverein Schlanders-Laas
Kapuzinerstr. 10, Schlanders.
+39 0473 730 155.
Scheibenschlagen (1. So in der Fastenzeit).
vinschgau.net

Der Reschenpass / Passo di Resia schlägt eine Brücke zwischen Tirol und Südtirol, Österreich und Italien, Mittel- und Südeuropa, Inn- und Etschtal.

Das Schnalstal / Val Senales bietet fast das ganze Jahr über Skispaß pur. Weltweites Aufsehen erregte 1991 der Fund einer Gletscherleiche im Grenzgebiet zu Österreich. »Ötzi« machte das Schnalstal auch bei Nicht-Skifahrern weltberühmt.

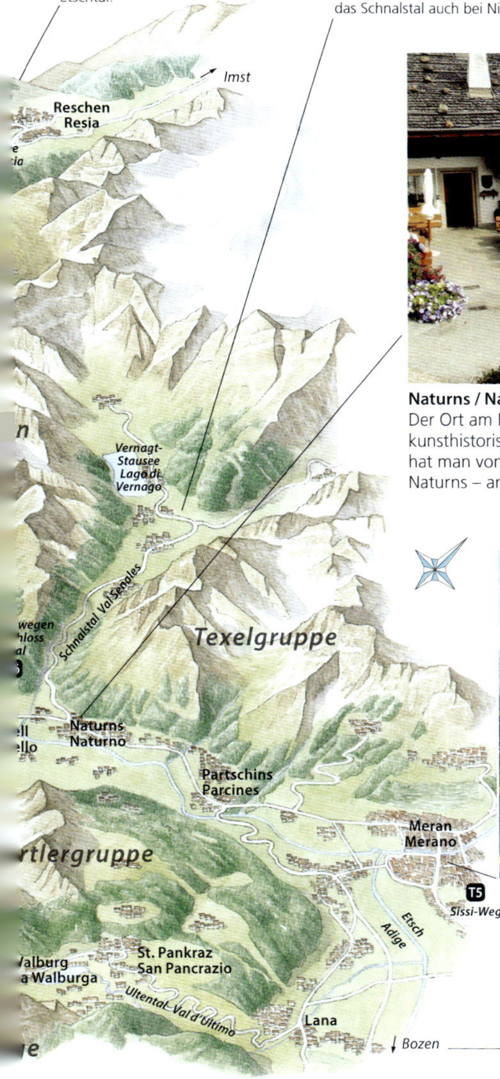

Naturns / Naturno
Der Ort am Eingang zum Schnalstal bietet einige kunsthistorische Kleinode. Eine einmalige Aussicht hat man von der Terrasse des Pirchhofs hoch über Naturns – am besten bei einer Marende.

Meran und Texelgruppe Gruppo di Tessa
Wie gemalt – Meran vor der Kulisse der Texelgruppe: Die mondäne Stadt überzeugt mit ihrer Lebensart, das mächtige Bergmassiv durch seine Erhabenheit.

T6 Auf Waalwegen zum Schloss Juval

↻ ▶◀ 7,2 km 🕑 2 Std. ↗ 266 m ↘ 266 m

Ein Hauch von Nostalgie: Waale genannte Bewässerungskanäle waren an den trockenen Sonnenbergen des Vinschgau die Lebensadern des Obstbaus. Von den feuchteren Hochlagen wurde das Wasser in Kanälen die Hänge hinuntergeleitet und ermöglichte dort ertragreichen Apfel- und Weinbau. Die Waale mussten modernen Bewässerungsanlagen weichen, doch einige blieben als Reminiszenz erhalten. Begeben Sie sich auf eine kleine Zeitreise. Ein Besuch im MMM Juval ist eine willkommene Ergänzung der stimmungsvollen Wanderung.

Schnalser Waalweg (Tscharser Schnalswaal) ②
Wie ein schmaler Bachlauf fließt der Waal talwärts. Der gut begehbare Wanderweg direkt daneben verläuft durch lichten Laubwald im Halbschatten. Schautafeln informieren über das System der Waale sowie über Fauna und Flora am trockenen Vinschgauer Sonnenberg.

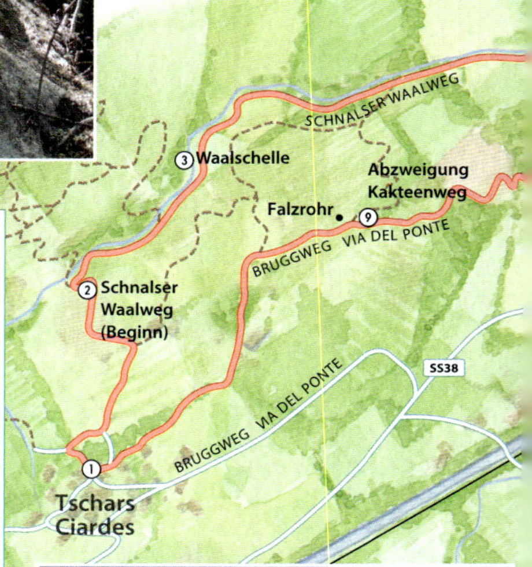

Roadbook

Start: Tschars / Ciardes
GPS-Koordinaten: 46.638326, 10.941366

① **Tschars / Ciardes** **km 0,0**
Am Parkplatz neben dem Supermarkt im Dorfzentrum beginnt der Weg Nr. 1A Richtung Schnalser Waalweg. Die Route verläuft erst durch enge Gassen und nach Verlassen des Orts vorbei an Apfelpflanzungen.

② **Schnalser Waalweg (Beginn)** **km 0,6**
An der Weggabelung biegt man rechts auf Weg Nr. 3 Richtung Schloss Juval ein. Nach kurzer Zeit führt die asphaltierte Straße auf einen Waldweg.

③ **Waalschelle** **km 1,1**
Für die Pflege der Waale waren Waaler verantwortlich. Schellen – Wasserräder mit Hämmern, die gegen eine Glocke schlugen – zeigten an, ob alles in Ordnung war.

④ **Aussichtsbank** **km 2,3**
Ein wunderbarer Platz für eine kurze Rast ist die »Sonnenbank« auf einer Lichtung.

⑤ **Sonnenhof** **km 3,1**
An der Jausenstation kann man vor oder nach dem Besuch von Schloss Juval einkehren. Zur Brotzeit gibt es einen herrlichen Blick. Der stolze Pfau des Hofs lässt sich gern bewundern (und fotografieren).

⑥ **Schloss Juval** **km 3,4**
Eine Abzweigung (Weg Nr. 1) führt in rund zehn Minuten hinauf zum Schloss mit MMM *(siehe S. 17 und Kasten S. 125)*.

Aussichtsbank am Schnalser Waalweg mit Blick ins Etschtal ④
Nach Verlassen des Walds bieten Aussichtspunkte freie Sicht ins Tal. Bemerkenswert: Das blaue Band der Etsch verläuft stellenweise schnurgerade.

Waalschelle ③
Der gleichmäßige Klang der Waalschelle signalisierte dem mit der Pflege betrauten Waaler, dass das Wasser regulär floss.

Kandeln
Felsstufen überwindet der Waal in sogenannten Kandeln (ausgehöhlten Lärchenstämmen).

Infobox

Information
Messner Mountain Museum (MMM Juval)
Kastelbell.
☎ +39 0471 631 264 bzw. +39 348 443 3871.
🕘 4. So im März–Juni, Sep–1. So im Nov: Do–Di. Führung obligatorisch: Do–Sa, Mo, Di 10.15–16 (zwölfmal tägl.), So 10.30–16 Uhr (elfmal tägl.).
W messner-mountain-museum.it

Schlosswirt Juval ⑥
Das urige Gasthaus von Reinhold Messner steht nahe dem Parkplatz. Es wird häufig von Reisegruppen angesteuert (www.schlosswirtjuval.it).

Roadbook *(Fortsetzung)*

⑦ **Stabner Waalweg (Beginn)** **km 3,9**
Ob mit oder ohne Schlossbesuch – Weg Nr. 1 führt zum Stabner Waalweg. Anders als der Schnalser Waal führt der Stabner Waal nur zeitweise Wasser.

⑧ **Aussichtspunkt (Blick auf Staben)** **km 5,0**
Bevor der sanft absteigende Weg deutlich kurviger wird, bietet sich ein Blick auf Staben. Dahinter passiert man Weingärten.

⑨ **Abzweigung Kakteenweg** **km 6,1**
Rechts hinauf geht es zu einem Kakteenhang. Der Weg führt wieder nach Tschars.

⑩ = ① **Tschars / Ciardes** **km 7,2**
Über den Bruggweg zurück nach Tschars.

Schloss Juval ⑥
Auf einem Felssporn liegt Schloss Juval mit dem MMM Juval – ein Highlight der Tour.

Streckenprofil

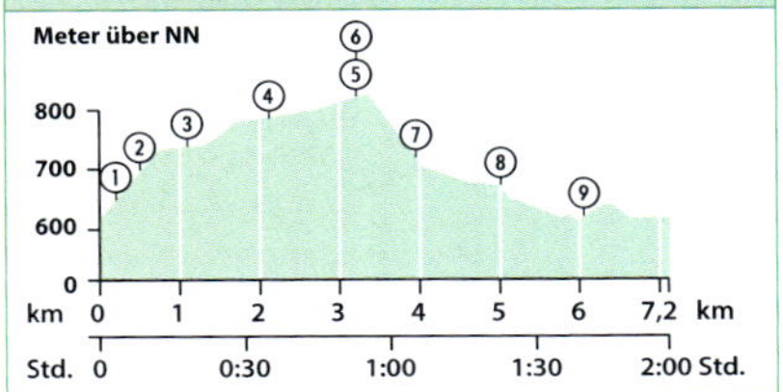

Zeichenerklärung *siehe hintere Umschlagklappe*

7 Naturns

SK B2. **K** E5. 5800. Rathausstr. 1, +39 0473 666 077.
merano-suedtirol.it/de/naturns

Auch wenn Ihre Reiseroute auf der Umgehungsstraße an dem Ort vorbeiführen sollte: Machen Sie einen Abstecher nach Naturns (Naturno), das Spektakuläres bietet.

Die Darstellung eines Mannes auf einer Schaukel zählt sicher nicht zu den klassischen Motiven der Kirchenkunst, in Naturns ist das anders. Von außen lässt sich zwar kaum erahnen, welch herausragende Kunstschätze **St. Prokulus** (7. Jh.) birgt, zu unscheinbar wirkt das von Obstgärten umrahmte Gotteshaus. Doch im Innenraum entfaltet ein Bilderreigen seine Pracht. Nicht irgendeiner – bei dem vermutlich bereits ab dem 8. Jahrhundert entstandenen Freskenzyklus handelt es sich nämlich um den ältesten im gesamten deutschsprachigen Raum. Das bekannteste Bild zeigt einen »Schaukler«, bei dem es sich um Bischof Prokulus, Namenspatron der Kirche, handeln könnte. Das Rätsel ist noch nicht gelöst.

Im Museum nebenan sind einige von den Kirchenwänden abgelöste Fresken sowie Ausgrabungsfunde zur Spätantike zu sehen.

St. Prokulus
St.-Prokulus-Str. +39 0473 667 312. Apr–Anfang Nov: Di–So 9.30–12, 14.30–17.30 Uhr (ab Mitte Okt: bis 17 Uhr). 10, 15 Uhr u. nach Vereinbarung.

Texelspitze – mit 3318 Metern einer der höchsten Gipfel der Texelgruppe

8 Naturpark Texelgruppe

SK BC2. **K** D4–E5. Feldgasse 3, Naturns, +39 0473 668 201.
naturparks.provinz.bz.it/naturpark-texelgruppe.asp

Zunächst die Fakten: Der 1976 ausgewiesene Naturpark hat eine Fläche von 31 391 Hektar, kein anderer Naturpark in Südtirol ist größer. Höchster Gipfel ist die Hintere Schwärze mit 3624 Metern. Der maximale Höhenunterschied zwischen Tallagen und Gipfelregion liegt bei 2857 Metern.

Hinter den Zahlen verbergen sich sämtliche Vegetationsstufen der Alpen, was das Areal zu einem Juwel für Naturliebhaber macht. Das Gebiet zwischen Schnals- und Passeiertal umfasst neben der Texelgruppe (Gruppo di Tessa) auch Teile nördlich angrenzender Gebirgszüge.

Auch wenn weite Bereiche sonnenexponiert und dementsprechend trocken sind: Der Partschinser Wasserfall *(siehe S. 120)* sowie die zehn Spronser Seen (in Höhen zwischen 2100 und 2600 m) zählen zu den wichtigsten Anziehungspunkten. Der etwa 100 Kilometer lange Meraner Höhenweg führt in fünf bis sechs Tagesetappen um die Texelgruppe.

Kuh im Schnalstal

9 Schnalstal

SK B2. **K** EF4. Karthaus 42, Schnalstal, +39 0473 679 148.
merano-suedtirol.it/de/schnalstal

Der Name des Tals ist seit 1991 untrennbar mit »Ötzi« *(siehe S. 79)* verbunden. Die berühmte Gletschermumie brachte das Schnalstal (Val Senales) auch außerhalb Europas auf viele Landkarten.

Der **archeoParc** mit Freilichtbereich in 1500 Meter Höhe versetzt einen in »Ötzis« Zeit vor etwa 5300 Jahren zurück. Modelle in Originalgröße von neolithischen Häusern dokumentieren die Bauweise jener Zeit. Besucher können »jungsteinzeitlich« aktiv werden. In Workshops lernt man mit Materialen wie Lindenbast oder Feuerstein umzugehen. Beliebt sind auch Bogenschießen und Paddeln in einem Einbaum.

Wanderungen führen um den Vernagt-Stausee und von Vernagt zur Fundstelle des »Ötzi«. In Schloss Juval (1278) am Eingang zum Schnalstal richtete Reinhold Messner das erste MMM ein *(siehe S. 17)*.

Das Schnalstal ist ein Gletscherskigebiet, Skifahrer können sich von September bis Mai auf dem ewigen Eis austoben.

archeoParc
Unser Frau 163, Schnals. +39 0473 676 020. Ostern–Anfang Nov: tägl. 10–17 Uhr. teilweise. **archeoparc.it**

⑩ Martelltal

SK B2–3. **K** C6–D5. **i** Dorf 96, Martell, +39 0473 744 598.
W martelltal.com

Das Martelltal (Val Martello) präsentiert sich hochalpin und fruchtbar – und ganz ohne Seilbahnen und Skipisten. Quasi im Schatten der Gipfel der Ortlergruppe mit der großartigen Eispyramide der Zufallspitze (3757 m) werden bis zu einer Höhe von ca. 1800 Metern auf rund 40 Hektar wunderbar aromatische Erdbeeren angebaut. Abseits des Trubels in den benachbarten Tälern genießen Individualurlauber die Stille und den Anblick der einen oder anderen Gämse.

Bei der Zufahrt zum Zufrittsee (ca. 70 ha) in 1850 Meter Höhe erschrickt man fast beim Anblick der 83 Meter hohen Staumauer. Hinter dem See öffnet sich ein atemberaubendes Panorama auf die umrahmende Fels- und Eiskulisse.

Ein architektonisches Relikt ist das ehemalige Luxushotel Paradiso in 2160 Meter Höhe. Beim 1933–35 realisierten Bau, Ausdruck der Italienisierung Südtirols, wurde zu hoch gepokert. Das Anwesen ist dem Verfall preisgegeben, eine Ruine in leuchtendem Rot, einsam und verlassen – und damit irgendwie typisch für das Martelltal. Hier ist die Natur paradiesisch genug.

Martelltal – ein Ort für Urlauber, die Ruhe suchen

⑪ Schlanders

SK B2. **K** D5. 6000. **i** Kapuzinerstr. 10, +39 0473 730 155.
W schlanders.it

Als größter Ort und wirtschaftliches Zentrum des Vinschgau zeigt Schlanders (Silandro) mit vielen Läden und Cafés urbanes Flair. Der Reichtum an historischen Bauten ist beachtlich: Der Turm der barockisierten Kirche Mariä Himmelfahrt ist mit 97 Metern der höchste in Südtirol. Die Schlandersburg mit zweistöckigem Arkadenhof und das hoch über dem Ort gelegene Schloss Schlandersberg (Privatbesitz) sind architektonische Highlights.

Umgebung: Im acht Kilometer westlich gelegenen »Marmordorf« Laas wird das »weiße Gold« in mächtigen Quadern abgebaut. Aus Laaser Marmor (www.lasamarmo.it) bestehen u. a. das Mozartdenkmal im Wiener Burggarten und Fliesen in der riesigen Scheich-Zayid-Moschee in Abu Dhabi.

⑫ Prad am Stilfser Joch

SK A2. **K** C5. 3000. **i** Kreuzweg 3, +39 0473 616 064.
W gemeinde.prad.bz.it

Prad (Prato allo Stelvio) liegt am Eingang zum Trafoier Tal. In den Aquarien des Nationalparkhauses aquaprad (www.aquaprad.com) lernt man die heimische Fischwelt kennen. Spannend für Kinder ist die aquaprad-Rallye. Reste romanischer Fresken birgt die Kirche St. Johann. Ein Blickfang ist die Burgruine Lichtenberg.

Passstraße zum Stilfser Joch mit Haarnadelkurven

⓭ Nationalpark Stilfser Joch

Seinen einzigen Nationalpark (Parco Nazionale dello Stelvio) teilt sich Südtirol mit dem Trentino und der Lombardei. Von der Gletscherregion der Ortlergruppe bis in die Tallagen des Vinschgau erstreckt sich der Park über gewaltige 3255 Höhenmeter und bildet so ein Kaleidoskop der Alpen. Den Zauber dieser Bergwelt dokumentieren fünf Nationalparkhäuser und das unterirdische Messner Mountain Museum (MMM Ortles) in Sulden, eines von sechs Museen des Bergsteigers Reinhold Messner *(siehe S. 16f)*.

Suldental / Val di Solda
Dies ist eine Welt für sich, umrahmt von fast 4000 Meter hohen Gipfeln. Der Skizirkus hat das Tal fest im Griff, doch es gibt auch einige idyllische Flecken und Orte der Besinnung.

Stilfser Joch / Passo dello Stelvio
Hier ist fahrerisches Können gefragt. Die »Königin der Passstraßen« windet sich auf Südtiroler Seite in 48 nummerierten Kehren bis auf 2757 Meter, dahinter geht es hinab ins Veltlin (Lombardei).

»Suldener Dreigestirn«
Ein wohl unvergesslicher Anblick: Königsspitze (Gran Zebrù, 3851 m; *links*), Monte Zebrù (3735 m) und Ortler (3905 m).

Tierwelt im Park
Mit Auerhuhn, Uhu, Specht etc. ist die Vogelwelt artenreich und bunt. Über den Gipfeln kreisen u. a. Königsadler und Bartgeier. Die Hochlagen sind das Revier der Kletterkünstler Gämse und Steinbock. Hirsche und Rehe leben in tieferen Lagen in Laubwäldern.

Auerhuhn

Ortler: Erstbesteigung Das Bild erinnert an die Erstbesteigung des Ortler 1804 durch Josef Pichler, Gämsenjäger auf der Churburg.

Infobox

Information
Provinzen: Bozen, Brescia, Sondrio, Trento. **SK** AB2–3. **K** A5–D7.
Fläche: 134 620 Hektar (53 447 ha in Südtirol). **Gründung:** 1935.
Verwaltung Nationalpark Rathausplatz 1, Glurns, +39 0473 830 430.
stelviopark.bz.it
Messner Mountain Museum (MMM Ortles) Sulden. +39 0473 613 577. 4. So im Mai–2. So im Okt, 2. So im Dez–1. Mai: Mi–Mo 14–18 Uhr (Juli, Aug: 13–18 Uhr).
messner-mountain-museum.it

Über den Tonalepass / Passo del Tonale in den Rätischen Alpen verläuft die Wasserscheide zwischen Etsch und Po.

Cascata del Ragaiolo
Die Wasserfälle des Ragaiolo bieten ein tolles Naturschauspiel. Ein Gang über die Hängebrücke in 60 Meter Höhe verschafft einen wahren Adrenalinkick.

Fornigletscher (früher und heute)
Durch den Gletscherrückgang der vergangenen Jahrzehnte kommt manches Geheimnis ans Tageslicht – beim Fornigletscher ebenso wie überall im Alpenraum.

T7 Kanzelweg in Sulden

↺ ▸◂ 8,8 km 🕑 3:30 Std. ↗ 373 m ↘ 877 m

Für Südtirol-Kenner ist dies der schönste Panoramaweg im gesamten Vinschgau. Auch wegen der Kulisse: Berggiganten wie Ortler, Monte Zebrù und Königsspitze begleiten den Wanderer auf Schritt und Tritt. Fast der gesamte Weg verläuft oberhalb der Baumgrenze und damit (hoffentlich) in der Sonne. Blüten in allen Farben – von pink über hellblau bis grellgelb – sprenkeln Wiesen und Wegesrand. Auf der Hüttenterrasse könnte man ewig sitzen.

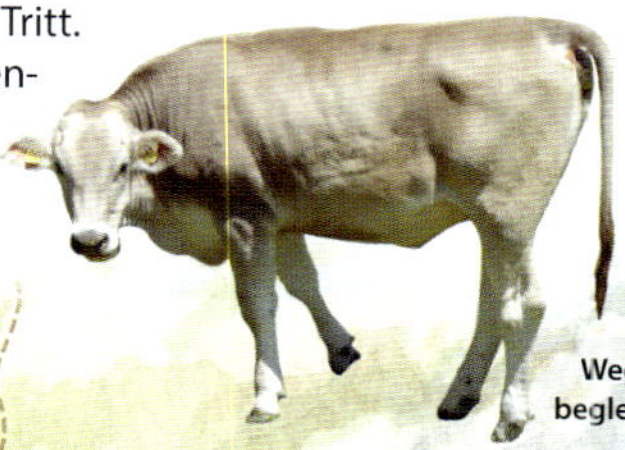

Weg
beglei

Wegweiser zur Düsseldorfer Hütte ⑥
Der Weg ist gut markiert. Schon nach wenigen Minuten sieht man die Hütte.

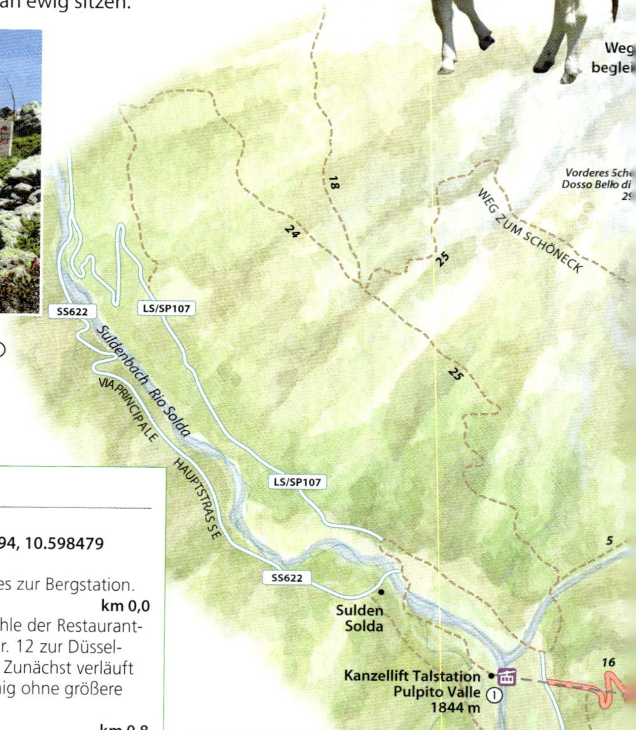

Roadbook

Start: Kanzellift Talstation
GPS-Koordinaten: 46.525794, 10.598479

① **Kanzellift Talstation**
Mit dem Sessellift geht es zur Bergstation.

② **Kanzellift Bergstation** **km 0,0**
Auch wenn die Liegestühle der Restaurantterrasse locken – Weg Nr. 12 zur Düsseldorfer Hütte ist das Ziel. Zunächst verläuft die Strecke sehr geradlinig ohne größere Höhenunterschiede.

③ **Wegweiser Galgen** **km 0,8**
Ein kahler Baumstamm wie ein Galgen weist den Weg zur Hütte, dem höchsten Punkt der Tour. Man erkennt die Hütte als leuchtend weißen Fleck mitten im Fels.

④ **Aussichtspunkt mit Bank** **km 1,7**
In einer kurvigeren Passage steht vor einem wie aufgeschnitten wirkenden Felsen eine Aussichtsbank. Nehmen Sie Platz, das Panorama ist fantastisch.

⑤ **Holzsteg über Bach** **km 2,1**
Nach Überqueren des Zaytalbachs führt die Tour auf Weg Nr. 5 über Schutthänge und zuletzt ein wenig steiler in Serpentinen zum Etappenziel.

⑥ **Düsseldorfer Hütte** **km 3,9**
Eine besonders charmante Hütte – der Fernblick von der Terrasse ist ein Traum.

Weg ins Tal
Auch Schafe sind hier unterwegs. Man hört sie schon von Weitem.

Inbegriff der Südtiroler Bergwelt
Das »Suldener Dreigestirn« umfasst Königsspitze (Gran Zebrù, 3851 m; *links*), Monte Zebrù (3735 m) und Ortler (3905 m).

Infobox

Information
Sessellift Kanzel
Fahrzeiten: Mitte Juni–Mitte Sep: 8.30–12.20, 13.30–17 Uhr (Mitte Juli–Aug: bis 17.50 Uhr). Mitte–Ende Sep: nur an einzelnen Tagen in Betrieb.
☎ +39 0473 613 097 bzw. +39 0473 613 047.
W **seilbahnensulden.it**

Düsseldorfer Hütte
☎ +39 333 285 9740.
W **duesseldorferhuette.com**

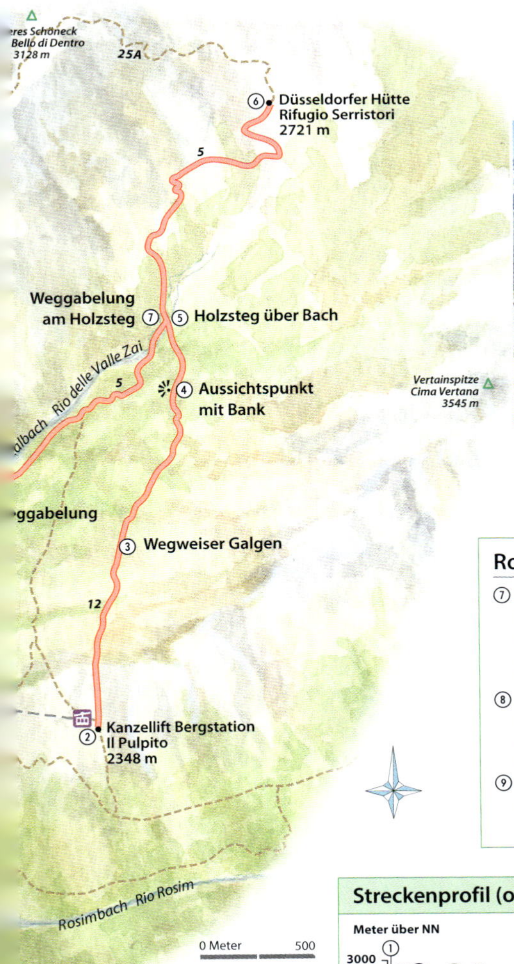

Legende
Routenempfehlung
Wanderweg
Andere Straße
Gipfel

Holzsteg über Bach ⑤
Der Zaytalbach plätschert, die grandiose Gipfelkulisse ist zum Greifen nahe – ein guter Platz für eine Rast.

Roadbook *(Fortsetzung)*

⑦ **Weggabelung am Holzsteg** **km 5,7**
Bis zum Holzsteg verlief der Abstieg auf der Aufstiegsroute. Jetzt halten Sie sich an der Gabelung links und folgen Weg Nr. 5 hinab Richtung Sulden – immer am Bach entlang.

⑧ **Weggabelung** **km 7,3**
Orientieren Sie sich an der Gabelung nach links zum Weg Nr. 16 Richtung Seilbahn. Nach dem Wald sehen Sie die Talstation.

⑨ = ① **Kanzellift Talstation** **km 8,8**
Folgen Sie dem Weg Nr. 16 bis zur Talstation des Kanzellifts.

Streckenprofil (ohne Seilbahn)

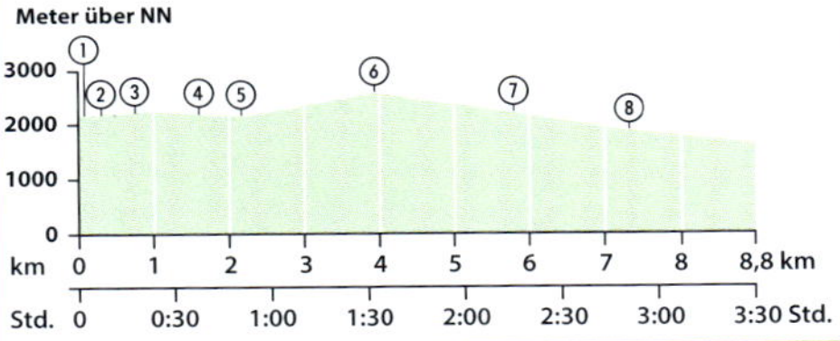

⓮ Sulden

SK A2. **K** C6. 400. Hauptstr. 72, +39 0473 613 015.
sulden.com

Bei Gomagoi im Trafoier Tal zweigt links die Straße ins Suldental (Val di Solda) ab. Der Fremdenverkehr entwickelte sich hier bereits Mitte des 19. Jahrhunderts – früher als in vielen anderen Südtiroler Gebirgsorten. Die Strahlkraft des Ortler war enorm. Kein Wunder, dem höchsten Berg der Donaumonarchie nahe zu sein, war beim Habsburger Adel genauso wie bei den Pionieren des Bergsports angesagt. Die 1804 erfolgte Erstbesteigung des Ortler war zu jener Zeit bereits Geschichte.

Das Idyll jener Tage ist dem lukrativen Skizirkus gewichen. Längst ist der Hauptort Sulden (Solda) ein Dorado für Skifahrer, »König Ortler« erträgt es mit stoischer Gelassenheit.

Für sein MMM Ortles fand Reinhold Messner in Sulden einen würdigen Platz. Wie die Lage (1900 m) und der Name anklingen lassen, werden Besucher in der Höhle in die Welt von Schnee und Eis entführt. Die weiße Pracht kann alles sein: Lebensraum, Faszination, Schrecken, Kunstmotiv … In der Nähe siedelte der Extrembergsteiger tibetische Yaks an, die im Restaurant Yak & Yeti als Steak auf den Tisch kommen. Beim Almauftrieb der Yaks im Sommer kann man die Bergsteigerlegende begleiten.

Ortler – mit 3905 Metern der höchste Berg Südtirols

⓯ Schluderns

SK A2. **K** C5. 1800. Rathausplatz 1, +39 0473 614 312.
gemeinde.schluderns.bz.it

Ein hübscher Ort mit schönen Gassen, vielen alten Häusern und Waalwegen *(siehe S. 124)* in der Nähe. Bemalte Fassaden und das Vintschger Museum (www.vintschgermuseum.com) erzählen die Geschichte von Schluderns (Sluderno).

Wahrzeichen von Schluderns ist die **Churburg**. Die hervorragend erhaltene Festung (um 1250) wurde im 16. Jahrhundert zu einem Traum von Renaissance-Schloss umgestaltet. Herzstück des Anwesens ist der von Marmorsäulen getragene Arkadengang mit dem Stammbaum der Burgbesitzer. Wandmalereien zeigen historische und mythologische Motive sowie Fabeltiere und viele andere Fantasiewesen. Die Rüstkammer (auch für Kinder spannend!) präsentiert »eiserne Garderoben« sowie ein mit Harnisch versehenes Pferd. Der Rundgang führt u. a. auch durch Bibliothek und Burgkapelle. Festes Schuhwerk ist anzuraten.

Jedes Jahr im August ist Schluderns Schauplatz der spektakulären Ritterspiele *(siehe S. 9)* – ein Highlight im Südtiroler Kalender.

Churburg
Churburg 1. +39 0473 615 241. 20. März–Okt: Di–So 10–12, 14–16.30 Uhr. obligatorisch; alle 15 Min. **churburg.com**

Churburg in Schluderns – eine der besterhaltenen Festungen in Südtirol

Gemälde zur Erstbesteigung des Ortler im Jahr 1804

⓰ Mals

SK A2. **K** C4. 5000. Bahnhofstr. 19, +39 0473 831 117.
gemeinde.mals.bz.it

Eine Silhouette, die sich einprägt: Fünf alles überragende Türme charakterisieren Mals (Malles), Hauptort des oberen Vinschgau. Zwischen den vier Kirchtürmen und dem Bergfried verlaufen malerische, teils steile Gassen, die von alten Häusern gesäumt werden. Einige zieren Gemälde und Inschriften, die dem Betrachter Rätsel aufgeben.

Die von außen unscheinbarste der Kirchen ist die kunsthistorisch wertvollste: St. Benedikt – entstanden um 800 und damit eine der ältesten Kirchen Südtirols – birgt einen meisterhafen Freskenschmuck. Sofort ins Auge fallen die Darstellungen der beiden Kirchenstifter: Der geistliche im Ornat hält ein Modell der Kirche in der Hand, der weltliche im Gewand eines fränkischen Grundherren ein Schwert als Symbol seiner Macht.

Einziger nicht sakraler Turm in Mals ist der Fröhlichsturm als Rest einer Festung aus dem 12. Jahrhundert. Obwohl es sich um eine Ruine handelt: Über 164 Holzstufen kann der 33 Meter hohe Turm bestiegen werden (Juli, Aug: Di, Mi 11 Uhr; ohne Anmeldung). Die Aussicht über Mals und Umgebung lohnt die Mühe.

Wichtig für die Entwicklung von Mals als wirtschaftliches Zentrum war die Inbetriebnahme der Vinschger Bahn im Jahr 1906. Die etwa 60 Kilometer lange Bahnstrecke führt durch das Etschtal zwischen Mals und Meran und überwindet dabei einen Höhenunterschied von rund 700 Metern.

⓱ Glurns

SK A2. **K** C4. 900. Florastr. 31, +39 0473 831 097. **glurns.eu**

Ein kurioser Rekord – mit nur 900 Einwohnern gilt Glurns (Glorenza) als Stadt, sogar als einzige im Vinschgau und kleinste in Südtirol. Die erste Erwähnung des Stadtrechts datiert auf das Jahr 1304. So viel zur Politik. Viel spannender ist jedoch das Orts- bzw. Stadtbild – das unversehrte Stück Spätmittelalter ist eine beliebte Filmkulisse. Die geschlossene Stadtmauer mit Türmen, Toren und Wehrgängen umgibt ein Areal mit pittoresken Gassen und noblen Bürgerhäusern. Wie Bozen und Meran hat auch Glurns Lauben, die hier eine reine Wohngasse sind – ganz ohne Glamour.

Aus Glurns stammt der Illustrator und Karikaturist Paul Flora (1922–2009; *siehe S. 29*). Seine Strichtechnik gilt als unverwechselbar. Zu den populärsten Motiven des Künstlers gehören Raben. Das **Paul Flora Museum** präsentiert ungefähr 60 seiner Werke.

Die kleine Stadt bietet Hochprozentiges: 2012 eröffnete in Glurns mit der Puni Destillerie Italiens erste Whisky-Brennerei mit Führungen und Verkostungen (www.puni.com).

Paul Flora Museum
Kirchtorturm. +39 0473 831 097. Mai, Juni, Okt: Di–So 11–16 Uhr; Juli, Aug: tägl. 10–17 Uhr; Sep: Di–So 11–17 Uhr.
paulfloramuseum.org

⓲ Taufers

SK A2. **K** B5. 1000. St. Johannstr. 26, +39 0473 832 164.
gemeinde.taufers.bz.it

Das Münstertal bildet die Verbindung zwischen dem Vinschgau und Graubünden. Taufers (Tubre) ist der einzige Südtiroler Ort im Tal und der letzte Ort vor der Schweizer Grenze – und damit auch vor der Sprachgrenze zum Rätoromanischen.

Die hoch über Taufers thronenden mächtigen Burgruinen Reichenberg (12. Jh.) und Rotund (um 900) sind eindrucksvolle Dokumente einer Zeit, als die Schweizer gefährliche Nachbarn waren.

Mit der Kirche St. Johann (Ursprünge im 9. Jh.) birgt das lang gestreckte Straßendorf eines der größten kunsthistorischen Juwele im Vinschgau. Romanische Fresken zeigen Heilige, Klostervorsteher, Adlige und Ritter. Bemerkenswert sind Gestik und Mimik der Dargestellten.

Motiv am Geburtshaus von Paul Flora, Glurns

⑲ Burgeis

SK A2. **K** B4. 850. Burgeis 77, +39 0473 831 422.
vinschgau.net

Das Bilderbuchdorf besitzt ein mittelalterliches Ortsbild. Beim Spaziergang durch Burgeis (Burgusio) fallen die Malereien und Erker an den Häuserfassaden auf. Torbogen und Außentreppen sind weitere Elemente. Ein wahres Idyll ist der Dorfplatz mit Michaelsbrunnen und traditionsreichen Wirtshäusern – ein Ort zum Verweilen.

Die Ende des 13. Jahrhunderts errichtete Fürstenburg zählt zu den ältesten Gebäuden von Burgeis. Da in den historischen Mauern mittlerweile eine Landwirtschaftsschule untergebracht ist, kann das Anwesen nur im Sommer besichtigt werden (Juli, Aug: Mo, Do 14 Uhr). Im Inneren der Burg faszinieren vor allem die Kassettendecken. Der trotz mehrere Meter dicker Mauern zum Teil eingestürzte Turm wurde vorbildlich restauriert.

Es gibt Bilder, die sich dem Betrachter einprägen: Dazu gehört auch der Anblick von **Kloster Marienberg** hoch über Burgeis. Mit seiner Lage in 1350 Meter Höhe ist es die höchstgelegene Benediktinerabtei Europas. Die im 12. Jahrhundert erbaute Anlage zählt zu den schönsten Kunstdenkmälern im Vinschgau. Einblick in das Leben hinter den Klostermauern gewährt das Museum, das man im Unterschied zum Kloster besichtigen kann. Die romanischen Fresken der nur eingeschränkt zugänglichen Krypta werden hier in einem Film gezeigt. Sie gehören zu den schönsten Wandmalereien in Südtirol.

Strahlend weiß vor grüner Kulisse: Kloster Marienberg hoch über Burgeis

Kloster Marienberg
Schlinig 1. +39 0473 843 980.
Museum Mitte März–Okt, 27. Dez–5. Jan: Mo–Sa 10–17 Uhr.
Krypta teilweise (Details auf der Website). 1. Mi im Monat: 10 Uhr (ohne Anmeldung).
marienberg.it

In allen Proportionen: Steinmännchen am Reschensee

⑳ Reschen

SK A1. **K** B3. 900. Hauptstr. 61, Graun, +39 0473 633 101.
reschen.suedtirol.com

Der Reschenpass (1504 m) ist das ganze Jahr über geöffnet. Viele mit Auto oder Motorrad anreisende Urlauber stoppen in Reschen (Resia) für den ersten Espresso oder Cappuccino – der Urlaub kann beginnen.

Der unmittelbar hinter der Grenze gelegene Ort lebt vom Tourismus, auch wenn die meisten Gäste nur kurze Zeit verweilen.

Der künstlich aufgestaute Reschensee *(siehe S. 135)* ist im Sommer ein Paradies für Wassersportler – vor allem Segler, Surfer und Kitesurfer sind hier unterwegs. Im Winter ist er ein Hotspot der Snowkiter. Sie alle machen sich die in dieser zugigen Gegend beständig wehenden Winde zunutze. Das Bild des aus dem See herausragenden Kirchturms von Graun ist weltberühmt. Auch hier hält fast jeder motorisierte Urlauber, um ein Foto zu schießen. Informationstafeln erläutern die Geschichte des Sees. An der Seepromenade kann man sehr schön flanieren, Picknickplätze sind vorhanden. Dem Reschensee entspringt die Etsch, der mit 415 Kilometern zweitlängste Fluss Italiens.

Auch der südlich anschließende Haidersee ist ein Mekka für Wassersportler.

Der Kirchturm von Graun

Der Kirchturm erinnert an die einst blühende Landschaft mit malerischen Dörfern, die durch ein rücksichtsloses Stauprojekt untergegangen ist. Bei der Anlage des Reschensees 1949/50 zum Zweck der Energiegewinnung wurden das Dorf Graun und ein großer Teil des Dorfs Reschen geflutet. Mehr als 160 Häuser und über 500 Hektar Land wurden buchstäblich versenkt. Die Bewohner überließ man mehr oder weniger ihrem Schicksal, sie waren schon unter der faschistischen Regierung enteignet worden. Viele verließen die Gegend, da die Braunviehzucht nicht mehr möglich war. Das Museum Vintschger Oberland erzählt die Tragödie.

Infobox

Information
Museum Vintschger Oberland
Gemeindehaus in Graun.
+39 0473 633 127.
nur zu Führungen: Juli–Mitte Sep: Mi 17 Uhr (Anmeldung erforderlich); für Gruppen auf Anfrage (Tel. +39 348 0609 560). Spende.
museen-suedtirol.it

Reschensee
Ein künstlich geschaffenes Idyll: Der sechs Kilometer lange Stausee ist der größte See in Südtirol. Für viele Urlauber, die über den Reschenpass anreisen, ist dies der erste Eindruck von Italien.

Neu-Graun
Oberhalb des Sees entstand in den 1950er Jahren – aus der Not heraus – ein neues Dorf. Nur 30 Prozent der Bewohner des zerstörten Graun ließen sich hier nieder.

Alt-Graun
Alle Gebäude von Graun wurden gesprengt bzw. geflutet, alle – bis auf den Kirchturm.

Wappen von Graun
Der aus dem Reschensee ragende Turm wurde zum Symbol des Orts.

Reschensee im Winter
Auch in der kalten Jahreszeit ist der unter Denkmalschutz stehende Kirchturm pittoresker Anblick und zugleich Mahnmal.

T8 Radweg Vinschgau

61,0 km · 4:15 Std. · 700 (bzw. 1200 m)

Eine wahre Bilderbuchstrecke für Genussradler: Die klassische Route durch das obere Etschtal führt von Mals hinunter nach Meran (bei Start in Reschen *siehe Roadbook*). Natürlich können Sie auch Teilstrecken befahren. Räder können in allen Orten und an Bahnhöfen ausgeliehen werden. Der Radweg ist großteils asphaltiert und gut beschildert. Entlang der Route gibt es viele Einkehrmöglichkeiten. Für die Rückkehr zum Startpunkt bietet sich eine Fahrt mit der Vinschger Bahn an. Bitte beachten Sie bei der Routenplanung: Die Bahn fährt von Meran bis Mals, nicht jedoch bis Reschen. Eine Alternative ist ein Shuttle-Bus (www.bikeshuttle.it). Beide Transportmittel nehmen auch Räder mit.

Reschen ⓪
Für ambitionierte Radler stehen in Südtirol jede Menge Trails zur Verfügung.

Kaiser-Franz-Josep
Denkmal in Laas (

Roadbook

Start: Mals
GPS-Koordinaten: 46.686399, 10.551409
Alternativer Start

⓪ **Reschen (1500 m)** — **bis Mals km 20,0**
Bei Start in Reschen sind weitere 500 Höhenmeter zurückzulegen. Die Strecke führt zunächst am Ufer von Reschensee und Haidersee entlang und dahinter in Serpentinen hinunter ins breite Etschtal.

① **Mals (1000 m)** — **km 0,0**
Hier steigen die meisten Radler in die Route ein. Auch um den Ort mit den fünf Türmen ist das Gelände noch relativ steil.

② **Glurns (910 m)** — **km 1,5**
Der kurze Abstecher nach Glurns lohnt sich. Die spätmittelalterliche Kulisse ist ein Traum.

③ **Prad am Stilfser Joch (905 m)** — **km 10,4**
In dem Ort am Eingang zum Trafoier Tal liegt ein Infozentrum des NP Stilfser Joch.

④ **Laas (868 m)** — **km 19,8**
Leuchtend weiß glänzt der Marmor, aus dem in Laas einige Bürgersteige, Treppen und Brunnen gestaltet wurden.

⑤ **Schlanders (706 m)** — **km 26,3**
Im Hauptort des Vinschgau ist das Ambiente fast städtisch. Schon von Weitem ein Blickfang ist der 97 Meter hohe Kirchturm.

⑥ **Latsch (638 m)** — **km 33,5**
Der Ort ist bekannt wegen des spätgotischen Flügelaltars in der Spitalkirche.

Laas ④
Laaser Marmor ist weltberühmt. Die Marmorbahn transportiert die Blöcke von den Bergwerken ins Tal.

② **Vinschger Bahn zwischen Glurns und Schluderns (im Hintergrund die Churburg)**
Schon seit 1906 in Betrieb: Die Vinschger Bahn durchfährt den Vinschgau zwischen Mals und Meran. Mit dem Zug im bunten Südtirol-Design kommt man bequem zum Ausgangspunkt der Tour zurück.

Routeninfos

Fahrradverleih

Südtirol Rad
Es gibt sieben Verleih- und Rückgabestellen entlang der Strecke (Reschen, Mals, Spondinig, Schlanders, Latsch, Naturns, Meran).
tägl. (je näher am Zielort der Route, desto länger geöffnet; in Meran bis 19 Uhr).
+39 0473 201 500.
suedtirol-rad.com

Roadbook *(Fortsetzung)*

⑦ **Kastelbell (584 m)** **km 37,2**
Wein- und Obstgärten prägen auch die Umgebung von Kastelbell. Auf einem kleinen Felsen direkt im Ort steht Schloss Kastelbell.

⑧ **Naturns (532 m)** **km 46,5**
Dieser Abschnitt der Strecke ist sehr flach. Naturns wartet mit kunsthistorischen Überraschungen auf.

⑨ **Algund (343 m)** **km 57,8**
Die Lage am Fuß der Texelgruppe ist ebenso perfekt wie die Aussicht auf den Meraner Talkessel.

⑩ **Meran (300 m)** **km 61,0**
Genießen Sie die Kurstadt *(siehe S. 108–119)* oder fahren Sie mit der Vinschger Bahn zurück.

Glurns ②
Paul Flora und seine Raben: Der schwarze Vogel zählt zu den Parademotiven des Grafikers. Ein Exemplar prangt an Floras Geburtshaus, heute Sitz des Rathauses von Glurns.

Naturns ⑧
Die Aussichtsplattform oberhalb von Naturns bietet einen tollen Blick über den Vinschgau. Sind Sie schwindelfrei?

0 Kilometer 10

Legende
Routenempfehlung
Andere Straße
Eisenbahn
Staatsgrenze

Streckenprofil (Mals bis Bozen)

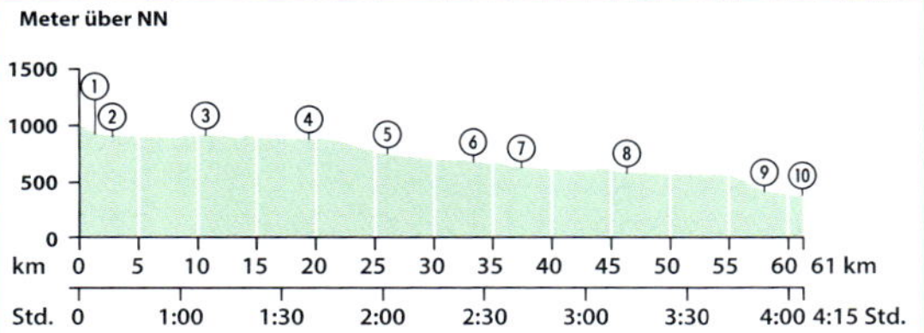

Restaurants

Im sonnenverwöhnten Meran spielt sich viel im Freien ab, sogar in den Wintermonaten wird auf den Terrassen von manchen Restaurants und Cafés bedient – vorausgesetzt, das Wetter stimmt. Vom Brauhaus über die Pizzeria bis zum Gourmetrestaurant: Sie haben die Auswahl, lassen Sie sich verwöhnen. Partymeile Nr. 1 ist die Freiheitsstraße mit einigen der angesagtesten Clubs und Bars Merans.

Meraner Appetithäppchen

Restaurants und Cafés

① Kallmünz €€
Sandplatz 12, 39012 Meran
+39 0473 212 917 · So
kallmuenz.it
Der typische Tiroler Ansitz bietet einen gelungenen Mix aus altehrwürdiger Architektur und modernem Interieur. Serviert werden der Saison entsprechende, fantasievoll zubereitete Gerichte mit marktfrischen Zutaten: im Frühling erntefrischer Spargel, im Sommer feinstes Sommergemüse, Pfifferlinge und Sommertrüffel, im Herbst und Winter vorwiegend herzhafte Gerichte. Der mit viel Esprit begrünte Innenhof verströmt romantisches Flair.

② Forsterbräu €€
Freiheitsstr. 90, 39012 Meran
+39 0473 263 535
forsterbrau.it/de/forsterbräu-meran
Ein Lokal für gepflegten Biergenuss: Südtiroler und mediterrane Speisen und die dazu passenden Biere genießt man in einem der vier stilvollen Säle (vom Brausaal bis zum Sixtussaal), im gemütlichen Biergarten oder – wenn es auch etwas lebhafter sein darf – auf der Terrasse zur Straße hin. Alljährliches Special Mitte September ist das populäre Bierfest im Forsterbräu.

③ Principe €
Freiheitsstr. 97a, 39012 Meran
+39 0473 232 828 · Mo
pizzeriaprincipe.com
Über 80 Pizzakreationen (darunter auch einige weiße und diverse Focacce) sowie andere Klassiker der italienischen Küche (von Pasta bis *filetto di manzo*) begeistern die Gäste. Donnerstags und freitags ist Fisch angesagt, das Angebot reicht von Fischnudeln bis zu sautierten Garnelen. Umrahmt wird der Hauptgang von köstlichen *antipasti* und verführerischen *dolci*.

④ Sissi €€€
Galileistr. 44, 39012 Meran
+39 0473 231 062
Mo; Di mittags.
sissi.andreafenoglio.com
Eine Top-Adresse in Gourmetkreisen. »Zwei bis drei Stunden Urlaub vom Alltag«, verspricht Andrea Fenoglio, Betreiber des mit einem Michelin-Stern prämierten Genusstempels. Völlig zu Recht: Ob traditionell italienische Gerichte oder Avantgarde-Kost – bester Geschmack ist garantiert. Viele Rezepte stammen aus dem Piemont. Wer sich nicht entscheiden kann, wählt das *settepiatti* genannte Menü aus sieben kleinen Portionen. Auf der Weinkarte stehen etwa 400 edle Tropfen zur Auswahl. Man speist mit Blick auf die Landesfürstliche Burg.

⑤ Sigmund €€€
Freiheitsstr. 2, 39012 Meran
+39 0473 237 749 · Mi
restaurantsigmund.com
Ein kleines Haus am Bozner Tor mit großer Geschichte: Das Sigmund, eines der traditionsreichsten Restaurants in der Meraner Altstadt, bietet Südtiroler Hausmannskost mit kulinarischen Ausflügen in südlichere Gefilde Italiens. Nehmen Sie Platz – Sie haben die Wahl zwischen dem stilvollen Speisesaal, der gemütlichen Stube und der mediterranen Terrasse im ersten Stock.

Sketch – originelles Design in knalligen Farben

Preiskategorien € = preiswert €€ = mittel €€€ = gehoben

Café Wandelhalle – Sonnenschein ist hier Programm

⑥ Laubenkeller €€
Laubengasse 118, 39012 Meran
☎ +39 0473 237 706 ● Do
W **laubenkeller.it**
Ein typisches Südtiroler Wirtshaus unter den Lauben mit traditioneller Hausmannskost und regionalen Spezialitäten. Schon der Anblick der hübsch drapierten Speisen ist ein Genuss. Zu jedem Gericht findet sich der passende Südtiroler Spitzenwein. Im Laubenkeller kommt der Grappa aus dem Eichenfass. Bilder, Wandgemälde und dezente Beleuchtung – auch das Ambiente hat Stil.

⑦ Gelateria Costantin €
Passerpromenade 54, 39012 Meran
☎ +39 0473 231 496
Handwerkliche Eisherstellung seit 1932 – die nette kleine Eisdiele hat alles für eine Lieblings-Gelateria. Keine Selbstverständlichkeit: Das Fruchteis schmeckt hier nach der gewählten Obstsorte. Auch Eiskaffee und Eisschokolade überzeugen. Mit gut gefüllter Eistüte oder Eisbecher in der Hand kann man auch wunderbar auf der Passerpromenade flanieren.

⑧ Café Wandelhalle €
Winterpromenade 25, 39012 Meran
☎ +39 0473 236 680
An diesem illustren Ort trafen sicher schon manche Kurschatten aufeinander. Der Blick von der Terrasse der im Jugendstil erbauten Wandelhalle fällt auf die Gemälde an der Hallenwand, auf die mediterrane Vegetation davor oder auf die vorbeiziehenden Flaneure. Auch an sonnigen Wintertagen kann man hier Kaffee und Kuchen im Freien genießen.

⑨ Café König €
Freiheitsstr. 168, 39012 Meran
☎ +39 0473 237 162 ● So
W **cafe-koenig.com**
Der Name König bürgt bereits in vierter Generation für Qualität, seit mehr als 100 Jahren wird hier höchste Konditorkunst gepflegt. Qualität aus Meisterhand nach teils uralten Rezepten (wie etwa bei der Meraner Torte) ist Markenzeichen des Hauses. Bei der Linzer Torte lässt die Wiener Kaffeehauskultur grüßen.

Kneipen, Bars und Clubs

① Rossini €€
Freiheitsstr. 19, 39012 Meran
☎ +39 0473 239 723
W **rossini-bar.it**
Um es kurz und prägnant zu sagen: *der* Treffpunkt in Meran! Die Cocktailbar präsentiert sich trendy und stylish in edlen Materialien, Brauntönen und modernem Raumkonzept. Ob tagsüber auf einen Espresso, zu einem Gläschen vor dem Abendessen oder zu Cocktails, Longdrinks und Destillaten zu späterer Stunde – die Bar (tägl. 9–1 Uhr) hat zu allen Tageszeiten die passende Auswahl.

② Sketch €€
Passerpromenade 40, 39012 Meran
☎ +39 0473 211 800 ● Mo–Mi
W **sketch.bz**
Viel mehr Glamour geht nicht. Am Wochenende steht Live-Musik mit hochkarätigen Künstlern der Soul-, Blues-, Jazz-, Rock- und Pop-Szene sowie DJs auf dem Programm. Die Cocktailkarte listet Evergreens wie Manhattan neben Newcomern wie Sapphire Greenmile. Auch die Auswahl an (alkoholfreien) Mocktails kann sich sehen lassen. Für sein originelles Design hat das Sketch schon diverse Preise abgeräumt.

③ Bar Piccolo €€
Freiheitsstr. 5, 39012 Meran
☎ +39 0473 236 765 ● So
Entsprechend den Öffnungszeiten (Mo–Sa 7.15–1 Uhr) ist das Publikum der In-Bar bunt gemischt. Viele kommen vor der Arbeit auf ein schnelles Frühstück vorbei, Nachtschwärmer lassen sich von den versierten Barkeepern einen Drink mixen. Gegen den kleinen Hunger werden Snacks gereicht. Zu allen Tageszeiten gefragt sind die frisch gepressten Säfte.

Maroni (Keschtn): Inbegriff für den Südtiroler Herbst

⓪ *siehe Zentrumskarte Seiten 108f*

Shopping

Hotspots zum Shoppen in Meran sind die Laubengasse und die von ihr abzweigenden Passagen. Traditionsbewusstsein wird hier mit modernen Trends kombiniert. Unter die vielen Modeboutiquen mischen sich Delikatessenläden mit Spezialitäten der Region – von Wein bis Speck. Der charmante Mix und die vielen kleinen Bars und Cafés machen den Einkaufsbummel angenehm.

① Runggaldier
Laubengasse 276, 39012 Meran
+39 0473 237 454
trachten-runggaldier.com
Das traditionsreiche Modehaus (seit 1896) gehört zweifellos zu den Schmuckstücken der Meraner Lauben. Ob ausgewähltes Einzelstück oder Trendmode: Zu den Trachtenkleidern finden Sie hier auch die passenden Accessoires wie Haarschmuck, Hüte, Tücher, Schals, Gürtel, Socken und Schuhe – alles vom Scheitel bis zur Sohle. Das Geschäft verfügt auch über eine hauseigene Maßschneiderei. Runggaldier ist Fashionpartner vieler Events mit internationalem Publikum.

② Feinkost Siebenförcher
Laubengasse 164, 39012 Meran
+39 0473 236 274
siebenfoercher.it
Ein Paradies für Liebhaber erlesener Fleisch- und Wurstwaren – vom edlen Schinken bis zum würzigen Speck ist hier alles aus hochwertigen Ausgangsprodukten hergestellt und von bester Qualität. Der hier verkaufte Speck hat die Markierung »g.g.A.« (geschützte geografische Angabe), was die Einhaltung strenger Vorschriften bei Produktion und Kontrolle garantiert. Sein unverkennbares Aroma erhält Siebenförcher Räucherspeck im Glimmrauch von Buchenholzspänen und Wacholderbeeren. Im Feinkostkeller stehen auch 90 Käsesorten von Südtiroler Bauernhöfen zur Auswahl.

③ Athesia Buch
Laubengasse 186, 39012 Meran
+39 0473 083 140
athesiabuch.it/filialen/meran_buch
Auf der Suche nach der geeigneten Urlaubslektüre – von Bestsellern über Regionalkrimis bis zu ausgewählter Literatur über die Südtiroler Bergwelt – führt an Athesia kein Weg vorbei. In Sitzecken und auf Barhockern kann man nach Herzenslust schmökern. Zum Sortiment der angenehm luftigen, lichtdurchfluteten Buchhandlung gehören auch Postkarten. Büro- und Schreibbedarf, Mal- und Bastelutensilien, Geschenkartikel, Mitbringsel und mehr führt die Filiale Athesia Papier am Pfarrplatz 23.

Lauben: Merans Shopping-Meile

④ J. Kuntner
Laubengasse 279, 39012 Meran
+39 0473 233 594
kuntner-meran.it
Qualität und Exklusivität sind Markenzeichen des Schuhhauses J. Kuntner. Das Geschäft führt eine große Auswahl an Damen- und Herrenschuhen von elegant bis sportlich sowie Taschen renommierter italienischer Hersteller. Viele Schuhe sind auch in Über- und Untergrößen verfügbar. Die nur wenige Häuser entfernte Filiale Kuntino (Laubengasse 311) verkauft Freizeitschuhe, Sneakers, Boots und Accessoires für die jüngere Generation.

⑤ Peter Bijoux
Sparkassenstr. 21, 39012 Meran
+39 0473 237 664
peterbijoux.com
Armbänder, Halsketten, Armbanduhren, Ringe etc. – bei Peter Bijoux findet man ausgewählten Modeschmuck aus hochwertigen Materialien. Hier werden Trends gesetzt. Populär sind Anhänger aus getrockneten Naturblättern, die mit einem Kupfermantel umhüllt und danach vergoldet werden. Ein Laden für alle, die gern stöbern, schauen und kaufen.

Elegante Damentracht aus dem Hause Runggaldier

⑥ **be more yourself**
Sparkassenstr. 27, 39012 Meran
☎ +39 0473 235 575
W **be-more.it**
Nicht irgendeine Boutique, sondern eine mit ganz besonderem Design – be more yourself führt ungewöhnliche, exklusive Mode für sie und ihn. Wenn es darum geht, ein lässiges Outfit zu erstehen, ist dies sicher eine der besten Adressen. Mit Shirt, Hose, Jacke, Mantel, Schuhen oder Gürtel von be more yourself sind Sie anderen immer ein Stückchen voraus.

Die Farben des Sommers: Obststand in Meran

⑦ **Schönthaler Schokoladen**
Theaterplatz 16, 39012 Meran
☎ +39 0473 237 736
W **schoenthaler-schoko.it**
Tauchen Sie ein in die süße Welt der Schokolade: Hier gibt es Pralinen aus exquisiten Zutaten, Nougatvariationen mit Mandeln und kandierten Früchten, Schokoladenaufstriche, Trinkschokoladen in diversen Geschmacksrichtungen, Schokoladenliköre und vieles mehr. Das gesamte Sortiment ist wundervoll appetitlich arrangiert. Lassen Sie sich verführen.

⑧ **Boutique Christine**
Laubengasse 2, 39012 Meran
☎ +39 0473 239 138
W **boutiquechristinemerano.it**
Wer die neuesten italienischen Trends in Sachen Damenmode erleben möchte, ist in der Boutique des Schneidermeisters Stefano Rossi genau richtig. Neben dem anspruchsvollen Sortiment an edler Bekleidung sind auch das stilvolle Interieur und die erstklassige Beratung gute Argumente, in diesem Schatzkästchen einmal vorbeizuschauen.

⑨ **Meraner Weinhaus**
Romstr. 76, 39012 Meran
☎ +39 0473 012 130
W **meranerweinhaus.com**
In der stilvollen Vinothek führen Sommeliers die Gäste durch das breite Sortiment an Weinen aus Südtirol und anderen Anbaugebieten. 40 edle Tropfen stehen zur Degustation bereit. Beliebt sind die Winzernachmittage (Mitte Apr–Mitte Nov: Mi), bei denen Weinproduzenten ihre Produkte vorstellen. Ideal zum Kosten und Fachsimpeln.

Wellness

Zwischen Sightseeing und Shoppen muss auch mal eine Auszeit sein. Am besten im *dem* Wohlfühlort der Kurstadt und mit Naturprodukten aus Südtirol. Wie wäre es mit einer Massage mit Kräuterstempeln oder Alpenhonig?

① **Therme Meran**
Thermenplatz 9, 39012 Meran
☎ +39 0473 252 000 ◯ tägl.
W **termemerano.it**
Die Therme bietet weit mehr als eine fantastische Badelandschaft *(siehe S. 114)*. Hier können Sie sich einen ganzen Tag lang mit wunderbar wohltuenden Anwendungen beglücken lassen. Exklusive Naturprodukte aus reinen Südtiroler Rohstoffen (Äpfel, Trauben, Heu und Kräuter, Molke, Latschenkiefer, Edelweißextrakte, Moor etc.) kommen bei den Bädern, Massagen, Packungen und Gesichtsanwendungen zum Einsatz.

Das heimelige Ambiente steigert den Wohlfühlfaktor: Das von Stararchitekt Matteo Thun bis ins kleinste Detail durchdachte harmonische Design wirkt beruhigend und inspirierend zugleich. Dunkles Holz, bunte Mosaiken, große Fenster und minimalistisch-elegante Einrichtung dominieren den 1400 Quadratmeter großen Spa-Bereich.

Nach Herzenslust schwitzen und die Abwehrkräfte stärken kann man in der Saunawelt bei Temperaturen zwischen 40 und 100 °C – im Dampfbad, in der Bio-Heusauna, im Caldarium mit Sole-Inhalation oder in der finnischen Blockhaussauna. Die anschließende Abkühlung verschafft man sich am besten im Schneeraum, wo man seinen Körper bei –10 °C mit Schnee einreiben kann.

Apfel-Seifenschaum-Peeling – eines der vielen Angebote der Therme Meran

⓪ *siehe Zentrumskarte Seiten 108f*

Östliches Südtirol

Das östliche Südtirol präsentiert sich bunt und kontrastreich. Zentrale Achsen sind Eisacktal und Pustertal, mit ihren Seitentälern bilden sie ein buntes Mosaik an Naturräumen. Auch Brauchtumspflege und Sagenwelt tragen zum Reiz der dreisprachigen Region bei.

Der Brennerpass ist das klassische Einfallstor nach Süden. Schon im oberen Eisacktal knapp hinter der Staatsgrenze wartet Südtirol mit Highlights auf, u. a. den historischen Altstädten von Brixen und Sterzing. Die Entwicklung beider Städte verlief höchst unterschiedlich – Bischofsstadt die eine, frühes Bergbauzentrum die andere. Auch einzelne sakrale und profane Bauwerke im Eisacktal sollte man keinesfalls »links liegen lassen«, darunter die Klöster Neustift und Säben sowie Burgen wie die Franzensfeste oder die Trostburg.

Das in West-Ost-Richtung verlaufende Pustertal mit Bruneck als Hauptort trennt die Zentralalpen im Norden von den Dolomiten im Süden. Seine Seitentäler sind Wanderparadiese, einige davon sehr idyllisch. Eher verwegen ist das weit im Osten abzweigende Sextental als Tor zu den spektakulären Drei Zinnen.

Die abseits der wichtigsten Handelsrouten gelegenen Täler Gadertal und Grödner Tal sind noch heute stark von ladinischer Kultur geprägt. Wo eine Gesteinsformation den Namen »Parlament der Murmeltiere« trägt, sind Mythen und Sagen allgegenwärtig. Zwei ladinische Museen lüften hier so manches Geheimnis. Berühmt ist das Grödner Tal auch für seine traditionsreiche Holzschnitzerei. Eine Top-Destination für Wanderer ist die von sagenhaft schöner Bergkulisse umrahmte Seiser Alm.

Mit Corones auf dem Kronplatz und Ripa im Schloss Bruneck ist das östliche Südtirol Standort zweier Museen des MMM-Projekts.

Viele Wintersportorte machen das Gebiet auch im Winter zu einem erstklassigen Urlaubsziel, die rund 40 Kilometer lange Skirundtour Sella Ronda ist bei Skifahrern beliebt.

Gelebtes Brauchtum: Musikkapelle Villnöss, im Hintergrund die Geislergruppe

◀ **Die Drei Zinnen *(siehe S. 162–167)* zählen zu den bekanntesten Gipfeln der Dolomiten**

Persönliche Favoriten

Genießer und Abenteuerlustige, Gesellige und Individualisten kommen im Osten Südtirols gleichermaßen auf ihre Kosten. Es gibt viel zu entdecken. Seien Sie neugierig auf Shops, Lokale, Feste und Trends.

ZipLine (Adrenaline Adventures)

Ein einmaliges Erlebnis mit Nervenkitzel pur bietet die größte Zipline Europas.

ZipLine (Adrenaline Adventures)

Südtirol x-treme: Helm auf, Karabiner ans Stahlseil, und los geht's. Vom Startpunkt in rund 1600 Meter Höhe rauscht man mit einem Speed von maximal 80 km/h über eine faszinierend schöne Landschaft hinweg – bis zu 100 Meter über dem Boden. Dies ist die steilste Zipline der Welt: Auf der drei Kilometer langen Strecke werden 400 Höhenmeter überwunden. Die Aussicht ist phänomenal, das Kribbeln im Bauch nicht zu beschreiben. Adrenalinexplosion garantiert.

ZipLine (Adrenaline Adventures)
Catarina-Lanz-Str. 24, St. Vigil. ☎ +39 331 418 8007.
W **adrenalineadventures.it**

Capriz Käserei

Exklusive Erlebniswelt, Paradies für Käseliebhaber, Geheimtipp für Gourmets: Auf der Suche nach neuen Genüssen kommt man an der Käsemanufaktur nicht vorbei.

WO GENUSS ENTSTEHT

Zunächst zum Angebot: Ob aus Ziegen- oder Kuhmilch, ob mild, pikant, mit oder ohne Außenschimmel, ob Weich- oder Hartkäse – die Genusswelt im Pustertal bietet ungewöhnliche Kreationen von erlesener Qualität. Für Genießer: Hofer's Alptraum, ein Weichkäse mit Cognac-Aroma und knuspriger Schüttelbrotkruste. Beliebt sind auch Trüffelo mit schwarzen Trüffeln und Ginepro mit Wacholderbeeren. In der Schaukäserei wird die Käseglocke gelüftet und ihr Inhalt für alle Sinne zugänglich. Kostproben und dazu passende Weine bieten Bistro und Vinothek, der Shop hält weitere Delikatessen bereit.

Capriz Käserei
Pustertaler Str. 1B, Vintl. ☎ +39 0472 869 268.
🕘 tägl. 9–19 Uhr. W **capriz.bz**

Das Thema »Käse« spiegelt sich in der Architektur

Wie eine kunstvolle Installation: Blick in die Schaukäserei

Gelebtes Brauchtum beim Knödelfest

Es ist angerichtet: 70 Knödelarten stehen zur Auswahl

Knödelfest in Sterzing

Tischlein deck dich: Bei dem kulinarischen Highlight im Spätsommer wird eines der traditionsreichsten Südtiroler Gerichte in allen nur denkbaren Varianten serviert.

Knödel sind aus der Südtiroler Küche nicht wegzudenken. Einmal im Jahr dreht sich in Sterzing alles um die runde Spezialität. An einer rund 400 Meter langen Tafel werden um die 70 Knödelarten serviert – pikante wie süße: Speckknödel, Käseknödel, Spinatknödel, Topfenknödel, Marillenknödel, Nougatknödel … natürlich mit den dazu passenden Beilagen. Für jeden Gaumen ist etwas dabei.

EIN RUNDES VERGNÜGEN

Zum Rahmenprogramm der in ganz Südtirol bekannten Veranstaltung gehören Auftritte von Trachtenkapellen, Besichtigungen des Zwölferturms (Sterzings Wahrzeichen), Ponyreiten auf dem Stadtplatz und ein Wettbewerb im Knödelformen. Dabei wird der schnellste »Knödldrahner« gesucht.

Knödelfest in Sterzing
Sterzing. 2. So im Sep. **knoedelfest-sterzing.com**

Degust

Sternekoch Hansi Baumgartner verführt mit ungeahnten Geschmackserlebnissen.

In Südtirol fließt Milch aus vielen Almen und Bauernhöfen, doch eine entsprechend hochwertige Käsekultur entwickelte sich erst in den letzten Jahrzehnten. Zu den Vorreitern gehört Sternekoch Hansi Baumgartner. Er hängte die Kochschürze an den Nagel und gründete 1994 das Käsereich Degust. Hier widmet er sich dem Veredeln (Affinieren) von Käse und kreiert geschmacklich avantgardistische Unikate. Die Vielfalt an wohldosierten Zutaten ist quasi grenzenlos: Bitterkakaobohnen, Bärlauch, Brennnesselblätter, Bergwiesenheu, Bienenwachs oder Birnendestillat geben den Kreationen eine besondere Note. Auch kandierte Orangen, Waldpilze, Weinblätter oder Muskatnuss verfeinern manche Sorte. Im Shop in Vahrn gibt es auch Chutneys, Wein und Honig.

Appetitlich drapierte Käseplatte bei Degust

Degust
Bsackerau 1, Vahrn. +39 0472 849 873. Mo–Fr 8.30–12.30, 14–18, Sa 8.30–12 Uhr. **degust.com**

Überblick: Östliches Südtirol

Einige der berühmtesten Ansichten Südtirols kann man im östlichen Teil entdecken – von den Drei Zinnen bis zum Schlern, vom Dom in Brixen bis zu Kloster Neustift, vom Pragser Wildsee bis zur Seiser Alm, von Grödner Holzschnitzereien bis zum Höhlenbärskelett im Museum Ladin. Eine Rundfahrt durch das östliche Südtirol führt an berühmten Bergen vorbei, an deren Wänden oft Bergsportgeschichte geschrieben wurde: Die Dolomiten bilden vielerorts eine nahezu unglaubliche Kulisse. Das Eisacktal zwischen Bozen und dem Brenner ist schon seit der Antike eine wichtige Verkehrsachse. Brixen, das benachbarte Kloster Neustift, Klausen und Sterzing bergen eindrucksvolle Kulturschätze. Feste wie das Dolomiti Balloonfestival oder der Oswald-von-Wolkenstein-Ritt bieten kunterbuntes Spektakel.

Säbener Berg in Klausen mit Kloster Säben *(oben)* und Burg Branzoll *(unten)*

Legende

- Autobahn
- Hauptstraße
- Nebenstraße
- Panoramastraße
- Eisenbahn (Hauptstrecke)
- Eisenbahn (Nebenstrecke)
- Staatsgrenze
- Regionalgrenze
- Gipfel

Seiser Alm vor dem Massiv des Schlern

Weitere Zeichenerklärungen *siehe hintere Umschlagklappe*

Sehenswürdigkeiten auf einen Blick

Touren

Traumhafte Sicht oberhalb einer dichten Wolkendecke

Im östlichen Südtirol unterwegs

Meistbefahrene Verkehrsachse ist das Eisacktal, hier verlaufen die Brennerautobahn A22 und die Staatsstraße SS12. Wichtigste West-Ost-Verbindung ist die SS49 durch das Pustertal. Staatsstraßen führen auch durch Seitentäler, die zum Teil über (saisonal gesperrte) Pässe wie Grödner Joch oder Sellajoch miteinander verbunden sind. Mit Bussen erreicht man auch abgelegene Orte. Die Brennereisenbahn fährt durch das Eisacktal, eine weitere Zugverbindung führt durch das Pustertal. Gipfel und Hochflächen wie Kronplatz und Seiser Alm erreicht man mit Seilbahnen.

Fanesalm mit der Gesteinsformation Parlament der Murmeltiere *(siehe S. 171)*

❶ Brixen

Wappen von Brixen

Spätestens in Brixen (Bressanone) hat man den Süden erreicht, hier stehen Zedern und Zypressen in den Gärten. Neben dem südlichen Flair lockt die von Weinbergen und dem Hausberg Plose flankierte Stadt auch mit kunsthistorischen Schätzen wie Dom, Kreuzgang und Hofburg. Bei einem Rundgang durch Brixen erlebt man das zauberhafte Ambiente der Altstadt mit ihren hübschen Fassaden, urigen Läden und gemütlichen Gaststuben. Die nach Bozen und Meran drittgrößte Stadt Südtirols ist Universitätsstadt mit lebendiger Kunst- und Kleinkunstszene.

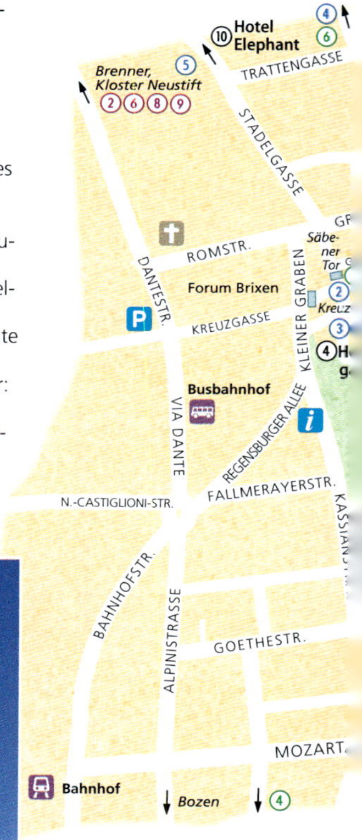

Überblick: Brixen
Brixen zählt zu den ältesten Städten Tirols, die erste urkundliche Erwähnung erfolgte bereits im Jahr 901. Die Stadt war rund ein Jahrtausend lang Bischofssitz. Auch wenn dieser 1964 nach Bozen verlegt wurde – die Bedeutung der Kirche begleitet Besucher durch die gesamte Altstadt von Brixen. Die Liste kirchlicher Anlagen – Dom, Kreuzgang, Pfarrkirche, Diözesanmuseum, Hofburg – ist lang. Die beiden hoch aufragenden Türme des Doms und derjenige von St. Michael daneben dominieren die Silhouette der Stadt.

Altstadt
Brixens historisches Zentrum hat ein mittelalterliches Antlitz. Seinen Charme bezieht es aus der Melange kirchlicher Prachtentfaltung und alter, schön restaurierter Bürgerhäuser. Am Domplatz im Herzen der Altstadt treffen beide Welten aufeinander, hier stehen sich eindrucksvolle Dokumente sakraler und weltlicher Baukunst unmittelbar gegenüber: an der Ostseite der Dom mit der unmittelbar daneben aufragenden Pfarrkirche St. Michael, an der Westseite alte Bürgerhäuser. Das zinnenbekrönte Rathaus an der Nordseite des Domplatzes scheint zwischen diesen beiden Welten vermitteln zu wollen.

Vom mit Brunnen und Blumenschmuck versehenen Domplatz zweigen schmale Gassen mit niedrigen Laubengängen ab. Auch wenn es hier eng und verwinkelt zugeht: Verlaufen kann man sich in der Altstadt nicht. Die Großen Lauben sind die wichtigste Shopping-Meile Brixens.

Der von einem Burggraben umschlossene Komplex der Hofburg südwestlich des Dom-

Dom – Wahrzeichen von Brixen

Fassade und Schild des Restaurants Finsterwirt

platzes war Residenz der Bischöfe und ist heute Sitz des Diözesanmuseums. Eine wahre Oase ist der idyllische Garten der Hofburg.

Stadtteil Stufels

Brixen ist weitaus älter, als die mittelalterlichen Häuser vermuten lassen. Stufels am östlichen Ufer des Eisack ist der älteste Siedlungsraum und quasi Keimzelle der Stadt. Bei Ausgrabungen fand man sogar prähistorische Werkzeuge. Eine Rolle für die frühe Besiedlung spielte vermutlich die Lage an der Mündung der Rienz in den Eisack. In diesem Bereich mit nur wenigen Gassen erstrecken sich die Rappanlagen, eine Grünanlage mit Ausblicken auf die Altstadt.

Zeichenerklärung
siehe hintere Umschlagklappe

Infobox

Information
SK D2. **K** J4. 21 000.
Regensburger Allee 9.
+39 0472 275 219.
Mo, Sa. Altstadtfest (Ende Aug; alle 2 Jahre: 2020, 2022 etc.), Brot- und Strudelmarkt (Ende Sep/Anfang Okt), Christkindlmarkt (Nov, Dez).
brixen.org

Anfahrt

Hausberg Plose

Wegen ihrer isolierten Lage ist die östlich von Brixen aufragende Plose (2576 m) ein Aussichtsberg par excellence. Brixens Hausberg ist ein beliebtes Ausflugsziel und ein Dorado für Wanderer und Skifahrer mit der längsten Abfahrt Südtirols (Trametsch-Piste, 9 km).

Rathaus von Brixen

Sehenswürdigkeiten auf einen Blick

Zentrum von Brixen

① Dom
② Kreuzgang
③ Hofburg
④ Herrengarten
⑤ Große Lauben
⑥ Pfarrplatz
⑦ Pharmaziemuseum
⑧ Priesterseminar
⑨ Stufels und Rappanlagen
⑩ Hotel Elephant

Restaurants und Cafés

siehe S. 196f
① Finsterwirt
② Fink
③ Traubenwirt
④ Goldenes Rössl
⑤ Weingalerie
⑥ Raststätte Lanz
⑦ Brückenwirt
⑧ Dom Café

Kneipen, Bars und Clubs

siehe S. 197
① Platzl
② 3fiori
③ Dekadenz
④ Club Max
⑤ Absolut Lounge
⑥ Pub You 2

Shopping

siehe S. 198f
① Stiletto
② Embawo
③ Athesia Buch/Papier
④ Profanter
⑤ Maximilian
⑥ aMiKa
⑦ Federkielstickerei Xander
⑧ Degust
⑨ Klosterladen Neustift

Wellness

siehe S. 199
① Acquarena

Überblick: Brixen

Das kompakte Zentrum der Stadt bietet einen Mix aus ausladenden, hellen Plätzen und engen, schattigen Gassen sowie aus prachtvoller Architektur und grünen Oasen. Beim Schlendern zwischen Kirchenviertel mit Domplatz und Hofburg und bürgerlichem Viertel mit Laubengängen wird Geschichte auf kleinstem Raum lebendig. Wahrzeichen der Stadt ist der monumentale Dom.

Stufels am Zusammenfluss von Rienz und Eisack

Dom ①

Domplatz. Apr–Okt: tägl. 6–18 Uhr; Nov–März: tägl. 6–12, 15–18 Uhr. Apr–Okt: Mo–Sa 10.30, 15 Uhr. frei.

Der mehrfach umgestaltete Kirchenbau spiegelt alle Stilepochen von der Romanik bis zum Klassizismus wider. Wesentliche Elemente stammen aus der barocken Umgestaltung (Mitte 18. Jh.). Üppiges Dekor schafft im Innenraum eine gewaltige Raumwirkung. Marmor unterschiedlicher Farbtöne setzt Akzente, auch an Gold wurde nicht gespart. Die Deckengemälde von Paul Troger *(siehe S. 29)* sind ein Meisterwerk des Barock, sein Fresko *Anbetung des Lammes* nimmt eine Fläche von rund 250 Quadratmetern ein.

Kreuzgang ②

Domplatz. u. wie Dom.

Von der klassizistischen Vorhalle des Doms führt ein Gang zu einem der größten Kunstschätze Südtirols. Der Kreuzgang umgibt einen quadratischen Innenhof. Die meisten Gewölbe der Arkadengänge wurden im 14./15. Jahrhundert mit Wandmalereien versehen. Sie zeigen in leuchtenden Farben Motive aus Altem und Neuem Testament und dokumentieren die Glaubenswelt der damaligen Zeit.

Hofburg ③

Hofburgplatz 2. +39 0472 830 505. Mitte März–Okt: Di–So 10–17 Uhr (Kaisertrakt, Innenhof und Krippenmuseum auch Ende Nov–6. Jan: tägl. 10–17 Uhr). Do 14 Uhr u. nach Vereinbarung. **hofburg.it**

Der im 13. Jahrhundert errichtete Sitz der Brixener Bischöfe gehört seit der Umgestaltung (16./17. Jh.) zu den prachtvollsten Renaissance-Anlagen in Tirol. Höhepunkte in dem vierflügeligen Palastbau mit zwei turmartigen Vorbauten sind Kaiser- und Bischofstrakt, Hofkirche und zwei Museen. Das Diözesanmuseum zeigt eine reiche Sammlung religiöser Kunst vom Mittelalter bis zur Neuzeit. Das Krippenmuseum zählt zu den bedeutendsten seiner Art, gezeigt werden auch Elfenbein-, Wachs-, Ton- und Terrakottakrippen sowie handbemalte Papierkrippen.

Herrengarten ④

Nordwestl. der Hofburg.

An die Hofburg grenzt der öffentlich zugängliche Herrengarten. Das vor natürlicher Farbenpracht strotzende Idyll mit-

Hotel Elephant

Die Geschichte einer langen Reise: Portugals König Johann III. schenkte seinem Neffen Erzherzog Maximilian von Österreich zur Hochzeit einen Elefanten. Die Schiffsreise von Lissabon nach Genua war für den Dickhäuter wohl ebenso wenig ein Vergnügen wie der lange Marsch über die Alpen. Als er mit großer Entourage kurz vor Weihnachten 1551 in Brixen eintraf, ließ der Wirt des Gasthofs (15. Jh.) ein Fresko *(siehe S. 196)* an die Hauswand malen und benannte sein Anwesen um. Der Elefant blieb zwei Wochen in den Stallungen des Gasthofs, bevor er am 2. Januar 1552 gen Wien zog, wo er vier Monate später eintraf. Das Hotel behielt seinen Namen und begrüßt noch heute Gäste (Weißlahnstr. 14, +39 0472 832 750, www.hotelelephant.com).

Hotel Elephant mit namensgebender Giebelfigur

Restaurants in Brixen *siehe Seite 196f*

Innenraum des Doms – ein Meisterwerk des Barock

ten in der Altstadt wurde Ende des 16. Jahrhunderts nach dem Vorbild italienischer Residenzgärten angelegt. Hier gedeihen nicht nur Ziergewächse, sondern auch Gemüse und Kräuter.

Große Lauben ⑤

Die lebhafteste Einkaufsstraße in Brixen: In jedem Arkadenbogen war früher eine Werkstatt oder ein Laden untergebracht. Die dicht aneinandergebauten, teils mit schlanken Erkern verzierten Häuser sind schmal – Baugrund war kostbar. Boutiquen, Gasthäuser und Cafés sind Ziel der meisten Flaneure.

Pfarrplatz ⑥

Am Pfarrplatz befindet sich die Pfarrkirche St. Michael mit dem 72 Meter hohen Weißen Turm. Die im 16. Jahrhundert erbaute Kirche wurde um 1750 barockisiert. Auf dem Platz steht ein »Spezialitätenstandl« mit Südtiroler Köstlichkeiten.

Pharmaziemuseum ⑦

Adlerbrückengasse 4. +39 0472 209 112. Sep–Juni: Di, Mi 14–18, Sa 11–16 Uhr; Juli, Aug: Mo–Fr 14–18, Sa 11–16 Uhr. **pharmaziemuseum.it**

Rund 400 Jahre Arzneihistorie. Schaukästen zeigen pharmazeutische Geräte, Apothekengefäße, Arzneiformen (von Räuchermitteln bis Ampullen), Kräuterbücher und exotische Heilmittel aus allen Erdteilen.

Priesterseminar ⑧

Seminargasse 4. +39 0472 271 011. **priesterseminar.it**

In der Ausbildungsstätte für Priester beeindruckt Besucher vor allem die 1767 geweihte Seminarkirche. Für Studenten ist die Bibliothek (keine festen Öffnungszeiten) mit freskenverzierter Decke zugänglich.

Stufels und Rappanlagen ⑨

Siehe S. 149.

Hotel Elephant ⑩

Siehe Kasten S. 150.

Herrengarten bei der Hofburg

Vorschlag zu einem Spaziergang

Wenn Sie Spaß daran haben, dann können Sie die Sehenswürdigkeiten Brixens bei einem 90-minütigen Spaziergang kennenlernen. Hier ist ein Vorschlag mit Start am Dom.

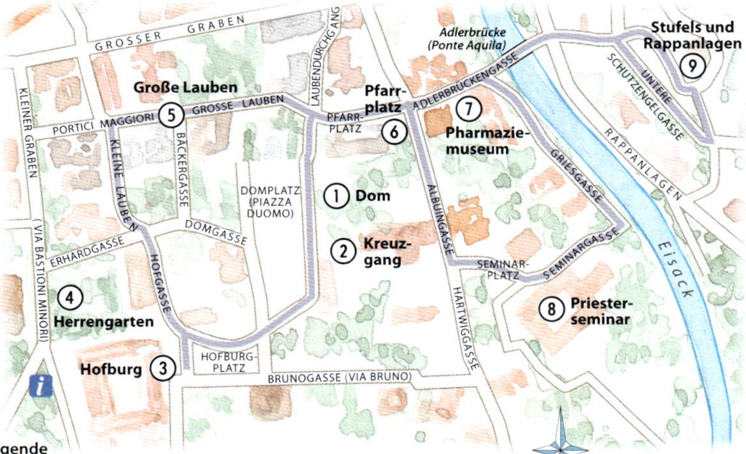

Legende

Routenempfehlung

0 Meter 100

Zeichenerklärung *siehe hintere Umschlagklappe*

❷ Kloster Neustift

Kunst, Kultur und Wein: Die schon von der Brennerautobahn aus sichtbare Anlage (Abbazia di Novacella) entstand ab 1142 als Augustiner-Chorherrenstift. Die Abtei war als Etappenziel für Pilger und Reisende zwischen Deutschland und Italien auch Treffpunkt von mitteleuropäischer und mediterraner Welt. Das strenge Äußere steht in Kontrast zur Pracht der Innenräume. Eine Besichtigung gleicht einem Spaziergang durch viele Kunstepochen – von Romanik bis Rokoko. Alle Produkte der Abtei, von Wein bis Kosmetika, sowie Spezialitäten aus anderen europäischen Klöstern können im Klosterladen (Mo – Sa 9.15 –18 Uhr) gekauft werden.

Klostereigene Weinberge umgeben das idyllisch auf der Ebene von Vahrn gelegene Stift

Glockenturm
An jeder Seite des imposanten Turms öffnen sich vier Zwillingsfenster. Besonders schön sind Uhr und Sonnenuhr.

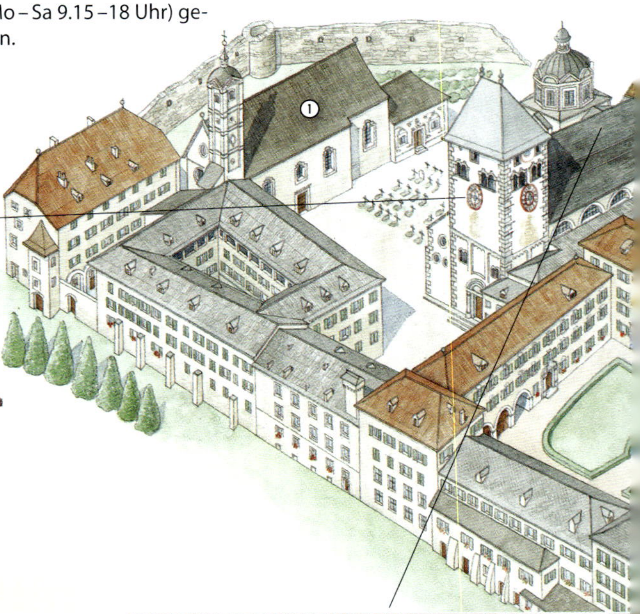

Außerdem

① **Die Kirche St. Margaretha** wahrt ihre romanische Struktur, Schmuck und Ausstattung aber sind barock.

② **Die Viktorskapelle** ist die älteste des Klosters. Sie zeigt an einer Wand Fresken (um 1360) mit einem *Zug der Heiligen Drei Könige*.

③ **Die Pinakothek** birgt bedeutende gotische Schätze. Zu den eindrucksvollsten gehören Tafelbilder und Altäre von Friedrich Pacher sowie wertvolle Handschriften und liturgische Kostbarkeiten.

④ **Im urigen Stiftskeller** werden die Weine des Klosters verkostet (Mo–Sa 10–19 Uhr). Dazu kann man Südtiroler Spezialitäten wie Speck und Käse sowie köstliche Mehlspeisen genießen.

Stiftsbasilika »Unserer Lieben Frau«
Zum Niederknien: Mit seinen prunkvollen farbigen und vergoldeten Stuckaturen ist das lichtdurchflutete Gotteshaus eine der schönsten Barockkirchen Südtirols.

Kreuzgang
Ein kunsthistorisches Juwel: Den gotischen Kreuzgang zieren Kreuzrippengewölbe und Fresken mit Szenen aus der Bibel – die *Verkündigung* in der neunten Arkade, die *Parabel vom reichen Prasser* in der dritten, die *Ölbergszene* in der vierten. Im Kreuzgang soll auch der Minnesänger Oswald von Wolkenstein begraben liegen.

Infobox

Information
SK D2. **K** J4. Stiftstr. 1, Vahrn. ☎ +39 0472 836 189. 🕐 nur Führungen: Mo–Sa 10, 11, 14, 15 und 16 Uhr (Mitte Juli–Mitte Sep: auch 12 Uhr).
● So, Feiertage.
W kloster-neustift.it

Bibliothek
Der 1778 eröffnete Saal ist im Rokoko-Stil dekoriert und besitzt über 92 000 Bände, Manuskripte und Karten. Nicht nur Leseratten erliegen dem Zauber dieses magischen Orts.

Engelsburg (Michaelskapelle)
Der zinnenbekrönte sechzehneckige Bau aus romanischer Zeit hatte wohl die Engelsburg in Rom als Vorbild. Der Andachtsort für vorbeiziehende Pilger befand sich außerhalb der Mauer. Heute finden hier Ausstellungen statt.

Wunderbrunnen
Der achteckige Wunderbrunnen (1508) erhielt 1670 ein pagodenartiges Dach, dessen Fries eine Darstellung der sieben antiken Weltwunder ziert. Die Abtei ist als »achtes Weltwunder« ergänzt.

❸ Sterzing

SK D1. **K** H2–3. 6400. Stadtplatz 3, +39 0472 765 325.
sterzing.com

Viele Autofahrer machen in Sterzing (Vipiteno) ihren ersten Stopp hinter dem Brenner – und spüren auf der Terrasse eines Straßencafés zum erstem Mal das typische Südtirol-Gefühl. Doch ein kurzer Aufenthalt lohnt sich nicht nur für einen Cappuccino oder Espresso. In diesem Juwel von Städtchen scheint die Zeit stehen geblieben zu sein. Mit Laubengängen versehene Häuser, die seit dem Spätmittelalter nicht barock oder anderweitig umgestaltet wurden, machen das lang gestreckte Zentrum von Sterzing zu einem wahren Freilichtmuseum. Mancher Besucher hat hier schon Vergleiche mit Schmuckkästchen wie San Gimignano oder Rothenburg ob der Tauber gezogen – etwas gewagt, aber zu Recht.

Kurz zur Geschichte: Sterzing verdankte seinen frühen Wohlstand den Erträgen aus dem Bergbau in der Umgebung, wo vor allem Silber gefördert wurde. Kunsthistorische Bauwerke mit prachtvoller Ausstattung entstanden und blieben erhalten. Mit dem Import von Silber aus der Neuen Welt nach Europa fand die Blütezeit ein jähes Ende, die wundervolle Bausubstanz wurde quasi konserviert. Zum Segen für alle Besucher! Wahrzeichen Sterzings ist der Zwölferturm (46 m) mit seinem auffälligen Treppengiebel. Lassen Sie sich treiben. Sehenswürdigkeiten wie Rathaus und Multschermuseum mit Teilen des berühmten Sterzinger Altars (1456–59) des Bildhauers Hans Multscher sollten Sie nicht versäumen. Die Bilderbuchburg Reifenstein südöstlich von Sterzing versetzt in die Zeit des Rittertums.

Weithin bekannt sind das Knödelfest im September *(siehe S. 145)* und die Laternenpartys im Juli und August mit Musik und Kulinarik.

Ideal zum Genusswandern: Hochebene im Eisacktal mit grandioser Aussicht

Sterzing: pastellfarbene Fassaden mit Blumenschmuck

❹ Gossensass

SK D1. **K** H2. 1100. Ibsenplatz 2, +39 0472 632 372.
gossensass.org

Wie Sterzing kam auch Gossensass (Colle Isarco) durch den Bergbau zu Wohlstand. Bürgerhäuser und die für die Schutzpatronin der Bergleute erbaute Barbarakapelle (um 1510) mit spätgotischem Flügelaltar erinnern an jene Zeit.

Nach dem Bau der Brennerbahnstrecke und der Entdeckung von Thermalquellen im nördlich gelegenen Brennerbad kamen ab Ende des 19. Jahrhunderts zahlungskräftige Gäste, Grandhotels entstanden. Gossensass war nach Meran einer der exklusivsten Kurorte Südtirols. Dieser zweiten Blütezeit setzte der Ausbruch des Ersten Weltkriegs 1914 ein Ende. Zu den berühmtesten Gästen jener Zeit zählte der norwegische Schriftsteller Henrik Ibsen. Der Hauptplatz des Orts trägt seinen Namen, das Rathaus widmet dem Autor eine Ausstellung.

❺ Brenner

SK D1. **K** H2.

BRENNER! Kein anderer Begriff steht ähnlich symbolisch für den Übergang von Mittel- nach Südeuropa. Der Brennerpass (Passo del Brennero) stellt mit 1370 Metern die niedrigste (und schon in der Römerzeit genutzte) Verbindung über den Alpenhauptkamm dar. Seit

1918 verläuft hier die Grenze zwischen Österreich und Italien.

Dank dem Schengen-Abkommen sind die kilometerlangen Staus am Grenzübergang Geschichte. Dennoch sollte man auch heute kurz anhalten – nicht nur um im Outlet Center Brenner zu shoppen. Das 2013 an der ehemaligen Zollstation errichtete Plessi-Museum, eine Raststätte der anderen Art, präsentiert Kunstwerke des italienischen Künstlers Fabrizio Plessi – Skulpturen, Videos und Installationen.

❻ Ridnauntal

SK C1. **K** G2–H3. **i** Jaufenstr. 1, Ratschings, +39 0472 760 608. **W** **ratschings.info**

Das 16 Kilometer lange Ridnauntal (Val Ridanna) bietet nicht nur viele Wanderwege auf Berge, sondern auch Wege in den Berg hinein. In einem Besucherbergwerk wandelt man auf den Spuren der Bergleute, deren Arbeit früher die Basis für den Wohlstand der Region legte. Die »Silberzeit Tirols« wird in der **BergbauWelt Ridnaun Schneeberg** anschaulich erläutert. In der Montur eines Bergmanns erkundet man den Schaustollen.

Schloss Wolfsthurn (www.wolfsthurn.it) in Ratschings ist ein schöner barocker Profanbau. Die Anlage birgt auch das Südtiroler Landesmuseum für Jagd und Fischerei.

BergbauWelt Ridnaun Schneeberg
Maiern 48, Ridnaun. +39 0472 656 364. Mitte Apr–Anfang Nov: Di–So 9.30–16.30 Uhr (Aug: tägl.). 9.30, 11.15, 13.30, 15.15 Uhr. **W** **bergbaumuseum.it**

❼ Franzensfeste

SK D2. **K** J3. Brennerstr., Franzensfeste. +39 0472 057 218. Mai–Okt: Di–So 10–18 Uhr; Nov–Apr: Di–So 10–16 Uhr. **W** **festung-franzensfeste.it**

Der von den Habsburgern errichtete Bau (1833–38) gilt als Kunstwerk österreichischer Militärarchitektur. Angreifern aus dem Süden sollte der Weg zum Brennerpass versperrt werden. Feinden muss die Anlage Ehrfurcht eingeflößt haben, denn in der Franzensfeste (Fortezza) fiel nie ein Schuss. Teile sind heute zugänglich, das gigantische Labyrinth aus Räumen, Gängen und Treppen ist höchst eindrucksvoll. Obere und Untere Festung sind unterirdisch über 451 Stufen verbunden.

Dauerausstellungen widmen sich der Baugeschichte der Festung und dem Verkehrsprojekt Brennerbasistunnel (BBT; geplante Fertigstellung: 2025).

❽ Pustertal

SK D–F2. **K** J3–N4. **i** Rathausplatz 7, Bruneck, +39 0474 555 722. **W** **pustertal.org**

Es gilt als grünstes Tal Südtirols. Das in West-Ost-Richtung verlaufende, von der Rienz durchflossene Pustertal (Val Pusteria) zählt zu den Haupttälern der Region. Das Tor zum Wintersportrevier Kronplatz ist auch ein Traum für Radfahrer *(siehe S. 156f)*. Hauptort des Tals ist Bruneck *(siehe S. 158)*.

Franzensfeste – heute ein Ort für Ausstellungen und Events

T9 Radweg Pustertal »Pusterbike«

65,7 km · 3:30 Std. · ↗ 279 m · ↘ 912 m

Im Pustertal gibt es viel zu entdecken. Bei einer Radtour lernt man das ganze Tal kennen – entspannt und im individuellen Rhythmus. Die Route führt von Toblach bis Brixen bzw. Franzensfeste. Man kann auch Teilstrecken befahren oder die Tour um Abstecher in Seitentäler erweitern. Räder können in mehreren Orten ausgeliehen werden, Einkehrmöglichkeiten gibt es alle paar Kilometer. Zurück zum Ausgangspunkt kommt man mit der Pustertalbahn oder mit einem Shuttle-Bus (z. B. von Taxi Peer: www.peer-shuttle.it/bike-shuttle).

Kloster Neustift ⑩
Die Route verläuft oberhalb des berühmten Klosters, das man nicht links liegen lassen sollte. Von Kirche bis Klosterladen – ein Besuch lohnt sich.

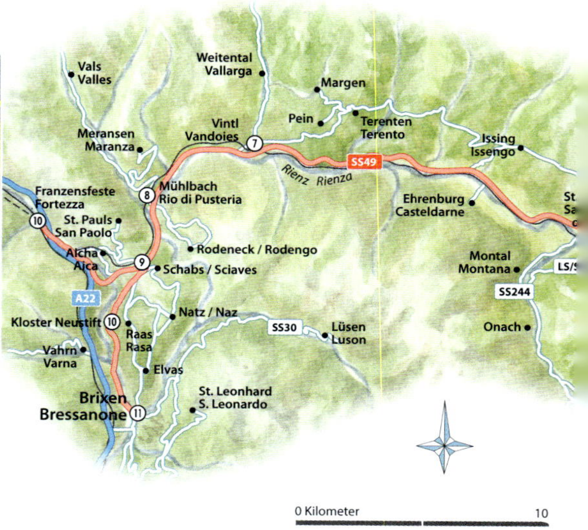

Roadbook

Start: Toblach
GPS-Koordinaten: 46.735536, 12.221377

① **Toblach (1256 m)** **km 0,0**
Startpunkt der Radtour ist die Stelle, an der das Höhlensteintal ins Pustertal übergeht. Schon kurz nach Beginn fährt man leicht bergab.

② **Niederdorf (1148 m)** **km 5,2**
Haben Sie etwas Zeit für Anekdoten? Dann fragen Sie im Ort nach »Frau Emma«, und hören Sie einfach zu. Sehenswert ist die spätbarocke Pfarrkirche mit schönen Fresken.

③ **Welsberg (1082 m)** **km 11,6**
Der Barockmaler Paul Troger hinterließ in seinem Geburtsort hochkarätige Spuren. Schloss Welsperg kann besichtigt werden.

④ **Olang (1043 m)** **km 18,6**
Wer die Tour verlängern will, macht einen Abstecher ins hier nach Norden abzweigende Antholzer Tal. Im unteren Teil steigt es nur leicht an.

⑤ **Bruneck (820 m)** **km 30,0**
Runter vom Sattel und etwas Sightseeing gefällig? Das mittelalterliche Zentrum ist ein Traum. Mit den Kulturen von Bergvölkern anderer Kontinente macht das MMM Ripa vertraut.

Olanger Stausee ④
Die Radtour durch das Pustertal verläuft auch am Ufer dieses 44 Hektar großen Sees entlang. Ideal für eine Rast mit einem kurzen Fußbad. Hinter dem See, der die Rienz aufstaut, erreicht man Olang.

Niederdorf ②
Vom ersten Etappenziel nach Start in Toblach sehen Radfahrer zuerst den Turm der Pfarrkirche. Dann öffnet sich der Blick über den hübschen Ort und seine hügelige Umgebung mit waldbedeckten Bergflanken. Ein schönes Panorama.

Neunerkofel ①
Der 2581 Meter hohe Berg ist Teil der Haunoldgruppe, deren gezackter Bergkamm markant ist. Der Neunerkofel ist ein Gipfel der Sextner Sonnenuhr *(siehe S. 163)*.

Routeninfos

Fahrradverleih

Südtirol Rad
Es gibt einige Verleih- und Rückgabestellen entlang der Strecke:
Toblach ☎ +39 348 663 35 39.
Olang ☎ +39 0474 498 038.
Bruneck ☎ +39 0473 201 500.
Mühlbach ☎ +39 0472 522 045.
W **suedtirol-rad.com**

Roadbook *(Fortsetzung)*

⑥ **St. Lorenzen (809 m)** **km 33,0**
Einen lehrreichen Exkurs in Archäologie bieten das Museum Mansio Sebatum und der Panoramaweg zu Ausgrabungsstätten.

⑦ **Vintl (739 m)** **km 50,0**
Im Lodenmuseum wird die Produktion von Loden erläutert, in der Erlebniswelt Capriz die von Käse.

⑧ **Mühlbach (770 m)** **km 55,4**
Der Radweg führt direkt an der Mühlbacher Klause vorbei – einst Festung und Zollstation.

⑨ **Natz-Schabs (772 m)** **km 58,7**
Die Gemeinde ist – unübersehbar – ein Zentrum des Apfelanbaus.

⑩ **Franzensfeste (749 m)** **km 60,0**
Die mächtige Festung erkennt man schon von Weitem. Hier endet die etwas kürzere Variante der Radtour.

Alternative Route

⑩ **Kloster Neustift (598 m)** **km 63,0**
Ob Klosterbesuch oder nicht – allein der Anblick der von Weinbergen umgebenen Klosteranlage lohnt die längere Variante.

⑪ **Brixen (562 m)** **km 65,7**
Die pittoreske Stadt – die drittgrößte in Südtirol – markiert das Ende der Route entlang der Rienz, die hier in den Eisack mündet. Das Zentrum lockt mit vielen Gasthäusern.

Legende
- Routenempfehlung
- Autobahn
- Andere Straße
- Eisenbahn

Streckenprofil

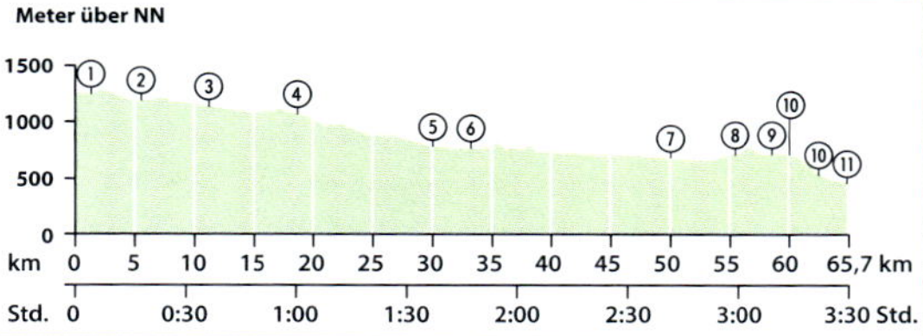

Zeichenerklärung *siehe hintere Umschlagklappe*

❾ St. Lorenzen

SK E2. **K** L3–4. 3900. Franz-Hellweger-Platz 2, +39 0474 470 510. **stlorenzen.eu**

St. Lorenzen (San Lorenzo di Sebato) ist ein Ort auf historischem Boden, schon in der Römerzeit war das Gebiet besiedelt. In dem spannenden Museum Mansio Sebatum (www.mansio-sebatum.it) taucht man in frühere Epochen dieser Gegend ein, von der Steinzeit bis zur Antike. Ein archäologischer Panoramaweg (ca. 2 Std.) führt zu wichtigen Ausgrabungsstätten. Die auf Informationstafeln vorgestellten Funde werden im Museum präsentiert. Die Kirche zum Hl. Laurentius birgt mit der »Traubenmadonna« (um 1460) ein Kleinod, das zu den Frühwerken des Tiroler Bildhauers Michael Pacher gehört.

Auf einem Felsvorsprung ragt die Michelsburg (Privatbesitz) auf. Die Anlage (Ende 11. Jh.) zählt zu den ältesten Festungen Südtirols und ist noch heute ein imposanter Anblick.

❿ Bruneck

SK E1. **K** L3. 16000. Rathausplatz 7, +39 0474 555 722. **kronplatz.com/de/bruneck**

Ein Städtchen zum Verlieben: Der malerische Hauptort des Pustertals hat sich viel von seinem mittelalterlichen Charme bewahrt und lädt zum Bummeln und Staunen ein. Durch eines der historischen, mit Fresken verzierten Stadttore gelangt man ins Zentrum von Bruneck (Brunico) mit seinen bunt bemalten, teils mit Erkern und kunstvollen Giebelkonstruktionen versehenen Häusern: oben Wohnungen, unten Cafés, Restaurants, Läden und einige Boutiquen großer Namen. Die Stadtgasse zählt zu den schönsten Shopping-Meilen Südtirols. Andere Stadtansichten vermittelt ein gemütlicher Spaziergang an der Rienz, die Bruneck durchfließt.

Kunstinteressierte zieht es ins Stadtmuseum (www.stadtmuseum-bruneck.it), das auch Werke der berühmten Tiroler Künstler Michael und Friedrich Pacher zeigt.

Mächtig vor noch mächtigeren Gipfeln: Burg Taufers im Tauferer Tal

Skulptur auf Schloss Bruneck

Den besten Überblick über Bruneck und Umgebung hat man vom Kronplatz (Plan de Corones; 2275 m), einem beliebten Wintersportrevier. Wenn man mit der Seilbahn oben ankommt, erkennt man die spezielle Lage Brunecks am Kreuzungspunkt von Pustertal, Tauferer Tal und Gadertal. Egal, von welcher Seite man sich nähert: Schloss Bruneck (1250) scheint mit seiner exponierten Hügellage immer noch über Bruneck zu wachen. Seit 2011 ist hier das interaktive **Messner Mountain Museum (MMM Ripa)** untergebracht. Es widmet sich Leben und Kultur von Bergvölkern in Asien, Afrika, Südamerika und Europa.

Lust auf zwei MMM-Besuche? Die Historie des Alpinismus beleuchtet das 2015 eröffnete MMM Corones *(siehe S. 170f)*.

Messner Mountain Museum (MMM Ripa)
Schlossweg 2. +39 0474 410 220. 2. So im Mai–1. Nov: Mi–Mo 10–18 Uhr; 4. So im Dez–4. So im Apr: Mi–Mo 12–18 Uhr. **messner-mountain-museum.it/ripa**

⓫ Tauferer Tal

SK E1–2. **K** L2–3. Josef-Jungmann-Str. 8, Sand in Taufers, +39 0474 678 076. **tauferer.ahrntal.com**

Das längste Seitental des Pustertals erstreckt sich von Bruneck nach Norden bis zur weiten Ebene des Tauferer Bodens, wo es ins Ahrntal *(siehe unten)* übergeht. Hauptort im breiten Tauferer Tal (Val di Tures) ist Sand in Taufers mit der mächtig aufragenden Burg Taufers (13. Jh.). Die Anlage zählt zu den größten Festungen Südtirols und ist eine beliebte Filmkulisse. Teile der Anlage mit freskengeschmückter Kapelle und vielen holzgetäfelten Räumen können besichtigt werden (www.burgeninstitut.com). Spektakulär ist die Multimedia-Präsentation im Naturparkhaus Rieserferner-Ahrn.

Ein tolles Naturschauspiel sind die drei Wasserfälle östlich von Sand, in denen der Reinbach mit Fallhöhen von bis zu 50 Metern ins Tal rauscht.

Stimmungsbild am Antholzer See mit Spiegelung im Wasser

⓬ Ahrntal

SK E1. **K** L2–M1. **i** Ahrner Str. 22, Luttach/Ahrntal, +39 0474 671 136. **W** **tauferer.ahrntal.com**

Die Fortsetzung des Tauferer Tals verläuft als nördlichstes Tal Südtirols bis zum Alpenhauptkamm der Zillertaler Alpen. Gelegentlich werden Tauferer Tal und Ahrntal als Tauferer Ahrntal zusammengefasst. Beide werden von der Ahrn, einem Nebenfluss der Rienz, durchflossen.

Zu den Trümpfen des Ahrntals (Valle Aurina) zählt seine Abgeschiedenheit – es ist bei Urlaubern beliebt, die Ruhe inmitten imposanter Naturkulisse schätzen. Doch es gibt hier auch kulturelle Highlights wie das fantasievolle Krippenmuseum Maranatha in Luttach (www.krippenmuseum.com). Zu den Meisterwerken zählen u. a. die orientalische Königskrippe und die Swarovski-Krippe. Das Südtiroler Bergbaumuseum in Steinhaus und das Schaubergwerk Prettau erinnern an die Zeit des Bergbaus in dieser Region (www.bergbaumuseum.it).

⓭ Antholzer Tal

SK E1–2. **K** M3–4. **i** Niederrasner Str. 35F, Rasen, +39 0474 496 296. **W** **kronplatz.com/de/antholzertal**

Ein Dorado für Langläufer und Biathleten: Das Antholzer Tal (Valle di Anterselva) zwischen Olang im Pustertal und Staller Sattel (2052 m) zeigt sich im unteren Teil lieblich, mit zunehmender Höhe immer verwegener. Enge Serpentinen verlaufen zum Talschluss. Ein Spaziergang im oberen Tal führt um den Antholzer See (44 ha) vor der gewaltigen Kulisse der Rieserfernergruppe. Neben dem tiefgrünen See befindet sich die Biathlonanlage Südtirol Arena, mehrfach (letztmals 2007) Schauplatz der Weltmeisterschaften. Im unteren Tal führt ein Lehrpfad durch die Moorlandschaft Rasner Möser (23 ha).

⓮ Welsberg

SK E2. **K** M4. 2800. **i** St. Martin 10A, Gsieser Tal, +39 0474 978 436. **W** **kronplatz.com/de/gsiesertal-welsberg-taisten**

Welsberg (Monguelfo) am Eingang zum Gsieser Tal, das sich dem Slow Travel verschrieben hat, ist Geburtsort des Barockmalers Paul Troger *(siehe S. 29)*. Von ihm stammen auch einige Altarbilder in der barocken Pfarrkirche St. Margareth. Über dem Ort thront Schloss Welsperg (12. Jh.), heute Schauplatz für diverse kulturelle Veranstaltungen (www.schlosswelsperg.com). Besichtigungen der Anlage werden angeboten.

Ein Bild in Blau- und Grüntönen bieten die Ahrn und das nach dem Fluss benannte Ahrntal

⑮ Toblach

SK E2. **K** N4. 3300. Dolomitenstr. 3, +39 0474 972 132.
drei-zinnen.info/de/toblach

Das Grand Hotel von 1877 (heute Kulturzentrum) war der Startschuss für den Tourismus in Toblach (Dobbiaco). Adel und Großbürgertum erholten sich standesgemäß, Künstler ließen sich hier inspirieren. Zu den prominentesten Gästen gehörte Gustav Mahler, der mehrfach hier weilte und in Toblach einige seiner letzten Werke schuf. Sein Komponierhäuschen kann besichtigt werden, das Grand Hotel ist Veranstaltungsort der Gustav-Mahler-Musikwochen (www.gustav-mahler.it). Durch Toblach verläuft der älteste Kreuzweg Tirols mit fünf Kapellen.

Der Krampuslauf mit rund 600 Krampussen im Dezember ist der traditionsreichste in Südtirol, das Balloonfestival *(siehe S. 161)* ein weiteres Highlight im Eventkalender. Toblacher See *(siehe S. 169)* und Dürrensee im Höhlensteintal sind beliebte Ausflugsziele.

Sextner Dolomiten: graue Felsen, grüne Wiesen, blaue Seen

⑯ Innichen

SK F2. **K** N4. 3300. Pflegplatz 1, +39 0474 913 149.
drei-zinnen.info/de/innichen

Östlich des Toblacher Felds, der Wasserscheide zwischen Rienz und Drau *(siehe S. 162)*, liegt Innichen (San Candido). Bergbahnen führen u. a. auf den Haunold, Innichens Hausberg. Die Stiftskirche St. Candidus und Korbinian (13. Jh.) mit mächtiger Kreuzigungsgruppe und kunsthistorisch wertvollen Kuppelfresken zählt zu den bedeutendsten romanischen Sakralbauten der Ostalpen.

Das Museum DoloMythos *(siehe S. 165)* führt in die faszinierende Welt der Dolomiten ein. Innichen ist im Januar Schauplatz des Schneeskulpturen Festivals *(siehe S. 61)*.

⑰ Sextental

SK F2. **K** N4–P5. Dolomitenstr. 45, Sexten, +39 0474 710 310.
drei-zinnen.info/de/sexten

Den imposanten Schlussakkord des Pustertals setzt das Sextental (Valle di Sesto), das bei Innichen vom Haupttal nach Südosten abzweigt. Der Hauptort Sexten (Sesto) liegt eingebettet in eine traumhafte Bergwelt. Spannend ist der landschaftliche Kontrast der beiden Talseiten: Im Südwesten wird das Tal von den schroffen Sextner Dolomiten mit den weltberühmten Kletterbergen im Naturpark Drei Zinnen *(siehe S. 162f)* flankiert, im Nordwesten von den weitaus sanfter geformten Bergen der bis ins österreichische Osttirol reichenden Karnischen Alpen.

Den besten Blick auf die gigantischen Sextner Dolomiten hat man vom Helm (2433 m), Sextens Hausberg. Auf den westlichsten Gipfel der Karnischen Alpen gelangt man bequem mit der Seilbahn.

Höhlensteintal mit dem Toblacher See: Paradebeispiel für ein ehemals vergletschertes Tal (»U-Tal«)

Dolomiti Balloonfestival

Bunte Flecken am Winterhimmel: Jedes Jahr im Januar verwandeln Heißluftballons den Himmel über dem östlichen Pustertal in ein Meer aus Farbtupfern. Bei dem gut eine Woche dauernden Event in Toblach liefern sich Teams von Ballonfahrern spannende Wettkämpfe. Besucher können den Anblick genießen oder selbst mit einem erfahrenen Piloten über die Dolomiten gleiten – leise schwebend, nur vom Wind getrieben. Es ist ein unvergessliches Erlebnis, die verschneiten Dolomiten aus der Luft zu betrachten. Nach der Landung erhalten Erstfahrer die Ballontaufe mit Sekt und Urkunde.

Infobox

Information
SK E2. **K** N4.
Veranstaltungszentrum
Pustertaler Str. 15,
Toblach.
☎ +39 0474 972 132
bzw. +39 0474 972 458.
W balloonfestival.it

Über den Wolken …
Über den verschneiten Gipfeln schweben – Genuss. Abenteuer. Impressionen.

Startklar
Am schönsten ist das Abheben natürlich bei gutem Wetter in frischer Morgenluft. Und auch am Abend geht der Spaß weiter: Besonders stimmungsvoll ist das Ballonglühen mit musikalischer Untermalung.

Der Traum vom Fliegen
Das Abenteuer zwischen Himmel und Erde dauert etwa eine Stunde. Für die Passagiere wird ein Traum wahr, der Traum vom Fliegen.

⑱ Naturpark Drei Zinnen

Zwischen Pustertal, Sextental und Höhlensteintal zeigen sich die ohnehin gigantischen Dolomiten von einer speziellen Seite, Magie und Macht der Berge sind hier noch dominanter. Viele bizarre Felsnadeln und Gipfel erscheinen unbezwingbar, darunter natürlich auch die weltberühmten Drei Zinnen, ein monumentales Naturwunder aus Stein. Ein weiteres Highlight ist die größte Uhr Südtirols mit Zeigern aus Stein, die Sextner Sonnenuhr. Das Naturparkhaus ist im Kulturzentrum Grand Hotel Toblach (Dolomitenstr. 37).

Die Dolomitenhauswurz bildet rosafarbene Teppiche

Europäische Wasserscheide
Zwischen Toblach und Innichen verläuft die Wasserscheide zwischen Mittelmeer und Schwarzem Meer. Die Rienz fließt über Eisack und Etsch ins Mittelmeer, die Drau mündet über die Donau ins Schwarze Meer.

Dreischusterspitze
Cima Tre Scarperi (3145 m)
Mit seinem gezackten Gipfel ist der isolierte Berg, der höchste der Sextner Dolomiten, unverwechselbar.

Dürrensee / Lago di Landro
Der See im hinteren Höhlensteintal bezaubert mit wunderschönen Farbspielen.

Der Monte Piana (2324 m)
markiert den südlichsten Gipfel des Naturparks Drei Zinnen.

Drei Zinnen
Tre Cime di Lavaredo
(siehe S. 164–167)

Fischleintal
Val Fiscalina
Wie gemalt: Für viele ist dieses Tal zwischen Sextner Sonnenuhr und Dreischusterspitze das schönste im ganzen Park.

Infobox

Information
SK F2. **K** N4–P5.
Fläche: 11 635 Hektar.
Gründung: 1981.
i Tourismusverein Toblach Dolomitenstr. 3, +39 0474 972 132. **Tourismusverein Sexten** Dolomitenstr. 45, +39 0474 710 310. **Tourismusverein Innichen** Pflegplatz 1, +39 0474 913 149.
W dreizinnen.info

Sextner Sonnenuhr
Vorhang auf für ein Naturschauspiel: Das Panorama von Sexten aus umfasst einige »Stundenberge«, über denen die Sonne – bei einem bestimmten Blickwinkel – jeweils zur vollen Stunde senkrecht steht (in »wahrer Ortszeit«).

Die Rotwand / Croda Rossa (1924 m) verdankt ihren Namen dem Phänomen, dass die Kalkfelsen bei Sonnenuntergang rot leuchten. In der Sextner Sonnenuhr ist sie als Zehnerkofel die Zehn.

Alpinisteig / Strada degli alpini
Ein großartiger Klassiker in den Sextner Dolomiten: Der Klettersteig durch die Westwand des Elferkofels zählt zu den spektakulärsten in den italienischen Alpen. Eine berühmte Ansicht ist das »Schattenmotiv«.

Drei Zinnen / Tre Cime di Lavaredo

Im Zeichen der Vertikale: »Felsiges Dreigestirn« und »herrliche Dreifaltigkeit« sind nur einige ehrfürchtige Bezeichnungen für diese Berggruppe. Die Drei Zinnen im Südteil des gleichnamigen Naturparks *(siehe S. 162f)* sind ein Sinnbild der Dolomiten. Sie bilden in der Geschichte des Alpinismus ein eigenes Kapitel, die schwierigsten Anstiege und die Namen der Erstbesteiger sind in Fachkreisen geradezu legendär. Doch die Drei Zinnen, deren höchste die Dreitausender-Höhenlinie kitzelt, sind auch geologisch, touristisch und – nicht zuletzt – künstlerisch von großer Bedeutung. Das Panorama inspiriert seit je Landschaftsmaler wie Bergpoeten.

Kleine Zinne Cima Piccola (2857 m)
Sie blieb »unbesiegt«, bis sie 1881 von den Brüdern Innerkofler bestiegen wurde.

Dreizinnenhütte Rifugio Locatelli (2405 m)
Die Berghütte nördlich der Felsgruppe bietet den berühmten Drei-Zinnen-Blick. Die steinernen Türme scheinen von der Hütte aus zum Greifen nah.

Torre Preuß (2700 m)

Punta di Frida (2792 m)

Große Zinne Cima Grande (2999 m)

Die Kleinste Zinne Cima Piccolissima (2700 m)
wurde zuerst 1911 von Paul Preuß bezwungen. Der Pionier des Freikletterns verwendete als Sicherungsmittel ausschließlich Seil und Haken.

Nordwand der Großen Zinne
Die stark überhängende Nordwand gehört zu den berühmtesten Kletterwänden der Alpen. Lange Zeit galt sie als unbezwingbar. Im Jahr 1933 wurde sie von Emilio Comici *(links)* und den Brüdern Giuseppe und Angelo Dimai erstmals durchstiegen. Dieser Erfolg war ein Meilenstein im Alpinismus.

Über die Geröllfelder
am Fuß der Zinnen führt ein Pfad, der nur trittsicheren Wanderern zu empfehlen ist.

In Stein gemeißelt

Der Faszination der Drei Zinnen kann sich niemand entziehen. Die in ihrer Form einzigartige Felsgruppe ist ein geologisches und geradezu zeitloses Denkmal. Sie ist alt, aber noch nicht uralt: Vor mehr als 200 Millionen Jahren war das Gelände ein Sumpfgebiet, in dem Dinosaurier und andere Lebewesen unterwegs waren (u. a. Ammoniten, Muscheln und Schnecken). Wer mit offenen Augen durch die Dolomiten wandert, entdeckt quasi in Stein gemeißelte Spuren früherer Bewohner und bewegt sich wie in einem gewaltigen Freilichtmuseum – der Eintritt ist gratis. Versteinerte Zeugen aus früheren erdgeschichtlichen Epochen präsentiert auch das Museum DoloMythos in Innichen. Zu den Highlights gehören die originalgetreuen Nachbildungen von Dinosauriern.

Ammonit im Museum DoloMythos

Infobox

Information
SK F2. **K** N5.
Informationszentrum Auronzo-Misurina Via Roma 24, Auronzo di Cadore, +39 0435 996 03. **auronzomisurina.it/de/drei-zinnen**

Museum DoloMythos
Rainerstr. 11, Innichen, +39 0474 913 462. Dez–Ostersonntag, Juni–Sep: tägl. 8–19 Uhr; Ostermontag–Mai, Okt, Nov: Mo–Sa 8–19 Uhr. auf Anfrage.
dolomythos.com

Die Nordwand der Westlichen Zinne hängt mehr als 40 Meter über (»größtes Dach der Alpen«). Sie wurde 1935 von Riccardo Cassin und Vittorio Ratti bezwungen.

Westliche Zinne Cima Ovest (2973 m)

Südseite der Großen Zinne
Die weniger steile Südseite ist klettertechnisch wesentlich einfacher als die Nordwand, durch sie verläuft die in Kletterkreisen sogenannte Normalroute. Die Südwand der Großen Zinne war auch die erste, die 1869 von Paul Grohmann und seinen Begleitern bestiegen wurde. Mittlerweile sind die Drei Zinnen durch viele Kletterrouten unterschiedlicher Schwierigkeitsgrade erschlossen.

Auronzohütte Rifugio Auronzo (2333 m)
Die meisten Besucher erreichen das Gebiet von Süden: über die sieben Kilometer lange Mautstraße vom Lago di Misurina zur Auronzohütte. Sie ist Ausgangspunkt mehrerer Wanderungen *(siehe S. 166f)* und Klettertouren.

Adler in Lauerstellung

T10 Rund um die Drei Zinnen

↺ ▶◀ 9,6 km 🕒 3:15 Std. ↗ 439 m ↘ 439 m

Für die Eindrücke auf dieser Tour ist kein Superlativ zu groß. Wohl jedem Wanderer geht es so: Sobald man die Drei Zinnen erreicht, möchte man dieses einzigartige Naturdenkmal umrunden. Nur so kann man die majestätischen Felswände von allen Seiten bewundern. Bei einer Rundwanderung genießt man nicht nur den ständig wechselnden Blick auf die Drei Zinnen, sondern auch fantastische Panoramablicke auf andere Berggruppen der Dolomiten. Im Gegensatz zu den fast unbezwingbaren Zinnen ist die Route zu Füßen der Felsgruppe leicht zugänglich und einfach zu gehen.

Lago di Misurina
Ein alpines Traumbild: der Blick von Süden über den 1756 Meter hoch gelegenen Misurinasee auf die Zinnen. Vom Nordufer des maximal fünf Meter tiefen Sees führt eine mautpflichtige Straße zum Parkplatz unterhalb der Zinnen.

Roadbook

Start: Auronzohütte
GPS-Koordinaten: 46.612976, 12.293661

① **Parkplatz Auronzohütte** **km 0,0**
Am großen Parkplatz ist sicher eine Lücke frei. Schnüren Sie die Wanderschuhe, hier startet die Tour.

② **Auronzohütte (2333 m)** **km 0,4**
Von der Hütte kann man den Verlauf der zunächst sehr flachen Route gut erkennen: Folgen Sie Weg Nr. 101 in östlicher Richtung zur Cappella degli Alpini, hinter der er nach Norden abbiegt.

③ **Lavaredohütte (2344 m)** **km 1,8**
Der Weg wird allmählich steiniger und steiler, aber damit auch abwechslungsreicher.

④ **Paternsattel (2454 m)** **km 2,5**
Den kleinen, aber einfachen Anstieg zum höchsten Punkt der Wanderung belohnt ein fantastischer Blick auf die Drei Zinnen.

Auronzohütte / Rifugio Auronzo ②
Bis zur Hütte in 2333 Meter Höhe kommt man mit dem Auto. Sie ist Ausgangspunkt für die meisten Wanderer. Außer dem Rundweg um die Drei Zinnen starten hier weitere Touren unterschiedlicher Schwierigkeitsgrade.

Dreizinnenhütte Rifugio Locatelli ⑤
Die Hütte am Fuß des Paternkofels ist im Sommer Ziel von täglich bis zu 2000 Wanderern. Natürlich steuern fast alle sofort nach der Ankunft die grandiose Panoramaterrasse an.

Infobox

Information

Rifugio Auronzo
+39 0435 390 02. Sommer. **rifugioauronzo.it**

Rifugio Lavaredo
+39 0349 602 8675. Sommer. **rifugiolavaredo.com**

Dreizinnenhütte
+39 0474 972 002. Sommer. **dreizinnenhuette.com**

Langalm
+39 342 855 36 44. Sommer. **longolbe.com**

Paternsattel Forcella di Lavaredo ④
Zu den Top-Aussichtspunkten entlang der Runde gehört der Sattel zwischen Kleiner Zinne und Paternkofel.

Roadbook *(Fortsetzung)*

⑤ **Dreizinnenhütte (2405 m)** **km 4,5**
Halbzeit! Die Terrasse der Hütte ist Tribüne für den Drei-Zinnen-Blick von Norden. Folgen Sie nun Weg Nr. 105 nach Südwesten. Relativ steile Abschnitte führen hinunter in den Rienzboden und wieder hinauf.

⑥ **Langalm (2235 m)** **km 7,1**
An den von Schotterfeldern und Weideflächen umgebenen Zinnenseen vorbei umwandert man die Drei Zinnen im Westen.

⑦ = ① **Parkplatz Auronzohütte** **km 9,6**
Über den Mazzosattel gelangt man wieder zum Ausgangspunkt der Rundtour.

Lavaredohütte Rifugio Lavaredo ③
Zeit zum Genießen: Manche Wanderer machen an dieser Hütte die erste Rast.

Streckenprofil

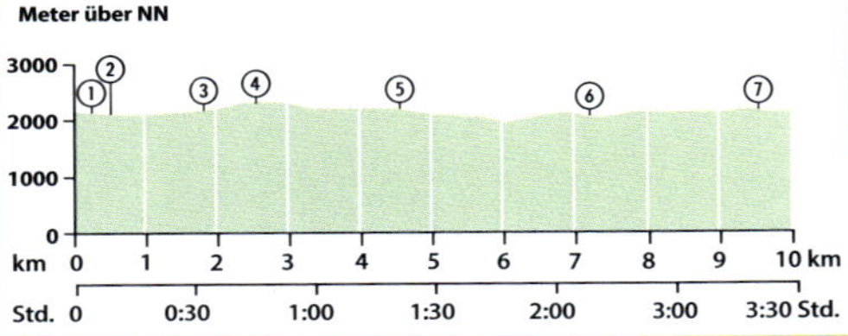

Legende
Routenempfehlung

Zeichenerklärung *siehe hintere Umschlagklappe*

⑲ Naturpark Fanes-Sennes-Prags

Atemberaubend schön: Markante Täler, geheimnisvolle Seen in bezaubernden Farben, tiefe Wälder, ausgedehnte Hochflächen mit Blütenteppichen im Frühling und eine so verschlossen wie imposant wirkende Bergwelt prägen das größte Schutzgebiet der Dolomiten (Parco Naturale Fanes-Sennes-Braies). Hier, zwischen Gadertal und Höhlensteintal, zeigt sich die Gebirgsgruppe in ihrer ganzen Pracht. Der Sage nach liegt hier das Reich der Könige von Fanes.

Murmeltier

Kronplatz: Concordia 2000
Punkt 12 Uhr läutet die Friedensglocke auf dem Kronplatz. Die auf einer Panoramaplattform installierte Glocke gehört mit drei Meter Höhe zu den größten im Alpenraum.

Sennesalm / Altopiano di Fosses Sennes
Hier ist der Horizont überraschend weit: Die ausgedehnte grasbewachsene Hochebene wird u. a. vom Seekofel und den Gipfeln der Fanesgruppe umrahmt.

Fanesalm / Altopiano di Fanes
In dieser Hochebene liegt die berühmte Gesteinsformation »Parlament der Murmeltiere«.

Die Cunturinesspitze machte 1987 Schlagzeilen: In einer Höhle unterhalb des Gipfels fand man Knochen eines Höhlenbären – eine sensationelle Entdeckung. Das Skelett ist im Museum Ladin Ursus ladinicus in St. Kassian *(siehe S. 189)* zu besichtigen.

Die Fanesgruppe ist eine kleine Zauberwelt. Die bizarren Felsen spiegeln ladinische Sagen in Gesteinsform wider.

Pragser Wildsee Lago di Braies

Ein Bild wie aus der kanadischen Wildnis. Die Farbe des Sees unter der gewaltigen Nordwand des Seekofels ändert sich von zartblau über smaragdgrün bis dunkel. Egal, welche Farbe – das Wasser bleibt immer garstig kalt. Das ist der Stoff, aus dem Sagen gewoben sind *(siehe Kasten)*.

Infobox

Information
SK E2. **K** L4–M5.
Fläche: 25 450 Hektar.
Gründung: 1980.
i Tourismusverein Abtei Pedraces 29A, +39 0471 839 695.
Tourismusverein Pragser Tal Prags, Außerprags 78, +39 0474 748 660.
Tourismusverein Toblach Dolomitenstr. 3, +39 0474 973 132.
Tourismusverein Wengen San Senese 1, +39 0471 843 072.
Tourismusverein St. Vigil in Enneberg Katharina-Lanz-Str. 14, +39 0474 501 037.
Tourismusverein Olang Florianiplatz 19, +39 0474 496 277.
W naturparks.provinz.bz.it/naturpark-fanes-sennes-prags.asp

Toblacher See / Lago di Dobbiaco
Der 14 Hektar große Bergsee ist eine Attraktion im Höhlensteintal. Auf einem Naturlehrpfad kann man ihn umrunden. Ein Blickfang am Ufer ist das verspielt wirkende Hotel Baur.

Steinadler, Feind der Murmeltiere

Hohe Gaisl / Croda Rossa (3146 m)
Faszinierend oder Ehrfurcht einflößend? Der höchste Gipfel in den Pragser Dolomiten ist beides.

Fanes-Sage

Die märchenhafte Natur der Dolomiten ist wie geschaffen für Sagen und Mythen. Das in mehreren Versionen überlieferte Nationalepos der Ladiner erzählt von einem Reich in grauer Vorzeit, dem kriegerischen Reich der Fanes. An dessen Spitze steht ein König, dessen Tochter Dolasilla mit unfehlbaren Pfeilen für ihr Volk kämpft. Zu den zahlreichen Gegnern des Volks der Fanes gehört auch der Zauberer Spina de Mul. Vor der entscheidenden Schlacht gelingt es ihm durch eine List, in den Besitz von Dolasillas wundersamen Pfeilen zu gelangen, die er dann unter den Bogenschützen der Allianz gegen das Reich verteilt. Im Kampf finden die Pfeile ihr Ziel, Dolasilla kann sich mit letzter Kraft in die unterirdische Welt der Fanes retten. Zu den Schauplätzen der Sage gehört auch der Pragser Wildsee.

Überblick: Naturpark Fanes-Sennes-Prags

Die Hochflächen Fanes und Sennes sowie die Pragser Dolomiten mit dem Pragser Tal gaben dem Naturpark seinen Namen. Das Gebiet von verwegener Naturschönheit umfasst einige der markantesten Berggruppen und schillerndsten Seen der Dolomiten. Sie bilden die Kulisse für Erzählungen, die als ladinische Sagen überliefert sind. Auch wegen seiner Eigentümlichkeiten und Geheimnisse ist dieses Gebiet wie geschaffen für Romantiker und Genießer unter den Bergwanderern. Ein Hüttenabend in einem der urgemütlichen Berggasthäuser inmitten ursprünglicher Natur ist ein Erlebnis.

Edelweiß

»Tor zum Gipfel«: Eingang zum MMM Corones auf dem Kronplatz

Kronplatz

SK E2. **K** L4. Michael-Pacher-Str. 11A, +39 0474 553 348. **kronplatz.com**

Das Winterwunderland ist eine der Top-Destinationen für Skisport in den Dolomiten. Bei etwa 120 Kilometern Piste kommt auf dem schneesicheren, oben abgeflachten Berg jeder Skifahrer auf seine Kosten, vom Anfänger über den Gelegenheitswedler bis zum Könner, der sich auf den Black Five genannten fünf schwarzen Pisten austoben kann. Die längste Abfahrt ist über sieben Kilometer lang. Der Kronplatz (Plan de Corones; 2275 m) gehört zum Skiverbund Dolomiti Superski. Zur Ferienregion Kronplatz zählen neben dem Berg auch Teile der Umgebung zwischen Gadertal und Pustertal mit Seitentälern.

Mit mehr als 30 Liften und Bergbahnen ist der Kronplatz bestens »verdrahtet«. Auch im Sommer lohnt sich die Fahrt hinauf. Oben locken Wanderwege und Mountainbike-Touren, Räder werden in der Seilbahn transportiert. Über dem Kronplatz können Drachen- und Gleitschirmflieger ihre Kreise ziehen. Egal, zu welcher Jahreszeit: Die Auffahrt in den Kabinenbahnen bietet ein fantastisches Gebirgspanorama.

Messner Mountain Museum (MMM Corones)

Kronplatz, Enneberg. +39 0474 501 350. 1. Sa im Juni – 2. So im Okt, Ende Nov – Mitte Apr: tägl. 10–16 Uhr. nach Anmeldung. **messner-mountain-museum.it/corones**

Futurismus im Hochgebirge – Stararchitektin Zaha Hadid machte es möglich. Das 2015 auf dem Gipfelplateau des Kronplatzes eröffnete Museum widmet sich der Königsdisziplin im Bergsport: dem Alpinismus. Triumphe und Tragödien an den berühmtesten Bergen der Welt werden dokumentiert. Zwischen den Exponaten (u. a. Gemälde, Fotos und Kletter-

Wie eine Fototapete: Panorama im Naturpark Fanes-Sennes-Prags

ausrüstungen) werden Geschichten erzählt – in Form von Zitaten oder Filmen.

Der Kronplatz als Krönung: Mit dem überwiegend unterirdisch angelegten MMM Corones vollendete Extrembergsteiger Reinhold Messner sein Museumsprojekt *(siehe S. 16f)*.

Pragser Wildsee

SK E2. **K** M4. **i** Prags, Außerprags 78, +39 0474 748 660.

Eine Szenerie zum Niederknien, die blumige Umschreibung »Perle der Dolomitenseen« ist keineswegs zu hoch gegriffen. Die am Ufer steil aufragenden Felswände wie der Seekofel (2810 m) scheinen in diesen Bergsee hineinstürzen zu wollen.

Der Pragser Wildsee liegt in 1494 Meter Höhe, er ist 31 Hektar groß und maximal 36 Meter tief. Doch genug der Zahlen: Es ist die Faszination, die von diesem See ausgeht. Man muss einfach nur innehalten und genießen. Dann spürt man, warum der bezaubernde See auch in der Südtiroler Sagenwelt eine wichtige Rolle spielt *(siehe S. 169)*.

Wer wandern will: Der Pragser Wildsee ist Ausgangspunkt des Dolomiten-Höhenwegs Nr. 1 nach Belluno. Gemütlicher ist der etwa vier Kilometer lange Rundweg um den See.

Im Sommer kann man mit dem Ruderboot ein paar Runden auf dem Wasser drehen. Badevergnügen bietet der See hingegen eher nicht, die Wassertemperatur erreicht auch im Sommer nur etwa 14 °C.

Pragser Wildsee vor der schroffen Nordwand des Seekofels *(rechts)*

Parlament der Murmeltiere

SK E2. **K** L5.

Die Gesteinsformation auf der Fanesalm mit vielen wie aufeinandergestapelt wirkenden Schichten ist ein gigantisches Amphitheater *(siehe S. 147)*. Ihr klangvoller Name »Parlament der Murmeltiere« erinnert an den Titel eines Märchenbuchs. Und tatsächlich herrschten in der ladinischen Sagenwelt einst die Murmeltiere, noch heute sind die Nager ein Symbol der Region.

Wie profan klingt dagegen die reale Erklärung für dieses einzigartige geologische Phänomen am Grünsee nahe der Faneshütte: Die stufenartig angeordneten Felsbänder entstanden durch Verkarstung. Bei diesem Vorgang modelliert Regenwasser im wasserlöslichen Kalkstein mitunter bizarre Formen heraus. Staunen kann man dennoch. Auf Parlamentssitzungen wartet man hier zwar vergeblich, Pfiffe von Murmeltieren sind weitaus wahrscheinlicher, die Eingänge zu Bauten der Nager findet man quasi an jeder Ecke.

St. Vigil / San Vigilio

SK E2. **K** L4. 1300. **i** Katharina-Lanz-Str. 14, +39 0474 501 037. **W** **kronplatz.com/de/san-vigilio**

Vom unteren Gadertal zweigt das Enneberger Tal mit dem Hauptort St. Vigil (San Vigilio) nach Südosten ab. Trotz des Anschlusses an das Skigebiet Kronplatz konnte das Bergdorf seinen Charme bewahren.

Das Naturparkhaus Fanes-Sennes-Prags in Form einer holzverkleideten Rotunde informiert über alle Facetten des Parks – von Almwirtschaft bis Geologie (naturparks.provinz.bz.it/fanes-sennes-prags/naturparkhaus.asp).

Ein kunsthistorisches Juwel ist die Kirche St. Vigil (18. Jh.), ein sehenswertes Event ist das Schneeskulpturen Festival im Januar *(siehe S. 61)*.

⑳ Gadertal / Val Badia

Für Wanderer, Wintersportler und Gourmets eine *der* Adressen in Südtirol. Das vom Gaderbach durchflossene, etwa 30 Kilometer lange Tal erstreckt sich zwischen Pustertal und Sellagruppe. Im unteren (nördlichen) Teil ist es sehr schmal und von steilen, bewaldeten Bergflanken begrenzt. Im oberen, bestens erschlossenen Bereich (Alta Badia) weitet es sich, die Aussicht auf einige Dolomitengipfel ist grandios. Vor allem St. Kassian bietet Spitzengastronomie. Das Gadertal ist maßgeblich von ladinischer Kultur geprägt *(siehe S. 188f)*.

Kurfar / Corvara
Das touristische Zentrum des Gadertals ist Basis für Wintersportler und Wanderer. Eine weitere Zielgruppe sind Golfer.

Auerhuhn

Unterhalb der Cunturinesspitze (3064 m) fand man in einer Höhle ein Bärenskelett – zu sehen im Museum Ladin *(siehe S. 189)*.

Wengen / La Valle ist ein hübsches, vom Tourismus wenig berührtes Dorf in einem Seitental.

Legende
Straße
Fluss

Stern / La Villa
In Stern teilt sich das Gadertal. Die Piste Gran Risa am Ortsrand ist Schauplatz von Weltcup-Skirennen.

St. Leonhard / San Leonardo
Alte Bauernhäuser tragen zum Charme des Orts am Fuß des Heiligkreuzkofels bei. Bekannt sind der Leonhardiritt (Nov) und die mit Stuck und Fresken verzierte Pfarrkirche.

Gelber Berg-Hahnenfuß

Sassongher
Der 2665 Meter hohe Berg ist mit seiner charakteristischen Gestalt das Wahrzeichen von Kurfar (Corvara).

Infobox

Information
SK D2–E3. **K** K4–L6.
i **Tourismusverein Kurfar / Corvara** Col Alt 36, +39 0471 836 176. **Tourismusverein Kolfuschg / Colfosco** Pecëi 2, +39 0471 836 145. **Tourismusverein Stern / La Villa** Colz 75, +39 0471 847 037. **Tourismusverein Abtei / Badia** Pedraces 29A, +39 0471 839 695.
W **altabadia.org**

Auf der Pralongià, einer Hochebene mit gleichnamigem Berggasthof (2157 m), findet man viele Fossilien.

Marmolada
(siehe S. 218f)

Der Piz Boè (3152 m) ist der höchste Gipfel der Sellagruppe *(siehe S. 185)*. Sein pyramidenartiger Gipfel fällt schon von Weitem ins Auge.

Grödner Joch
Passo Gardena
(siehe S. 185)

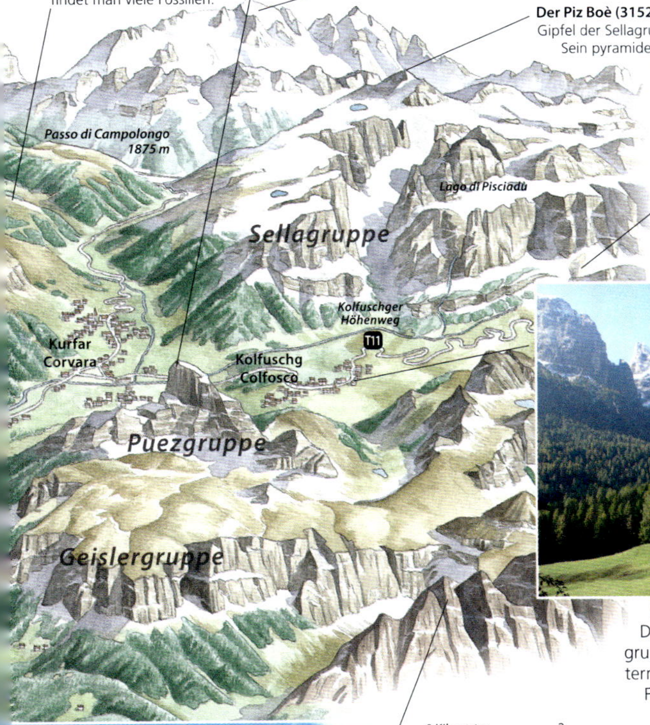

Kolfuschg / Colfosco
Das Dorf vor der Sellagruppe ist mit 1645 Metern der höchstgelegene Ferienort im Gadertal.

0 Kilometer 2

Achtung
Auf der Karte ist Norden nach unten ausgerichtet.

N

Steinadler:
König der Lüfte

Geislerspitzen
Die Felsen zählen zu den bekanntesten Motiven der Dolomiten. Höchste Gipfel sind Furchetta *(links)* und Sass Rigais mit je 3025 Metern.

Überblick: Gadertal / Val Badia

Unten rauscht der Gaderbach, oben bietet sich ein atemberaubendes Bergpanorama. Trotz perfekter Erschließung für Urlauber hat sich das Gadertal etwas Abgeschiedenheit bewahrt, ladinische Sprache und Kultur konnten sich erhalten. Das kontrastreiche Tal bezaubert neben seinen vielfältigen Landschaften auch durch erlesene Gaumenfreuden – von bodenständiger ladinischer Küche bis zu Gastronomie für Anspruchsvolle. Das Skigebiet Alta Badia bietet mit 130 Kilometern Piste Skigenuss für alle Niveaus.

Ländliches Idyll: Hügellandschaft mit Bauerhäusern am Fuß des Kreuzkofels

Kolfuschg / Colfosco

SK E2. **K** K5. **i** Pecëi 2, +39 0471 836 145. **W** **altabadia.org**

Die Lage zwischen Sellagruppe im Südwesten und Sassongher im Nordosten könnte kaum spektakulärer sein. Der höchstgelegene Ort (1645 m) im Gadertal ist nicht nur Startpunkt für Wanderungen, sondern birgt auch Kleinode wie die malerische gotische Pfarrkirche St. Vigilius (1419) mit Spitzbogenfenstern und barocker Zwiebelhaube (17. Jh.) – vor eindrucksvoller Bergkulisse ist sie ein beliebtes Fotomotiv.

Zu den schönsten Wanderrouten in der näheren Umgebung gehört der über mehrere Berghütten zum Grödner Joch führende Kolfuschger Höhenweg *(siehe S. 176f)*, eine wunderschöne Genusstour. Die Aussicht auf die Sellagruppe auf der gegenüberliegenden Talseite ist hervorragend. Wer bequemere Varianten bevorzugt, gelangt mit einer der vielen Seilbahnen, die in unmittelbarer Nähe des Orts starten, in luftige Höhen.

Kurfar / Corvara

SK E2. **K** L5. **i** Col Alt 36, +39 0471 836 176. **W** **altabadia.org**

Hier hat Fremdenverkehr eine lange Tradition. Kein Wunder, gilt der Ort doch als Wiege des Bergtourismus in Italien. Bereits im 18. Jahrhundert machten sich hier passionierte Bergsteiger auf, die umliegenden Gipfel zu erklimmen. Ein Meilenstein war auch die 1947 erfolgte Inbetriebnahme des angeblich ersten Sessellifts in Italien. Diese Tradition wird zum Wohl der Gäste weiter gepflegt. Das Angebot an Hotels und Restaurants, Wanderwegen und Seilbahnen ist gewaltig.

In und um Kurfar dreht sich das Skikarussell. Kurfar und Kolfuschg sind Stationen der Sella Ronda, einer über vier Pässe führenden Skirunde in den Dolomiten.

Der 9-Loch-Golfplatz wenige Kilometer südöstlich von Kurfar bietet Golfvergnügen pur in rund 1700 Meter Höhe – in reinster Bergluft und vor geradezu märchenhafter Kulisse (www.golfaltabadia.it).

Stern / La Villa

SK E2. **K** L5. **i** Colz 75, +39 0471 847 037. **W** **altabadia.org**

Der klangvolle Name weckt Erwartungen, die nicht enttäuscht werden. Bekannt ist Stern vor allem für

Kurfar schmiegt sich an seinen Hausberg Sassongher

die Skipiste Gran Risa, auf der alljährlich im Dezember Weltcup-Skirennen ausgetragen werden (Riesenslalom und Spezialslalom der Herren). Mit ihrer maximalen Neigung von 53 Prozent stellt die Piste auch Cracks vor Herausforderungen. Auf dem Siegerpodest standen hier schon Marcel Hirscher und Alberto Tomba. Das Ziel befindet sich direkt im Ortszentrum – Skifeeling live.

Publikumsmagnet im Sommer ist die Gondelbahn auf den Piz la Ila, von der Bergstation bieten sich viele Wandermöglichkeiten. Ein architektonischer Blickfang in Stern ist der Ansitz Ciastel Colz im Stil der Renaissance. Ein winterliches Vergnügen sind die Pferdeschlittenfahrten von Stern nach Corvara.

In Stern gabelt sich das Gadertal: Der südöstliche Zweig führt über St. Kassian zum Passo di Falzarego, der südwestliche über Kurfar und Kolfuschg zum Grödner Joch.

Sankt Kassian / San Cassiano

SK E2. **K** L5. **i** Micurà de Rü 26, +39 0471 849 422. **W** **altabadia.org**

Der exklusive Urlaubsort am Fuß der Cunturinesspitze bietet Gourmettempel wie St. Hubertus (www.rosalpina.it), in denen Gäste mit Sterne-Küche verwöhnt werden. Die Geologie der Dolomiten veranschaulicht das **Museum Ladin Ursus ladinicus** (www.museumladin.it; *siehe S. 189*). Herausragende Attraktion des Museums ist das in der Cunturineshöhle in 2800 Metern Höhe gefundene Bärenskelett. Mit dem Museum Ladin Ćiastel de Tor in St. Martin in Thurn *(siehe S. 188)* verfügt das Gadertal auch über ein Museum zu ladinischer Kultur.

Bärenskelett im Museum Ladin Ursus ladinicus, St. Kassian

Abtei / Badia

SK E2. **K** L5. Pedraces 29A, +39 0471 839 695. **W** **altabadia.org**

Das Bergdorf ist Verwaltungszentrum des Gadertals. Zu Abtei (Badia) gehören die Ortsteile Pedratsches (Pedraces) und St. Leonhard (San Leonardo) mit der gleichnamigen Kirche, einer der beeindruckendsten in Südtirol. Ihre reiche Rokoko-Ausstattung ist fantastisch. Per Sessellift erreicht man von Pedratsches aus die Wallfahrtskirche Heilig Kreuz (15. Jh.) in 2045 Meter Höhe. Das ihr angegliederte Pilgerhospiz ist heute ein Gasthaus mit ladinischer Küche.

Wengen / La Valle

SK E2. **K** L5. **i** San Senese 1, +39 0471 843 072. **W** **altabadia.org**

Am Sonnenhang eines Seitentals liegt Wengen. Im Vergleich zu den Orten des Haupttals geht es in La Valle beschaulich zu. Wer Ruhe sucht, findet sie hier abseits von Skizirkus und Seilbahnen. Über den Hang verstreut sind noch kleine ladinische Weiler *(viles)* erhalten, in denen die Höfe dicht aneinander gebaut wurden – Dokument des Zusammengehörigkeitsgefühls. Ein Spaziergang durch diese alte Kulturlandschaft hat den Zauber einer Reise in die Vergangenheit. Vielleicht hört man unterwegs ein Murmeltier pfeifen.

T11 Kolfuschger Höhenweg

6,8 km · 2:40 Std. · ↗ 705 m · ↘ 209 m

Ein fantastischer Halbtagesausflug. Hier findet man ungetrübtes Wandervergnügen – die Orientierung ist leicht, die Wege sind gut begehbar, die Anstiege sind nicht zu steil, die Aussicht ist grandios, die Einkehrmöglichkeiten sind bekannt für gute Küche. Am Fuß der Felswände führen die Wege durch blühende Bergwiesen, an manchen Stellen durch kleinere Latschenbestände. Traumhaft ist der Blick auf die Nordwände der Sellagruppe, die einen über weite Teile der Strecke begleitet.

Jimmi Hütte ⑥
Der höchste Punkt der Tour ist erreicht. Nehmen Sie Platz. Das Ambiente der Hütte ist klassisch alpin – außen Holz, innen Holz. Hinter der Hütte ragen die Cirspitzen auf, von der Terrasse reicht der Blick hinunter zum Grödner Joch, dem Ziel der Tour.

Roadbook

Start: Kolfuschg
GPS-Koordinaten: 46.553430, 11.854614

① **Kolfuschg / Colfosco (1623 m)** **km 0,0**
Vom Parkplatz an der Kirche führt die Route zunächst auf asphaltierten Straßen hinauf. Am Ortsrand biegt man auf Weg Nr. 4 ein, der mäßig steil durch das Edelweißtal führt.

② **Edelweißhütte (1836 m)** **km 1,5**
An der Edelweißhütte biegt man links Richtung Grödner Joch ab. An der nächsten Abzweigung hält man sich links auf Weg Nr. 8. Auf dem breiten Schotterweg gewinnt man rasch an Höhe.

③ **Blick auf die Sellagruppe** **km 2,0**
Die Aussicht auf die markante Berggruppe auf der Talseite gegenüber ist fantastisch.

④ **Forcelleshütte (2065 m)** **km 2,8**
Von der Terrasse der fast über dem Abgrund errichteten Hütte hat man einen grandiosen Ausblick – auch auf die vis-à-vis mächtig aufragende Sellagruppe.

Grödner Joch / Passo Gardena ⑦
Die Anhöhe zählt zu den wichtigsten Pässen in Südtirol. Sie verbindet das Grödner Tal mit dem Gadertal. Von beiden Seiten erreicht man das Joch über serpentinenreiche Straßen.

Edelweißhütte ②
Mehr Alpenidyll geht nicht: Die sonnenverwöhnte Hütte mit dem schönen Namen liegt am Fuß des Sassongher inmitten einer ausgehdehnten Almwiese, auf der Pferde grasen. Die Terrasse wartet auf Gäste.

Infobox

Information

Edelweißhütte
☎ +39 0471 836 024.
W rifugioedelweiss.it

Jimmi Hütte
☎ +39 0471 836 776.
W jimmyhuette.com

Busfahrplan
(Grödner Joch – Kolfuschg)
☎ +39 840 000 471.
W sii.bz.it/de/siitimetablesquery

Blick auf die Sellagruppe ③
Die Sellagruppe gegenüber ist bei der Tour ein treuer Begleiter.

Roadbook *(Fortsetzung)*

⑤ **Abkürzung nach Kolfuschg** **km 3,4**
Hier kann man links auf Weg Nr. 8B nach Kolfuschg absteigen. Der Hauptweg über Bergwiesen verläuft weiter geradeaus.

⑥ **Jimmi Hütte (2236 m)** **km 5,8**
Auf Weg Nr. 8A geht es hinauf zu Jimmi Hütte. Weg Nr. 8 führt direkt zum Grödner Joch, doch die Abzweigung lohnt sich.

⑦ **Grödner Joch / Passo Gardena (2121 m)** **km 6,8**
Über Weg Nr. 2 kommt man zum Endpunkt der Tour und per Bus zurück nach Kolfuschg.

Kolfuschg / Colfosco ①
Die gotische Pfarrkirche St. Vigilius (1419) mit dem zierlichen Zwiebelturm ist kunsthistorisches Wahrzeichen von Kolfuschg. Am Parkplatz vor der Kirche startet die Tour.

Streckenprofil

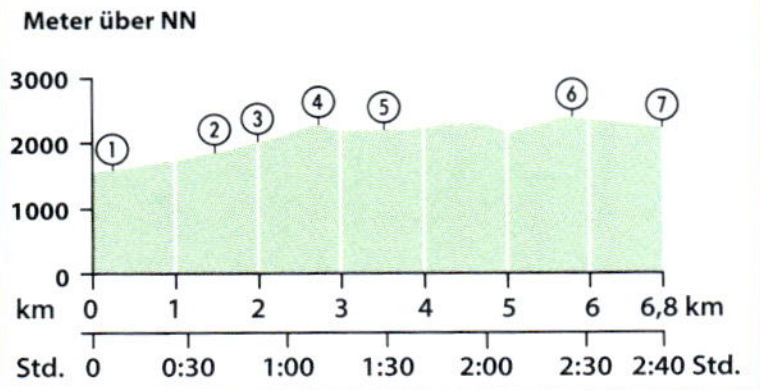

Zeichenerklärung *siehe hintere Umschlagklappe*

㉑ Naturpark Puez-Geisler

Zwischen Grödner Tal, Gadertal und Villnösstal ragen einige der eindrucksvollsten Dolomitenmassive auf. Fantastische Panoramen mit skurril wirkenden Felsformationen machen den Park (Parco Naturale Puez Odle) einzigartig. Die über 3000 Meter hohen, auffallend filigranen Felsnadeln der Geislergruppe zählen zu den berühmtesten Ansichten der Dolomiten. Einen landschaftlichen Kontrast bildet die Puezgruppe mit ihren weiten Hochplateaus. Auf den Almwiesen wachsen viele seltene Pflanzen. Den Naturpark durchzieht ein dichtes Netz von gut begehbaren Wanderwegen.

Murmeltier

Geislergruppe / Gruppo delle Odle
Eine treffende Bezeichnung: Ihren italienischen Namen verdankt diese spektakuläre Gruppe dem ladinischen Wort für Nadel – und wie Nadeln ragen die schlanken Felstürme auf. Zwei Gipfel teilen sich den Superlativ: Sass Rigais und Furchetta sind mit jeweils 3025 Metern die höchsten Berge des Massivs.

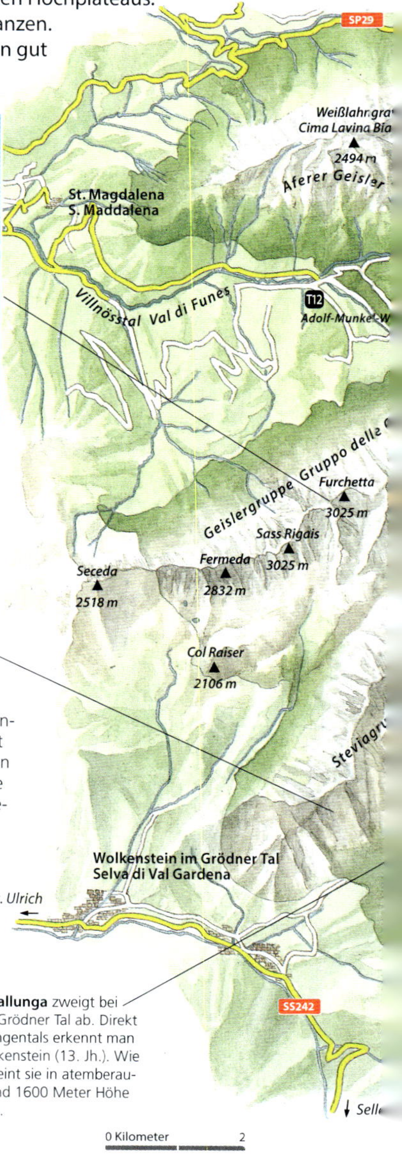

Felsbrücke der Steviagruppe
Ein spektakuläres Werk der Erosion: Die natürlich entstandene Felsbrücke hat eine Spannweite von 25 Metern und eine Dicke von zwölf Metern.

Das Langental / Vallunga zweigt bei Wolkenstein vom Grödner Tal ab. Direkt am Beginn des Langentals erkennt man die Burgruine Wolkenstein (13. Jh.). Wie ein Adlerhorst scheint sie in atemberaubender Lage in rund 1600 Meter Höhe am Berg zu haften.

Peitlerkofel Sasso de Putia (2875 m) Alleinstehend und mächtig: Beim Aufstieg auf den nordwestlichen Eckpfeiler der Dolomiten sind einige Kletterpassagen zu überwinden.

Infobox

Information
SK DE2. **K** KL5.
Fläche: 10 722 Hektar. **Gründung:** 1978. **i** **Tourismusverein Villnöss** Peterweg 10, +39 0472 840 180.
W **sudtirol.com/de/naturparks/naturpark-puez-geisler.htm**

Gämsen Die Bergbewohner scheuen keinen noch so steilen Hang.

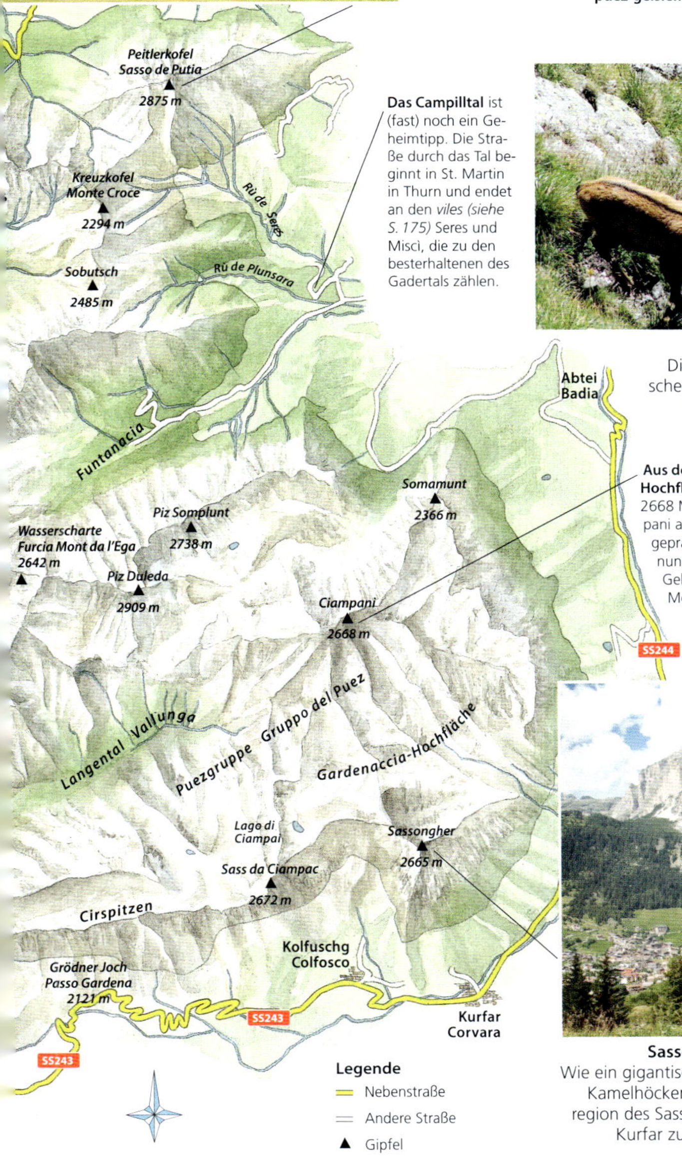

Das Campilltal ist (fast) noch ein Geheimtipp. Die Straße durch das Tal beginnt in St. Martin in Thurn und endet an den *viles (siehe S. 175)* Seres und Miscì, die zu den besterhaltenen des Gadertals zählen.

Aus der Gardenaccia-Hochfläche ragt der 2668 Meter hohe Ciampani auf. Mit seinen ausgeprägten Karsterscheinungen erinnert das Gebiet fast an eine Mondlandschaft.

Sassongher (2665 m) Wie ein gigantischer versteinerter Kamelhöcker wirkt die Gipfelregion des Sassongher, der über Kurfar zu wachen scheint.

T12 Adolf-Munkel-Weg

9,1 km | 2:50 Std. | ↗ 454 m | ↘ 454 m

Hier sind Sie auf einem der schönsten Höhenwege der Dolomiten unterwegs. Die abwechslungsreiche Tour führt auch unter den Nordwänden der bizarr geformten Geislerspitzen entlang. Die hier vorgestellte Route umfasst nur ein Teilstück des gesamten Adolf-Munkel-Wegs. Neben den landschaftlichen Highlights überzeugt der Weg auch durch die große Zahl an Hütten, in denen man sehr gut einkehren an. Alle Passagen sind einfach zu begehen und auch für Kinder geeignet.

Geisleralm ⑦
Aus Holz geschnitztè Greifvögel empfangen den Wanderer. Von der gemütlichen Terrasse öffnet sich ein schönes 360-Grad-Panorama.

Roadbook

Start: Zanser Schwaige
GPS-Koordinaten: 46.634752, 11.765439

① **Zanser Schwaige (1680 m)** **km 0,0**
Die Zanser Schwaige erreicht man mit Auto oder Bus. Beim Parkplatz an der Zanser Schwaige beginnt die Tour auf Weg Nr. 6 in Richtung Tschantschenon.

② **Weg zur Brücke** **km 1,0**
Die Route führt zunächst über idyllische Almwiesen, später am Tschantschenonbach entlang, der auch in einer Folge von Kaskaden fließt.

③ **Brücke über den Tschantschenonbach (1868 m)** **km 1,7**
Nach Überqueren der breiten Holzbrücke über den Bach, der hier über eine Reihe von angelegten Stufen fließt, hält man sich links. Hier beginnt der Adolf-Munkel-Weg (Nr. 35).

④ **Waldweg** **km 2,0**
Die Route verläuft in leichtem Auf und Ab durch vereinzelte Waldstücke, die immer wieder den Blick auf die Geislerspitzen freigeben.

Weg zur Gschnagenhardtalm ⑥
Der Adolf-Munkel-Weg ist sehr gut ausgebaut. In diesem Teil der Route wechseln sich lichte Waldbestände mit Wiesen und Weiden ab. Wege durch bewaldete Abschnitte führen zum Teil über das dichte Wurzelgeflecht von Bäumen.

Infobox

Information

Zanser Schwaige
+39 0472 671 311.
zanserschwaige.com

Gschnagenhardtalm
+39 0472 840 158.
profanterhof.com/ gschnagenhardt-alm.html

Geisleralm
+39 339 604 4685.
geisleralm.com

Dusler Alm
+39 338 219 3734.

Geislerspitzen ⑤
Eine fantastische Fotokulisse: Die imposanten Geislerspitzen sind ein Meisterwerk der Natur und von allen Seiten ein absoluter Blickfang.

Weg zur Brücke ②
In einigen flacheren Passagen verläuft die Route auf dicht bewachsenen Wiesen über Holzstege.

Zanser Schwaige ①
Eine nette Holzfigur begrüßt die Gäste der Zanser Schwaige – herzlich willkommen!

Streckenprofil

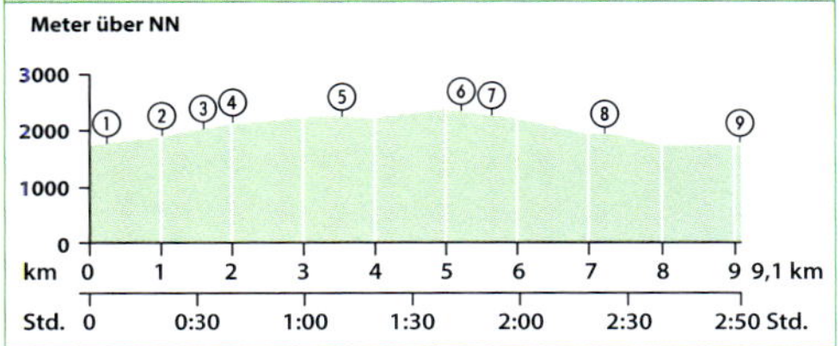

Roadbook *(Fortsetzung)*

⑤ **Aussicht auf Geislerspitzen km 3,6**
Der Weg führt direkt unterhalb der Geislerspitzen entlang. An einer Lichtung passiert man den Adolf-Munkel-Gedenkstein, einen Felsen mit Gedenktafel. An einer Gabelung biegt man in Weg Nr. 36 ein, der erst über Holzstufen verläuft.

⑥ **Gschnagenhardtalm (2006 m) km 5,2**
Durch sattgrüne Wiesen geht es hinunter zur Gschnagenhardtalm (mit Spielplatz und Liegestühlen). Die Geisleralm ist schon im Blick.

⑦ **Geisleralm (1996 m) km 5,6**
Die Geisleralm ist eine tolle Einkehrmöglichkeit. Der Weg zur Dusler Alm verläuft über Holzstege.

⑧ **Dusler Alm (1800 m) km 7,2**
Von der Hütte geht es in vielen Kehren auf dem Weg Nr. 36 in etwa 40 Minuten zurück ins Tal.

⑨ = ① **Zanser Schwaige (1680 m) km 9,1**
Hier erreichen Sie wieder die Zanser Schwaige, den Ausgangspunkt.

Zeichenerklärung *siehe hintere Umschlagklappe*

㉒ Villnösstal

SK DE2. **K** JK5. **i** Peterweg 10, Villnöss, +39 0472 840 180.
W **villnoess.com**

Ein typisches Stück Südtirol, hier erlebt man Vielfalt auf kleinem Raum: Das 24 Kilometer lange Villnösstal (Val di Funes) bildet eine Verbindung zwischen Eisacktal und Dolomiten. Im unteren Teil präsentiert es sich eher schluchtartig, im oberen weit und sonnig. Wahrzeichen ist die alles überragende Geislergruppe. Ganz nahe kommt man diesen Felstürmen, -spitzen und -nadeln bei einer Wanderung auf dem Adolf-Munkel-Weg *(siehe S. 180f)*. Die höheren Bereiche des Tals liegen im Naturpark Puez-Geisler *(siehe S. 178f)*, das Naturparkhaus in St. Magdalena.

Im Mineralienmuseum in Teis (mineralienmuseum-teis.it) taucht man in die funkelnde Welt der Bergkristalle und anderer Mineralien ein. Lassen Sie sich von den magisch farbenprächtigen Teiser Kugeln faszinieren. Wer ein kleines Stückchen Südtiroler Bergwelt mit nach Hause nehmen will: Im Shop findet man sicher das geeignete bunt schillernde Mitbringsel. Das Speckfest (Ende Sep/Anfang Okt) in St. Magdalena ist Treffpunkt für Fans dieser Südtiroler Spezialität.

Idyllisches Ufer des Eisack in Klausen mit der Pfarrkirche St. Andreas (15. Jh.)

㉓ Klausen

SK D2. **K** J5. 5200. **i** Marktplatz 1, +39 0472 847 424.
W **klausen.it**

In dem malerischen Ort an einer Engstelle (Klause) des Eisacktals scheint die Zeit stehen geblieben zu sein. Anmut und mittelalterliches Ortsbild inspirierten Generationen von Künstlern – darunter auch Albrecht Dürer 1494 bei seiner Italienreise zum Kupferstich *Nemesis*. Das Stadtmuseum (www.museumklausenchiusa.it) bewahrt den kostbaren Loretoschatz mit italienischem und spanischem Kunsthandwerk (16./17. Jh.).

Klausen (Chiusa) ist einer der wichtigsten Orte zum Törggelen *(siehe S. 46f)*.

Auf einem Felsen 200 Meter über Klausen steht das nur zu Fuß erreichbare Kloster Säben (17. Jh.) mit wertvoll ausgestatten Kirchen. Beim Weg hinauf passiert man Burg Branzoll (19. Jh., nicht zugänglich).

Umgebung: Am gegenüberliegenden Ufer des Eisack liegt Gufidaun (Gudon), dessen Ansitz Hohenhaus ein Archäologiemuseum beherbergt. Eine weitere Besucherattraktion ist das stillgelegte Bergwerk Villanders westlich von Klausen (www.bergwerk.it).

Südtirol ganz ursprünglich: Villnösstal mit den Felszacken der Geislerspitzen

Holzschnitzer im Grödner Tal

Das Grödner Tal ist weltbekannt, zu seinen Trümpfen gehört die traditionsreiche Holzschnitzerei. Ganze Dynastien von Künstlern stammen von hier. Der Rohstoff für dieses facettenreiche Handwerk stammt aus heimischen Bergwäldern, die Bandbreite an Hölzern reicht von Ahorn bis Zirbelkiefer. Die fertige Skulptur kommt naturbelassen, gebeizt, bemalt, gewachst oder vergoldet in den Handel. Das Museum Gherdëina in St. Ulrich bietet einen Streifzug durch vier Jahrhunderte Grödner Holzschnitzkunst – von Spielzeug bis zu Krippen. Um die heimischen Produkte von Billigkopien zu unterscheiden, wurde das Gütesiegel »Gardena Art« geschaffen – handgeschnitzte Produkte dieser Marke stammen alle aus dem Grödner Tal.

Infobox

Information
Museum Gherdëina
Strada Rezia 83, St. Ulrich.
+39 0471 797 554.
unterschiedl. (siehe Website). nur für Gruppen nach Anmeldung.
museumgherdeina.it

Engel
»Himmlische Figuren« sind ein thematischer Schwerpunkt der Schnitzkunst im Grödner Tal. Häufig werden sie spärlich gewandet und musizierend dargestellt.

Holzschnitzerei
Anfangs lag der Schwerpunkt der Holzschnitzer auf Haushaltsgegenständen, später auf Krippen und Heiligenfiguren. Heute haben die Kunsthandwerker größeren Spielraum und können durchaus auch Ausflüge in die moderne Kunst unternehmen.

Enzian und Edelweiß
Die Blumen sind Inbegriff für blühende Alpenwiesen und somit auch populäre Motive Südtiroler Holzschnitzer.

Eule
Auch einheimische Tiere werden in Holz verewigt. Die detaillierte Darstellung des Gefieders ist eine besondere Herausforderung.

Wandererpaar
Er mit Wanderstab, sie mit Blumenstrauß in der Hand. Wie in anderen Genres der Kunst zählen romantische Darstellungen zu den beliebtesten Motiven.

㉔ Grödner Tal / Val Gardena

Was für eine imposante Umrahmung: Geislergruppe im Norden, Sellagruppe im Osten, Langkofelgruppe im Süden. Damit nicht genug – das Grödner Tal umfasst auch ausgedehnte Almen, allen voran die Seiser Alm. Hier gibt es zu allen Jahreszeiten ein umfangreiches Programm für Aktivurlauber. Wanderer, Kletterer, Mountainbiker und Paraglider sind ebenso begeistert wie Skifahrer, Snowboarder und Langläufer. Im Grödner Tal haben sich ladinische Sprache und Kultur erhalten *(siehe S. 188f)*, die Holzschnitzkunst ist weltberühmt.

Wolkenstein Selva di Val Gardena Vom höchstgelegenen Dorf des Tals wirken die spektakulären Bergmassive zum Greifen nah.

Felstürme der Geislergruppe

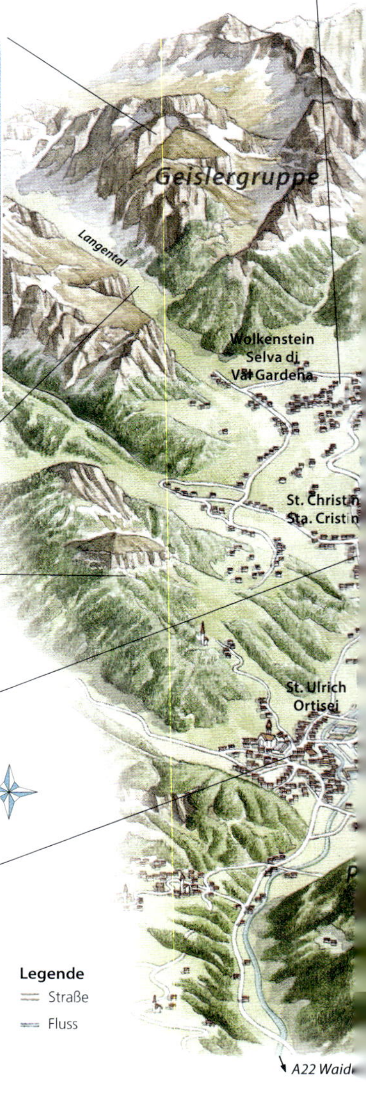

Das Langental / Vallunga ist das wichtigste Seitental des Grödner Tals. Bei Wolkenstein zweigt es nach Norden ab.

Seceda (2518 m)

St. Christina / Sta. Cristina erstreckt sich über sonnige Almen, dahinter ragt der Langkofel auf. Nicht weit entfernt steht die berühmte Fischburg.

Achtung Auf der Karte ist Norden nach links ausgerichtet.

N

St. Ulrich / Ortisei Der Hauptort des Tals ist Zentrum eines Seilbahnnetzes mit gewaltigen Kapazitäten. Bahnen führen auch zur Seceda und zur Seiser Alm. Das Museum Gherdëina dokumentiert vier Jahrhunderte Holzschnitzkunst.

Legende
- Straße
- Fluss

**Grödner Joch
Passo Gardena**
In vielen Serpentinen windet sich die Straße zum Pass (2121 m) zwischen Grödner Tal und Gadertal. Von der Passhöhe bietet sich ein Traumpanorama.

Infobox

Information
SK D2–3. **K** J5–K6.
i Tourismusverein St. Ulrich Strada Rezia 1, +39 0471 777 600. **Tourismusverein St. Christina** Strada Chemun 9, +39 0471 777 800. **Tourismusverein Wolkenstein** Strada Mëisules 213, +39 0471 777 900.
w valgardena.it

Die Sellagruppe / Gruppo di Sella begrenzt das Tal im Osten. Das markante Massiv ist bis 3152 Meter hoch.

Das Sellajoch / Passo di Sella (2218 m) verbindet Grödner Tal und Fassatal. Die Straße führt zwischen Sella- und Langkofelgruppe hindurch – ein traumhaftes Ensemble.

Langkofelgruppe / Gruppo del Sasso Lungo
Die im Langkofel bis 3181 Meter hohe Berggruppe dominiert das Panorama im Süden.

Seiser Alm / Alpe di Siusi
(siehe S. 194f)

Kastelruth / Castelrotto
Zu allen Jahreszeiten einen Besuch wert: Kastelruth *(siehe S. 192)* vor malerischer Bergkulisse.

Überblick: Grödner Tal / Val Gardena

Mancher Besucher fühlt sich im Grödner Tal wegen der vielen hier geschnitzten Heiligenfiguren dem Himmel ein Stück näher. Alternativ erreicht man dies mit den vielen Seilbahnen, die in die umliegende Bergwelt führen. So oder so: Das Grödner Tal zählt zu den populärsten Urlaubszielen Südtirols. Skifahrer finden hier ihr weißes Glück – das Tal gehört zum Skiverbund Dolomiti Superski. Im Sommer ist das Gebiet ein Dorado für Wanderer und Mountainbiker. Doch auch wenn die meisten Gäste wegen der Natur und dem Sportangebot kommen: Die kunsthistorischen Attraktionen sollte man keinesfalls versäumen.

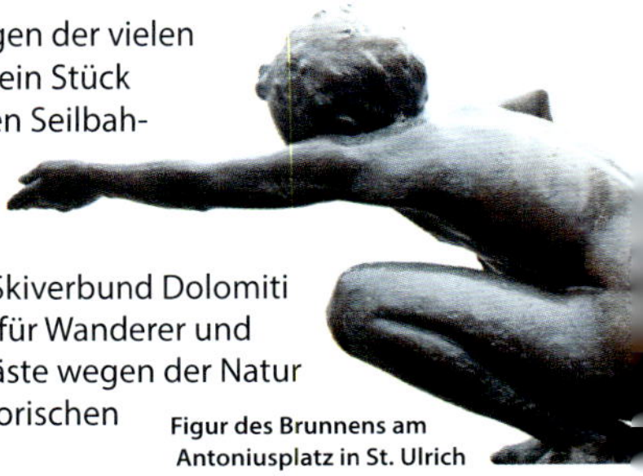

Figur des Brunnens am Antoniusplatz in St. Ulrich

Trostburg

SK D2. **K** J5. Burgfriedenweg 22, Waidbruck. +39 0471 654 401. obligatorisch: Gründonnerstag–Okt: Di–So 11, 14, 15 Uhr (Juli, Aug: auch 10, 16 Uhr).
burgeninstitut.com

Südtirol ist Burgenland. Für Mittelalter-Fans stellt sich die Trostburg oberhalb von Waidbruck (Ponte Gardena) als Juwel dar. Die Besucherzahlen halten sich in Grenzen – vermutlich weil man am Eingang des landschaftlich traumhaften Grödner Tals keine kulturellen Highlights erwartet. Zu Unrecht, denn das Anwesen aus dem 12. Jahrhundert ist ein Traum von Festung, die im Stil verschiedener Epochen (von Gotik bis Barock) erweitert und umgestaltet wurde. Zu den Highlights der nur zu Fuß erreichbaren Burg gehören der prunkvolle Rittersaal mit wappenverzierter Kassettendecke, die dreifach gewölbte gotische Stube und der große Renaissance-Saal.

Im Anschluss an die obligatorische Führung kann man die Dauerausstellung »Burgen – Bauwerke der Geschichte« besuchen. Sie bietet einen einzigartigen Einblick in die Welt der Südtiroler Burgen – u. a. anhand von 86 maßstabsgetreuen Modellen.

St. Ulrich

SK D2. **K** J5. 4700. Strada Rezia 1, +39 0471 777 600.
valgardena.it/de/urlaub-st-ulrich-groeden

Der größte Ort des Tals ist einer der bekanntesten Ferienorte Südtirols. Auch wenn sich das einstige Bergdorf St. Ulrich (Ortisei) in den vergangenen Jahren rasant verändert hat, lohnt sich ein Bummel durch das (überschaubare) Zentrum.

Zu einer Reise in die Natur- und Kulturgeschichte des Grödner Tals lädt das Museum Gherdëina (www.museumgherdeina.it) im ladinischen Kulturzentrum Cësa di Ladins ein. Der thematische Reigen reicht von Archäologie und Mineralogie bis zu Malerei und Holzschnitzkunst. Ein Saal beschäftigt sich mit dem aus St. Ulrich stammenden Bergsteiger, Schauspieler und Schriftsteller Luis Trenker.

Die Dauerausstellung »ART 52« im Kongresshaus widmet sich der traditionsreichen Grödner Holzschnitzkunst (www.art52.it). Ein Genuss ist der Besuch einer Werkstatt, wo die berühmten Holzfiguren gefertigt werden.

Panorama beim Helikopterflug *(siehe S. 9)* – in der Mitte Fanesgruppe mit Heiligkreuzkofel / Sasso Santa Croce (2907 m)

Umgebung: Für Kirchenliebhaber führt eine Wanderung hinauf ins wesentlich beschaulichere Bergdorf St. Jakob. Die gleichnamige Kirche birgt Fresken (15. Jh.) und schöne barocke Holzfiguren. Einige Teile der prachtvollen Ausstattung sind im Museum Gherdëina ausgestellt.

St. Christina

SK D2. **K** K5. 2000. Strada Chemun 9, +39 0471 777 800.
valgardena.it/de/urlaub-st-christina-groeden

Auch dieser Ort im Herzen des Grödner Tals steht ganz im Zeichen des Tourismus. Im Vergleich zu St. Ulrich hat sich St. Christina (Sta. Cristina) jedoch mehr von seiner Ursprünglichkeit bewahrt. Stolz ist man auf die angeblich weltgrößte holzgeschnitzte Krippe. In der Adventszeit wird sie vor der Pfarrkirche ausgestellt, den Rest des Jahres ist sie im Sportcenter Iman zu sehen.

St. Christina ist Austragungsort international bedeutender Skirennen. Auf der Weltcup-Piste Saslong finden jedes Jahr ein Abfahrtslauf und ein Super-G der Herren statt. Start des fast 3500 Meter langen Abfahrtsrennens ist die Seilbahnstation Ciampinoi unterhalb des Langkofels, das Ziel liegt nahe dem Ortszentrum von St. Christina.

Blick über St. Christina mit der Pfarrkirche

Umgebung: Auf einer Anhöhe steht das im Stil der Renaissance errichtete Castel Gardena (17. Jh.). Ihren bekannteren deutschen Namen Fischburg erhielt die Anlage wegen der früher in der Nähe betriebenen Fischzucht. Das Anwesen ist in Privatbesitz, doch allein der Anblick der vieltürmigen Burg von außen ist lohnend.

Wolkenstein

SK D2. **K** K5. 2600. Strada Mëisules 213, +39 0471 777 900.
valgardena.it/de/urlaub-wolkenstein-groeden

Mit St. Ulrich und St. Christina bildet Wolkenstein (Selva) eine Art Siedlungsband, für das einheimische Marketing-Experten den Begriff »Grödner Dreigestirn« kreierten. Wie in den beiden anderen Orten kommen auch hier die meisten Besucher wegen der grandiosen Hochgebirgslandschaft mit zahlreichen Top-Ski- und Wandergebieten. Hier ist das ganze Jahr über viel Betrieb, den Begriff »Nebensaison« scheint man in Wolkenstein nicht zu kennen.

Am Eingang des Langentals thront unter einem Felsüberhang in rund 1600 Meter Höhe die Ruine von Burg Wolkenstein (13. Jh.). Teile der Anlage wurden in den Fels hineingebaut, weshalb sie sich beim Blick aus der Ferne kaum vom Fels abhebt.

Ladiner

Ohne sie gäbe es in Südtirol keinen kulturellen Dreiklang. Die Minderheit der rund 20 000 Ladiner pflegt ihre Traditionen und ihre Sprache mit großem Stolz und Selbstbewusstsein. Ein Gebiet namens »Ladinien« sucht man auf Landkarten vergeblich. Vielmehr handelt es sich um einen Bereich des rätoromanischen Kulturraums, der auch Gadertal (Badia) und Grödner Tal (Ghërdeina) in Südtirol umfasst. Viele Südtiroler Sagen sind eigentlich ladinisch, u. a. die berühmte Fanes-Sage *(siehe S. 169)*. Zwei spannende Museen der Region sind Botschafter ladinischer Kultur. Bëgnodüs – Willkommen!

Clownfigur, Holzschnitzerei aus Gröden

Traditionen
Grödner Tal und Gadertal waren lange Zeit sehr abgeschieden – zum Segen für Traditionen und Bräuche, die wie überall in Südtirol auch in ladinischen Gebieten gepflegt werden. Beim Umzug »Gröden in Tracht« (1. So im Aug) erlebt man Musikkapellen und Volkstanzgruppen in traditionellen Gewändern und natürlich auch Kostproben ladinischer Küche.

Holzschnitzerei im Grödner Tal
Ob Tierfiguren, Darstellungen von Heiligen und Engeln, Spielzeug, Alltagsutensilien oder die weltberühmten Weihnachtskrippen – Holzschnitzarbeiten aus dem Grödner Tal *(siehe S. 183)* sind ein Exportschlager. Das Kunsthandwerk wird hier seit etwa vier Jahrhunderten betrieben, zu den Hochburgen gehört St. Ulrich.

Adler, Holzschnitzerei aus Gröden

Schloss Thurn: Standort des Museums Ladin Ćiastel de Tor

Museum Ladin Ćiastel de Tor
Die Vielfalt ladinischer Kultur in einem Museum – von Geschichte bis Kunsthandwerk. Auch archäologische Funde und die Tourismusgeschichte im Siedlungsraum der Ladiner sind Themen des Museums (2001) in Schloss Thurn.

Museum Ladin Ursus ladinicus
Spektakulärste Attraktion des Museums ist das Skelett eines ladinischen Bären (Ursus ladinicus). Die Knochen des vor rund 40 000 Jahren lebenden Höhlenbären wurden 1987 in rund 2800 Meter Höhe unterhalb der Cunturinesspitze gefunden. Ein weiterer Schwerpunkt des 2011 eröffneten Museums ist die Geologie der Dolomiten. Zahlreiche Exponate illustrieren die Entstehung dieser Gebirgsgruppe.

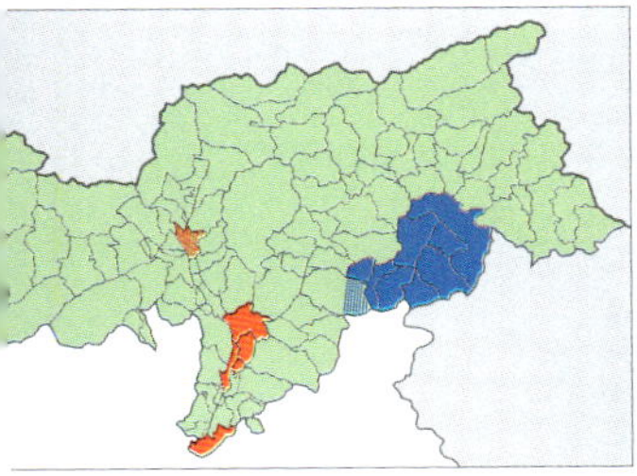

Legende Sprachverteilung
- mehrheitlich deutsch
- mehrheitlich ladinisch
- mehrheitlich italienisch

Sprachverteilung
Südtirol ist dreisprachig. Deutsch ist für rund 62 Prozent der etwa 520 000 Südtiroler die Hauptsprache, ca. 23 Prozent sind italienischsprachig, etwa vier Prozent sprechen Ladinisch. Italienisch ist vor allem im Raum Bozen, in Meran und im äußersten Süden um Salurn verbreitet. Ladiner leben in einigen Tälern der Dolomiten, vor allem in den höheren Bereichen von Gadertal und Grödner Tal. Die dortigen Ortsschilder sind dreisprachig.

Infobox

Information
Museum Ladin
Ursus ladinicus
Micurà de Rü 26, St. Kassian.
+39 0474 524 020.
Mai, Juni, Sep, Okt: Di–Sa 10–17, So 14–18 Uhr; Juli, Aug: Mo–Sa 10–18, So 14–18 Uhr; 26. Dez–März: Do–Sa 15–19 Uhr (bis Anfang Jan: tägl.). Apr: nur für Gruppen nach Anmeldung.
Ticket gilt für beide Museen.
museumladin.it

Museum Ladin
Ćiastel de Tor
Torstr. 65, St. Martin in Thurn.
u. wie Museum Ladin Ursus ladinicus. Ticket gilt für beide Museen.
teilweise.
museumladin.it

Ladinisch

Neben Deutsch und Italienisch ist Ladinisch dritte offizielle Amtssprache in Südtirol. Im Gadertal und im Grödner Tal ist es nicht nur lebendige Alltagssprache, sondern auch Unterrichtssprache in Schulen. Der ladinische Sprachraum reicht bis ins angrenzende Fassatal (im Trentino) und in die Provinz Belluno (im Veneto).

Ladinisch ist vielfältig: Es existieren mehrere Dialekte und sogar Schriftsprachen.

Ladinisches Poptrio Ganes
Elisabeth Schuen, Marlene Schuen und Maria Moling.

㉕ Naturpark Schlern-Rosengarten

Im Westen der Schlern, im Süden der Rosengarten. Die beiden markanten Felsenreiche gehören zur ersten Garde der Südtiroler Bergprominenz und geben dem Schutzgebiet einen würdigen Namen. Einen grandiosen Kontrast zu diesen Massiven bietet die ausgedehnte, sanft gewellte Seiser Alm im Norden und Osten des Naturparks (Parco Naturale Sciliar-Catinaccio). Für Südtiroler ist dies ein ganz besonderes Stück Heimat, nicht umsonst ranken sich zahlreiche Sagen und Mythen um Schlern und Rosengarten.

Die Santnerspitze Punta Santner (2414 m)
und die nahe Euringerspitze (2397 m) bilden die äußeren Zacken des Schlern. Sie wurden nach den Bergsteigern benannt, die sie zuerst bezwangen.

Seiser Alm / Alpe di Siusi
Die berühmte Hochalm zählt zu den schönsten Landschaften Europas. In Compatsch starten von Haflingern gezogene Pferdewagen für kurze Ausflüge.

Schlern / Sciliar
Ein Wahrzeichen Südtirols! Diese eindrucksvolle Felsenhochebene mit unvergleichlichem Profil hatte schon immer etwas Besonderes: In grauer Vorzeit Kultort, im Mittelalter Treffpunkt der gefürchteten Hexen *(siehe S. 33)*.

Rosengarten
Mächtig, schroff und unbezwingbar wirkt die sagenumwobene Berggruppe mit dem so sanft klingenden Namen. Das Alpenglühen hier ist legendär.

Zeichenerklärung *siehe hintere Umschlagklappe*

Grödner Tal Val Gardena
Die traditionsreiche Holzschnitzerei *(siehe S. 183 und S. 188)* entwickelt sich ständig weiter und kreiert auch moderne Formen.

Infobox

Information
SK D2–3. **K** J5–6.
Fläche: 6800 Hektar.
Gründung: 1974.
i Naturparkhaus Schlern-Rosengarten Weißlahn 14, Tiers, +39 0471 642 196.
W sudtirol.com/de/naturparks/naturpark-schlern-rosengarten.htm

Puflatsch / Bullaccia
Der Aussichtsberg am Rand der Seiser Alm ragt über dem Grödner Tal auf. Eine Steinformation in Form von Sesseln wird »Hexenbänke« genannt.

Mahlknechthütte
Hüttenromantik mit Komfort: Sie ist ein Ziel für Wanderer und Mountainbiker, im Winter für Schneeschuhwanderer und Rodler. Serviert wird Südtiroler Küche.

Grasleitenhütte
Die urige Hütte im wildromantischen Grasleitental liegt am Kreuzungspunkt mehrerer Wanderwege – u. a. zur Seiser Alm und zum Schlern.

Seiser Alm: grasende Pferde vor dem Schlern

Völs / Fiè

SK D3. **K** H6. 3500. Boznerstr. 4, +39 0471 725 047.
voels-am-schlern.com

Mit seinen verwinkelten Gassen zeigt Völs mittelalterlichen Charme. Der Völser Weiher gehört zu den saubersten Badeseen Italiens. Der Oswald-von-Wolkenstein-Ritt im Juni *(siehe S. 193)* ist das Highlight im Veranstaltungskalender von Völs und Umgebung.

Völs gilt als Ursprungsort der Heubäder *(siehe S. 53)*. Die Heilwirkung der in den Alpengräsern und Gebirgsblumen enthaltenen ätherischen Öle wussten die Bauern schon in früheren Zeiten zu schätzen und verwendeten sie bei diversen Beschwerden. Bald darauf kamen auch die ersten Gäste der Region in den Genuss der wohltuenden Anwendung.

Schloss Prösels Castel Presule

SK D3. **K** H6. Prösler Str. 2, Völs. +39 0471 601 062. obligatorisch; Mai, Okt: 11, 14, 15 Uhr; Juni, Sep: 11, 14, 15, 16 Uhr; Juli, Aug: 11, 12, 13, 14, 15, 16 Uhr. Sa.
schloss-proesels.seiseralm.it

Die einstige Burganlage (13. Jh.) wurde im 16. Jahrhundert zum prachtvollen Renaissance-Schloss umgestaltet. Bei Rundgängen sieht man den Schlosshof, die idyllische Kapelle, den schmucken Rittersaal, das gemütliche Kaminzimmer und das schaurige Verlies. Zu den Glanzstücken der Waffenkammer gehört die Rüstung eines Samuraikämfers. Fresken, Holzvertäfelungen und Schnitzereien zieren viele Räume des Anwesens.

Seis / Siusi

SK D2. **K** J6. 2000. Schlernstr. 16, +39 0471 707 024.
seis-am-schlern.com

Seis liegt spektakulär vor der Kulisse von Santnerspitze und Euringerspitze, die wie abgesprungene Teile des Schlernmassivs wirken. Zu den Trümpfen des Ferienorts gehört die Seilbahn hinauf zur Seiser Alm. Das Strudelfest im September lockt mit Strudel in allen Variationen (mit Marillen, Äpfeln, Zwetschgen, Topfen, Spinat, Kräutern etc.).

Ein Wanderweg führt von Seis hinauf zur Ruine von Burg Hauenstein (12. Jh.), auf der Oswald von Wolkenstein *(siehe S. 193)* viele Jahre lebte.

Schloss Prösels – im 16. Jahrhundert Schauplatz von Hexenprozessen

Kastelruth / Castelrotto

SK D2. **K** J5. 6500. Krausplatz 1, +39 0471 706 333.
kastelruth.com

Ob Anhänger des volkstümlichen Schlagers oder nicht – den Ortsnamen kennt jeder. Kastelruth ist das nördlichste und größte der drei Dörfer am Fuß des Schlern. Es wirbt mit dem Kastelruther Spatzen Fest *(siehe S. 61)*, bei dem die berühmten Lokalmatadoren auftreten, einigen freskenverzierten Fassaden und einem der höchsten Kirchtürme Südtirols.

Seiser Alm / Alpe di Siusi

SK D2–3. **K** J5–6. Compatsch 50, +39 0471 727 904.
seiseralm.it

Die größte Hochalm Europas (ca. 5600 ha) ist ein faszinierender Schauplatz: Kaum ein anderes Feriengebiet bietet zu allen Jahreszeiten so viel und hat sich so wenig durch den Tourismus verändert. Am bequemsten hinauf kommt man mit der Seilbahn von Seis, die Bergstation liegt bei Compatsch. Oben bewegt man sich zu Fuß, mit Fahrrad, Bus oder Kutsche. Seilbahnen führen zu diversen Anhöhen und Aussichtspunkten – eine Bilderbuchlandschaft für Genießer.

Das sanfthügelige Hochplateau erstreckt sich etwa zwischen 1700 und 2300 Meter Höhe. Es bietet Wanderwege, Loipen, Almhütten mit wundervollen Ausblicken. Die Bergkulisse mit Schlern, Rosengarten und Langkofelgruppe ist gigantisch, die sommerbunte Blütenpracht einzigartig.

Oswald-von-Wolkenstein-Ritt

Mit Galopp ins Mittelalter: Er war zwar weder sonderlich sportlich noch als Pferdenarr bekannt, dennoch ist die größte Reitveranstaltung Minnesänger und Dichter Oswald von Wolkenstein gewidmet. Höhepunkt des dreitägigen Events an einem Wochenende im Juni ist das Reitturnier am Sonntag. 36 Teams zu je vier in Trachten gekleideten Reitern treten in Wettbewerben gegeneinander an. Gefragt ist meisterliche Reitkunst. Schauplätze der vier Wettbewerbe sind Orte, die eng mit dem Leben des berühmten Sohns dieser Gegend in Verbindung stehen. Das Rahmenprogramm ist kunterbunt (Umzug, Konzerte, Fahnenschwinger etc.).

Infobox

Information
SK D3. **K** 6.
Veranstaltungszentrum
Dorfstr. 15, Völs.
+39 0471 709 600.
Shuttle-Busse bringen Besucher zu den vier Veranstaltungsorten.
ovwritt.com

Tor-Ritt
Unterhalb von Schloss Prösels gilt es, mit erhobener Bannerstange möglichst schnell im Slalom durch aufgestellte Torstangen zu reiten.

Labyrinth
Beim Rennen durch einen engen Parcours am Matzlbödele in Seis kommt es für Pferde und Reiter auf Tempo und Geschicklichkeit an.

Ringstechen
Die Aufgabe auf dem Kofel in Kastelruth besteht darin, die mitgeführte Bannerstange durch drei hängende Ringe zu werfen.

Hindernisgalopp
Am Völser Weiher müssen die Reiter u. a. Holzkugeln durch ein Kanonenrohr rollen und wieder auffangen sowie eine Passage rückwärtsreiten.

Oswald von Wolkenstein
Der charismatische Adlige (um 1377–1445) war der herausragende Dichter an der Schwelle vom Mittelalter zur Renaissance.

T13 Rundwanderung auf der Seiser Alm

10,3 km · 2:50 Std. · ↗ 285 m · ↘ 285 m

Genießen Sie eine einfache, aber imposante Rundtour durch die sanfthügelige Landschaft der Seiser Alm, Europas größter Hochalm. Die Route führt nicht durch Wald, sondern ständig über offenes Gelände. Alle Wege sind sehr gut begehbar, einige Abschnitte sind asphaltiert. Die Aussicht auf Langkofel im Osten und Schlern im Westen ist fantastisch. Almhütten und Hotelrestaurants laden zur Einkehr ein.

Kuh im Gras

Compatsch ②
Das oft als »Hoteldorf« bezeichnete Compatsch am Westrand der Seiser Alm bietet Läden und Gaststätten. Hier befindet sich die Bergstation der Seilbahn von Seis.

Roadbook

Start: Seis
GPS-Koordinaten: 46.543975, 11.56272

① **Bergstation der Seilbahn (1857 m)** **km 0,0 (0:00 Std.)**
Die Tour startet – wie viele andere Wanderwege – direkt an der Bergstation. Dort bieten Infotafeln und Landkarten Orientierung. Halten Sie sich Richtung Weg Nr. 30. Die Route verläuft zunächst nach Süden.

② **Compatsch (1860 m)** **km 0,4 (0:10 Std.)**
Auf einer asphaltierten Straße erreichen Sie nach kurzer Zeit Compatsch, wo Sie sich eventuell mit Proviant eindecken können. Hier beginnt Weg Nr. 30 Richtung Osten.

Panorama der Langkofelgruppe mit Langkofel *(links)* und Plattkofel

Laurinhütte ⑦
Terrasse mit Traumblick: Das mächtige Felsplateau des Schlern mit den beiden vorgelagerten Zacken Santnerspitze und Euringerspitze scheint nur eine Armlänge entfernt.

Infobox

Information
Seiser Alm Bahn
Fahrzeiten: Ende Mai–Anfang Nov: tägl. 8–18 Uhr (Mitte Juni–Mitte Sep: bis 19 Uhr).
☎ +39 0471 704 271.
W **dieseiseralm.com/de/seiser-alm-bahn.html**

Kutschenfahrten
☎ +39 335 707 61 68.
W **kutschenfahrten-seiseralm.com**

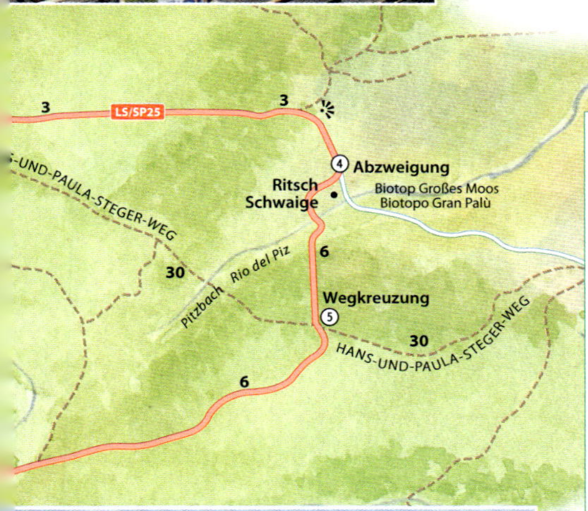

Roadbook *(Fortsetzung)*

③ **Steger** **km 2,0 (0:35 Std.)**
Wo der Wanderweg eine Fahrstraße kreuzt, lohnt sich ein kurzer Abstecher (weiter auf Weg Nr. 30) zum Hotel Steger-Dellai mit idyllischem Weiher. Dann zurück zur Straße und weiter auf Weg Nr. 3.

④ **Abzweigung** **km 3,6 (1:00 Std.)**
Parallel zur Fahrstraße führt der Wanderweg Richtung Osten – immer mit Blick auf den Langkofel. An einer Abzweigung mit Busstopp biegen Sie auf Weg Nr. 6 ein. Hinter dem Gasthof Ritsch führt der Weg über Gras.

⑤ **Wegkreuzung** **km 4,2 (1:15 Std.)**
Hier beginnt die Abkürzung nach Compatsch (Weg Nr. 30). Für die vorgesehene Tour bleiben Sie auf Weg Nr. 6. Er verläuft nach Südwesten – mit Blick auf den Schlern.

⑥ **Alpenhotel Panorama** **km 6,4 (1:50 Std.)**
Das Alpenhotel mit Bar und Restaurant ist schon von Weitem sichtbar. Auf der Terrasse locken Liegestühle.

⑦ **Laurinhütte** **km 7,2 (2:05 Std.)**
Die Aussicht auf den Schlern ist toll. Von hier geht es zurück auf dem Weg Nr. 6 zum Alpenhotel Panorama.

⑧ = ① **Bergstation der Seilbahn (1857 m)** **km 10,3 (2:50 Std.)**
Über Weg Nr. 7 und Compatsch erreichen Sie die Bergstation der Seilbahn.

Pferdekutschen ②
Am Informationsbüro in Compatsch starten ein- und mehrstündige Kutschenfahrten über die Seiser Alm. Dabei kommen Haflinger, eine blondmähnige Pferderasse aus Südtirol, zum Einsatz. Die wundervolle Bergkulisse an sich vorbeiziehen zu lassen ist ein Erlebnis.

Streckenprofil

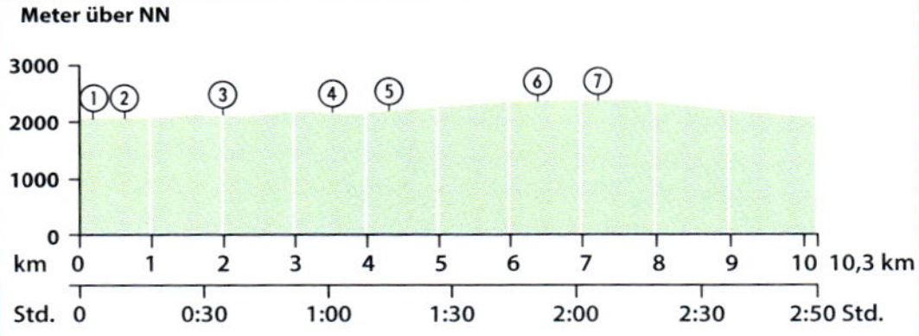

Zeichenerklärung *siehe hintere Umschlagklappe*

Restaurants

Brixen ist ein kulinarischer Hotspot, die meisten Lokale liegen in den Gassen der hübschen Altstadt. Einige ganz besonders originelle Standorte von Restaurants befinden sich jedoch vor den Toren der Stadt: ein ehemaliges Klostergebäude und – noch unkonventioneller – eine Autobahnraststätte. Brixen verfügt auch über stylishe Bars sowie über eine Club- und eine Kleinkunstszene.

Restaurants und Cafés

① Finsterwirt €€€
Domgasse 3, 39042 Brixen
☎ +39 0472 835 343 ● So, Mo
W finsterwirt.com
Eine Institution in Brixen: In den historischen Gaststuben des Finsterwirt werden seit fast 300 Jahren Gäste mit Südtiroler Köstlichkeiten verwöhnt, z. B. mit Hirschragout oder Gulasch vom Hochlandrind. Fantasie und Mut zu neuen Kreationen sind Markenzeichen von Küchenchef Hubert Ploner, der 2016 das Erbe des in Südtirol geradezu legendären Hermann Mayr antrat. Holzvertäfelungen, Gemälde und Butzenscheibenfenster tragen zum Ambiente bei. Die Zutaten stammen von Produzenten aus der Region. Im Sommer sitzt man im Innenhof mit Weinlaube.

② Fink €€
Kleine Lauben 4, 39042 Brixen
☎ +39 0472 834 883
● Sep–Juni: Di abends, Mi.
W restaurant-fink.it
Ein alteingesessenes Lokal mit traditioneller Südtiroler Gasthausküche – schnörkellos und köstlich. Filet vom Jungschwein in Pfifferlingsauce oder Tiroler Gröstl vom Tafelspitz sind bewährte Klassiker. Es gibt auch eine große Salatauswahl. Für Naschkatzen: Kuchen, Torten und Mehlspeisen stammen aus der hauseigenen Konditorei. Die Weinkarte lässt keine Wünsche offen. Im Sommer kann man unter den Lauben essen.

③ Traubenwirt €€
Kleine Lauben 9, 39042 Brixen
☎ +39 0472 836 552
W traubenwirt.it
Gewölbe, Holzbalken, Rundbogenfenster – das Interieur ist stimmig. Serviert werden Gerichte aus Südtirol und dem Mittelmeerraum. Steinpilzrisotto, Schlutzkrapfen, Spaghetti mit Venusmuscheln, Steak vom Hirsch und Steinbuttfilet überzeugen ebenso wie die Desserts (von Vinschger Marillen bis Schokomousse). Und wenn man nur wenig Zeit hat: Eine Pizza gibt es hier auch. Die illustre Weinkarte scheint kein Ende zu nehmen.

④ Goldenes Rössl €€
Brennerstr. 3, 39042 Brixen
☎ +39 0472 835 152
W goldenesroessl.it
Das Restaurant im Traditionshotel Goldenes Rössl bietet Südtiroler, aber auch italienische Spezialitäten – von Pizza über Fleischgerichte bis zu vegetarischen Speisen. Sehr beliebt sind die vielen Spargelgerichte im Frühling (mit Schinken, Kalbfleisch oder als Füllung). Donnerstags und freitags steht Fisch auf der Karte.

⑤ Weingalerie €€€
Weißlahnstr. 10, 39042 Brixen
☎ +39 0472 836 001 ● So
W weingalerie.it
Zwischen den massiven Steinmauern ist guter Geschmack zu Hause. Das Restaurant hat sich Slow Food in seiner ganzen Vielfalt auf die Fahnen geschrieben. Genießen Sie Jakobsmuscheln auf Zucchinitatar oder Angus-Steak mit Kartoffel-Trüffel-Püree. Wie der Name des Restaurants vermuten lässt: Das umfangreiche Weinsortiment bietet Genussmomente für Leib und Seele. Hier wird Weinkultur gelebt.

⑥ Raststätte Lanz €
Pustertaler Str. 7A, 39040 Natz-Schabs ☎ +39 0472 611 890
W lanz-suedtirol.it
Zwischenstopp gefällig? Eine Raststätte als Restauranttipp – ungewöhnlich, in diesem Fall aber ein Muss. Die zwei Kilometer von der Brennerautobahn entfernte Raststätte Lanz eröffnete 2016. Das Ambiente überrascht, Einrichtung und Farbkonzepte setzen Maßstäbe. Das Essen ist höchst appetitlich, ob Speck- und Käseteller oder Kaffee und Kuchen. Der angegliederte Feinkostladen bietet Südtiroler Spezialitäten.

Hotel Elephant mit freskengeschmückter Fassade ***(siehe S. 150)*** **– das Hotelrestaurant ist empfehlenswert**

Preiskategorien € = preiswert €€ = mittel €€€ = gehoben

Traubenwirt – Südtiroler Ambiente par excellence

⑦ Brückenwirt €€
Stiftstr. 2, 39040 Neustift
☎ +39 0472 836 692 ● Mi
W hotel-brueckenwirt.com
Besondere Lage, besondere Geschichte: Das zwischen Eisack und Weinbergen gelegene Anwesen war früher Teil des Augustiner-Chorherrenstifts Neustift *(siehe S. 152f)*. Das Restaurant des Hotels Brückenwirt bietet mediterran-alpine Köstlichkeiten. Starten Sie das Menü mit köstlichen Tiroler Vorspeisen. Serviert wird in der gemütlichen Alttiroler Stube, im eleganten Saal oder im Garten.

⑧ Dom Café €
Pfarrplatz 3, 39042 Brixen
☎ +39 0472 838 277 ● So
Das ultimative Paradies für Liebhaber von Kuchen, Torten und kreativen Eisspezialitäten – allein schon der Anblick der stets gut bestückten Kuchentheke ist ein wahrer Genuss. Zu den Favoriten gehören Kastanientorte, Pflaumenkuchen und Marillenschnitten – typisch Südtirol, die Zutaten wachsen fast vor der Haustür. Mittags werden auch Snacks wie Sandwiches, Pizzastücke und Salate angeboten.

Kneipen, Bars und Clubs

① Platzl €€
Großer Graben 5, 39042 Brixen
☎ +39 328 072 4639 ● So
Das Platzl ist eines der In-Lokale in der Altstadt von Brixen. Ob Frühstück (ab 7 Uhr), Mittagssnack oder Abendessen – Qualität und Flair überzeugen zu allen Tageszeiten. Abends bietet das Kaffeehaus mit Bar eine gute Auswahl an Weinen und Aperitifs. Einmal im Monat steht im Platzl Live-Musik auf dem Programm.

② 3fiori €
Bäckergasse 3, 39042 Brixen
☎ +39 0472 837 966 ● Mo, So
W 3fiori.com
Bar, Café und Jazzkeller unter einem Dach. Bei der großen Bierauswahl wird jeder Geschmack bedient, kreativ sind auch die hausgemachten Limonaden (z. B. Ingwerlimonade mit Zitronensaft). Dazu werden Snacks wie Focacce, Sandwiches und Nachos gereicht. Der Veranstaltungsreigen umfasst u. a. Verkostungen (Bier, Cider) und Konzerte (u. a. Jazz, World Music). An einem lauen Sommerabend gibt es kaum einen schöneren Ort als den blumengeschmückten Innenhof.

③ Dekadenz €
Obere Schutzengelgasse 3A, 39042 Brixen
☎ +39 0472 836 393
W dekadenz.it
Hier hat die Kleinkunst ein Zuhause. Neben Kabarett und (Musik-)Theater mit vielen Eigenproduktionen stehen auch Konzerte (vor allem Jazz) auf dem Programm – insgesamt rund 100 Vorstellungen im Jahr mit Künstlern aus dem gesamten deutschsprachigen Raum. Die Bühne in einem urigen Gewölbekeller mit Steinmauern ist auch Spielstätte der heimischen Gruppe Dekadenz. Fotos an der sogenannten Künstlerwand erinnern an frühere Auftritte.

④ Club Max €€
Fischzuchtweg 30, 39042 Brixen
☎ +39 333 836 21 47 ● So–Do
Rein ins Wochenende! Am besten geht das für viele im Club Max. Mit DJs und Live Acts wird bis in die frühen Morgenstunden gefeiert. Im Sommer zieht es die meisten in den Lounge Garden, wo grandiose Cocktails gemixt werden. Auch Burger vom Grill sind zu haben.

⑤ Absolut Lounge €
Albuingasse 2, 39042 Brixen
☎ +39 329 195 9504 ● So
Ob zum Kaffee oder auf einen Cocktail – das schon ab 8 Uhr geöffnete Trendlokal zählt zu den angesagtesten Treffpunkten in Brixen. An warmen Sommerabenden kann es auf der Terrasse mit dem mediterranen Ambiente sehr voll werden. An manchen Abenden wird Live-Musik gespielt. Ein Special sind die gelegentlichen Weinverkostungen.

⑥ Pub You 2 €€
Brennerstr. 6C, 39042 Brixen
● So
Das You 2 besitzt ein Ambiente, wie es ein Pub haben sollte. Bier, Wein und Cocktails – die Getränkeauswahl ist top. Es gibt auch frisch gepresste Säfte und Snacks. Die Musik hat eine Bandbreite von Oldies bis Charts. Hinzu kommen Live-Konzerte.

Schild am Restaurant Finsterwirt

⓪ *siehe Zentrumskarte Seiten 148f*

Shopping

Die drittgrößte Stadt Südtirols zählt zu den Shopping-Destinationen der Region. Hier findet man traditionelle Handwerkskunst genauso wie innovatives Design – auch unter einem Dach. Viele Läden und Boutiquen entdeckt man bei einem Bummel durch die Altstadt, doch auch abseits des Zentrums und im nördlich gelegenen Vahrn gibt es Spezielles, Unerwartetes und Ausgefallenes.

① Stiletto
Altenmarktgasse 7, 39042 Brixen
+39 0472 210 244
»Ein guter Schuh trägt Sie durch alle Lebenslagen«, lautet das Motto der Inhaber des kleinen Ladens mit verblüffend großer Auswahl. Ob Stilettos oder Ballerinas, Pumps oder Sneakers, Sandalen oder Stiefel: Bei Stiletto findet man Schuhe von italienischen und internationalen Top-Designern in Top-Qualität. Hier wird die hohe Kunst des Schuhhandwerks zelebriert. Für viele ist dies der beste Schuhladen weit und breit.

② Embawo
Handwerkerzone 5, 39040 Vahrn
+39 346 774 5868
embawo.com
Embawo ist die neue Trendmarke! Benannt ist sie nach einem ostafrikanischen Wort für Holz. Holz und Leder sind denn auch die Rohstoffe, aus denen bei Embawo Taschen in allen Größen und Formen kreiert werden. Hier gehen Handwerk und Design eine perfekte Verbindung ein. Nussbaum oder Ahorn, Zebrano oder Palisander (für einen Hauch von »Exotik«) – die Auswahl an edelsten Hölzern ist groß. Und das Ergebnis in jedem Fall ein Unikat, so einzigartig wie Farbe und Maserung des Holzes und so individuell wie sein Besitzer. Übrigens: Sehr chic ist auch die Embawo-Kollektion an Koffern.

③ Athesia Buch/Papier
Weißenturmgasse 1, 39042 Brixen
+39 0472 082 150
athesiabuch.it/filialen/brixen_buchpapier
Nicht nur an einem verregneten Tag lohnt sich ein Besuch bei Athesia. Im reichhaltigen Sortiment der Bücherregale stöbern und ein wenig schmökern macht immer Spaß. Wie die Niederlassungen in Bozen und Meran bietet auch diese Buchhandlung im Zentrum von Brixen Reiselektüre für jeden Geschmack. Auch Landkarten, CDs, Postkarten und kleine Geschenkartikel kann man hier erwerben.

Degust – eine Hommage an den Käse

Tasche von Embawo – ein Unikat

④ Profanter
Große Lauben 17, 39042 Brixen
+39 0472 921 257
profanterbags.com
Pure Design made in Italy! Auch in Südtirol wird die lange italienische Tradition der Produktion hochwertiger Taschen fortgesetzt. Die Inhaber und Designer Priska und Christian Profanter offerieren Taschen als Day-to-Night-Begleiter für jeden Anlass – für das Date oder das Tablet, für den Shopping-Bummel oder den Theaterbesuch. Immer mit einem Hauch von Luxury und einem Touch Coolness.

⑤ Maximilian
Großer Graben 23, 39042 Brixen
+39 0472 836 775
maximilian.it
Ganz unbescheiden behaupten die Betreiber, die »erste Adresse in puncto Mode in Brixen« zu sein. Hinter diesem ambitionierten Motto steckt jede Menge Substanz: Mode vom Mantel bis zum Schuh, Accessoires vom Hut bis zum Gürtel und zu Taschen – alles in extravaganten Designs und topaktuellen Trends. Lassen Sie sich von den Styling-Beratern inspirieren, und finden Sie Ihr Lieblings-Outfit.

⑥ aMiKa
Dorfstr. 12, 39040 Vahrn
+39 339 339 91 23
amika.bz.it
Sie sind in Italien. Bei aMiKa erleben Sie die Vielfalt der mediterranen Welt des Genießens unter

einem Dach: köstliche Produkte aus Süditalien wie Olivenöl aus Apulien, Pasta und Pastasaucen aus Sizilien, Weine, Pesto, Marmeladen und andere Delikatessen aus allen Regionen des Südens. Auch die große weite Welt italienischer Kräuter und Gewürze hat hier ein Zuhause.

⑦ Federkielstickerei Xander
Hartwig-Platz 10, 39042 Brixen
+39 348 704 30 59
federkielstickereixander.com
Ein altes Kunsthandwerk aus dem Alpenraum wird hier fortgeführt. Die Stickerei erfolgt mit den Kielen von Pfauenfedern, die in Fäden gespalten und mit der Ahle in Leder eingearbeitet werden. Die von Natur aus weißen Kiele können bei Bedarf gefärbt werden. Xander produziert kunstvoll bestickte Trachtengürtel, Hosenträger, Brieftaschen, Schlüsselanhänger und vieles mehr – Stich für Stich alles handgefertigt und hochwertig. Wählen Sie aus verschiedenen Modellen und Motiven.

⑧ Degust
Bsackerau 1, 39040 Vahrn
+39 0472 849 873
degust.com
Käsekultur für Anspruchsvolle: Bei Degust wird Käse veredelt – u. a. mit Weinblättern, Bergblüten, Honig, Bitterschokolade, Pilzcreme, Bienenwachs, kandierten Orangen. Der Kreativität des früheren Sternekochs Hansi Baumgartner sind keine Grenzen gesetzt. Der Laden ist ein wahres Käse-Atelier, auch Zubehör wie Käsemesser und Schneidebretter gehören zum Sortiment. Die regelmäßig veranstalteten Degustationen sind kulinarische Reisen durch die facettenreiche Käsewelt. So manche Spezialität aus dem Hause Degust bereichert die Käseteller erlesener Restaurants.

Maximilian – wenn Mode besonders sein soll

⑨ Klosterladen Neustift
Stiftstr. 1, 39040 Vahrn
+39 0472 836 189
kloster-neustift.it/de/stiftskellerei/klosterladen.html
Im Klosterladen werden die kulinarischen Produkte des berühmten Klosters Neustift *(siehe S. 152f)* und anderer Abteien verkauft – insgesamt mehr als 200 Produkte. Hier erlebt man einen Querschnitt der kulinarischen Schätze Südtirols: darunter Speck, Käse, Olivenöl, Aceto, Apfelsaft, Kräutertee, Kekse, Marmelade, Schokolade, Weine (von Blauburgunder über Gewürztraminer bis Edelvernatsch) und Schnäpse (von Grappa bis Klosterbitter). Darüber hinaus bietet der Laden auch ein kleines Sortiment an Kosmetika (z. B. Apfelblütencreme). Die meisten Gäste kommen nach einer Besichtigung des Klosters vorbei.

Wellness

Wasserspaß mit Wohlfühlambiente: Badevergnügen sowie Beauty, Fitness und Saunieren an 365 Tagen im Jahr. Auch in Brixen bieten moderne Wellness-Tempel alles, was man für einen Tag voller Entspannung braucht.

Whirlpool im Wellness-Tempel Acquarena

① Acquarena
Altenmarktgasse 28B, 39042 Brixen
+39 0472 268 433 tägl.
acquarena.com
Badespaß und Wellness: Acquarena bietet Indoor-Pools mit Sport-, Salzwasser- und Fun-Becken, Outdoor-Pools mit Liegewiesen sowie eine Saunalandschaft (u. a. mit Finnischer Außen- und Innensauna, Dampfbad, Kräutersauna und Zirbelkiefersauna). Das Fitness- und Wellness-Center Bodywell verfügt über Geräte- und Kardioraum sowie Bereiche für Massagen, Beauty-Behandlungen und Infrarotsauna. Irgendwann bekommt man Appetit. Ob Snack oder Menü – im Restaurant Grissino (mit Kegelbahn im Untergeschoss) hat man eine große Auswahl.

⓪ *siehe Zentrumskarte Seiten 148f*

Dolomiten

Die mit ihren bizarren Formen einzigartige Bergwelt präsentiert sich in den Farben Italiens: Grün sind die dichten Wälder, weiß funkelt der Gletscher der Marmolada und im Winter das gesamte Gebirge, die tief stehende Sonne taucht die steilen Felswände in Rot.

Mit einer maximalen Höhe von 3343 Metern reichen die Dolomiten nicht an die zahlreichen Viertausender der Westalpen heran. Doch mit ihren markanten Felsen in Form von Zinnen, Türmen und Nadeln sind sie unglaublich eindrucksvoll. Auch wegen ihrer außergewöhnlichen Schönheit wurden Teilgebiete der Dolomiten 2009 zum UNESCO-Welterbe erklärt. Den steil aufragenden Bergen kann man ganz nahe kommen. Im Sommer tummeln sich viele Wanderer auf den Höhenwegen (u. a. auf den zehn Dolomiten-Höhenwegen), im Winter ist das Bergmassiv ein Paradies für Skisportler: Dolomiti Superski, Tomba-Piste und »Marcialonga« sind in den Kreisen von Skifahrern und Langläufern klangvolle Namen. Zu allen Jahreszeiten kommt man mit Seilbahnen zu Berghütten mit kulinarischen Köstlichkeiten und atemberaubender Aussicht.

Im Winter kombinieren manche Urlauber Skifahren und »Schaulaufen«. Am besten geht das in Cortina d'Ampezzo. Glamourös, mondän und exklusiv ist das Ambiente dieses Wintersportorts mit großer Strahlkraft. Auch wer noch nie in Cortina war, kennt den Ort vermutlich – als Kulisse vieler Kino- und TV-Filme.

In der zauberhaften Bergwelt der Dolomiten ist man dem Himmel ein Stückchen näher – ob im »Museum in den Wolken« auf dem Monte Rite, bei einer Übernachtung im Starlight Room beim Rifugio Col Gallina oder beim »Dinner unterm Sternenhimmel« auf der Terrasse des Rifugio Col Drusciè.

Die Dolomiten sind nicht nur für sagenhaft schöne Natur bekannt, sondern bergen auch kulturhistorische Schätze – von ladinischer Volkskunst bis zu moderner Malerei. Es gibt viel zu entdecken …

Rifugio Cinque Torri, eine der vielen Berghütten in den Hochlagen der Dolomiten

◀ **Gipfelregion im Naturpark Schlern-Rosengarten vom Hubschrauber aus** *(siehe S. 190f)*

Persönliche Favoriten

Faszination Dolomiten: Das weltberühmte Bergmassiv ist Inspirationsquelle für alle Sinne. Erleben Sie ein Musikfestival, den Blick auf ein Feuerwerk, Sonnenuntergänge, köstliches Hüttenessen und eine Nacht unterm Sternenfirmament.

Klänge der Dolomiten

Musikklänge im Einklang mit der Natur: Felswände bilden als Resonanzkörper den spektakulären Rahmen für ein außergewöhnliches Musikfestival.

Blechbläser vor einer Felswand

Klavierkonzert auf einer Hochebene

KLASSIK ON TOP

Klassische Musik einmal anders: Die malerische Kulisse der Dolomiten wird im Sommer zur gigantischen Open-Air-Bühne. Das Musikfestival »Die Klänge der Dolomiten« (»I Suoni delle Dolomiti«) findet an verschiedenen abgelegenen Orten statt, einige Schauplätze liegen im Fassatal. Musiker und Zuhörer gelangen ausschließlich zu Fuß dorthin. Die Wanderungen zu diesen »Naturbühnen« unter freiem Himmel sind Teil des Programms (und ebenso kostenlos wie der anschließende Musikgenuss). Bei dem Spektakel geht es leger zu, hier gibt die Natur den Dresscode vor – kein Dirigent im Frack, kein Gast in Abendgarderobe.

Klänge der Dolomiten
Diverse Orte in den Dolomiten.
isuonidelledolomiti.it

Rifugio Faloria

Nur eine Seilbahnfahrt von Cortina entfernt liegt diese traumhaft schöne Bergoase.

Rifugio Faloria mit Sonnenterrasse

Von Cortina führt die Funivia Faloria *(siehe S. 211)* in andere Sphären. Die abenteuerliche Seilbahnfahrt mit Blick in tiefe Felsspalten ist das gelungene Intro. An der Bergstation lockt das Rifugio Faloria (2123 m) mit raffinierter Südtiroler Küche in der großen Stube und auf der Terrasse mit Blick auf die drei Tofane-Gipfel. Ein absolutes Highlight: »La Notte dei Fuochi« am 14. August mit Blick auf die nächtlichen Feuerwerke im Tal.

Rifugio Faloria
Monte Faloria. +39 0436 2737.
Juni–Sep und Wintersaison: tägl.
cortinaup.it/locale/rifugio-faloria

Bindelweg

Der Höhenweg zählt zu den Klassikern in den Dolomiten. Die Tour mit hohem Erlebniswert bietet faszinierende Blicke auf den höchsten Gipfel des Bergmassivs.

HÖHENPROMENADE

Er ist einer der einfachsten, aber spektakulärsten Wanderwege in den Dolomiten. Die Route (Weg Nr. 601) führt in rund drei Stunden vom Pordoijoch (2239 m) zum Lago di Fedaia (2053 m; *siehe S. 221*). Auch weniger erfahrene Bergsteiger kommen gut zurecht. Der Weg ist leicht begehbar, einige Abschnitte verlaufen durch blumenreiche Wiesen. Etwa auf halber Strecke lockt das Rifugio Viel dal Pan zur Einkehr. Wenn Sie dem Duft der Südtiroler Küche nicht widerstehen können, versuchen Sie es gar nicht erst. Auch im weiteren Verlauf des Wegs zieht die Marmolada (3343 m), der höchste Dolomitengipfel, die Blicke auf sich. Vom Stausee kommt man per Bus wieder zurück.

Rifugio Viel dal Pan
Sasso Cappello. ☎ +39 339 386 5241.
W rifugiovieldalpan.com

Auf dem Bindelweg im Angesicht der Steilwände der Dolomiten

Starlight Room – ein Leuchten in der Nacht

Starlight Room

Eine magische Nacht im Gebirge mit Blick in den Sternenhimmel – unvergesslich.

Ein Bett unterm Sternenzelt: Kaum in Worte fassen lässt sich der Anblick des Nachthimmels durch Glaswände und -decke der kleinen Hütte. Die auf einem Paar Skiern befestigte Kabine in 2055 Meter Höhe bietet Platz für zwei Personen, zur Ausstattung gehören verstellbares Bett, Sitzbank, Bad und Flachbild-TV. Das beste Programm liefert jedoch das nächtliche Firmament. Man erreicht das Nachtlager auf Schneeschuhen oder per Schneemobil. Abendessen und Frühstück sind im (durchaus stolzen) Übernachtungspreis enthalten. Zu schade zum Schlafen.

Starlight Room
Rifugio Col Gallina. ☎ +39 339 442 51 05.
W rifugiocolgallina.com

Überblick: Dolomiten

Für viele Alpinisten ist dies das schönste »Bauwerk« der Welt. Der Name des grandiosen Massivs lässt die Herzen von Wanderern, Kletterern und Skifahrern höherschlagen. Nach Süden reichen die Dolomiten über Südtirol hinaus in das Gebiet der Provinzen Trentino und Belluno. In diesem Teil der Dolomiten finden sich einige der spektakulärsten Berggruppen der Alpen, darunter die auch »Königin der Dolomiten« genannte Marmolada. Markenzeichen der Dolomiten ist der spannende Kontrast zwischen lieblich anmutenden Tälern und steil aufragenden Felswänden, die so abweisend wie faszinierend wirken.

Zackig, schroff, spektakulär: Berggruppe Pale di San Martino

In den Dolomiten unterwegs

Auch an die höchsten Berggruppen der Dolomiten führen Straßen, auf manchen Strecken sind Pässe zu überwinden. Ein grandioses Erlebnis ist eine Fahrt entlang der Großen Dolomitenstraße *(siehe S. 94f)*, eine Traumroute durch die Alpen. Auch andere Passstraßen schlängeln sich in engen Serpentinen zu Passhöhen, deren riesige Parkplätze zum Rasten und Genießen der Aussicht einladen. Viele Gipfelregionen sind mit Seilbahnen erschlossen (u. a. Marmolada und Tofana di Mezzo).

Auf dem Bindelweg *(siehe S. 203)* bei Canazei im Fassatal

Weitere Zeichenerklärungen *siehe hintere Umschlagklappe*

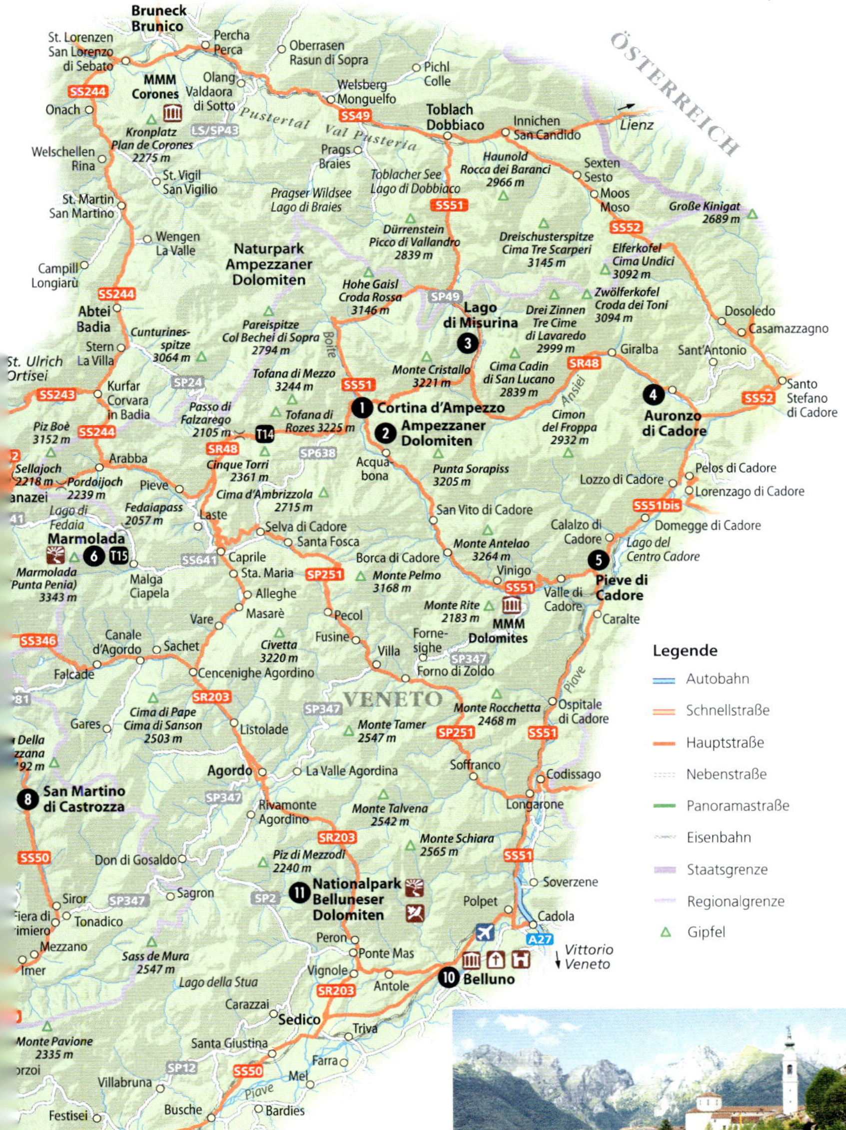

Weiße Häuser, weiße Gipfel: Belluno am südlichen Rand der Dolomiten

Sehenswürdigkeiten auf einen Blick

1. *Cortina d'Ampezzo S. 208–211*
2. *Ampezzaner Dolomiten S. 212f*
3. Lago di Misurina
4. Auronzo di Cadore
5. Pieve di Cadore
6. *Marmolada S. 218f*
7. Naturpark Paneveggio – Pale di San Martino
8. San Martino di Castrozza
9. Valle del Vanoi
10. Belluno
11. Nationalpark Belluneser Dolomiten / Parco Nazionale Dolomiti Bellunesi
12. Valsugana
13. Levico Terme
14. Valle di Cembra
15. Fleimstal / Val di Fiemme
16. Fassatal / Val di Fassa

Touren

T14 Cinque Torri *S. 214f*

T15 »Dach« der Dolomiten *S. 220f*

Die höchsten Gipfel der Dolomiten

Eine Landschaft wie im Märchen: In den Dolomiten ragen Felsen in Form von Nadeln, Zacken, Zinnen, Türmen und Pyramiden auf. Vom Schlern im Westen bis zu den Drei Zinnen im Osten – viele Berge prägen sich schon beim ersten Anblick ins Gedächtnis ein. Die Dolomiten bilden keine geschlossene Bergkette, sondern eine Reihe von einzelnen Berggruppen – getrennt durch traumhaft schöne Täler, an denen die Felsen oft abrupt aufragen. Mit ihren Höhenunterschieden auf relativ kleinem Raum sind die Dolomiten auch ein geologisches Lehrbuch, das Einblick in ihre Entstehungsgeschichte bietet.

Palagruppe mit steilen Felstürmen

Geislergruppe – mächtige Bergspitzen vor idyllischer Wiesenlandschaft

Steinadler – König der Lüfte

★ Panoramablick (360°)

Der Inbegriff von Hochgebirge: Zackig, schroff und faszinierend präsentiert sich die Gipfelflur der zentralen Dolomiten: Auf dem 2778 Meter hohen Gipfel des Piccolo Lagazuoi ⑮ eröffnet

① Brentagruppe (3173 m)
② Latemarspitze (2842 m)
③ Schlern / Sciliar (2563 m)
④ Rosengartenspitze / Catinaccio (2981 m)
⑤ Langkofel / Sasso Lungo (3181 m), Plattkofel / Sasso Piatto (2969 m)
⑥ Peitlerkofel / Sasso de Putia (2875 m)
⑦ Geislergruppe / Gruppo delle Odle (3025 m)
⑧ Sellagruppe (3152 m)
⑨ Marmolada (3343 m)
⑩ Kreuzkofelgruppe / Sasso della Croce (3023 m)
⑪ Cima La Varella (3055 m)
⑫ Cunturinesspitze (3064 m)
⑬ Fanes / Fanis (2988 m)
⑭ Mittlere Tofana / Tofana di Mezzo (3244 m)
⑮ Lagazuoi (2835 m): Standpunkt Panorama ★
⑯ Hohe Gaisl / Croda Rossa (3146 m)
⑰ Birkenkofel / Croda dei Baranci (2922 m)
⑱ Dreischusterspitze / Cima Tre Scarperi (3145 m)
⑲ Drei Zinnen / Tre Cime di Lavaredo (2999 m)
⑳ Cadini (2839 m)
㉑ Zwölferkofel / Croda dei Toni (3094 m)
㉒ Hochbrunner Schneid / Popera (3045 m)
㉓ Rinaldo (2473 m)
㉔ Terza Grande (2586 m)
㉕ Tudaio (2140 m)
㉖ Monfalcon (2548 m)
㉗ Marmarole (2864 m)
㉘ Antelao (3264 m)
㉙ Sorapiss (3205 m)
㉚ Monte Cristallo (3221 m)
㉛ Monte Schiara (2565 m)
㉜ Pelmo (3168 m)
㉝ Croda da Lago (2715 m)
㉞ Civetta (3220 m)
㉟ Vette di Feltre (2334 m)
㊱ Palagruppe / Pale di San Martino (3192 m)
㊲ Lagorai (2847 m)

Marmolada mit Gletscher

Murmeltier – in den Hochlagen unterwegs

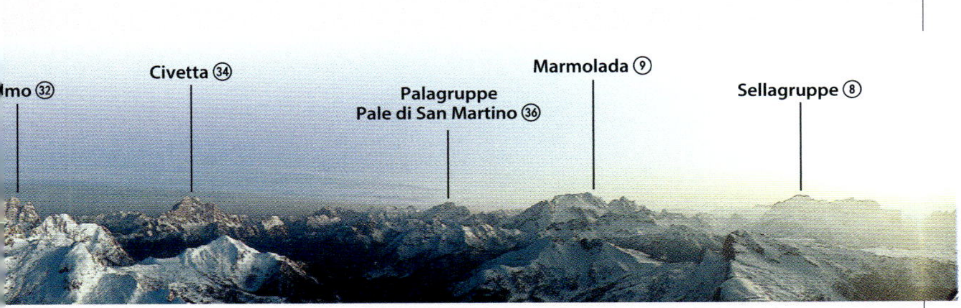

sich ein spektakulärer Panoramablick. Bei entsprechend guter Fernsicht kann man von dieser Position aus alle bedeutenden Gruppen des berühmten Bergmassivs leicht erkennen.

❶ Cortina d'Ampezzo

Exklusiv das Ambiente, gigantisch die Bergkulisse – Cortina d'Ampezzo (oder einfach: Cortina) zählt zu den renommiertesten Wintersportorten der Alpen. An manchen Wintertagen sind im »St. Moritz Italiens« bis zu 50 000 Besucher zu Gast, die von der bezaubernden Pracht Cortinas und der atemberaubenden Bergwelt magisch angezogen werden. Der Ort ist aber zu allen Jahreszeiten ein reizvolles Ziel. Die Olympischen Winterspiele 1956 machten Cortina weltberühmt, 2021 finden hier die Alpinen Skiweltmeisterschaften statt.

Logo des Museo d'Arte Moderna Mario Rimoldi

Kirchturm der Basilica Santi Filippo e Giacomo vor Bergkulisse

Überblick: Cortina d'Ampezzo

Vor grandioser Bergumrahmung breitet sich Cortina am Ufer des Flusses Boite im Ampezzaner Becken aus. Innerhalb weniger Jahrzehnte entwickelte sich das einstige Hirten- und Handwerkerdorf zu einem der begehrtesten und elegantesten Urlaubsorte Italiens. Mit Olympia startete 1956 der Boom, Sportstätten des weltberühmten Sportereignisses sind noch heute in Betrieb. Mit den fünf Ringen kam auch der Jetset – und blieb. Das Städtchen ist eine gefragte Urlaubsresidenz. In Cortina logiert, was (nicht nur in Italien) Rang und Namen hat. So erkennt man beim Flanieren Prominenz aus Sport und Showbiz, Politik und Adel. Entsprechend gehoben ist das Preisniveau, Schnäppchen macht man anderswo. Ob man den Ort als Stützpunkt für Unternehmungen wählt oder »nur« für einen Tagesausflug ansteuert – es lohnt sich auf jeden Fall, das einmalige Ambiente in Cortina zu erleben.

Mondäne Innenstadt

Das Zentrum erstreckt sich zwischen den verkehrsreichen Straßen Via Cesare Battisti und Via del Mercato auf der einen und Via Guglielmo Marconi auf der anderen Seite. Dieses Areal zu

Fossil am Eingang zum Museo Paleontologico Rinaldo Zardini

Sehenswürdigkeiten auf einen Blick

① Corso Italia
② Basilica Santi Filippo e Giacomo
③ Museo d'Arte Moderna Mario Rimoldi
④ Museo Etnografico Regole d'Ampezzo
⑤ Museo Paleontologico Rinaldo Zardini
⑥ Funivia Faloria

Restaurants und Cafés

siehe S. 226

① Il Gazebo (Cristallo Resort)
② Bellevue Restaurant
③ Café Royal im Hotel Royal
④ La Stube 1872 (Cristallo Resort)
⑤ Dolom'eats
⑥ Enoteca Baita Fraina

Flaniermeile Corso Italia mit dem Hotel Concordia *(links)*

Infobox

Information
SK E2. **K** M6. 6000.
Corso Italia 8.
+39 0436 869 086.
Di, Fr. Festa delle Bande (Aug), Raduno Fiat 500 (Sep), La Regina del Gusto (Sep), Settimana della Geologia (Sep).
dolomiti.org/it/cortina

Anfahrt

Füßen des Turms der Basilica Santi Filippo e Giacomo mit ihrem alles überragenden Glockenturm ist recht kompakt und leicht zu Fuß zu erkunden. Einige Straßenzüge sind Fußgängern vorbehalten – ideal zum Flanieren und Shoppen. Das Auto kann man knapp außerhalb des Zentrums abstellen.

Das Stadtbild ist überaus charmant. Häuser mit prächtigem Freskenschmuck und anderen Verzierungen sowie Balkonen mit üppigen Blumenarrangements machen die Innenstadt attraktiv. Zentrale Achse ist der Corso Italia, an dem man gar nicht oft genug flanieren kann – jedes Mal gibt es Neues zu entdecken. Restaurants, Weinlokale und Cafés mit schönen Terrassen laden zum Verweilen ein. Die Auslagen der Galerien und Boutiquen machen neugierig. Vor und nach der rund dreistündigen Siesta strömen viele Gäste hinein. Doch auch abseits des Corso Italia gibt es viel zu entdecken. In den Seitenstraßen locken zahlreiche kleinere Läden zum Schauen und Stöbern.

Nasenschild, Hotel de la Poste

Außerhalb des Zentrums

An den umliegenden Hängen und Bergflanken stehen hübsche Bauernhäuser, die man im Zentrum Cortinas wohl vergeblich sucht. Während die moderne Kunst mit dem Museo Mario Rimoldi einen Platz in der Innenstadt hat, liegen die Standorte für die Präsentation weitaus älterer Exponate (Paläontologie und Völkerkunde) außerhalb des Zentrums, jedoch unmittelbar nebeneinander.

Wer Höhenluft schnuppern, Bergsport betreiben oder Cortina von oben betrachten will, hat diverse Optionen: Talstationen von Seilbahnen befinden sich nahe dem Zentrum bzw. unmittelbar am Stadtrand. An den Bergstationen warten Hütten auf Gäste.

Zeichenerklärung
siehe hintere Umschlagklappe

Kneipen, Bars und Clubs

siehe S. 226

1. Il Posticino (Hotel de la Poste)
2. Enoteca Cortina
3. 5 Torri
4. Bar Dolomiti
5. Birreria Hacker Pschorr

Shopping

siehe S. 227

1. Franz Kraler
2. Pasticceria Ghedina
3. Mauro Guerresco
4. Cooperative di Cortina
5. Bartorelli Gioiellerie

Wellness

siehe S. 227

1. Hotel Bellevue Suites & Spa
2. Cristallo Resort & Spa
3. Miramonti Majestic Grand Hotel

Überblick: Cortina d'Ampezzo

Cortina muss man einfach erlebt haben. Der Laufsteg Corso Italia ist vermutlich die exklusivste Flaniermeile Italiens nördlich von Mailand. Doch bei allem Glanz und Glamour haben rund um den Campanile (Glockenturm) auch Kunst und Kultur ihren Platz. Drei Museen decken ein breites Spektrum ab – von der Urzeit bis in die Gegenwart (Kombiticket für alle drei).

Hotel Bellevue im Stil eines typischen Ampezzaner Hauses

Corso Italia ①

Alle Wege führen hierher. Der lang gestreckte Corso Italia ist die wichtigste Shopping-Meile Cortinas. Einige der bekanntesten italienischen und internationalen Modedesigner und Juweliere sind hier vertreten. Restaurants und Cafés mit Sonnenterrassen laden zum Verweilen und Beobachten der Vorbeiziehenden.

Der Corso ist eine Welt für sich. Hier ist Schaulaufen angesagt. »Sehen und gesehen werden« lautet das Motto, man bemüht sich um *bella figura*. Am frühen Abend mischen sich hier chic gewandete Menschen auf dem Weg ins Restaurant mit gerade aus den Bergen zurückkehrenden Wanderern oder Skifahrern in Funktionskleidung.

Basilica Santi Filippo e Giacomo ②

Via del Mercato 12.
+39 0436 5747.
parrocchiacortina.it

Die nach den beiden Schutzpatronen Cortinas benannte Pfarrkirche St. Philipp und Jakob mit dem 70 Meter hohen Campanile ist sakrales Wahrzeichen und Orientierungspunkt. Die im Barockstil 1769–75 erbaute Kirche ziert üppiger Freskenschmuck bedeutender Tiroler Maler. Ein Blickfang sind die Deckenfresken des Rokoko-Malers Franz Anton Zeiller. Von kunsthistorischem Wert ist der aus Holz mit aufgemalter Marmorierung gefertigte Hauptaltar mit einem Gemälde des Barockmalers Antonio Zanchi.

Museo d'Arte Moderna Mario Rimoldi ③

Corso Italia 69. +39 0436 866 222. Zeiten bitte der Website entnehmen.
musei.regole.it/Rimoldi

Der Museumsreigen Cortinas umfasst drei sehenswerte Kulturstätten. Der Palazzo Casa delle Regole neben der Pfarrkirche war früher Sitz der autonomen Verwaltung des Ampezzo. Heute ist in dem Gebäude ein Museum für moderne Kunst untergebracht. Die Dauerausstellung präsentiert Bilder und Skulpturen einiger der einflussreichsten italienischen Künstler des 20. Jahrhunderts (u. a. Giorgio de Chirico, Filippo de Pisis, Fortunato Depero und Giorgio Morandi).

Mit der Funivia Faloria hinein in die Bergwelt um Cortina

Filmwelt in Cortina d'Ampezzo

Cliffhanger Lodge

Der glamouröse Corso Italia könnte aus der römischen Filmstadt Cinecittà stammen. Doch selbst diese Ehre hätte Cortina nicht nötig, der Ort und seine Umgebung sind selbst gefragte Filmkulissen internationaler Produktionen. Ein paar Beispiele: Cortina zählt auch zu den Drehorten der Krimikomödie *Der rosarote Panther* (1963) mit Peter Sellers und des Italowesterns *Leichen pflastern seinen Weg* (1968) mit Klaus Kinski. *In tödlicher Mission* (1981) rauscht der wohl berühmteste Filmspion aller Zeiten, James Bond 007 alias Roger Moore, bei einer Verfolgungsjagd auf Skiern ins Tal. Auch Skisprungschanze, Eisstadion und Bobbahn waren Drehorte. In der Bergwelt um Cortina spielt der Actionfilm *Cliffhanger* (1993), bei dem Sylvester Stallone einen Bergsteiger mimt *(siehe auch S. 272)*.

Restaurants in Cortina d'Ampezzo *siehe Seite 226*

Hotel de la Poste, ein Traditionshaus in Cortina d'Ampezzo

Benannt ist das Museum nach Mario Rimoldi, der zur Zeit der Olympischen Winterspiele 1956 Bürgermeister von Cortina war.

Museo Etnografico Regole d'Ampezzo ④

Via Marangoni 1. +39 0436 875 524. Zeiten bitte der Website entnehmen.

musei.regole.it/Etn

Das Völkerkundemuseum nimmt Besucher mit auf eine spannende Zeitreise in vergangene Jahrhunderte. Hier werden anhand von Trachten, landwirtschaftlichen Geräten und handwerklichen Produkten (von Alltagsutensilien bis Schmuck) die Traditionen der Region erläutert. Auch die Geschichte der Familie Regole und der gleichnamigen Genossenschaft, die noch heute das Tal verwaltet, werden detailliert beleuchtet.

Museo Paleontologico Rinaldo Zardini ⑤

Via Marangoni 1. +39 0436 875 502. Zeiten bitte der Website entnehmen.

musei.regole.it/Zardini

Direkt neben dem Museo Etnografico befindet sich eine paläontologische Sammlung. Entdecken Sie die Welt, wie sie einmal war: Die umfangreichste Fossiliensammlung in den Dolomiten macht's möglich. Hier sind die vom Ampezzaner Naturforscher Rinaldo Zardini zusammengetragenen Objekte (darunter Gesteine, Minerale, Korallen, Schwämme und Muscheln) ausgestellt – eine wunderbare Lektion in Sachen Geologie der Dolomiten.

Funivia Faloria ③

Via Ria de Zeto 10. +39 0436 2517. Fahrzeiten: Juni–Sep u. Wintersaison: tägl. 8.30–16.30 Uhr.

funiviefaloria.com

Mit der Seilbahn *(funivia)* kommt man zum Rifugio Faloria *(siehe S. 202)* in 2123 Meter Höhe. Die Fahrt ist durchaus ein kleines Abenteuer: Beim letzten Abschnitt hat man fast das Gefühl, in den Berg hineinzufahren, näher an die Felswand kommen nur Kletterer. Von der Terrasse hat man eine traumhafte Aussicht.

Umgebung: Cortina gehört zum Skiverbund Dolomiti Superski. Neben der Faloria im Osten locken weitere Bergregionen in unmittelbarer Nähe des Städtchens Wintersportler, Wanderer und Kletterer an: Monte Cristallo im Nordosten, Sorapiss im Südosten und die Tofane im Westen. Besonders beliebt ist eine Fahrt mit der »Freccia nel Cielo« (Himmelspfeil) genannten Seilbahn bis knapp unterhalb des Gipfels der Tofana di Mezzo (3244 m).

Mehrere Freilichtmuseen in den Dolomiten widmen sich dem Ersten Weltkrieg. Das Museo della Grande Guerra »Tre Sassi« nahe dem Passo di Falzarego erinnert an die Kämpfe zwischen österreichischen und italienischen Truppen in diesem Gebiet (www.cortinamuseoguerra.it). Andere befinden sich bei den Cinque Torri *(siehe S. 215)* und an der Marmolada *(siehe S. 221)*.

Winterliche Pracht mit stimmungsvoll illuminiertem Glockenturm

❷ Ampezzaner Dolomiten

Nehmen Sie Platz in diesem gigantischen Amphitheater. Seine Bühne heißt Cortina d'Ampezzo, die »Hauptstadt« der italienischen Alpen. Schon lange vor den Olympischen Spielen 1956 übte der Ort eine magische Anziehungskraft auf Alpinisten und Künstler aus. Spektakuläre Bergmassive umgeben Cortina wie ein Ring. Sie überragen das Städtchen um rund 2000 Meter und bieten ungezählte Wandermöglichkeiten, schneller und bequemer hinauf geht es mit den Seilbahnen. Der nördliche Bereich des Gebiets ist Teil des 1990 gegründeten Naturparks Ampezzaner Dolomiten (11 200 ha).

Tofana di Mezzo
Den 3244 Meter hohen Gipfel erreicht man von Cortina aus mit der Seilbahn »Freccia nel Cielo« (Himmelspfeil).

Tofana di Rozes
Aus manchen Blickwinkeln erinnert die Form der niedrigsten der drei Tofane-Schwestern (3225 m) an eine Pyramide.

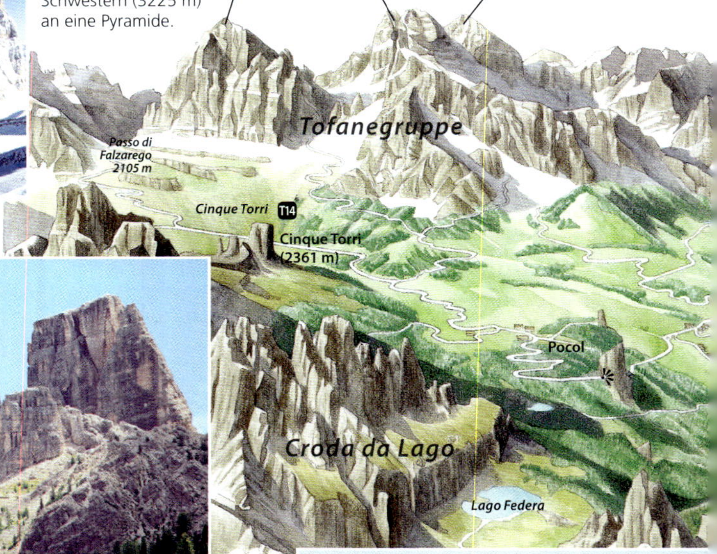

Cinque Torri
Wie Bauklötze in einer Spielzeuglandschaft: Die gewaltigen Felsbrocken (2361 m) mit senkrechten Wänden bilden ein steinernes Ungetüm, das schon Generationen von Bergsteigern herausgefordert hat.

Croda da Lago
Die Berggruppe (2709 m) weist ein wildes Zackenprofil auf. Als Kontrast dazu liegt am Fuß der Croda da Lago ein malerischer See, der Lago Federa.

Monte Cristallo (3221 m)
Eine unverwechselbare Silhouette, schroff und zerklüftet: Der 3221 Meter hohe »Kristallberg« zählt zweifellos zu den imposantesten Gipfeln der Ampezzaner Dolomiten.

Lago di Misurina
Freizeitvergnügen: Bunte Tretboote warten auf dem Misurinasee (1756 m) vor der wie gemalt wirkenden Kulisse der Sorapissgruppe (3205 m) auf Gäste.

Cortina d'Ampezzo
Die winterliche Ansicht erinnert an ein Blatt aus dem Adventskalender. Mit zahlreichen Edelboutiquen und Luxushotels ist Cortina ein mondäner Urlaubsort für Anspruchsvolle, der vor allem im Winter restlos ausgebucht ist. Über das Treiben erhebt sich der Glockenturm der Pfarrkirche.

T14 Cinque Torri

8,8 km | 4:00 Std. | ↗ 320 m | ↘ 686 m

Im Ranking der bizarrsten Felsformationen der Dolomiten stehen die Cinque Torri ganz weit oben. Die senkrechten Türme ragen mitten aus grüner Landschaft auf. Bei dieser Rundtour kommt man ihnen ganz nahe. Doch zunächst geht es nach der Bergfahrt mit der Seilbahn zu mehreren bewirtschafteten Hütten, die jede für sich wunderbare Panoramen (und Südtiroler Küche) bieten. Dann nähert man sich den »Fünf Türmen«, die man auch umrunden kann. Abschließend geht es auf einer Fahrstraße und einem Waldweg nach unten.

Cinque Torri ⑥
Felsen wie stumpfe Zähne in verschiedenen Größen. Man muss kein Kletterer sein, um dem Bann der »Fünf Türme« zu erliegen.

Roadbook

Start: Talstation der Seilbahn
GPS-Koordinaten: 46.518513, 12.038629

① **Talstation Bai de Dones (1889 m)** — **km 0,0**
Im Lokal Baita Bai de Dones kann man vor oder nach der Tour einkehren. Die Seilbahnfahrt führt durch Waldschneisen, stellenweise auch über einen Wanderweg.

② **Rifugio Scoiattoli (2255 m)** — **km 0,1**
An der Bergstation wird man von der Hütte quasi in Empfang genommen. Genießen Sie zunächst das Panorama und den ersten Blick auf die Cinque Torri. Folgen Sie nun Weg Nr. 439 Richtung Rifugio Nuvolau.

③ **Rifugio Averau (2416 m)** — **km 1,3**
Die Hütte unterhalb des Averau ist erstes Etappenziel. Im Westen reicht der Blick bis zur Marmolada. Tafeln informieren über die Berge und historische Geschehnisse.

④ **Rifugio Nuvolau (2575 m)** — **km 2,1**
Weg Nr. 439 führt hinauf zum Rifugio Nuvolau, dem höchsten Punkt der Tour. Beim Würstchenbraten vor der Hütte kann man zusehen. Auf dem Rückweg (Nr. 439) geht es Richtung Rifugio Cinque Torri.

⑤ **Rifugio Cinque Torri (2137 m)** — **km 4,5**
Hier ist es deutlich ruhiger als auf den anderen Hütten. Die Aussicht auf Croda da Lago und Monte Cristallo stört kein Lärm.

Rifugio Averau ③
Dem Averau (2647 m) zu Füßen liegt die gleichnamige Hütte. Neben dem Berggiganten wirkt sie winzig.

Blick auf Croda da Lago Vom Rifugio Cinque Torri hat man den perfekten Blick auf die markanten Felszacken *(siehe S. 212)*.

Infobox

Information

Seggiovia 5 Torri (Seilbahn)
W 5torri.it/prezzi/listino

Rifugio Scoiattoli
W rifugioscoiattoli.it

Rifugio Averau
W 5torri.it/portfolio/rifugio-averau

Rifugio Cinque Torri
W 5torri.it/portfolio/rifugio-5-torri

Roadbook *(Fortsetzung)*

⑥ **Giro dello Cinque Torri** **km 5,2**
Vor dem Abstieg kann man noch die Cinque Torri umrunden. Der Weg um die Felsgruppe führt zu einem Freilichtmuseum, das an die Kämpfe im Ersten Weltkrieg erinnert. Ob mit oder ohne Extrarunde: Vom Rifugio Scoiattoli ② kann man für den Rückweg auch die Seilbahn nehmen.

⑦ **Abzweig Straße – Waldweg** **km 6,8**
Bei dieser Abzweigung verlässt man die asphaltierte Straße und nimmt Weg Nr. 425 durch idyllischen Wald.

⑧ **Lago Bai de Dones** **km 8,4**
Wie aus dem Nichts taucht mitten im Wald der kleine, seichte See auf.

⑨ = ① **Talstation Bai de Dones** **km 8,8**
Nach 400 Metern erreichen Sie wieder die Talstation der Seilbahn.

Rifugio Scoiattolio ② Die Bergstation der Seilbahn liegt direkt an dieser Hütte. Das Gipfelpanorama kann man hier auch vom Liegestuhl aus genießen.

Streckenprofil (ohne Seilbahn)

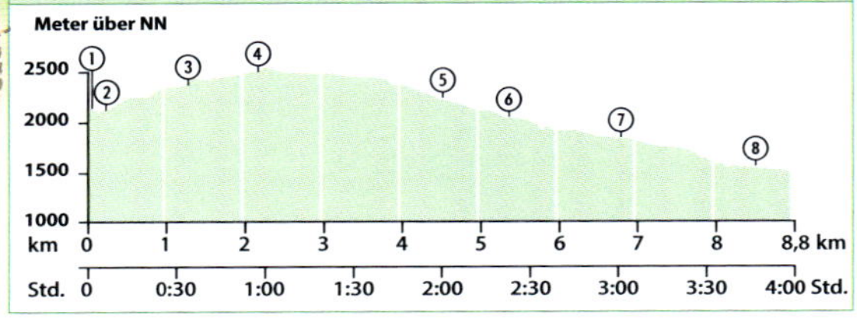

Zeichenerklärung *siehe hintere Umschlagklappe*

❸ Lago di Misurina

SK F2. **K** N5.

Seine Lage zwischen Drei Zinnen, Monte Cristallo und Sorapiss ist bezaubernd. Bei einem Spaziergang um den Misurinasee (ca. 45 Min.) kann man die mehr als imposante Szenerie in aller Ruhe auf sich wirken lassen (Kamera nicht vergessen!). Am Westufer werden Ruder- und Tretboote verliehen, mit denen man sich gemütlich über den See bewegen kann – eine weitere Option, die prächtige Aussicht zu genießen. Das Grand Hotel Misurina am Ufer zählt zu den ältesten Hotels der gesamten Region.

Der lang gestreckte und mit einer maximalen Tiefe von fünf Metern relativ seichte Gebirgssee in 1756 Meter Höhe war Schauplatz der Eisschnelllaufwettbewerbe der Olympischen Winterspiele 1956.

❹ Auronzo di Cadore

SK F2. **K** P5–6. 3400. Via Roma 24, +39 0435 996 03.
auronzomisurina.it

Der beschauliche Ort am Ufer des Lago di Auronzo birgt mit der Pfarrkirche San Lucano Vescovo ein kunsthistorisches Juwel. Das 1851–56 errichtete Gotteshaus mit achteckigem Grundriss und frei stehendem Glockenturm zeigt kunstvolle Holzschnitzereien und auffallend farbintensive Decken- und Wandmalereien.

Der Stausee ist ein Tummelplatz für Wassersportler, hier finden u. a. Motorboot- und Drachenbootrennen statt.

MMM Dolomites: Museum in exponierter Lage auf dem Monte Rite

❺ Pieve di Cadore

SK F3. **K** P7. 3800. Piazza Municipio 13, +39 0435 501 303.
comune.pievedicadore.bl.it

Ein Ort im Zeichen seines berühmtesten Sohns: Pieve di Cadore ist Geburtsort des Malers Tizian. Auf der Piazza Tiziano erinnert eine monumentale Statue an den führenden Vertreter der Hochrenaissance. In seinem Geburtshaus ganz in der Nähe ist ein kleines Museum untergebracht, in der Kirche des Ortsteils Pozzale hängt ein Gemälde des Meisters.

Eine Besonderheit in Pieve ist das auf seine Art einzigartige Museo dell'Occhiale mit rund 4000 Brillen.

Umgebung: Die rund 15 Kilometer südwestlich von Pieve auf dem Monte Rite (2183 m) thronende Festung ist seit 2002 Standort des **MMM Dolomites**. Das »Museum in der Wolken« beleuchtet anhand von Fossilien und Kunstwerken Entstehung und Erschließung der Dolomiten.

Messner Mountain Museum (MMM Dolomites)
Cibiana di Cadore. +39 388 156 8007. Juni–Sep: tägl. 10–17 Uhr (Juli–Mitte Sep: bis 18 Uhr).
messner-mountain-museum.it/dolomites

Stimmungsbild: Auronzo di Cadore am Lago di Auronzo

Osservatorio Astronomico

In den Dolomiten ist man dem (Sternen-)Himmel näher. Zum Greifen nah ist er beim Blick durch ein Teleskop im Osservatorio Astronomico del Col Drusciè »Helmut Ullrich«. Das Observatorium liegt in 1780 Meter Höhe an der ersten Zwischenstation der Seilbahn »Freccia nel Cielo« (Himmelspfeil) auf die Tofana di Mezzo. Tipp für einen unvergesslichen Abend: nach Verlassen der Seilbahn zunächst zum Dinner unterm Sternenhimmel (»Astrocena«) ins Restaurant oder auf die Terrasse des Rifugio Col Drusciè und danach in die Sternwarte, um über die Wunder des Himmels zu staunen. Experten lüften dort Geheimnisse des Firmaments.

Infobox

Information
SK E2. **K** M5.
Col Drusciè.
+39 0436 862 372.
unterschiedl. Zeiten (siehe Website); »Astrocena« (Dinner unter Sternen): Juli, Aug: Do.

cortinastelle.eu/col-druscie-observatory
cortinastelle.eu/planetarium

Himmelsleuchten
Wenn Cortina d'Ampezzo und der Himmel darüber gleichzeitig phänomenal leuchten – in diesen Momenten vergisst man die Zeit.

Planetario
Eine wunderbare Ergänzung zum Observatorium ist das Planetario Nicolò Cusano in Cortina. Besucher des kosmischen Kinos erleben eine Reise durch Zeit und Raum.

Osservatorio Astronomico
Die glänzende Kuppel hebt sich von der gezackten Bergwelt ab. Sie kann zur Beobachtung des sternenübersäten Nachthimmels geöffnet und auch in die gewünschte Richtung gedreht werden.

❻ Marmolada

Majestätisch ist ihre Höhe, unverwechselbar ihr Profil. Mit 3343 Metern ist die Marmolada höchster Gipfel und »Königin« der Dolomiten. Einmalig ist der Kontrast zwischen der sanft abdachenden Nordseite und der rund 800 Meter hohen, steil abfallenden Südwand. Die lange Zeit als unbezwingbar geltende Steilwand erlebte Sternstunden des Alpinismus (Erstbesteigung 1929). Die Marmolada ist ein Paradies für Skifahrer, hat aber auch große historische Bedeutung. Im Ersten Weltkrieg war sie als Grenzberg zwischen Österreich und Italien Schauplatz heftiger Kämpfe.

marmolada GRANDE GUERRA museum of the great war 3.000 m

Logo des Museo della Grande Guerra

Museo della Grande Guerra
Ergänzen Sie das schier umwerfende Naturerlebnis durch eine höchst informative Lektion in Geschichte. Das 1990 eröffnete Kriegsmuseum in der Seilbahnstation Serauta (2950 m) ist das höchstgelegene Museum Europas. Es präsentiert Uniformen, Waffen, Fotos und Dokumente aus dem Ersten Weltkrieg. Ein Modell bildet die »Eisstadt« nach *(siehe S. 221)*.

Die Punta Rocca (3309 m) ist bei Skifahrern beliebt. Hier beginnt die zwölf Kilometer lange Piste »La Bellunese«. Sie gilt als eine der schönsten Abfahrten der Alpen.

Die Punta Serauta (3069 m) ist Ziel erfahrener Klettersteiggeher.

Das höchste Panorama der Dolomiten

Höher hinauf geht es in den Dolomiten nicht. Wie man auf diesem 360-Grad-Foto sehen kann, bietet die Marmolada einen der spektakulärsten Rundblicke der gesamten Ostalpen. Der Blick schweift über sämtliche Dolomitengipfel und die benachbarten Berggruppen. Wer diese Aussicht

Marmoladagletscher
An der Nordseite der Marmolada befindet sich der einzige größere Gletscher der Dolomiten. Über dieses Eispaket führt der sogenannte Normalweg auf den höchsten Berg des Massivs.

Infobox

Information
SK DE3. **K** K6–L7.
Consorzio Turistico Marmolada Rocca Pietore
Loc. Sottoguda 33.
+39 0437 722 277.
marmolada.com

Funivia della Marmolada (Seilbahn) und Museo della Grande Guerra
Siehe S. 221.

Steinböcke leben zwischen Wald- und Eisgrenze

Seilbahn der Marmolada
Die Seilbahn bewältigt bei Fahrt von der Talstation Malga Ciapela zur Bergstation an der Punta Rocca einen Höhenunterschied von 1815 Metern.

genießen will, muss sich auf eine anstrengende Tour begeben, die nur erfahrene Bergsteiger absolvieren können. Die hochalpine Route (Normalweg) verläuft weitgehend über den Marmoladagletscher und einige Schneefelder. Zudem ist auch ein kurzer Klettersteig zu bewältigen.

T15 »Dach« der Dolomiten

Dem höchsten Gipfel der Dolomiten ganz nahe kommt man bequem mit der Seilbahn. »Move to the top« – das griffige Motto dieser Tour prangt auf jeder Gondel. Die Fahrt verläuft von Malga Ciapela über das Rifugio Serauta (mit spannendem historischem Museum) hinauf zur Punta Rocca, dabei überwindet man insgesamt stolze 1815 Höhenmeter. Während der gesamten Fahrt genießt man atemberaubende Ausblicke. Geübte Bergsteiger erreichen die Gipfelregion mit hochalpiner Ausrüstung zu Fuß *(siehe S. 218f)*.

Roadbook

Start: Talstation in Malga Ciapela
GPS-Koordinaten: 46.427037, 11.911591

⓪ **Anfahrt von Canazei über Lago di Fedaia und Fedaiapass nach Malga Ciapela**
Von Canazei im Fassatal verläuft die Anfahrt über eine streckenweise serpentinenreiche Straße und entlang dem Nordufer des Lago di Fedaia zum Passo Fedaia (2057 m). Von der Passhöhe geht es recht steil bergab (max. Gefälle: 16 %).

① **Malga Ciapela (1450 m)**
Der Ort ist bestens auf Wintersportler eingestellt. Hier startet die Seilbahn, die Fahrt zur Bergstation dauert zwölf Minuten.

② **Rifugio Serauta (2950 m)**
An diesem Etappenziel kann man das Museo della Grande Guerra besichtigen und in einem Restaurant einkehren.

③ **Bergstation Punta Rocca (3265 m)**
Die Grotta della Madonna birgt die 1979 von Papst Johannes Paul II. geweihte Madonna. Der Blick von der Panoramaterrasse ist einmalig. An der Bergstation startet die Abfahrt »La Bellunese« (12 km), ein absolutes Highlight für Skifahrer. Die Piste gehört zum Skiverbund Dolomiti Superski.

Bergstation Punta Rocca (3265 m) ③
An der Bergstation neben dem Gipfel der Punta Rocca (3309 m) starten Skifahrer ins weiße Glück. Wer »nur« wegen der Aussicht hier ist, steuert die Terrasse an.

Rifugio Serauta (2950 m) ②
In der Mittelstation ist das Museum zum Ersten Weltkrieg untergebracht. Unterhalb der Punta Serauta (2962 m) starten Touren in das Reich des ewigen Eises.

Lago di Fedaia (2053 m) ⓪
Der See entstand durch Aufstauen des Flusses Avisio. Die 622 Meter lange Staumauer am westlichen Ufer ist befahrbar.

Infobox

Information
Funivia della Marmolada (Seilbahn)
+39 0437 522 984.
funiviemarmolada.com

Rifugio Serauta
+39 0437 522 984.
visitdolomites.com/it/node/1825

Museo della Grande Guerra
Via Malga Ciapela 48.
+39 334 679 4461. frei.
museomarmoladagrandeguerra.com

Legende
- Hauptstraße
- Nebenstraße
- Seilbahn
- Gipfel

Seilbahnfahrt
Die Seilbahnfahrt von der Talstation in Malga Ciapela über die Mittelstation Serauta hinauf zur Punta Rocca ist ein einziger Genuss. Die Gondeln schweben ruhig über die wundervolle Bergwelt hinweg.

Museo della Grande Guerra

Logo des Museums

Mitten in der fantastischen Bergwelt der Dolomiten wird Geschichte lebendig. Im Rifugio Serauta an der Mittelstation der Seilbahn wurde 1990 das höchstgelegene Museum in Europa eingerichtet. Die Marmolada war im Ersten Weltkrieg ab 1915 Kampfzone zwischen italienischen und österreichischen Truppen, die hier auch den Naturgewalten im Hochgebirge zu trotzen hatten. Neben der Präsentation zahlreicher Objekte (u. a. Waffen und Fotos) fasziniert vor allem das Modell der »città di ghiaccio« (Eisstadt): Ein ungefähr zehn Kilometer langes Labyrinth aus Gängen im Gletscher bot den österreichischen Soldaten Schutz sowohl vor feindlichem Beschuss als auch vor Kälte und Lawinen. Auch wenn draußen eisige Schneestürme tobten, sank die Temperatur in dieser Stellung kaum unter den Gefrierpunkt. Als logistische Basis umfasste das Tunnelsystem Vorratsräume, Munitionsdepots und eine Krankenstation.

Ausstellungsraum

❼ Naturpark Paneveggio – Pale di San Martino

SK D3. **K** K8. **i** Via Castelpietra 2, Tonadico, +39 0439 648 54.
W parcopan.org

Ein absolutes landschaftliches Highlight in den Dolomiten: Der 1988 eingerichtete Naturpark (Parco Naturale) umfasst auf 19 100 Hektar Fläche den ausgedehnten Nadelwald von Paneveggio und die Berggruppe Pale di San Martino. Das Areal ist naturräumlich sehr vielfältig, neben Wäldern und jeder Menge Fels gibt es auch Gras- und Weideland, Wildbäche und Seen.

Drei Naturparkhäuser erläutern Geschichte, Ziele und Besonderheiten des Schutzgebiets. Durch den Naturpark verlaufen einige einfach zu begehende Naturlehrpfade mit Informationen zu Geologie, Fauna und Flora. Zu den faszinierendsten Wanderungen in den gesamten Dolomiten gehört die Tour um die Pale di San Martino. Sie führt bei relativ geringen Höhenunterschieden ganz nahe an einige spektakuläre Felsformationen heran. Zunächst fährt man in San Martino di Castrozza mit der Seilbahn auf den Col Verde und von dort auf die Cima di Rosetta. Auf der Wanderung passiert man auch mehrere Berghütten.

Einen Besuch lohnen die Mineraliensammlung Litoteca und die Holzsammlung Xiloteca (Adressen siehe Website). Übrigens: Viele der berühmtesten Geigenbauer verwendeten für ihre Instrumente Holz aus dem Paneveggio.

Gipfel im Naturpark Paneveggio – Pale di San Martino

❽ San Martino di Castrozza

SK D3. **K** K8. 500. **i** Via Passo Rolle 165, +39 0439 768 867.
W sanmartino.com/DE/san-martino-castrozza

Der kleine, aber touristisch bestens erschlossene Ort im Val Cismon liegt traumhaft. Er wird von den steilen Felswänden der Pale di San Martino flankiert, auch die dichten Wälder direkt am Ortsrand tragen zur alpinen Atmosphäre bei. Das spezielle Flair inspirierte Literaten wie Arthur Schnitzler und Komponisten wie Richard Strauss zu einigen Werken.

Während im Sommer die Wanderer unterwegs sind, ist der Ort im Winter ein Dorado der Langläufer. An der Hauptstraße Via Passo Rolle steht die Pfarrkirche mit romanischem Glockenturm (13. Jh.).

❾ Valle del Vanoi

SK D4. **K** J8–9. **i** Piazza Vittorio Emanuele, Canal San Bovo, +39 0439 719 041. **W vanoi.it**

Das Tal erstreckt sich in einem Höhenbereich zwischen 700 und 1000 Metern zu Füßen eindrucksvoller Gipfel. Vom Val Cismon erreicht man es über einen Tunnel oder eine Panoramastraße. Zwischen ausgedehnten Wäldern und Weiden gibt es immer wieder kleine Ortschaften, Hauptort ist Canal San Bovo. Zu den beliebtesten Anziehungspunkten des Tals gehört der Lago di Calaita. In dem auf einer Hochebene gelegenen See spiegeln sich die Felswände des Cimon de la Pala. Den See kann man umrunden, im Winter auch auf einer Langlaufstrecke.

Das Ecomuseo del Vanoi (www.ecomuseo.vanoi.it) birgt eine kleine Sammlung zur Natur des Tals, sehenswert ist auch eine alte Mühlenanlage (Mulini dei Cainèri).

❿ Belluno

SK E4. **K** N9. 36 000. **i** Piazza Duomo 2, +39 334 281 3222.
W adorable.belluno.it

La città splendente (die glänzende Stadt) ist eine der wichtigsten Städte am Rand der Dolomiten. Die Altstadt Bellunos erstreckt sich auf einer erhöht gelegenen Terrasse am Zusammenfluss von Piave und Ardo.

Das historische Zentrum breitet sich um die Piazza Duomo aus. Wer seinen Wagen auf dem Großparkplatz im Zentrum abstellt, erreicht den Domplatz über eine Rolltreppe. Der Blick fällt sofort auf den mächtigen, zu Beginn des 16. Jahrhunderts im Stil der Renaissance errichteten Dom San Martino. Der 67 Meter hohe barocke Glockenturm prägt die Silhouette von Belluno. Im Innenraum des Gotteshauses faszinieren kunstvolle Altargemälde. Zum Ensemble des Domplatzes gehören auch einige Palazzi, darunter Palazzo dei Rettori und Palazzo dei Vescovi. In der vom Platz wegführenden Via Duomo steht der Palazzo dei Giuristi, Sitz des sehenswerten Museo Archeologico.

Malerische Lage: Blick auf Belluno vor der Kulisse der Dolomiten

Enge Gassen, die wie der größte Teil der Altstadt Fußgängern vorbehalten sind, führen zur Piazza delle Erbe (Piazza del Mercato). Auch diesen Marktplatz umrahmen einige Adelspalais. Wesentliches Merkmal der Altstadt sind die Brunnen, die jeden Platz zieren. Berühmt ist die Fiera di San Martino im November, bei der viele Holzschnitzereien zu sehen sind.

⓫ Nationalpark Belluneser Dolomiten

SK E4. **K** L8–M9. **i** Piazzale Zancanaro 1, Feltre, +39 0439 3328.
W **dolomitipark.it**

Der 32 000 Hektar große Nationalpark (Parco Nazionale Dolomiti Bellunesi) zählt zu den einsamsten Regionen der Dolomiten. Das 1990 gegründete Naturschutzgebiet umfasst den südlichsten Teil des Bergmassivs, der sich bis heute seinen ganz besonderen, ursprünglichen Charakter bewahren konnte. Es gibt nur wenige Siedlungen und ein recht dünnes Netz an Wanderwegen. Bekannt sind insbesondere zwei Weitwanderwege, die durch das Areal verlaufen – die Dolomiten-Höhenwege 1 (vom Pragser Wildsee nach Belluno) und 2 (von Brixen nach Feltre).

Rund 60 Prozent des Nationalparks sind bewaldet. Bis auf einige verkarstete Bereiche in den Hochlagen ist das Gebiet relativ wasserreich und verfügt auch über einige Seen wie Lago della Stua und Lago del Mis. Im Sommer zeigen sich die Wiesen als bunte Blütenteppiche, u. a. mit violetten Glockenblumen und roten Feuerlilien.

DOLOMITI BELLUNESI
PARCO NAZIONALE

Logo des Nationalparks

⓬ Valsugana

SK CD4. **K** G–J10. **i** Piazza De Gasperi, +39 0461 727 740.
W **visitvalsugana.it**

Das vom Oberlauf der Brenta durchflossene Tal verläuft weitgehend in West-Ost-Richtung. Im westlichen Talabschnitt befinden sich zwei Seen: Der Lago di Caldonazzo (5,6 km²) östlich von Trento ist ein wichtiges Naherholungsgebiet für die Bewohner der Stadt. Über unterirdische Grotten ist er mit dem zwei Kilometer östlich gelegenen Lago di Levico (1 km²) verbunden. Beide werden als Badeseen genutzt.

Von der bereits im Mittelalter großen strategischen Bedeutung des Valsugana zeugt das Castel Pergine (12. Jh.) oberhalb der im Westen des Tals gelegenen Stadt Pergine Valsugana.

Einige noch erhaltene Festungen aus dem Ersten Weltkrieg vermitteln einen Eindruck von den erbitterten Kämpfen zwischen österreichischen und italienischen Truppen in diesem Gebiet. Im Forte Belvedere (Werk Gschwendt) in Lavarone wurde das Museo della prima guerra mondiale eingerichtet (www.fortebelvedere.org/il-museo).

⓭ Levico Terme

SK C4. **K** G10. 8000.
i Via G. Avancini 4, Levico Terme, +39 0461 727 700.
W **visitvalsugana.it**

Die ersten Kurgäste kamen Ende des 19. Jahrhunderts, seither hat sich der Ort nahe dem Lago di Levico einen Namen im Kurtourismus gemacht. An frühere Tage erinnern mehrere Jugendstil-Bauten, etwa das Grand Hotel Imperial Levico Terme, in dessen Gärten exotische Pflanzen gedeihen. Gäste, die sich nicht zur Kur aufhalten, flanieren gern durch die blumengeschmückten Alleen und suchen den Badestrand am See auf.

⓮ Valle di Cembra

SK C3–4. **K** G9–H8. **i** Viale IV Novembre 21, Cembra, +39 0461 683 110. **W** **visitpinecembra.it**

Auf seinem Weg zur Etsch durchfließt der Avisio das Valle di Cembra, das im Südwesten an das Fleimstal *(siehe S. 224)* anschließt. Markenzeichen des Valle di Cembra ist neben seiner landschaftlichen Schönheit der Weinbau auf den sonnenverwöhnten Terrassen, hier werden vor allem Pinot Nero, Pinot Grigio und Müller-Thurgau gekeltert.

Ein interessantes geologisches Phänomen sind die rund 20 Meter hohen Erdpyramiden *(siehe S. 86)* in der Nähe von Segonzano (Eintritt).

Torre Civica – Wahrzeichen von Cavalese

⓯ Fleimstal

SK CD3. **K** HJ8.

Mit 88 Kilometern zählt der Avisio nicht zu den längsten Flüssen Südtirols und der Dolomiten, doch er durchfließt zwischen seinem Ursprung im Gletscher der Marmolada *(siehe S. 218f)* und seiner Mündung in die Etsch eine wunderschöne Landschaft mit mehreren Tälern – im Mittellauf das Fleimstal (Val di Fiemme). Es erstreckt sich zwischen Predazzo und Castello di Fiemme.

Für ein Dolomitental präsentiert sich das italienischsprachige Fleimstal recht ursprünglich. Das Gebiet ist touristisch weniger erschlossen als etwa das benachbarte Fassatal *(siehe S. 225)*, nur wenige bewirtschaftete Berghütten stehen zur Verfügung. Doch wer Ruhe und Natur pur zu schätzen weiß, ist im Fleimstal goldrichtig. Wanderer und Skitourengeher finden beste Voraussetzungen.

Cavalese

SK D3. **K** H8. 4100. Via Fratelli Bronzetti 60, Cavalese, +39 0462 241 111. **visitfiemme.it**

Der Hauptort des Fleimstals erstreckt sich an der südlichen Bergflanke des Schwarzhorns (Corno Nero). Das Ortsbild prägen hübsch mit Fresken verzierte Häuser, darunter auch der **Palazzo della Magnifica Comunità di Fiemme**. Die frühere Residenz der Fürstbischöfe war später Sitz der Verwaltung des Tals und diente zeitweise als Gefängnis. Mittlerweile ist hier ein Museum untergebracht. In einigen der wertvoll ausgestalteten Säle sind sehenswerte Kunstwerke der lokalen Malerschule ausgestellt (vor allem 17./18. Jh.).

Logo des Basketballteams Val di Fiemme

Cavalese ist Ziel des berühmten 70 Kilometer langen Skilanglaufs »Marcialonga«. Dieses Sportevent findet alljährlich am letzten Sonntag im Januar statt (www.marcialonga.it).

Palazzo della Magnifica Comunità di Fiemme
Piazza Cesare Battisti 2. +39 0462 340 812. Zeiten bitte der Website entnehmen. 10.30, 15.30, 17 Uhr. **palazzomagnifica.eu**

Umgebung: Tesero, vier Kilometer östlich von Cavalese, ist bekannt für seine Kunsthandwerksläden. Vor allem in der Adventszeit ist es ein populäres Ziel, der Ort steht dann ganz im Zeichen der Veranstaltung *Tesero e i suoi presepi* (Tesero und seine Krippen). Zu den zahlreichen von Hand geschnitzten und bemalten Krippen, die überall im Ortszentrum aufgestellt werden, gehören auch einige mit lebensgroßen Figuren.

Predazzo

SK D3. **K** J8. 4500. Via Cesare Battisti 4, Predazzo, +39 0462 501 237. **visitfiemme.it**

Der Ort ist ein herausragendes Wintersportzentrum mit Skisprunganlage und war schon mehrfach Austragungsort von Wettbewerben der Nordischen Skiweltmeisterschaften. Der Skilanglauf »Marcialonga« *(siehe oben)* führt auch an Predazzo vorbei.

Das **Museo Geologico delle Dolomiti** präsentiert eine umfangreiche Sammlung an Fossilien, Gesteinen und Mineralien aus der Umgebung – eine Fundgrube für Hobbygeologen.

Museo Geologico delle Dolomiti
Piazza SS. Filippe e Giacomo 1. +39 0462 500 366. Di–Fr 10–18, Sa, So 10–19 Uhr.

San Giovanni, Vigo di Fassa

⓰ Fassatal

SK D3. **K** J7–K6.

Der vom Oberlauf des Avisio durchflossene Talabschnitt wird Fassatal (Val di Fassa) genannt, bei Moena geht er ins Fleimstal *(siehe S. 224)* über. Einige der gewaltigsten Berggruppen der Dolomiten sind ganz nahe – u. a. Rosengarten, Latemar, Langkofel und Marmolada.

Das Fassatal ist eine Hochburg ladinischer Kultur, etwa zwei Drittel der Bevölkerung sind Ladiner.

Moena

SK D3. **K** J7. 2700. Piaz de Navalge 4, Moena, +39 0462 609 770. **fassa.com/de/moena**

Der größte Ort im Fassatal wird in einer Sage als »Fee der Dolomiten« bezeichnet. Ob man Moena märchenhaft findet oder nicht – pittoresk ist das Ortsbild mit seinen alten, teils bemalten Häusern und den Brunnen allemal. Zwei kleine Kirchen sind mit bemerkenswerten Freskenzyklen und Altären ausgestaltet. In einer alten Böttcherwerkstatt (Boteiga da Pinter) kann man sich mit einem einst bedeutenden Handwerk vertraut machen. Der Ausblick auf die Bergumrahmung ist nicht nur bei Sonnenuntergang ein ungetrübter Genuss.

Vigo di Fassa

SK D3. **K** J7. 1300. Strada Rezia 10, Vigo di Fassa, +39 0462 609 700.
fassa.com/de/vigo-di-fassa

Das Fassatal ist alter ladinischer Kulturraum. Vor allem in Vigo di Fassa prägen noch viele typische Steinhäuser mit freskengeschmückten Fassaden das Ortsbild, die man bei einem gemütlichen Bummel sieht.

Vigo di Fassa ist Sitz des Ladinischen Kulturinstituts (Istitut Cultural Ladin) mit einem umfangreichen Archiv von Dokumenten aus verschiedenen Jahrhunderten.

Die Kirche San Giovanni (Ende 15. Jh.) mit spitzem Glockenturm birgt zwei große Freskenwände. Sie gilt architektonisch als Vorbild für viele Kirchen im Fassatal.

Eine Fahrt mit der Kabinenbahn auf den Ciampediè lohnt sich nicht nur für Skifahrer, die hier auf einigen nach Größen des Skisports benannten Pisten (Tomba- und Thöni-Piste) ins Tal gleiten.

Pozza di Fassa

SK D3. **K** J7. 2300. Piaza de Comun 2, Pozza di Fassa, +39 0462 609 670. **fassa.com/de/pozza-di-fassa-pera**

Der Ort liegt an der Großen Dolomitenstraße *(siehe S. 94f)*. Dem Istitut Cultural Ladin in Vigo di Fassa angegliedert ist das **Museo Ladin de Fascia** – eine wahre Fundgrube. Hier bekommt man umfassende (und überraschende) Einblicke in die ladinische Kultur. Ausgestellt sind u. a. Utensilien aus Landwirtschaft und Alltag, Teile einer ladinischen Stube, Schnitzereien, Trachten und Karnevalsmasken aus verschiedenen Jahrhunderten. Filme dokumentieren bäuerliches Leben.

Museo Ladin de Fascia
Strada de Sèn Jan 5. +39 0462 760 182. Di–Sa 15–19 Uhr (10. Juni–10. Sep u. 20. Dez–6. Jan: tägl. 10–12.30, 15–19 Uhr). 1.–9. Juni, Nov.
istladin.net/it/museo-ladin-de-fascia

Dolomiten par excellence: Ort mit Kirche im Zentrum, Waldhänge, Berggipfel

Restaurants

Das mondäne, erhabene Flair von Cortina d'Ampezzo spiegelt sich auch in der kulinarischen Szene wider. Stil, Eleganz und Noblesse haben hier ihren Platz – höchste Qualität zu entsprechenden Preisen ist garantiert. Einige der besten Restaurants sind in Spitzenhotels untergebracht. Daneben findet man aber auch urige Bierstuben, gemütliche Weinlokale und legere Pizzerien.

Restaurants und Cafés

① Il Gazebo €€€
Cristallo Resort & Spa, Via Rinaldo Menardi 42, 32043 Cortina
+39 0436 881 111
marriott.com
Die erstklassige Küche, gepaart mit einem grandiosen Blick über Cortina, genoss schon in den 1960er Jahren der internationale Jetset – von Brigitte Bardot bis Frank Sinatra. Internationale Cuisine in Vollendung. Kurzum: eine Inspiration für alle Sinne.

② Bellevue Restaurant €€€
Hotel Bellevue, Corso Italia 197, 32043 Cortina
+39 0436 883 400
bellevuecortina.com
Gönnen Sie sich eines der wundervollen Gerichte mit Kultstatus: *fegato alla veneziana* (Kalbsleber mit Zwiebeln) oder *panada di agnello* (Lammgulasch im Teigmantel). Zum Dessert gibt es *fritolin*, ein Fettgebäck.

③ Café Royal im Hotel Royal €
Corso Italia/Ecke Via della Stazione 2, 32043 Cortina
+39 0436 867 045
hotelroyalcortina.it
Auch in Cortina kann man es bodenständig haben. Die im venezianischen Stil gestaltete Villa (17. Jh.) bietet Geschmack, aber keinen Glamour. Ein Traum ist die Terrasse am Corso Italia – ideal zum Beobachten vorbeischlendernder Flaneure.

④ La Stube 1872 €€€
Cristallo Resort & Spa, Via Rinaldo Menardi 42, 32043 Cortina
+39 0436 881 630
marriott.com
Wie der Name schon vermuten lässt: Das Lokal präsentiert sich authentisch, traditionell und gemütlich – wie eine Stube eben. Holzvertäfelungen, Kassettendecke und Kamin schaffen ein heimeliges Ambiente – und das in einem Hotel der absoluten Extraklasse. Tipp: Das Käsefondue ist unwiderstehlich.

⑤ Dolom'eats €€
Piazza Pittori Fratelli Ghedina 1, 32043 Cortina
+39 331 960 1116
dolomeatsaquila.com
Pasta che passione! Von Spaghetti über Tagliatelle bis Maccheroni taucht man hier ein in die große weite Welt italienischer Nudelgerichte. Auch die Auswahl an Saucen überzeugt.

⑥ Enoteca Baita Fraina €
Largo delle Poste 17, 32043 Cortina
+39 0436 862 218
baitafraina.it/lenoteca
Ein Traum von Weinstube: Es gibt gut 20 offene Weine sowie delikate Snacks. Ideal auch für einen Aperitif.

Pizza in den Farben Italiens

Kneipen, Bars und Clubs

① Il Posticino €€€
Hotel de la Poste, Piazza Roma 14, 32043 Cortina
+39 0436 4271
delaposte.it
Die historische Stube ist eine der ersten Adressen für 1-a-Cocktails, neben bewährten Drinks mixt der Barkeeper auch Überraschungen. Berühmte Künstler und Literaten zählten zu den Gästen: Richard Burton und Liz Taylor lebten hier schon ihren Ehekrach aus, auch Ernest Hemingway genoss Ambiente und Drinks.

② Enoteca Cortina €€
Via del Mercato 5, 32043 Cortina
+39 0436 862 040
enotecacortina.com
Quasi im Schatten des Glockenturms wird ein erlesenes Sortiment edler Tropfen aus Italien und anderen Ländern geboten. Allein schon der Anblick der Weinregale lohnt einen Besuch. Auch die Auswahl an Grappasorten ist nicht zu unterschätzen. Ein Ort für Genießer.

③ 5 Torri €
Largo delle Poste 13, 32043 Cortina
+39 0436 866 301
ristorante5torri.it
Die populäre Pizzeria mit großer Terrasse ist ein Hit. Die schmackhafte wie günstige Pizza kommt aus dem Holzofen, auch Tiroler Speck, Polenta und Salate sind zu empfehlen. Ideal, wenn man wenig Zeit hat, aber auf Qualität nicht verzichten möchte.

④ Bar Dolomiti €
Via Roma 50, 32043 Cortina
+39 0436 868 344 So
Das gemütliche Café mit Bar ist in einem schönen Haus untergebracht. Ob auf einen Kaffee oder einen Cocktail – vorbeikommen lohnt sich. Tolle Auswahl an süßen Verführungen, vom Feingebäck bis zum Strudel.

⑤ Birreria Hacker Pschorr €
Via della Stazione 7, 32043 Cortina
+39 0436 867 625
Ein kleines Stück Bayern mitten in Cortina: Das rustikale Bierlokal serviert kleine Snacks (u. a. Sandwiches) und dazu gepflegtes Münchner Bier.

Preiskategorien € = preiswert €€ = mittel €€€ = gehoben

Shopping

Wenn Sie noch nicht über das entsprechend schicke Outfit für Cortina verfügen – kein Problem, auch vor Ort werden Sie fündig. Übrigens: Auch hier haben die Geschäfte über Mittag etwa drei Stunden geschlossen.

① Franz Kraler
Corso Italia 107, 92, 127 (Donna) u. 76/78 (Uomo), 32043 Cortina
☎ +39 0436 3197
W **franzkraler.it**
In den Luxury Stores von Franz Kraler wird Shopping zum wahren Erlebnis. Hier, in Cortinas bester Lage, erfährt man, was sich alles hinter den Begriffen »Mode« und »Accessoires« verbirgt. Zwischen den Relax-Zonen, Lichtinstallationen und kleinen Kunstwerken bewegt man sich wie in Ateliers, alles ist außergewöhnlich. Im August und von Dezember bis Mitte März auch sonntags geöffnet.

② Pasticceria Ghedina
Via Grava di Sotto 9A, 32043 Cortina
☎ +39 0436 860 400
W **pasticceriacortinadampezzo.eu**
Auch bei Süßem ist in Cortina das Beste gerade gut genug. Kuchen, Torten und anderes Feingebäck zum Niederknien findet man in dieser Pasticceria. Der Laden liegt etwas abseits, folgen Sie einfach dem verlockenden Duft.

③ Mauro Guerresco
Corso Italia 4 u. 138, Via Roma 35, 32043 Cortina
☎ +39 0436 862 429
W **mauroguerresco.it**
Mit Schuhen und anderen Lederwaren fing es an, mittlerweile findet man in den drei Stores von Mauro Guerresco auch Trendmode (von T-Shirts bis Jacken) und Retro-Möbel (vom Clubsessel bis zur stilvollen Leuchte).

Bunt, attraktiv, außergewöhnlich: Auslage von Franz Kraler

LA COOPERATIVA DI CORTINA®

Logo der Cooperativa di Cortina

④ Cooperativa di Cortina
Corso Italia 40, 32043 Cortina
☎ +39 0436 861 245
W **coopcortina.com**
Das bedeutendste Shopping-Center in den Dolomiten bietet auf sechs Etagen eine beeindruckende Vielfalt an Produkten – Delikatessen, Sportartikel, Lingerie, Stoffe, Kosmetik, Accessoires, Koffer, Schuhe, Spielzeug und vieles mehr.

⑤ Bartorelli Gioiellerie
Piazza Silvestro Franceschi 13, 32043 Cortina
☎ +39 0436 860 909
W **bartorelli.it**
Auch bei Schmuck und Uhren ist Cortina eine ganz besondere Adresse. Bartorelli führt ein hübsches Sortiment wertvoller Produkte bester Qualität von renommierten Herstellern – von Hublot über Cartier bis Bulgari.

Wellness

Wellness-Oasen findet man in Cortina vor allem in den Top-Hotels. Sie bieten neben Bade- und Saunalandschaften ein breites Spektrum an Massagen und kosmetischen Behandlungen. Lassen Sie sich verwöhnen.

① Hotel Bellevue Suites & Spa
Hotel Bellevue, Corso Italia 197, 32043 Cortina
☎ +39 436 883 400 ◷ tägl.
W **bellevuecortina.com/de/spa**
Eine grandiose Wohlfühloase der Extraklasse: Hier gibt es Finnische Sauna, Dampfbad, Mittelmeerbad, Duschen mit ätherischen Ölen, eine exotisch anmutende Relax-Zone mit Wänden aus tibetischem Salz und hochwertige Wellness-Programme. Entdecken Sie die Geheimnisse von Purify, Excite oder Fun.

② Cristallo Resort & Spa
Via Rinaldo Menardi 42, 32043 Cortina
☎ +39 0486 881 730 ◷ tägl.
W **marriott.com**
Die Tür des Spa schließt sich hinter Ihnen, Lärm und Stress bleiben draußen. Vielleicht ziehen Sie zuerst ein paar Bahnen im Indoor-Pool. Die inspirierende Aussicht durch die bodentiefen Fenster ist kaum zu toppen. In den weiteren Bereichen des Spa erwarten Sie wohltuende Anwendungen wie orientalische Massage, Ayurveda-Massage oder Gesichtsbehandlungen. Die Vielfalt an dabei verwendeten Produkten reicht von Kräuteressenzen bis zu Kastanienhonig. Hier können Sie einen ganzen Tag verbringen. Wetten, dass Sie sich anschließend (fast) wie neugeboren fühlen?

③ Miramonti Majestic Grand Hotel
Loc. Peziè 103, 32043 Cortina
☎ +39 0436 4201 ◷ tägl.
W **miramontimajestic.it**
So luxuriös und innovativ wie das gesamte Hotel ist auch sein Spa-Bereich ausgestattet. Indoor-Pool, Aroma-Dampfbad und Jacuzzi sind erstklassig. Seien Sie neugierig, und finden Sie heraus, was sich hinter der Bezeichnung *docce emozionali* verbirgt.

⓪ siehe Zentrumskarte Seiten 208f

POSTA

ZU GAST IN SÜDTIROL

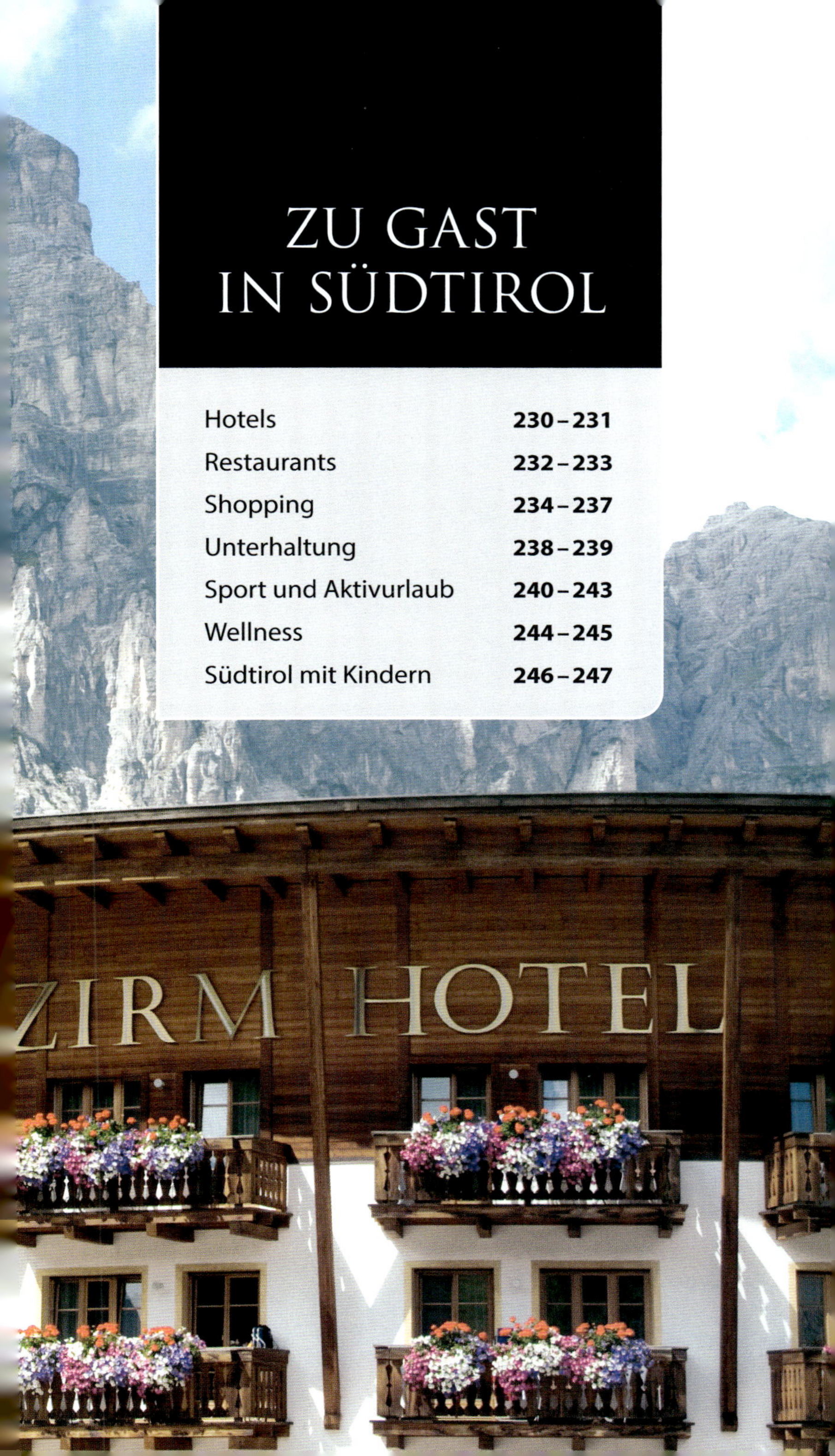

Hotels

Südtirol bietet auch bei Übernachtungen eine überragende Vielfalt. Hier findet man alles – vom einfachen Zimmer mit Frühstück in einer Pension über Apartments, Berghütten und Bauernhöfe bis zur romantischen Suite in einem Luxushotel. Wo auch immer Sie sich niederlassen – Gastlichkeit auf allerhöchstem Niveau ist in Südtirol garantiert.

Eine besonders authentische Form, Südtirol zu erleben, ist der Aufenthalt auf dem Bauernhof. Daneben gibt es einige ungewöhnliche Orte, die den Gast verzaubern, vom Schlosshotel bis zum Luxus-Baumhaus. Lassen Sie sich überraschen. Ein Hinweis zum Preisniveau: Der Trend der letzten Jahre geht in Richtung höherpreisig.

Überblick

Eigentlich hat Südtirol das ganze Jahr über Saison *(siehe S. 254)*. Regionale Unterschiede ergeben sich vor allem durch die Höhenlage (Wander- und Skigebiete) oder bei speziellen Interessen (z. B. Törggelen in Weinbaugebieten). Für die Urlaubsplanung ist zu beachten, dass viele Hotels und andere Übernachtungsmöglichkeiten nur saisonal betrieben werden und mehrere Monate im Jahr geschlossen sind. Die Preise können saisonal stark variieren. Zur Hauptsaison verlangen viele Betriebe zudem einen Mindestaufenthalt von mehreren Tagen, oft ist dann auch die Buchung von Halbpension obligatorisch.

In einer so wunderschönen Region wie Südtirol will man auch im Hotel nicht auf einen tollen Ausblick verzichten. Von vielen Zimmern geht der Blick auf Berge oder ins Grüne, in größeren Orten oft auf einen stimmungsvollen Platz.

Infinity Pool des Miramonti Boutique Hotels in Hafling ***(siehe S. 104)***

Luxus- und Boutique-Hotels

Auch in Südtirol setzt sich der Trend zu Chic und Extravaganz bei den Unterkünften durch. Wer im Luxus schwelgen will, hat hier diverse Optionen. Zu den gefragtesten Adressen im obersten Preissegment gehören Parkhotel Laurin in Bozen *(siehe S. 70)* und Castel Fragsburg (www.fragsburg.com) hoch über Meran. In Cortina d'Ampezzo drängen sich mehrere Spitzenhotels auf engem Raum. Residenzen wie etwa Cristallo Resort & Spa, Hotel Bellevue oder Miramonti Majestic Grand Hotel *(siehe S. 226f)* verfügen neben optimalem Wohnkomfort und Edelgastronomie auch über perfekt ausgestattete Wellness- und Spa-Bereiche.

Nicht nur designverliebte Gäste schätzen den Charme von Boutique-Hotels. Individuell und mit Liebe zum Detail gestaltete Zimmer sowie eine Ausstattung mit hochwertigen Materialien und besonderen Stilelementen sind Markenzeichen dieser Häuser wie etwa des Miramonti Boutique Hotels *(siehe S. 104)* in Hafling. In diese Rubrik fallen auch Hotels mit dem gewissen Etwas, etwa das Hotel Elephant in Brixen *(siehe S. 150)*. Nehmen Sie sich Zeit zum Träumen.

Gasthöfe und Pensionen

Alpenländische Traditionen werden in Gasthöfen weitergeführt, die schon seit Genera-

Castel Fragsburg oberhalb von Meran – mehr Aussicht geht nicht

◀ **Posta Zirm Hotel am Fuß des mächtigen Sassongher, Kurfar** ***(siehe S. 174)***

tionen von einer Familie betrieben werden. Überall duftet es hier nach Holz. Auch wenn sie auf eine jahrhundertelange Geschichte zurückblicken, bieten Gasthöfe durchaus zeitgemäßen Komfort.

Die Stube eines Gasthofs ist oft auch gesellschaftlicher Mittelpunkt eines Orts. Ruhiger geht es in Pensionen zu, die hier vielerorts als Bed and Breakfast (B&B) firmieren. Sie sind meist die preisgünstigste Variante.

Rifugios und Berghütten

Was für ein Wandel: Früher einmal waren Rifugios Schutzhütten, die Bergwanderer bei Unwetter aufsuchten oder um eine einfache Unterkunft zu haben. Heute sind Rifugios häufig komfortable Berghütten mit Schlafzimmern, Restaurant und Sonnenterrasse. Viele sind beliebte Ausflugsziele, die man bei einer Wanderung oder sogar bequem mit der Seilbahn erreicht – u. a. das Rifugio Faloria oberhalb von Cortina *(siehe S. 202)*.

Neben den wie Berggasthöfe ausgestatteten Rifugios bieten auch einfachere Berghütten Unterkunft in höheren Lagen.

Wanderhotels

Südtirol ist eine Wanderregion. Entsprechende Kompetenz mit Tipps zu Touren, Verleih von Ausrüstung und Karten sowie Transport zum Startpunkt einer Route bieten Wanderhotels. Zu ihrem Angebot gehören auch geführte Touren, das Spektrum reicht von der Genusswanderung (z. B. mit Verkostung auf einem Weingut) bis zur Familienwanderung. Mit saisonal-regionaler Küche im Restaurant und einem Entspannungsbereich sind diese Hotels auf die Bedürfnisse von Wanderern zugeschnitten. Einige bieten auch Workshops (von Jodeln bis zu Wildkräutertouren). Auch für weite Wanderungen (z. B. Alpenüberquerungen ohne Gepäck) bieten sich Wanderhotels an. Sie sind ideal für Urlauber, die gern auch mal offline sind.

Ein ähnliches Hotelangebot mit geführten Touren, entsprechendem Equipment und Kartenmaterial gibt es auch für Mountainbiker.

Urlaub auf dem Bauernhof (Agriturismo)

Mehr als 1600 Berg-, Obst- und Weinbauernhöfe heißen Gäste willkommen. Mit einem roten Hahn als Symbol werben sie mit ihrer Lage fernab ausgetretener Touristenpfade. Die Gäste wohnen in Ferienwohnungen oder -zimmern, die Bewirtung erfolgt mit hofeigenen Produkten. Diese Option eignet sich u. a. für Urlauber, die zum Törggelen kommen *(siehe S. 46f)*. Buschenschänken liegen meist in unmittelbarer Umgebung. Ein weiterer Vorteil für die Gäste ist der enge Kontakt zur Bauernfamilie, Kinder schätzen auch die Nähe zu Tieren.

Auf einen Blick

Hotelsuche

- **W suedtirol.info/de/unterkuenfte**
- **W suedtirol-tophotels.com**
- **W suedtirol-tirol.com/luxushotels**
- **W wanderhotels.com**
- **W mountainbiker.it/finder-bikehotel.php**
- **W suedtirolprivat.com/de/privatvermieter.html**
- **W erlebnisbauernhoefe.info**
- **W roterhahn.it**
- **W familienhotels.com**

Besondere Hotels

Soll es etwas Außergewöhnliches sein? Südtirol punktet auch bei Übernachtungen mit Überraschungen.

Das einzigartige Berg- und Bio-Designhotel vigilius mountain resort oberhalb von Lana *(siehe S. 120)* ist das perfekte Hideaway für Entspannung und Inspiration in ca. 1500 Meter Höhe. Dem Himmel sogar noch näher ist man im Starlight Room in den Dolomiten auf 2055 Metern *(siehe S. 203)* – bei freier Sicht aufs Sternenfirmament.

Vielleicht einen Kindheitstraum erfüllen kann man sich in einem Luxus-Baumhaus im Caravan Park Sexten (www.caravanparksexten.it), Wellness-Oase inklusive. Oder wie wäre es mit einer Übernachtung in einem historischen Gemäuer? Schloss Korb (www.schloss-hotel-korb.com) entführt in vergangene Zeiten.

Sonnenterrasse des vigilius mountain resort *(siehe S. 120)*

Ein Traum aus Holz und Glas: vigilius mountain resort

Restaurants

In Südtirol erlebt man die grandiose Melange aus österreichischen und italienischen Einflüssen. Dies gilt auch (und ganz besonders) für die kulinarischen Traditionen. Aus diesem Zusammenspiel benachbarter Regionen entwickelte sich eine spezielle Südtiroler Küche mit ganz eigenen Gerichten und Zubereitungsformen. Ob Weinlokal oder Wirtshaus, Gourmettempel oder Gaststube, Bar oder Berghütte: Machen Sie es sich gemütlich, und genießen Sie. Südtirol ist eine renommierte Weinregion. Alle Lokale bieten eine Auswahl heimischer Tropfen, manche Wirtshäuser auch hausgebrautes Bier.

Für Nostalgiker: Gaststube des Restaurants Onkel Taa, Partschins

Regionale Küche

Die mit rund 300 Sonnentagen klimatisch verwöhnte Region bietet eine bunte Palette an Agrarprodukten als Basis für eine facettenreiche Küche – von deftig bis raffiniert, von pikant bis süß. Symbolisch für diese Vielfalt steht die breite Palette an Knödeln, die u.a. als Speck- und Spinatknödel oder als süße Marillen- und Topfenknödel serviert werden. Neben den Klassikern Knödel, Speck und Strudel sind auch italienisch-mediterrane Speisen wie Pasta-Gerichte im Angebot – ein wunderbar reichhaltiger Mix.

Restaurantauswahl

Von Edelrestaurant bis Berghütte – in Südtirol gibt es für jeden Geschmack das Richtige.

Gourmetrestaurants servieren neben heimischer Küche, die hier oft als Avantgarde-Kost fantasievoll verfeinert wird, auch Spitzengastronomie – von italienisch bis international –, begleitet von den edelsten Tropfen.

Gastlichkeit, Gemütlichkeit und typisch Südtiroler Küche bieten z.B. die urigen, bodenständigen Wirtshäuser mit einer in Würde gealterten, meist holzgetäfelten Stube. Zum Törggelen *(siehe S. 46f)*, einer bevorzugten Beschäftigung im herbstlichen Südtirol, laden Buschenschänken zum Verkosten des neuen Weins und deftiger Kost. In Vinotheken wird Wein (nicht nur aus Südtirol) glasweise zu angemessenen Preisen ausgeschenkt. Vielen dieser Weinlokale ist auch ein kleiner Laden angeschlossen, in dem die Weine flaschenweise verkauft werden. Rifugios (Berghütten) bieten in luftiger Höhe ebenfalls hervorragende Hausmannskost.

Cafés und Konditoreien stehen mit ihrem breiten Angebot an Kuchen und feinen Süßspeisen in der Tradition österreichischer Zuckerbäckereien. Für eine Kleinigkeit kann man auch in einer Bar Platz neh-

Buchteln gibt es mit und ohne Füllung

Schlutzkrapfen: für Südtirol typische gefüllte Teigtaschen

Fischbänke in Bozen: originelle Bruschetteria mit Marmortischen

men. Die Bars in Südtirol entsprechen klar dem italienischen Muster. Sie sind lokale Treffpunkte, in denen man morgens seinen Espresso oder Cappuccino (vielleicht mit einem Süßgebäck) zu sich nimmt, später am Tag einen kleinen Snack und ein Glas Wein oder Bier genießt. In Bars bekommt man einen Imbiss auch außerhalb der in Restaurants üblichen Essenszeiten. Warme Mahlzeiten gibt es in Letzteren nämlich in der Regel nur zwischen 12 und 14 sowie 18 und 21 Uhr. Dazwischen sind viele Restaurants geschlossen.

Spezialitätenwochen

In vielen Gebieten Südtirols locken die Restaurants mit regionalen Spezialitäten der Saison. Ein paar Beispiele: Im April und Mai kommen in Terlan Gerichte aus frisch gestochenem grünem und weißem Spargel auf den Tisch. Anfang August dreht sich in Laas alles um die Marille. In der zweiten Septemberhälfte stehen im Ultental Lammgerichte auf den Speisekarten ganz oben. Ab Mitte Oktober sind in Tisens, Prissian, Völlan und Lana unter dem Motto »Keschtnriggl« drei Wochen lang Kastaniengerichte angesagt.

Vegetarische Gerichte

Wie wohl überall in Italien bieten auch die Restaurants in Südtirol vegetarische Gerichte. Kein Wunder – Italien ist das Land der Pasta mit vielfältiger Auswahl an Saucen. Hinzu kommen noch die zahlreichen fleischlosen Knödelvarianten (u. a. mit Spinat, Käse oder Rote Bete) sowie Gemüse- und Käsegerichte und – vor allem in den südlichen Dolomiten – das Maisgericht Polenta.

Im Restaurant

Beim Betreten eines gehobenen Restaurants wird man meist in Empfang genommen und lässt sich vom Personal einen Tisch zuweisen. Vor allem in beliebten Speiselokalen sollte man diesen vorher reservieren. Sofern man aber nicht in einem bestimmten Etablissement essen möchte, findet sich fast immer noch ein freier Tisch. So oder so: An einem lauen Sommerabend sind die Plätze auf der Restaurantterrasse natürlich besonders begehrt.

Neben den Gerichten auf der Karte gibt es in vielen Restaurants auch Tagesgerichte.

Im Rechnungsbetrag ist neben Steuern und Service auch der Preis für das Gedeck enthalten. Wenn Sie mit Essen und Service zufrieden waren, geben Sie zehn bis 15 Prozent des Rechnungsbetrags als Trinkgeld. Die meisten Restaurants akzeptieren Kreditkarten. Bars, Cafés und andere kleine Lokale nehmen dagegen meist nur Bargeld.

Die Situation für Gäste mit eingeschränkter Mobilität hat sich in Südtirol in den vergangenen Jahren erheblich verbessert. Viele Restaurants verfügen über behindertengerechte Eingänge und sanitäre Bereiche.

In Italien ist Rauchen in allen öffentlichen Räumen, auch in Restaurants und Bars, verboten. Geraucht werden darf nur im Freien und in abgetrennten Räumen mit Lüftung.

Deftiger Genuss: Gulasch mit Knödel und Rotkohl

Speck – eine Südtiroler Spezialität

Shopping

Südtirol liegt im äußersten Norden von Italien. In Bezug auf hochwertige Mode, Lederwaren und Schuhe zeigt man sich hier allerdings ganz landestypisch. Die Provinz ist zudem ein Paradies für Genießer. Ob Obstmarkt in Bozen oder Wochenmarkt in einem kleinen Ort: Der Besuch eines farbenprächtigen Südtiroler Markts, wo man einen Querschnitt durch die verführerische Welt Südtiroler Delikatessen genießen kann, spricht alle Sinne an. Hier entdeckt man eine ganz eigene Welt. Kunsthandwerk wird in diesem Reiseführer auf Seite 236f vorgestellt, mehr zum Thema Shopping gibt es auf den Seiten 54–57, Shopping-Adressen finden Sie jeweils am Ende einer Region.

Modeboutique Moiré in Bozen

Angebot

Falls Sie es gar nicht erwarten können: Bei Anreise über den Brenner können Sie unmittelbar nach dem Grenzübertritt im Outlet Center Brenner (www.outletcenterbrenner.com) nach Herzenslust shoppen. Dort gibt es alles – vom Supermarkt über Modeboutiquen und Geschenkartikelläden bis zum Schokoladenparadies. Das Shopping-Center ist zwar ideal für einen ersten Überblick über das üppige Warenangebot in Südtirol, weitaus authentischere Shopping-Erlebnisse locken jedoch weiter südlich. Deshalb: Ruhe bewahren und weiterfahren.

Bozen *(siehe S. 100f)* und Cortina d'Ampezzo *(siehe S. 227)* sind die gefragtesten Shopping-Destinationen. Beide können mit weiter südlich gelegenen italienischen Modemetropolen gut mithalten. Laubengasse *(siehe S. 81)* und Corso Italia *(siehe S. 210)* sind die Objekte der Begierde. An diesen Flaniermeilen präsentieren sich vor allem Boutiquen, kleinere Läden entdeckt man in den Seitengassen. Auch Meran *(siehe S. 140f)* und Brixen *(siehe S. 198f)* bieten Qualität in großer Vielfalt.

Mode und Accessoires

Neben Filialen bekannter internationaler Modelabels findet man in den genannten Städten auch gut sortierte Boutiquen, in denen das Angebot von klassischer, eleganter Bekleidung bis zu exklusiver Designermode reicht. Shoppen heißt hier vor allem, in den historischen Innenstädten gemütlich von Shop zu Shop schlendern.

Dabei landet man in Bozen früher oder später in einer der fünf Niederlassungen von **Moiré**, einem Schmuckstück für exklusive Damenmode. Gleiches gilt für **Monna Lisa** in der Laubengasse. Eine der angesagtesten Boutiquen für Mode, Schuhe (von Sneakers über Mokassins bis High Heels) und Accessoires (von Sonnenbrillen über Gürtel bis Schals) für Damen ist **Liu Jo** in Cortina. Männer finden das geeignete Outfit für besondere Momente und Anlässe z. B. bei Boggi Milano *(siehe S. 100)* in der Bozner Laubengasse.

Schmuck und Design

Erlesenen Schmuck gibt es in den drei Stores von **Schmid & von Bosio** in Bozen. Das Sortiment des hier auch ansässigen Unternehmens umfasst u. a. Halsketten, Armbänder und Ohrringe sowie dazu passende Woll- und Seidenschals. Schmuck aus Gold und Dia-

Bergila: Naturprodukte im geräumigen Holzpavillon

Vinschger Bauernladen – Fundgrube von Delikatessen

Mehrwertsteuer in Italien: 22 Prozent, ermäßigt 10 Prozent, stark ermäßigt 5 bzw. 4 Prozent

Schild an einem Store in Bozen

manten für eine anspruchsvolle Kundschaft präsentiert **Luca 1959** in Cortina.

Cavalese im Fleimstal ist Standort eines Ladens, der wie gemacht ist zum Stöbern: **Pontrelli Legno** präsentiert Wohndesign für Nostalgiker – u. a. Porzellan, Glaswaren, Kunstdrucke und Leuchten. Das mit pausbäckigen Tonengeln populär gewordene Unternehmen Thun betreibt in Bozen das **Thuniversum** *(siehe S. 101)* mit Figuren, Einrichtungsgegenständen und vielem mehr.

Delikatessen

Qualitativ hochwertige Delikatessen sind ein Markenzeichen der Region. Viele Produkte kann man direkt beim Hersteller oder auf den zahlreichen Märkten erwerben. Besonders stimmungsvoll ist der Bozner Obstmarkt *(siehe S. 71)*.

Alles 100 Prozent bio: Neben Spirituosen vom Latschkieferschnaps bis zum Heidelbeerlikör verkauft **Bergila** im Pustertal auch Kräutertees und Naturkosmetik. Vielfalt direkt vom Bauernhof bietet der **Vinschger Bauernladen** in Naturns: Speck, Olivenöl, Essig, Kräuter, Kekse, Honig, Fruchtaufstriche, Wein …

Für Käseliebhaber führt an der **Capriz Käserei** in Vintl *(siehe S. 144)* und am Käsereich Degust *(siehe S. 145)* kein Weg vorbei. Der Genussmarkt **PUR Südtirol** verkauft in vier Filialen (Bozen, Bruneck, Lana, Meran) alles, was Südtirol an traditionellen und fantasievollen Delikatessen bietet – von Marillentalern über Feigensenf bis Spinatbandnudeln.

Das **winecenter** der Kellerei Kaltern offeriert verschiedene Weine von der Südtiroler Weinstraße zur Verkostung und zum Verkauf. Bekannte Weine und Spirituosen aus Südtirol (und anderen Regionen) führt auch der Feinkostladen **Harpf** in Bruneck.

Vielfältig und appetitlich: Käsetheke bei Capriz

Auf einen Blick

Mode und Accessoires

Liu Jo
Corso Italia 140, Cortina.
☎ +39 0436 866 127.
W liujo.com

Moiré
Obstplatz 9, Bozen.
☎ +39 0471 324 580.
W moire-fashion.com

Monna Lisa
Laubengasse 6, Bozen.
☎ +39 0471 974 601.
W modemonnalisa.com

Schmuck und Design

Luca 1959
Corso Italia 100, Cortina.
☎ +39 0436 59 19.
W luca1959.com

Pontrelli Legno
Piazza Cesare Battisti 15, Cavalese. ☎ +39 348 905 6025.
W pontrelli-cavalese.it

Schmid & von Bosio
Laubengasse 59, Bozen.
☎ +39 0471 973 450.
W schmidvonbosio.com

Thuniversum
Luigi-Galvani-Str. 29, Bozen.
☎ +39 0471 245 255.
W thun.com

Delikatessen

Bergila
Weiherplatz 8, Issing.
☎ +39 0474 565 373.
W bergila.com

Capriz Käserei
Pustertaler Str. 1B, Vintl.
☎ +39 0472 869 268.
W capriz.bz

Harpf
Stadtgasse 53A, Bruneck.
☎ +39 0474 537 131.
W harpf.it

PUR Südtirol
Perathoner Str. 9, Bozen; Herzog-Sigmund-Str. 4A, Bruneck; Industriezone 8, Lana; Freiheitsstr. 35, Meran. **W pursuedtirol.com**

Vinschger Bauernladen
Staatsstr. 78, Naturns.
☎ +39 0473 667 723.
W bauernladen.it

winecenter
Bahnhofstr. 7, Kaltern.
☎ +39 0471 966 067.
W kaltern.com/de/info/winecenter-kaltern.html

Kunsthandwerk

Südtirol befindet sich in vielen Segmenten im Spannungsfeld zwischen Traditionen und Trends. Vor allem im Kunsthandwerk und in den Trachten spiegelt sich das ausgeprägte Traditionsbewusstsein der Bevölkerung wider. Die kunstvollen Holzschnitzereien sind international bekannt und gelten längst als Markenzeichen der Region. Gleichzeitig wurden auch eigene innovative Kunstformen ausgebildet, denn Südtirol ist eine wahre Ideenschmiede von Kunsthandwerk und Kunst. In zahlreichen Werkstätten und Ateliers kann man den Kunsthandwerkern bei der Arbeit über die Schulter blicken.

Zeitungsschmuck von Eva Maria Moser

Holzschnitzerei

Wer kennt nicht die kunstvoll aus Holz geschnitzten Weihnachtskrippen und Kruzifixe, Engel und Madonnen aus Südtiroler Werkstätten? Alles Originale und von Hand gefertigt. Hochburg dieses Kunsthandwerks ist das Grödner Tal *(siehe S. 183)*, wo es seit rund 400 Jahren praktiziert wird. Doch auch in anderen Dolomitentälern wie Fassatal und Gadertal ist die Holzschnitzerei seit Jahrhunderten zu Hause.

Der Rohstoff wächst praktisch direkt vor der Tür der Ateliers. Neben sakralen Objekten kreieren Südtiroler Holzschnitzer auch dekorative Motive – von Obstschalen über Briefbeschwerer und Vasen bis zu Balletttänzerinnen. Einen Überblick über die Produktwelten bietet die sehenswerte Dauerausstellung »ART 52« im Kongresshaus von St. Ulrich (www.art52.it).

Vor allem im Grödner Tal sind einige Dynastien von Holzschnitzern zu Hause, die das Kunsthandwerk seit vielen Generationen betreiben, u. a. die Familie Moroder. Zur außergewöhnlichen Modellpalette von **Conrad Moroder** in St. Ulrich gehören vergoldete Reliefs, die sich an Motiven des Jugendstil-Malers Gustav Klimt orientieren. Einen anderen Ansatz verfolgt **Ivan Lardschneider** in Wolkenstein. Seine modernen Arbeiten mit eigenwilligen Proportionen verkörpern eine originelle Formensprache. Die teils an Comics erinnernden (z. B. »kopflosen«) Figuren sind nach Meinung mancher Betrachter Holz gewordene Anekdoten. Beliebt sind die Holzschnitzereien von **PEMA**. Die Werkstatt geht auf den Staatskünstler Johann Dominik Mahlknecht (1793–1876) zurück.

Engelfiguren aus Holz von PEMA

Federkielstickerei

Mit Kielen von Pfauenfedern lassen sich nahezu alle Symbole und Motive in Leder sticken. So werden etwa Geldbörsen, Trachtengürtel, Fotoalben, Hosenträger und Etuis für Flachmänner Stich für Stich filigran verschönert. Dieses alte Kunsthandwerk pflegt die familienbetriebene **Federkielstickerei Thaler** bereits in dritter Generation. Auch die Federkielstickerei Xander in Brixen *(siehe S. 199)* setzt in diesem Kunsthandwerk Maßstäbe.

Trachten

Trachtenmode gilt allgemein als Inbegriff für ländliches Brauchtum und der aus heimischer Schafswolle gefertigte Lodenmantel als das klassische Südtiroler Kleidungsstück. Doch auch dieses traditionsreiche Genre entwickelt sich ständig weiter – dank der enormen Kreativität von Südtiroler Modedesignern. Zu den bekanntesten Herstellern von Loden gehört **Moessmer**. Das älteste Industrieunternehmen im Pustertal produziert seit 1894 in seiner Tuchfabrik in Bruneck. Der angegliederte Outlet-Store präsentiert ein umfangreiches Sortiment.

Das in sechster Generation geführte Familienunternehmen Oberrauch-Zitt *(siehe S. 100)* fertigt seine Stoffe und Waren in der **Lodenwelt Vintl**. Wer einmal mit eigenen Augen sehen möchte, wie ein Lodenmantel entsteht, kann dies im Lodenmuseum unmittelbar nebenan.

Trachten und passende Accessoires – vom Haarschmuck über Gürtel bis zum Schuh – führt auch Runggaldier in Meran *(siehe S. 140)*. Lodenjacken, Lederhosen, Dirndl, Trachtenblusen und -schürzen, kurzum alles für eine zünftige Tracht, findet man in dem umfangreichen Sortiment von Parschalk (www.trachten-parschalk.com) in Vahrn.

Mehrwertsteuer in Italien: 22 Prozent, ermäßigt 10 Prozent, stark ermäßigt 5 bzw. 4 Prozent

Haunold-Filzpantoffeln von Zacher

Maschine mit Rollen zur Filzherstellung, Bergauf

Filzprodukte

Filzen – auch bei der Produktion von Loden *(siehe oben)* ist dieser Arbeitsschritt essenziell, um den Stoff wasserundurchlässig zu machen. CK-Arts in Kaltern (www.ck-arts.it) fertigt Objekte für Wohnräume und Büros in verschiedensten Farben und Ausführungen.

In den Filialen von Hutstübele in Bozen, Brixen, Sterzing und Meran (www.hutstuebele.com) findet man den richtigen (Filz-)Hut. Die Wollmanufaktur **Bergauf** in Ulten und **Zacher** in Innichen *(siehe S. 57)* produzieren ebenfalls alles aus Filz. Die Familie Zacher stellt Haunold-Walkfilzprodukte aus reiner Schaf-Schurwolle schon seit 1560 her.

Ausgefallenes Kunsthandwerk

Neben der Pflege traditionsreicher Genres experimentieren Südtiroler Kunsthandwerker und Produktdesigner gern mit der ungewohnten Verbindung einzelner völlig unterschiedlich gearteter Materialien. Bei diesem Mix aus klassischer Handwerkskunst und innovativem Design entstehen extravagante Crossover-Accessoires wie etwa die Holz-Leder-Taschen von Embawo *(siehe S. 57)*. Ob man will oder nicht: Mit diesen exklusiven Trendprodukten zieht man überall die Blicke auf sich.

Ein weiterer Trend für Individualisten ist die Kreation von Schmuckstücken aus »profanerem« Material. Zu den Vorreitern auf diesem Gebiet gehört die Schmuckdesignerin **Eva Maria Moser** *(siehe S. 57)*, die Halsketten und Broschen aus Zeitungspapier, Baumwolle oder Holz anfertigt. Jedes Unikat ist eine Überraschung mit ganz eigener Geschichte (Laden: Pension An der Linde, Algund bei Meran).

Burschen in Südtiroler Tracht

Auf einen Blick

Holzschnitzerei

Conrad Moroder
Strada Rezia 198, St. Ulrich.
+39 0471 796 187.
moroder.com

Ivan Lardschneider
Larciunei 6, Wolkenstein.
+39 339 339 5140.
ivanart.it

PEMA
Cademiastr. 20, St. Ulrich.
+39 0471 797 175.
pema.it

Federkielstickerei

Federkielstickerei Thaler
Rohrerstr. 41, Sarnthein.
+39 0471 623 258.
federkielstickerei.com

Trachten

Lodenwelt Vintl
Pustertaler Str. 1, Vintl.
+39 0472 868 540.
oberrauch-zitt.com

Moessmer
W.-von-der-Vogelweide-Str. 6, Bruneck. +39 0474 411 267. **moessmer.it**

Filzprodukte

Bergauf
G. Z. Schmiedhof 349, St. Walburg. +39 329 272 21 05.
bergauf.it

Zacher
Burgweg 2, Innichen.
+39 0474 913 535.
haunold.info

Ausgefallenes Kunsthandwerk

Eva Maria Moser
evamariamoser.com

Unterhaltung

Südtirol verfügt über eine lebhafte und vielfältige Kunst- und Kulturszene. Theater und Musikbühnen bieten ein breites Spektrum von klassischen bis zeitgenössischen Aufführungen. Viele Musikevents – von Jazz über Weltmusik bis Klassik – finden unter freiem Himmel vor gigantischer Bergkulisse, an malerischen Seen oder in prachtvollen Gartenanlagen statt. Bei zahlreichen Veranstaltungen lernt man Geschichte und Brauchtum der Region kennen, oft steht dabei die lange Reitertradition Südtirols im Mittelpunkt. Beste Unterhaltung und großen Genuss bieten die kulinarischen Feste mit Südtiroler Köstlichkeiten. Bei allen Festen sind Gäste herzlich zum Mitfeiern eingeladen.

Einen Überblick über wichtige Feste und Festivals in der Region finden Sie auf Seite 60f. Bars und Clubs werden jeweils am Ende einer Region beschrieben.

Südtiroler Ritterspiele – Mega-Event im Vinschgau ***(Aug)***

Theater und Musikbühnen

Die Theater in den größeren Städten bieten ein anspruchsvolles Repertoire von klassisch bis experimentell. Bunt und vielseitig ist der Spielplan der **Vereinigten Bühnen Bozen**. Neben anspruchsvollem Schauspiel stehen hier auch Musiktheater und genreübergreifende Produktionen auf dem Programm.

Für ambitionierte Stücke und als Konzertbühne bekannt ist das **Stadttheater Meran**, das mit prächtigem Jugendstil-Interieur und besonderem Flair aufwartet. Konzerte, Theater- und Tanzaufführungen bietet das **Kurhaus Meran**.

Eine populäres Kleinkunsttheater ist das **Dekadenz** in Brixen. Der heimelige Gewölbekeller ist Bühne für Kabarett, Sprech- und Musiktheater.

Musik, Konzerte und Festivals

Konzerte und Theater zwischen Tradition und Moderne bieten die **Sterzinger Osterspiele**. Beim zehntägigen **Südtirol Jazzfestival** (Juni/Juli) wird die ganze Region zur Bühne, Konzerte finden an rund 50 Orten statt – u. a. auf Straßen, in Burgen, an Seen, auf Bergen und an anderen außergewöhnlichen Plätzen.

Blasmusik beim Gassltörggelen, Klausen ***(Sep)***

Neue Volksmusik: Herbert Pixner ***(siehe S. 29)***

World Music Festival, Gartennächte Schloss Trauttmansdorff *(Juni–Aug)*

Musikgenuss zwischen Palmen und Seerosen: Konzerte mit Acts von internationalen Künstlern erlebt man beim sommerlichen **World Music Festival** in den Gärten von Schloss Trauttmansdorff in Meran. Klassikfans begeistert das **Semper Music International Festival** im Juli in Völs.

Unvergessliche Sommerabende vor großartiger Kulisse garantieren die **Kalterer Seespiele** an drei Abenden im Juli bzw. August. Bei der Konzertreihe »Klänge der Dolomiten« *(siehe S. 202)* wird das Bergmassiv zur Open-Air-Bühne. Konzerte, Liederabende, Vorträge und mehr genießen Besucher der **Gustav-Mahler-Musikwochen** im ehemaligen Grand Hotel in Toblach.

Events im Jahresverlauf

Ein stimmungsvolles winterliches Event ist die Kastelruther Bauernhochzeit *(siehe S. 63)* im Januar, die Nachstellung einer historischen Vermählung wird mit Festessen und Tanz gefeiert. Karneval, wie man ihn noch nie erlebt hat: Der Egetmann-Umzug *(siehe S. 62)* in Tramin lebt von seinen skurrilen Figuren, Besucher werden Teil des bunten Spektakels.

Am Ostermontag wird mit dem Haflinger Galopprennen die Saison auf dem Pferderennplatz Meran *(siehe S. 114)* eingeläutet, auch beim Rahmenprogramm dreht sich alles um die robusten Pferde mit den blonden Mähnen *(siehe S. 115)*. Der Oswald-von-Wolkenstein-Ritt *(siehe S. 193)*, Südtirols größte Reitveranstaltung, ist ein Highlight im Juni. Ein Besuchermagnet sind die Südtiroler Ritterspiele *(siehe S. 9)* Mitte August. Zuschauer von nah und fern sind dabei, wenn in Schluderns zu Füßen der berühmten Churburg Mittelalter gespielt wird.

Auch altehrwürdige Bräuche aus der Land- und Weidewirtschaft werden in Südtirol gebührend gefeiert. Ein ganz besonderer Fixpunkt im Jahresablauf ist der Almabtrieb *(siehe S. 62)*. Dabei kehrt das Vieh, das den Sommer auf den Hochalmen verbracht hat, wieder ins Tal zurück, wo das Ereignis mit Tanz und Musik ausklingt.

Der Herbst ist die Saison der kulinarischen Events, nahezu jeder Frucht aus heimischen Feldern oder Gärten ist ein Fest gewidmet – vom Kürbis über die Kastanie bis zur Weintraube. Nicht zu vergessen: Törggelen, die fünfte Jahreszeit in Südtirol *(siehe S. 46f)*.

Improvisierte Bühne beim Südtirol Jazzfestival *(Juni/Juli)*

Auf einen Blick

Theater und Musikbühnen

Dekadenz
Obere Schutzengelgasse 3A, Brixen.
+39 0472 836 393.
dekadenz.it

Kurhaus Meran
Freiheitsstr. 33, Meran.
+39 0473 496 000.
kurhaus.it

Stadttheater Meran
Theaterplatz 1, Meran.
+39 0473 496 000.
kurhaus.it/de/stadttheater-meran

Vereinigte Bühnen Bozen
Verdiplatz 40, Bozen.
+39 0471 065 320.
theater-bozen.it

Musik, Konzerte und Festivals

Gustav-Mahler-Musikwochen
gustav-mahler.it

Kalterer Seespiele
kaltern.com/de/die-kalterer-seespiele.html

Semper Music International Festival
sempermusicfestival.org

Sterzinger Osterspiele
osterspiele.it/sterzing

Südtirol Jazzfestival
suedtiroljazzfestival.com

World Music Festival
trauttmansdorff.it

Sport und Aktivurlaub

Sporturlaub liegt in Südtirol voll im Trend. Wer Abwechslung zu Sightseeing oder Kulturprogramm sucht, wird hier glücklich. Ob im Gebirge oder im Tal, ob im Wasser oder in der Luft: Die Region bietet ein riesiges Spektrum an Aktivitäten – immer gepaart mit einem grandiosen Naturerlebnis. Südtirol ist eine Hochburg für Bergsport. Wanderer, Bergsteiger und Kletterer finden hier eine Vielzahl traumhafter Optionen vor. Auch für Radfahrer und Mountainbiker gibt es kaum ein spannenderes Terrain.

In diesem Buch finden Sie eine ganze Reihe von Touren mit detaillierter Beschreibung – vom Stadtspaziergang über den Höhenweg bis zur leichten Radtour.

Wandern und Bergsteigen

Ob gemütliche Spaziergänge durch Wälder und Weingärten, leichte Wanderungen (z. B. auf der Seiser Alm) oder ambitionierte Bergtouren: Südtirol bietet für jeden Geschmack und Anspruch genau das Richtige, die Möglichkeiten für Wanderer und Bergsteiger sind nahezu unerschöpflich. Die gut markierten Wanderwege befinden sich in bestem Zustand, Orientierung ist kein Problem. Wegweiser zu bewirtschafteten Hütten *(rifugi)* zeigen Möglichkeiten für eine Rast. Die meisten werden vom **Alpenverein Südtirol (AVS)** betrieben. Die hoch gelegenen Hütten sind in der Regel den ganzen Sommer über bewirtschaftet. Für mehrtägige Touren sollte man die Schlafplätze frühzeitig reservieren.

Für unerfahrenere Bergwanderer oder für Touren abseits der üblichen Wege lohnt es sich, einen erfahrenen Bergführer zu engagieren. Diese findet man etwa über den **Verband der Südtiroler Berg- und Skiführer**.

Im Hochgebirge erleichtern viele Seilbahnen und Sessellifte die manchmal langen Auf- und Abstiege. So kann man auch mit überschaubarem Aufwand Höhenwanderungen wie etwa den Kanzelweg in Sulden *(siehe S. 130f)* absolvieren.

Eine Besonderheit im Vinschgau sind die Wege entlang den Waalen *(siehe S. 124f)*, wie die alten Bewässerungskanäle dort genannt werden.

Falls Sie spezielle Herausforderungen suchen: In den steilen Felsen wurden viele Klettersteig- und Kletterrouten angelegt.

Radfahren und Mountainbiken

Freie Auswahl: Genussradler schätzen die fast steigungsfreien Strecken im Etschtal *(siehe S. 136f)* und im Pustertal *(siehe S. 156f)*, Rennradfahrer überqueren auf asphaltierten Bergstrecken so manchen Alpenpass, Mountainbiker zieht es zu Trails durch Wälder und Gebirgslandschaften. Verleihstellen gibt es in fast allen Orten. Die Shops von **Südtirol Rad** finden sich in 20 Orten, u. a. im Vinschgau, im Pustertal sowie in Bozen, Klausen und Sterzing.

Weil man das Rad auch in der Bahn mitnehmen kann, sind längere Touren ohne eigenen Pkw möglich. Wie für Wanderer gilt auch für Mountainbiker: Die Radmitnahme in der Seilbahn erleichtert manchen Anstieg.

Rast bei einer Mountainbike-Tour auf der Seiser Alm

Mit dem Gleitschirm von FlyHirzer über den Gipfeln

Paragliding

Südtirol von oben zu erleben und lautlos ins Tal hinunterzuschweben, ist ein fantastisches Erlebnis. Für seinen Mut wird man mit Glücksmomenten belohnt. Optimale Startplätze sind die Bergstationen der Bergbahnen. Mehrere Flugschulen bieten für Anfänger Tandemsprünge an, bei denen man von einem erfahrenen Fluglehrer begleitet wird. Vorkenntnisse sind nicht erforderlich – Start, Steuerung und Landung übernimmt der Pilot. Zu den größten Anbietern gehört **FlyHirzer** *(siehe S. 105)*. Der Traum vom Fliegen ist so alt wie die Menschheit. Hier wird er wahr.

Reiten und Reitsport

Südtirol ist das Stammland der Haflinger *(siehe S. 115)*. Ausritte mit diesen ausdauernden, zuverlässigen Pferden sowie Reitunterricht für alle Leistungsklassen bieten viele Reiterhöfe an. Sehr beliebt ist das Wanderreiten – mehrtägige Ausritte, bei denen auch die Übernachtung organisiert wird. Informationen zu Reiterferien in Südtirol findet man im Online-Portal **Roter Hahn**.

Wer Profireitsport liebt, ist bei den Veranstaltungen auf dem **Pferderennplatz Meran** *(siehe S. 114)* richtig. Die über die Landesgrenzen hinaus bekannte Pferdesportanlage zählt zu den traditionsreichsten und schönsten in Europa.

Rafting

Südtirol ist für Wassersportler ein lohnendes Ziel – auch für solche, die es etwas rasanter mögen. Wildwasser-Rafting kann man auf der Passer bei Meran erleben. **Südtirol Rafting** organisiert spritzige Touren, entsprechendes Equipment wird gestellt. Das Angebot reicht von der Adventure Tour für Mutige bis zur nicht ganz so spektakulären Family Tour.

Golf

Verbessern Sie Ihr Handicap inmitten herrlicher Bergwelt. Südtirol verfügt über 18-Loch- und 9-Loch-Plätze sowie Übungsplätze mit Driving-Ranges und Putting-Greens. Infos zu Golfurlauben bietet das Online-Portal **Golfplatz Südtirol**.

Auf einen Blick

Wandern und Bergsteigen

Alpenverein Südtirol (AVS)
Giottostr. 3, Bozen.
T +39 0471 978 141.
W **alpenverein.it**

Verband der Südtiroler Berg- und Skiführer
Messeplatz 1, Bozen.
T +39 0471 976 357.
W **bergfuehrer-suedtirol.it**

Radfahren und Mountainbiken

Südtirol Rad
T +39 0473 201 500.
W **suedtirol-rad.com**

Paragliding

FlyHirzer
W **flyhirzer.com**

Reiten und Reitsport

Pferderennplatz Meran
Gampenstr. 140.
T +39 0473 446 222.
W **ippodromomerano.it/de**

Roter Hahn
W **roterhahn.it**

Rafting

Südtirol Rafting
Passeirerstr., Saltaus.
T +39 349 417 8393.
W **südtirolrafting.com**

Golf

Golfplatz Südtirol
W **golfplatz-suedtirol.de**

Pferderennplatz Meran: Haflinger Galopprennen am Ostermontag

Wintersport

Im Winter verwandelt sich Südtirol zu einem Paradies für Skifahrer. Je nach Höhenlage sind Gebiete zwischen Ende November und Mitte April schneesicher – häufig bei strahlendem Sonnenschein. »1 Pass, 450 Lifte, 1200 Kilometer« lautet das Motto von Dolomiti Superski. Auch Nicht-Skifahrer können die Winterlandschaft genießen. Schneeschuhwandern, Rodeln, Reiten oder Pferdeschlittenfahrten sind beliebte Alternativen. Weitere Informationen zum Wintersport finden Sie auf Seite 38f.

Skifahren und Snowboarden

Ob schwarz, rot oder blau: Südtirol und die Dolomiten bieten Pisten in sämtlichen Schwierigkeitsgraden. Somit findet jeder – vom Anfänger bis zum Könner – geeignete Abfahrten. **Dolomiti Superski** ist das größte Skikarussell der Welt mit zwölf Skigebieten: Cortina, Kronplatz, Alta Badia, Gröden/Seiser Alm, Fassatal/Karersee, Arabba/Marmolada, Pustertal, Fleimstal/Obereggen, San Martino di Castrozza, Eisacktal, Trevalli und Civetta. Mit einem einzigen Skipass steht einem nahezu die gesamte Dolomitenregion offen: 1200 Kilometer (360 km blau, 720 km rot, 120 km schwarz) bestens präparierte Pisten und 30 Snowparks. Fantastisches Skivergnügen und grandiose Snowboard-Action sind garantiert. Einige Abfahrten zählen zu den populärsten im ganzen Alpenraum. Viele dem Skiverbund zugehörige Gebiete sind über Pisten und Lifte miteinander verbunden, sodass Rundtouren auf Skiern möglich sind. Für viele Skifahrer heißt das Zauberwort »Sella Ronda«. Diese rund 40 Kilometer lange Skirundtour führt um die Sellagruppe und über vier Dolomitenpässe, sie kann im oder gegen den Uhrzeigersinn befahren werden. Unterwegs gibt es immer wieder einen perfekten Panoramablick auf die gigantische Bergwelt der Dolomiten.

Neben Dolomiti Superski bietet die Provinz weitere Skiregionen. 15 Skigebiete mit zusammen etwa 330 Pistenkilometern umfasst die **Ortler Skiarena** im westlichen Südtirol, dazu gehören so klangvolle Namen wie Schnalstal oder Sulden, die Skifahrerherzen höherschlagen lassen. **Skirama Dolomiti Adamello Brenta** vereint acht Skigebiete mit 380 Pistenkilometern.

Action für Snowboarder und Freestyler bieten diverse Funparks. Am größten ist der **Snowpark Seiser Alm** mit der längsten Medium Line Europas und 70 Obstacles.

Wer kein Equipment dabeihat, wendet sich an eine der vielen Verleihstellen, die es in jedem Skiort meist an den Talstationen der Skilifte gibt. In fast allen Orten werden Ski- und Snowboardkurse für alle Niveaus angeboten. Informationen findet man im Online-Portal **Snowsport Südtirol**.

Wenn der Tag auf der Piste oder im Snowpark endet, locken viele urige Berghütten sowie Bars und Pubs im Tal zu geselligem Après-Ski.

Skitouren und Skilanglaufen

Auf zwei Brettern kann man auch ein idyllisches und dennoch sportlich ambitioniertes Kontrastprogramm erleben: Skitourengeher finden in Südtirol beste Bedingungen. Sie erleben Ruhe und Natur pur abseits des Massenrummels auf den Pisten. Die Mühe des mitunter stundenlangen Aufstiegs wird mit einer genussvollen Abfahrt belohnt.

Das Netz an gespurten Loipen ist dicht, rund 1100 Kilometer stehen Skilangläufern zur Verfügung. Oft kann man seine Langlaufskier gleich hinter dem Hotel anschnallen und starten.

Dolomiti Superski: Skifahrer genießen die perfekt präparierten Pisten

Snowboarder in seinem Element

Haflinger sind auch im Winter treue Begleiter

Schneeschuhwandern und Winterwandern

In den letzten Jahren hat sich Schneeschuhwandern zu einem neuen Trend entwickelt. Wie Skitourengeher sind auch Schneeschuhwanderer eher auf einsamen, abgelegeneren Pfaden unterwegs. Diese sind in der Regel nicht präpariert, man bahnt sich seinen eigenen Weg. Ungeübte können geführte Touren buchen, z. B. beim **Verband der Südtiroler Berg- und Skiführer**.

Man kann natürlich auch ganz ohne Equipment durch die weiße Pracht wandern. Viele Spazierwege sind geräumt und somit im Winter gut begehbar. Für beide Varianten gilt: Die nächste Hütte zum Aufwärmen ist jederzeit ein attraktives Ziel. Oder Sie spazieren einfach durch idyllische Ortschaften.

Rodeln

Rasant mit einem Schlitten ins Tal zu gleiten, macht Riesenspaß. Neben der einfachen Dorfrodelbahn gibt es auch anspruchsvolle Eiskanäle. Einige Bahnen sind abends in Betrieb, Flutlicht sorgt für ein stimmungsvolles Ambiente. An vielen Rodelbahnen kommt man per Lift oder Gondelbahn zum Startpunkt.

Winterreiten und Pferdeschlittenfahrten

Reiten ist in Südtirol zu allen Jahreszeiten sehr populär. Auf schnaubenden Pferden im Galopp durch den Schnee zu reiten, ist ein unvergessliches Vergnügen. Eine Übersicht über das Angebot der Reiterhöfe bietet das Online-Portal **Reiturlaub Südtirol**.

Eingehüllt in eine warme Decke im Pferdeschlitten durch die Winterlandschaft zu gleiten, ist ein Wintertraum, der an vielen Orten Südtirols wahr wird. Perfekte Bedingungen bietet z. B. die Seiser Alm.

Auf einen Blick

Skifahren

Dolomiti Superski
☎ +39 0471 794 282.
W **dolomitisuperski.com**

Ortler Skiarena
☎ +39 0473 611 822.
W **ortlerskiarena.com**

Skirama Dolomiti Adamello Brenta
☎ +39 0463 901 280.
W **skirama.it**

Snowpark Seiser Alm
☎ +39 0461 709 600.
W **seiseralm.it/de/winter-suedtirol/skigebiet/snowpark.html**

Snowsport Südtirol
Messeplatz 1, Bozen.
☎ +39 0471 981 092.
W **snowsport.bz.it**

Schneeschuhwandern

Verband der Südtiroler Berg- und Skiführer
siehe S. 241.

Winterreiten

Reiturlaub Südtirol
W **reiturlaub-suedtirol.com**

Pferdeschlittenfahrten

W **suedtirol.info/de/erleben/winter/pferdeschlittenfahrten**

Rodeln: Spaß für Kinder wie Erwachsene

Schneeschuhwandern – abseits der Massen unterwegs

Wellness

Südtirol kommt der Vorstellung vom Garten Eden nahe. Ein Urlaub in der Region ist ein Verwöhnprogramm für alle Sinne: mit kulinarischem Genuss, Kunst und Kultur, Sport und Spaß – aber eben auch Glück, Gesundheit, Wellness und Wohlbefinden. Kein Wunder, ist die Region doch auch für ihre lange Kurtradition und spezielle Südtiroler Anwendungen bekannt. Das Wellness-Angebot reicht vom perfekt ausgestatteten Spa-Hotel über Thermen und Wasserwelten bis zu Yoga-Retreats.

Mehr Infos und Tipps zu Wellness in Südtirol finden Sie in diesem Reiseführer auf den Seiten 50–53, Wellness-Adressen jeweils am Ende einer Region.

Typisch Südtirol: Innenpool mit Panoramafenstern

Hotels

Seinen ausgezeichneten Ruf als Destination für Wellness-Urlaube verdankt Südtirol den vielen perfekt ausgestatteten Spa-Hotels. In diesen Wohlfühltempeln kann man sich mehrere Tage verwöhnen lassen. Weiterer Pluspunkt: Viele befinden sich an den schönsten Orten Südtirols, die Natur ist ständiger Begleiter beim Verwöhnprogramm.

Eine ganze Reihe von Wellness-Hotels – von Sulden im Westen bis Sexten im Osten – haben sich zur **Belvita**-Gruppe zusammengeschlossen. Sie garantieren Wellness- und Beauty-Behandlungen auf höchstem Niveau in exklusivem Ambiente. Zu dieser Gruppe gehört etwa das **Parc Hotel am See** in Kaltern. Wie in allen Wellness-Tempeln Südtirols kommen auch hier Gäste des Spa-Bereichs in den Genuss heimischer Produkte: Massagen mit Traubenkernöl, Apfel-Honig-Packungen und Ganzkörperpeeling mit Polenta sind wunderbar wohltuend. Die Wasserwelt mit Infinity-Outdoor-Salzwasserpool rundet das Angebot ab.

Der nach Feng-Shui-Aspekten gestaltete Spa-Bereich im Hotel **Das Paradies** in Latsch bietet u. a. Anwendungen mit Heu, Milch, Fango oder Nachtkerzenöl. Ein Traum ist der 2017 eröffnete Silence Spa Garden, eine Gartenanlage mit Bio-Sauna, Solepool und Sonnenterrassen.

Sport & Wellness Resort Quellenhof in St. Martin in der Nähe der Kurstadt Meran ist ein weiteres Urlaubsparadies. Hauseigene Kosmetikprodukte, Avocado-Honig-Packungen, Massagen mit Aromaölen, Traubensalzbäder, Honig-Walnuss-Peelings und Heubäder *(siehe S. 53)* sind nur ein kleiner Ausschnitt des riesigen Angebots.

Entspannung im Milchbad

Wellness-Wickel mit Äpfeln

Südtiroler Wasser: klar, rein, gesund

Blüten in leuchtenden Farben – Basis für Wellness-Anwendungen

Ein Hotspot in der Welt der Wellness-Hotels ist auch Cortina d'Ampezzo – u. a. mit Hotel Bellevue, Cristallo Resort & Spa und Miramonti Majestic Grand Hotel *(siehe S. 227)*.

Thermen und Wasserwelten

Merans Entwicklung zum Kurort legte den Grundstein für die Wellness-Region Südtirol. Die **Therme Meran** *(siehe S. 141)* bietet Wasserspaß und Wohlfühlprogramme unter einem Dach – alles, was man für einen rundum glücklichen Tag braucht.

Vom Whirlpool bis zum Strömungskanal, vom Kristalldampfbad bis zur Kräutersauna, von der Abkühlungsgrotte bis zum Kosmetiksalon: Das **Balneum Sterzing** vereint alle Vorzüge einer grandiosen Wellness-Welt. Mit ungetrübtem Badevergnügen lockt **Aquafun** in Innichen. Diese Erlebniswelt für die ganze Familie bietet u. a. Whirlpool, Wasserliegen, Nackenduschen, eine Insel mit Wasserfontänen und Laserbeleuchtung sowie eine Saunawelt mit Bergblick. Zu den meistbeuchten Erlebnisbädern Südtirols gehört auch Acquarena in Brixen *(siehe S. 199)*.

Yoga

Neue Lebenskraft tanken, Gelassenheit finden und Energie in die richtigen Bahnen lenken – all dies bietet ein Aufenthalt im Yoga-Hotel **Natur Idyll Hochgall** im Bergdorf Rein in Taufers.

Unter dem Motto »Auszeit und Lebenskunst« offeriert das **Hotel Schwarzschmied** in Lana den perfekten Yoga-Urlaub, um östliche und westliche Lebenskunst miteinander zu verbinden.

Auf einen Blick

Hotels

Belvita
Pairdorf 79A, Brixen.
+39 0473 499 499.
belvita.it

Das Paradies
Quellenweg 12, Latsch.
+39 0473 622 225.
hotelparadies.com

Parc Hotel am See
Klughammer 9, Kaltern.
+39 0471 960 000.
parchotel.info

Sport & Wellness Resort Quellenhof
Pseirerstr. 47, St. Martin.
+39 0473 645 474.
quellenhof.it

Thermen und Wasserwelten

Aquafun
M.-H.-Hueber-Str., Innichen.
+39 0474 916 200.
acquafun.com

Balneum Sterzing
Karl-Riedmann-Platz 5, Sterzing.
+39 0472 760 107.
balneum.sterzing.eu

Therme Meran
termemerano.it/de

Yoga

Hotel Schwarzschmied
Schmiedgasse 6, Lana.
+39 0473 562 800.
schwarzschmied.com

Natur Idyll Hochgall
Rein in Taufers 18.
+39 0474 672 544.
hochgall.it

Schon bei Tagesanbruch: Wohlgefühl im Freien mit Bergblick

Südtirol mit Kindern

Fun, Fun, Fun. In Südtirol werden Kinderträume wahr, im Land der Berge wird der Urlaub für die Kleinen zum unvergesslichen Erlebnis. Kinder können hier ihrem Entdeckertrieb freien Lauf lassen und sich austoben. Die abwechslungsreiche Natur der Region mit dichten Wäldern, steilen Bergen und großen Seen bietet alles für kleine Abenteurer, auch jede Menge Nervenkitzel. Bauernhöfe mit vielen Tieren sind natürlich immer ein Hit, Seilbahnfahrten mit ständig wechselnden Ausblicken bringen jedes Kind zum Staunen. Museen und Burgen bieten ebenfalls spannende Programme für die Kleinen. Von Reiten über Badespaß bis Skifahren: Das Sportangebot für Kinder ist riesig.

Auf Almen und Bauerhöfen kommt man Tieren ganz nahe

Information

Viele hilfreiche Informationen rund um Familienurlaub in Südtirol bietet das Online-Portal **Familienhotels**. Neben entsprechenden Unterkünften (mit Kinderbetreuung und -animation) findet man dort auch viele Anregungen für Aktivitäten für Kinder.

Tipps für einen perfekten Familienurlaub mit Vorstellung von Erlebnisparks, Skigebieten, Badeseen, kindgerechten Ausflügen etc. liefert auch das Portal **Südtirol Information**.

Museen und Burgen

Langeweile in Museen war gestern. Heute bieten viele Kulturstätten ein lebendiges Kinderprogramm. Bei den Familienführungen im Südtiroler Archäologiemuseum in Bozen *(siehe S. 78)* erfährt man auf spannende und spielerische Weise alles über »Ötzi« und entdeckt auf eigene Faust den Alltag in der Steinzeit. In der Kinderwerkstatt im Bozner Kunstmuseum Museion *(siehe S. 78)* experimentieren Kinder mit Farben und Materialien.

In den vielen Südtiroler Burgen zu stöbern, wo der mittelalterliche Alltag von Rittern und Burgfräulein erläutert wird und Burgführer schaurig-schöne Geschichten über Schlossgespenster erzählen, ist eine geradezu märchenhafte Beschäftigung für Kinder. Apropos Gespenster: Bei den Kindergeisterstunden in Burg Taufers *(siehe S. 158f)* gehen die Kleinen als Gespenster verkleidet auf Entdeckungstour. Eine Fee erzählt dazu Märchen und Sagen aus der Welt der Ritter. Übrigens: Eltern müssen draußen bleiben.

Veranstaltungen

In Südtirol ist das ganze Jahr über etwas geboten – auch und gerade für Kinder und Familien. Ein lautes und farbenprächtiges Spektakel, bei dem Kinderaugen zu leuchten beginnen, sind die Südtiroler Ritterspiele in Schluderns *(siehe S. 9)*. Zum Rahmenprogramm des Events gehört ein historischer Kinderpark. Die Umzüge bei diesem Fest sind genauso aufregend wie etwa der Egetmann-Umzug in Tramin *(siehe S. 62)*. Kunterbunt

Steg an einem idyllischen Badesee

Balance-Parcours – wer ist am geschicktesten?

Fast alle Skiorte in Südtirol bieten einen Kids Club

geht es auch beim Meraner Straßenfest Asfaltart *(siehe S. 60)* zu. Clowns, Akrobaten und Feuerschlucker begeistern die jüngsten Besucher.

Urlaub auf dem Bauernhof

In den Ferien möglichst viel Zeit auf einem Bauernhof zu verbringen, ist für viele Kinder das Schönste überhaupt. Das unbekümmerte Herumtollen im Freien und in den Ställen, die Nähe zu vielen unterschiedlichen Tieren, vielleicht einmal auf dem Feld mitzuhelfen und vieles mehr machen den Aufenthalt zum Genuss – beispielsweise auf einem der **Vinschgauer Erlebnisbauernhöfe** oder einem der Marke **Roter Hahn**.

Badespaß

In einigen Orten Südtirols gibt es grandios ausgestattete Erlebnisbäder *(siehe S. 245)*, in denen Kinder nach Herzenslust schwimmen, planschen, rutschen und sich austoben können. Da auch für Erwachsene viel geboten ist, verbringen Familien in diesen Bädern gern einen ganzen Tag.

Daneben locken natürlich auch einige schön gelegene Badeseen Wasserratten an. Zu den beliebtesten gehört der Kalterer See, der im Sommer bis zu 28 °C warm wird. Die meisten Seen verfügen über ausgedehnte Flachwasserbereiche, am Ufer kann man es sich auf Liegenwiesen bequem machen.

Für kleine Abenteurer

Die Natur ist der größte und aufregendste Abenteuerspielplatz. Sport, Spaß und Spannung in freier Natur verspricht der Adventure-Park **Arc & Kids Fun Park**. Im Bogenparcours kann man Robin Hood spielen, hier zielt man mit Pfeil und Bogen auf 3-D-Kunststofftiere. Der angegliederte Tubing Park lädt zum Rutschen auf luftgepolsterten Reifen (auch für kleine Kinder geeignet). Nervenkitzel und Spaß garantieren Dirtboards und Grasskier.

Rasant ins Tal geht es mit dem **Fun Bob** am Haunold in Innichen. Auf der mehr als 1700 Meter langen Strecke (Höhenunterschied: 314 m) reguliert jeder Teilnehmer mit einem Hebel seine Geschwindigkeit selbst. Start ist an der Bergstation des Sessellifts. Kinder ab acht Jahren lenken ihren Bob allein.

Gleitschirmflug mit FlyHirzer

In Hochseilgärten können kleine Abenteurer auf Hängebrücken und Drahtseilen oder in Flying Foxes ihren Mut unter Beweis stellen (und ihre Koordination und Balance trainieren). Der Hochseilgarten im **Abenteuerpark Toblach** besteht aus 14 Parcours unterschiedlicher Schwierigkeitsgrade mit Netzen, Baumstämmen, Seilbahnen und Brücken.

Wie Indianer vor Jahrhunderten lebten, erfährt man im Indianerdorf Kikeriki des **Outdoor-Centers Kronplatz**. Die Tipis stehen natürlich um eine Feuerstelle.

Die Krönung ist jedoch ein Gleitschirmflug, **FlyHirzer** *(siehe S. 105)* bietet Tandemflüge auch für Kinder.

Auf einen Blick

Information

Familienhotels
W familienhotels.com

Südtirol Information
W suedtirol.info

Urlaub auf dem Bauernhof

Roter Hahn
W roterhahn.it

Vinschgauer Erlebnisbauernhöfe
W erlebnisbauernhoefe.info

Für kleine Abenteurer

Abenteuerpark Toblach
Seeweg 20, Toblach.
☎ +39 340 567 8960.
W abenteuerpark-toblach.it

Arc & Kids Fun Park
Gassl 23, Olang.
☎ +39 345 538 3930.
W kronschool.com

FlyHirzer
W flyhirzer.com

Fun Bob
Rodelbahnweg, Olang.
☎ +39 0474 710 355.
W dreizinnen.com/de/das-erlebnis/im-sommer/funbob.html

Outdoor-Center Kronplatz
Seilbahnstr. 12A, Bruneck.
☎ +39 0474 836 768.
W kikeriki.it

GRUND-INFORMATIONEN

Daten und Fakten

Geografische Daten

Fläche: 7400 km^2

Ausdehnung: West–Ost 160 km, Nord–Süd 85 km

Höchste Berge: Ortler 3905 m, Königsspitze 3851 m, Hintere Zufallspitze 3757 m

Längste Flüsse: Etsch (415 km; davon 153 km in Südtirol), Eisack (95 km), Rienz (80 km)

Höhengliederung: 64,5 % der Fläche liegen über 1500 m, 21,5 % zwischen 1000 und 1500 m, 14 % unter 1000 m

Anteil der bewaldeten Fläche: ca. 50 %

Europaregion Tirol-Südtirol-Trentino

Entfernung von Bozen zu anderen Städten

München	260 km
Innsbruck	120 km
Salzburg	300 km
Zürich	310 km
Mailand	280 km
Venedig	220 km

Lage

46°13′ bis 47°05′ nördlicher Breite, 10°23′ bis 12°28′ östlicher Länge

Zeitzone

MEZ bzw. MESZ (wie Berlin)

Verwaltung

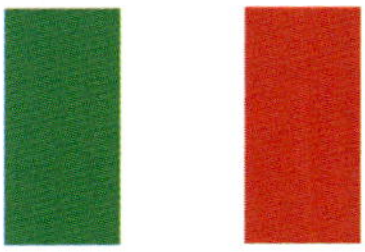

Flagge von Italien

Südtirol ist die nördlichste Provinz Italiens. Der südeuropäische Staat gliedert sich in 20 Regionen mit 92 Provinzen und 14 Metropolitanstädten.

Wappen der Autonomen Region Trentino-Südtirol

Im Süden grenzt an Südtirol die italienischsprachige Autonome Provinz Trentino. Beide Provinzen bilden die Autonome Region Trentino-Südtirol (Trentino-Alto Adige) mit der Hauptstadt Trento.

Wappen der Autonomen Provinz Bozen – Südtirol

Die in weiten Teilen ländlich geprägte Autonome Provinz Südtirol (amtlich: Provinz Bozen – Südtirol) zählt zu den wohlhabendsten Gebieten Italiens und der Europäischen Union.

Bevölkerung

Einwohner: 520 000 (etwa so viele wie Nürnberg)
Bevölkerungsdichte: 70 Einwohner/km^2 (knapp ein Drittel so hoch wie Deutschland)

Hauptstadt: Bozen: 107 000 Einwohner (etwa so viele wie Erlangen); 20 % der Gesamtbevölkerung Südtirols

Weitere Städte:
Meran: 40 000 Einwohner
Brixen: 21 000 Einwohner
Leifers: 18 000 Einwohner
Bruneck: 16 000 Einwohner
Eppan: 15 000 Einwohner

Sprachverteilung: 62 % deutsch, 23 % italienisch, 4 % ladinisch, 11 % andere.

Italienisch ist vor allem in Bozen und Umgebung, in Meran und im äußersten Süden um Salurn verbreitet. Ladiner leben in einigen Tälern der Dolomiten, vor allem in den höheren Bereichen von Gadertal und Grödner Tal. Die Ortsschilder in diesen Gebieten sind dreisprachig.

◄ **Vinschger Bahn, im Hintergrund die Churburg in Schluderns** *(siehe S. 137)*

Wirtschaft

Beschäftigungsstruktur: 71 % Dienstleistung, 24 % Industrie, 5 % Landwirtschaft. Etwa jeder siebte Arbeitnehmer ist im Tourismus tätig. Südtirol hat das höchste Bruttoinlandsprodukt und die niedrigste Arbeitslosenrate aller Provinzen Italiens.

Exportschlager: Agrarprodukte (10 % der gesamten europäischen Apfelernte stammen aus Südtirol), Getränke (vor allem Wein), Maschinen, Anlagen (u. a. Skilifte), Fahrzeuge, Holz, Metallwaren, Marmor.

Südtiroler Weine: 98 % der Weine tragen das italienische Gütesiegel für Qualitätsweine (DOC).

Tourismus: Jährlich rund 6 Millionen Urlauber (ca. 30 Mio. Übernachtungen). Größte Urlaubergruppen nach Nationalität:
Deutschland: 43 %
Italien: 38 %
Österreich und Schweiz: je 4 %

Verkehr

Straßenverkehr: Der Brennerpass – für viele Urlauber das Einfahrtstor nach Italien – ist mit 1370 Metern die niedrigste Verbindung über den Alpenhauptkamm.

Höchste Passstraße Italiens ist das Stilfser Joch (Passo dello Stelvio) mit 2757 Metern. Wie einige andere Passstraßen (z. B. Timmelsjoch) ist die Strecke nur in der warmen Jahreszeit befahrbar.

Zu den Traumrouten in den Alpen gehört die Große Dolomitenstraße.

Bahnverkehr: Die seit 1906 betriebene Vinschger Bahn durch das Etschtal zwischen Mals und Meran überwindet auf 60 Kilometern Strecke rund 700 Höhenmeter.

Die Fertigstellung des Brennerbasistunnels für den Bahnverkehr ist für 2025 geplant.

Seilbahnen: In Südtirol sind knapp 400 Seilbahnen und Skilifte in Betrieb. Die Seilbahn von Bozen nach Kohlern (Inbetriebnahme: 1908) ist die älteste der Welt.

Klima

Temperaturen (Bozen)

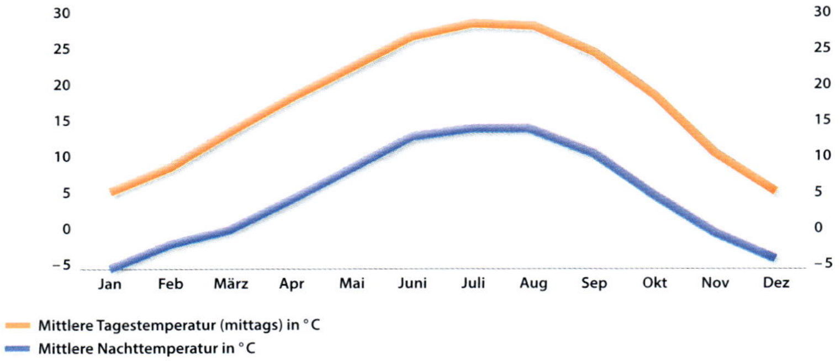

Sonnenstunden und Regentage (Bozen)

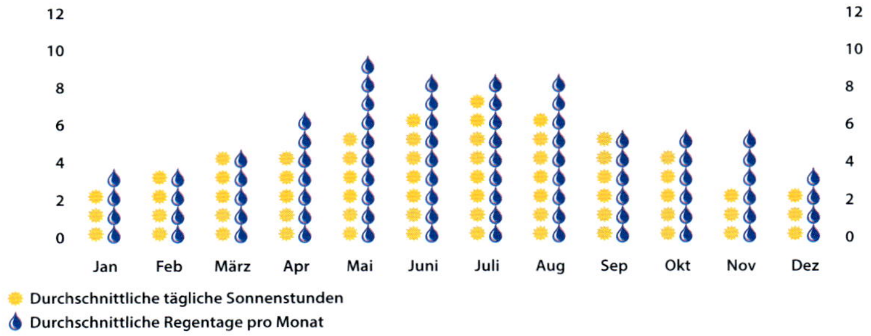

Historischer Überblick

Durch seine Lage im Übergangsbereich zwischen Mittel- und Südeuropa rückte Südtirol in seiner gesamten Geschichte häufig in den Fokus von Machtinteressen. Heute ist Südtirolern die Autonomie ihrer Provinz wichtig, den europäischen Gedanken leben sie vorbildlich.

10 000 v. Chr. Paläolithikum: erste menschliche Spuren auf Tiroler Gebiet — **10 000 v. Chr.**

3000 v. Chr. »Ötzi« (1991 auf dem Similaungletscher entdeckt) — **3000 v. Chr.**

»Ötzi«

1. Jh. v. Chr. Trentino wird römische Provinz — **100 v. Chr.**

15 v. Chr. Römer erobern Tirol

0

um 555 Bajuwaren drängen bei der Völkerwanderung nach Tirol

774 Karl der Große integriert (Süd-)Tirol (Marca Tridentina) ins Reich

888 Die Marca Tridentina geht an Herzog Arnulf von Kärnten

901 Brixen wird dem Bischof des Klosters Säben geschenkt

925 Die Marca Tridentina kommt zum deutschen Kaiserreich der Ottonen

1000

Dom von Bozen

1027 Kaiser Konrad II. schenkt sein Lehen samt Bozen und Vinschgau an Bischof Udalrico II. und ernennt ihn zum Fürsten

1100

1180 Weihe des Doms von Bozen

1200

1282 Tirol wird als Grafschaft konstituiert, unabhängig vom Heiligen Römischen Reich. Es beginnt die Herrschaft der Grafen von Tirol

1300

1363 Margarete von Tirol (Maultasch) übergibt als Letzte ihres Geschlechts ihre Grafschaft Tirol an die Habsburger

1400

Soliman am Hotel Elephant, Brixen

1420 Innsbruck löst Meran als Hauptstadt Tirols ab

1447 Die landesfürstliche Münzstätte wird von Meran nach Hall in Tirol verlegt

1500

1511 »Landlibell«

1525 Bauernkrieg

1545 – 63 Konzil von Trient

1552 Der Elefant Soliman zieht durch Tirol (bis 2.1.1552 in Brixen)

1600

1618 – 48 Dreißigjähriger Krieg und Pest (1630)

1700

1740 Maria Theresia wird österreichische Kaiserin

1796 Napoléon zieht im Rahmen seiner Eroberungen auch in Tirol ein

1800

1805 Tirol wird an das napoleonische Bayern abgetreten

1809 Andreas Hofer führt den Tiroler Volksaufstand gegen Bayern an. Niederlage beim Berg Isel am 1.11.1809

1810 Tirol geht kurzzeitig an Italien

1815 Nach dem Wiener Kongress fällt Tirol an die Habsburger

1820

1840

Andreas Hofer

1860

1860 Der Tiroler Landtag erhält wieder Befugnisse

1867 Eröffnung der Brennereisenbahn

1870 Erster Besuch der österreichischen Kaiserin Elisabeth in Meran (1889 zweiter Meran-Aufenthalt)

1880

1900

1914–18 Erster Weltkrieg

1919 Teilung Tirols, Südtirol wird italienisch

Kaiserin Elisabeth

1920

1922 Machtergreifung der italienischen Faschisten. Repressionen gegen die Südtiroler. Italienisierung Südtirols

1939 Abkommen zwischen Hitler und Mussolini: Zehntausende Südtiroler verlassen ihr Land und gehen ins Deutsche Reich

1940

1946 Pariser Abkommen Gruber-De Gaspari (Schutz der deutschsprachigen Südtiroler)

1948 Erstes Autonomiestatut der Region Trentino-Südtirol

1960

1956–69 Bombenattentate der Separatisten

1970er Jahre Bau der Brennerautobahn (Innsbruck–Bozen)

1971 Zweites Autonomiestatut: Autonomie der Provinzen Südtirol und Trentino

1980

1991 Fund der Gletschermumie »Ötzi« am Similaungletscher

1992 Erfüllung des Südtiroler Autonomiestatuts

Flagge von Südtirol

1995 Schengener Abkommen

Reinhold Messner

1998 Europaregion Tirol-Südtirol-Trentino

2000

2006–2015 Eröffnung der Messner Mountain Museen (MMM)

seit 2007 Bau des Brennerbasistunnels (geplante Fertigstellung 2025)

2009 Die Dolomiten werden UNESCO-Welterbestätte

2020

Logo UNESCO-Welterbe

WELTERBE · WORLD HERITAGE · PATRIMOINE MONDIAL

Praktische Hinweise

Südtirol ist das ganze Jahr über eine Reise wert – sowohl für Kurzaufenthalte als auch für längere Urlaube. Die großartigen Landschaften, der abwechslungsreiche Veranstaltungskalender und nicht zuletzt die Gastfreundschaft sind unschlagbare Gründe für die Destination. Zudem ist mit hervorragender Küche sowie Spas mit umfassenden Wellness-Angeboten für das leibliche und seelische Wohl der Besucher gesorgt. Auch Kunst und Kultur kommen in der überaus geschichtsträchtigen Region nicht zu kurz. Die Infrastruktur ist bestens ausgebaut – vom Straßen- bis zum Kommunikationsnetz. Viele Einrichtungen in Südtirol sind behindertengerecht. Eine ganze Reihe von Websites und Internet-Portalen liefern Tipps und Infos für die Reiseplanung.

Logo von Südtirol Information

Information

Wer sich vor der Reise über Südtirol informieren möchte, kann sich an den italienischen Fremdenverkehrsverband **ENIT** (Ente Nazionale Italiano per il Turismo) wenden. Neben vielen wichtigen Hinweisen zur Reiseplanung erhält man dort auch umfassende Infos (von Veranstaltungen bis Verkehrsbestimmungen) sowie Kartenmaterial. Die Prospekte kann man auch von der Website herunterladen.

Am Urlaubsziel bieten die Informationsstellen Tipps für den Aufenthalt. Sie liegen in den Ortszentren, häufig im Rathaus. Dort bekommt man Broschüren, Karten, Veranstaltungskalender, Stadtpläne, Informationen zu öffentlichen Verkehrsmitteln und Listen mit Unterkünften. In diesem Reiseführer werden Adressen und Telefonnummern der Informationsstellen bei den jeweiligen Orten genannt. Wichtige Fremdenverkehrsbüros sind das **Verkehrsamt Bozen**, die **Kurverwaltung Meran** und **Brixen Tourismus**. In allen Informationsbüros erhält man die für sämtliche Fahrten mit Bussen und Regionalbahnen sowie auch einigen Seilbahnen gültige **Mobilcard**. Bei der **museumobil Card** ist zusätzlich der Eintritt in etwa 90 Museen und andere Kulturstätten enthalten. Detaillierte und übersichtliche Informationen über Südtirol und seine einzelnen Ferienregionen bietet auch das Internet-Portal **Südtirol Information** – ideal zum Stöbern und zur Einstimmung auf den Urlaub.

Beste Reisezeit

Südtirol ist zu jeder Jahreszeit ein absolut lohnendes Reiseziel: Die Skisaison dauert je nach Höhenlage und Schneeverhältnissen von Dezember bis April.

Wenn die Skisaison endet, lockt in den Tälern die Frühjahrsblüte, Wanderer und Radfahrer genießen das milde Klima. Die Sommersaison beginnt im Juni. Im Juli und August kann es in den Tälern Südtirols sehr warm werden, in der Höhe herrschen jedoch stets mildere Temperaturen.

Als beste Wandermonate gelten der September und der Oktober, wenn sich die Laubbäume in warme Herbstfarben hüllen und die Luft besonders klar ist. Häufig sind die Wetterlagen in dieser Zeit stabil. Im Oktober und November ist die Zeit für den jungen Wein und das Törggelen *(siehe S. 46f)* gekommen. Nur kurze Zeit später wedeln bereits wieder die ersten Skifahrer auf den Pisten.

Wandern kann man zu allen Jahreszeiten, besonders stimmungsvoll ist Südtirol im Frühling und Herbst

Radfahren in Südtirol – ein Vergnügen von Frühling bis Herbst

Einreise und Zoll

Für Bürger aus EU-Mitgliedsstaaten und der Schweiz gibt es bei der Ein- und Ausreise keinerlei Grenzkontrollen. Für Ihren Aufenthalt in Südtirol ist dennoch ein gültiger Personalausweis oder Reisepass erforderlich, um sich während der Reise jederzeit ausweisen zu können. Auch Kinder jeden Alters benötigen einen eigenen Ausweis.

EU-Bürger dürfen alle Waren für den persönlichen Gebrauch zollfrei ein- oder ausführen. Mengenbegrenzungen gelten für Alkohol und Tabak.

Mit Kindern reisen

Südtirol ist eine ideale Urlaubsregion für Familien, Kinder sind überall gern gesehen. Viele Hotels sind kinderfreundlich ausgestattet und bieten Kinderbetten, Babysitting und spezielle Animation für Kinder unterschiedlichen Alters. Erkundigen Sie sich am besten vor der Buchung nach den Gegebenheiten der Unterkunft. Ferien auf dem Bauernhof sind für die meisten Kinder ein Traum.

Hotelrestaurants und Lokale kommen ihren kleinen Gästen ebenfalls entgegen. Sie halten Kinderstühle und extra Kindermenüs bzw. kleinere Portionen bereit.

In der ganzen Region gibt es für Familien mit Kindern jede Menge zu unternehmen und entdecken. Die Ferienorte sind in ihren Angeboten auf die Bedürfnisse von Familien bestens eingestellt. Viele Tipps für Urlaub mit Kindern in Südtirol finden Sie auf Seite 246f.

Reisende mit besonderen Bedürfnissen

Die Voraussetzungen für barrierefreies Reisen sind in Südtirol sehr gut. Immer mehr Unterkünfte (vom Hotel bis zum Bauernhof) und Restaurants bieten passende Rahmenbedingungen für Menschen mit eingeschränkter Mobilität. Öffentliche Verkehrsmittel und Sehenswürdigkeiten wie Museen und Kirchen wurden entsprechend ausgebaut. Schwierig zugänglich sind hingegen viele Burgen, in denen man enge Gänge passieren muss.

Im Portal **Südtirol für alle** finden Sie Tipps (u. a. Hotels, Restaurants, Verkehrsmittel, Attraktionen) für barrierefreien Urlaub. Die Etablissements sind in Bezug auf den Grad der Zugänglichkeit bewertet.

Plakat mit Hinweis auf alle sechs MMM-Standorte *(siehe S. 16f)*

Senioren

Um der Sommerhitze aus dem Weg zu gehen, bietet sich ein Aufenthalt im April/Mai bzw. September/Oktober an. Senioren über 65 Jahre haben bei vielen Attraktionen freien bzw. ermäßigten Zutritt. In den Grünanlagen und an den Uferpromenaden (z. B. in Bozen und Meran) kann man in aller Ruhe flanieren.

Auf einen Blick

Information

Italienische Zentrale für Tourismus (ENIT)
Allgemeine Direktion für Deutschland, Österreich und die Schweiz:
Barckhausstraße 10,
60325 Frankfurt am Main.
T +49 69 237 434.
W **enit.de**

Mobilcard, museumobil Card
W **mobilcard.info**

Internet-Portal

Südtirol Information
W **suedtirol.info**

Fremdenverkehrsbüros

Brixen Tourismus
Regensburger Allee 9,
39042 Brixen.
T +39 0472 275 219.
W **brixen.org**

Kurverwaltung Meran
Freiheitsstr. 45,
39012 Meran.
T +39 0473 272 000.
W **merano-suedtirol.it**

Verkehrsamt Bozen
Südtiroler Str. 60,
39100 Bozen.
T +39 0471 307 000.
W **bolzano-bozen.it**

Reisende mit besonderen Bedürfnissen

Südtirol für alle
Laurinstr. 2D u. 6A,
39012 Meran.
T +39 0473 010 850.
W **suedtirolfueralle.it**

Sprache

Südtirol ist dreisprachig. Die dritte offizielle Sprache neben Deutsch und Italienisch ist Ladinisch *(siehe S. 189)*, von dem es sogar mehrere Dialekte gibt. Ladinisch ist in einigen Tälern im östlichen Südtirol verbreitet, u. a. im Grödner Tal und im Gadertal.

In der Hauptstadt Bozen wird überwiegend italienisch gesprochen. Ansonsten nimmt der Anteil der italienischsprachigen Bevölkerung in Südtirol im Allgemeinen nach Süden hin zu. Dennoch kann man sich fast überall auf Deutsch verständigen. Nur in den südlichen Dolomiten, z. B. in Cortina d'Ampezzo und Umgebung, ist dies mitunter nicht der Fall. Hier können leichte Italienischkenntnisse nicht schaden, um etwa aus einer einsprachigen Speisekarte ein Gericht auszuwählen.

Falls Sie sich ein wenig mit ladinischer Kultur beschäftigen wollen: Zwei sehenswerte Museen eignen sich dazu perfekt *(siehe S. 188f)*.

Umweltbewusst reisen

Auch in Südtirol setzen einige Gemeinden mittlerweile auf sanften Tourismus. Sie stellen etwa sicher, dass man ohne eigenes Auto anreisen und in der Region mobil sein kann. Mehrere Gemeinden sind von der Organisation **Alpine Pearls** als »Perle der Alpen« ausgezeichnet worden, weil sie den Anforderungen des sanften Tourismus besonders gut entsprechen (u. a. im Hinblick auf öffentlichen Nahverkehr und Bewahrung einer intakten Umwelt). Zu ihnen zählen u. a. Mals, Villnöss, Ratschings und Moena. Die Website der Organisation zeigt die Liste der prämierten Gemeinden.

Auch bei der Wahl der Unterkunft hat man viele Möglichkeiten, umweltverträglich Urlaub zu machen. Im Hinterland kann man etwa in einem **Agriturismo** *(siehe S. 231)* oder einem Weingut übernachten und viel darüber erfahren, wie einzelne Produkte hergestellt und verarbeitet werden.

Schnell voran zwischen Mals und Meran mit der Vinschger Bahn

Haustiere

In vielen Hotels, Pensionen und Bauernhöfen ist es erlaubt, einen Hund mitzubringen. Diese Regelung gilt auch für zahlreiche Ferienhäuser. Am meisten Auslauf haben die Tiere natürlich bei Übernachtung in einem Agriturismo.

Die Mitnahme des Haustiers sollte man bei der Buchung anmelden. Im Allgemeinen muss man den EU-Heimtierausweis mitführen, der nur in Kombination mit Mikrochip gültig ist. Dieser Ausweis wird von Tierärzten ausgestellt. Hunde müssen gegen Tollwut geimpft sein.

Für Anfänger und Kinder ideal: Haflinger sind umgängliche Tiere

Museen und Burgen

Zu den größten kulturellen Besuchermagneten gehören insbesondere die sechs Standorte des Messner Mountain Museums *(siehe S. 16f)* sowie das Südtiroler Archäologiemuseum *(siehe S. 78f)*, in dem »Ötzi« eine neue Heimat gefunden hat. Unter den Burgen verzeichnen die Churburg *(siehe S. 132)* und Hocheppan *(siehe S. 89)* besonders hohen Zulauf. Darüber hinaus sind viele Landes- und Spezialmuseen sowie einige Bergwerke zu besichtigen.

Beachten Sie die Öffnungszeiten: Viele Museen sind montags oder an einem anderen Wochentag geschlossen, in kleinen Orten sind sie oft nur am Wochenende oder in den Sommermonaten geöffnet. Dies gilt auch für viele Burgen.

Stadtführungen

In Bozen bietet das Verkehrsamt *(siehe S. 255)* kunsthistorische Rundgänge in der Stadt (teils mit Besichtigung eines Museums sowie von Waltherplatz, Lauben und Obstmarkt), kulinarische Rundgänge zu historischen Wirtshäusern sowie Kulturausflüge in die Umgebung an.

Die Kurverwaltung Meran *(siehe S. 255)* organisiert Stadtrundgänge, auf denen die Teilnehmer Interessantes zu Kunst und Kultur der traditionsreichen Kurstadt erfahren.

Brixen wartet mit »Theatralischen Erlebnisführungen« auf. Die von Brixen Tourismus gestalteten Touren sind nicht nur informativ, sondern auch sehr unterhaltsam. Stadtführer schlüpfen in Rollen und Kleider historischer Persönlichkeiten und erzählen Anekdoten aus Brixens Geschichte.

Zeitzone und Strom

In Italien gilt ebenso wie in Deutschland, Österreich und der Schweiz die Mitteleuropäische Zeit (MEZ), vom letzten Wochenende im März bis zum letzten Wochenende im Oktober auch die Sommerzeit.

Die Stromspannung in Italien beträgt 230 Volt bei 50 Hertz. Zwei-Pin-Flachstecker passen immer. Viele Hotels ab drei Sternen bieten ihren Gästen einen Fön im Badezimmer.

Sicherheit und Gesundheit

Südtirol ist ein überaus sicheres Reiseziel, gefährliche Übergriffe ereignen sich nur selten. Treffen Sie die auf Reisen üblichen Vorsichtsmaßnahmen (u. a. keine Wertgegenstände im Auto lassen, Auto absperren bzw. Fahrrad abschließen, in Menschenansammlungen auf Taschendiebe achten, Gepäck niemals unbeaufsichtigt lassen etc.). Wird Ihnen trotz aller Vorsichtsmaßnahmen etwas gestohlen, melden Sie dies unverzüglich auf dem nächsten Polizeirevier. Vermissen Sie Pass oder Ausweis, hilft Ihnen das Konsulat Ihres Heimatlandes *(siehe Kasten)* rasch weiter. Bei Verlust von Kredit- und Debitkarten benachrichtigen Sie umgehend Ihre Bank *(siehe S. 258)*.

Rettungshubschrauber Pelikan der Landesflugrettung Südtirol

In den Bergen

So faszinierend die Bergwelt auch ist – gerade in den höheren Lagen ist besondere Achtsamkeit erforderlich. Durch umsichtige Planung – u. a. in Bezug auf Ausrüstung (auch ausreichender Sonnenschutz!) und Berücksichtigung der Witterungsverhältnisse – können Sie beim Aufenthalt im Gebirge manchen Schwierigkeiten aus dem Weg gehen. Sollten Sie dennoch einen Unfall erleiden, steht ein gut organisierter Rettungsdienst zur Verfügung. Hilfe erhalten Sie über den Notruf oder den Alpinnotruf sowie in der nächsten Hütte.

Medizinische Versorgung

Gesetzlich versicherte Besucher aus Ländern der EU und der Schweiz haben in Südtirol (wie in ganz Italien) Anspruch auf medizinische Versorgung. Hierfür benötigen Sie die Europäische Krankenversicherungskarte (EHIC). Dennoch ist es in den meisten Fällen sinnvoll, eine zusätzliche Reisekrankenversicherung abzuschließen. Sie enthält einen Krankenrücktransport, der von den gesetzlichen Krankenkassen nicht übernommen wird.

In Südtirol ist die medizinische Versorgung außerordentlich gut. Dringende medizinische Behandlung erhalten Sie in der Ambulanz des nächsten Krankenhauses.

In jedem größeren Ort findet man mindestens eine Apotheke, in den Zentren größerer Städte sind sie natürlich dichter gesät. Apotheken mit Nacht- oder Wochenenddienst sind an jeder Apothekentür gut sichtbar angeschlagen und zudem in den Tageszeitungen aufgelistet.

Auf einen Blick

Umweltbewusst reisen

Alpine Pearls
W alpine-pearls.com

Agriturismo
W agriturismo.it/de/bauernhof/trentino-sudtirol

Konsulate

Deutsches Honorarkonsulat
Dr.-Streiter-Gasse 12,
39100 Bozen.
T +39 0471 972 118.
W italien.diplo.de

Österreichisches Honorarkonsulat
Via Sottoriva 42E,
37121 Verona.
T +39 045 801 0292.
W bmeia.gv.at

Schweizer Generalkonsulat
Via Palestro 2,
20121 Mailand.
T +39 02 777 9161.
W eda.admin.ch/milano

Notrufnummern

Euro-Notruf
T 112 (kostenlos).

Polizei und Carabinieri
T 112 bzw. 113.

Stadtpolizei / Polizia Municipale
In Bozen:
Galileistraße 23.
T +39 0471 997 788.
In Meran:
Laubengasse 192.
T +39 0473 250 160.

Feuerwehr
T 112 bzw. 115.

Medizinische Notfälle, Alpinnotruf, HELI – Flugrettung Südtirol
T 112 bzw. 118.

Pannenhilfe
T 116.

Zentralkrankenhaus Bozen
Lorenz-Böhler-Str. 5,
39100 Bozen.
T +39 0471 908 111.
W sabes.it/de/kh-bozen.asp

Banken

Die Währung in Italien ist der Euro (€), für Besucher aus der Eurozone entfällt damit jeder Geldwechsel. Zahlungsverkehr mit Kredit- und Debitkarten ist auch in Südtirol weitverbreitet. Man kann damit in den meisten Hotels, vielen Restaurants, größeren Läden und an Tankstellen bezahlen. Dennoch sollte man immer Bargeld und vor allem Münzen für Trinkgelder, kleinere Einkäufe oder für einen schnellen Espresso in einer Bar bei sich haben.

Volksbank Banca Popolare

SÜDTIROL BANK

Schriftzüge der Südtiroler Volksbank und der Südtirol Bank

Wappen der Südtiroler Sparkasse

Öffnungszeiten

Südtiroler Banken haben in der Regel montags bis freitags zwischen 8.30 und 13 Uhr geöffnet. Die meisten Filialen öffnen auch nachmittags für eine gewisse Zeit (etwa zwischen 14 und 17 Uhr). Dabei können die Öffnungszeiten von Ort zu Ort etwas variieren. Am Tag vor einem wichtigen Feiertag schließen viele Banken früher.

Geldautomaten

An allen Banken gibt es Geldautomaten, an denen man mit seiner Kredit- oder Debitkarte – unabhängig von den Öffnungszeiten der Bank – bis zum individuellen Tageslimit Geld abheben bzw. wechseln kann. Ist dies nicht der Fall, geht man an einen der Schalter. Nach der Einführung des Euro schlossen die meisten Wechselstuben. Bürger aus Staaten, die nicht Mitglied der Eurozone sind, wenden sich zum Geldwechsel an den Devisenschalter *(cambio)* der Bank. Auch im Urlaub dürfen Sie Geldbeträge nur bis zum festgesetzten Tages-/Wochenlimit abheben.

Die Gebühren für eine Abhebung können variieren, betragen in der Regel aber mehrere Euro. Diesen Betrag müssen Sie bei jeder weiteren Transaktion erneut zahlen. Erkundigen Sie sich diesbezüglich bei Ihrer Bank. Die Benutzung von Kreditkarten für das Abheben von Geld am Automaten ist besonders teuer, sie kann durchaus zehn Euro betragen. Verwenden Sie daher besser Debitkarten.

In größeren Orten findet man auch an vielen touristischen Hotspots Geldautomaten. Ganz egal, wo Sie Geld abheben – achten Sie immer auf Ihre Umgebung, und werfen Sie zuerst einen kritischen Blick auf den Geldautomaten selbst.

Kredit- und Debitkarten

Gängige Kreditkarten wie **MasterCard** und **Visa**, aber auch **American Express** und **Diners Club** werden immer häufiger akzeptiert. Am Eingang von vielen Hotels, Restaurants und Läden sind die Logos von Geldinstituten abgebildet, deren Kreditkarten angenommen werden. Manche Restaurants und Läden verlangen für Kreditkartenzahlung einen Mindestumsatz.

Bei kleineren Lokalen und in Bars hingegen ist immer noch Barzahlung gebräuchlich.

Neben Kreditkarten kommen auch Debitkarten immer öfter zum Einsatz. Bekannteste Debitkarte ist die **girocard** (früher EC- bzw. Maestro-Karte). Sie gibt es in zwei Ausführungen, mit dem Maestro-Logo oder mit dem VPay-Logo. Beide Ausführungen funktionieren gleichermaßen in Italien.

Wenn Sie Ihre Karte verloren haben oder sie Ihnen gestohlen wurde, dann sollten Sie die Karte umgehend sperren lassen. Die entsprechenden Telefonnummern finden Sie im Kasten unten.

Reiseschecks sind praktisch nicht mehr in Gebrauch.

Auf einen Blick

Banken

Südtiroler Sparkasse
Waltherplatz 26, Bozen.
+39 0471 231 800.

Sparkassenstr. 8, Meran.
+39 0473 255 220.

Großer Graben 6B, Brixen.
+39 0472 823 804.
sparkasse.it

Südtiroler Volksbank
Leonardo-da-Vinci-Str. 2, Bozen.
+39 0471 996 151.

Kornplatz 3, Meran.
+39 0473 254 111.

Große Lauben 2, Brixen.
+39 0472 811 213.
volksbank.it

Banca Unicredit
Waltherplatz 5, Bozen.
+39 0471 189 0202.

Sandplatz 18, Meran.
+39 0473 091 005.
unicredit.it

Südtirol Bank
Esperantostr. 1, Bozen.
+39 0471 057 700.

Kartenverlust

Allg. Notrufnummer
+49 116 116.
116116.eu

American Express
+49 69 97 97 20 00.

Diners Club
800 393 939.

MasterCard
800 870 866.

Visa
800 819 014.

girocard
+49 69 740 987.

Kommunikation

Das Mobilfunknetz ist in Südtirol gut ausgebaut, in Bergregionen kann der Empfang jedoch eingeschränkt sein. Bitte beachten Sie: Man muss bei jedem Gespräch – auch für Telefonate innerhalb des Ortsnetzes – die vollständige Vorwahlnummer (einschließlich der 0) wählen. Die Verbreitung von WLAN nimmt rasch zu. Übrigens: Die italienische Post ist effizienter, als häufig kolportiert wird.

Mit dem Handy überall erreichbar

Öffentliche Telefone

Mobiltelefone prägen auch in Südtirol den Alltag. Die Zahl öffentlicher Telefone ging in den letzten Jahren drastisch zurück. Münzfernsprecher gehören weitestgehend der Vergangenheit an. An den wenigen öffentlichen Telefonen kann man mit Kreditkarte, an fast allen mit einer Telefonkarte *(scheda* oder *carta telefonica)* bezahlen. Sie werden in vielen Läden, Bars, Postämtern, Tankstellen, Hotels und den allgegenwärtigen Tabakgeschäften *(tabacchi)* verkauft, die man am T-Zeichen erkennt.

Ein Gespräch von einem öffentlichen Telefon kostet mehr als von einem Privatanschluss, ist aber immer noch wesentlich günstiger als vom Hotelzimmer.

Bei jeder Nummer muss die Vorwahl mitgewählt werden (einschließlich der 0) – dies gilt auch bei Gesprächen innerhalb eines Orts. Bei Anrufen aus dem Ausland ist nach der 0039 (Ländervorwahl Italiens) auch die 0 der Ortsnetz-Vorwahl mitzuwählen. Italienische Handynummern haben keine vorangestellte 0.

Mobiltelefone

Alle in Europa gängigen Handys und Smartphones funktionieren in Italien problemlos. In bergigen Regionen von Südtirol kann der Empfang jedoch eingeschränkt sein.

Seit 2017 sind die Roaming-Gebühren in der EU entfallen. Als Mobilfunk-Kunde zahlt man auch im Urlaub nur so viel wie in seinem Heimatland. Gegen Missbrauch gilt eine neue Fair-Use-Grenze. Prüfen Sie dennoch Ihren Mobilfunk-Vertrag oder das von Ihnen genutzte Angebot, ob im Ausland weitere Gebühren anfallen.

Internet

Viele Unterkünfte bieten ihren Gästen im Zimmer bzw. in öffentlichen Bereichen WLAN an. Meist ist die Nutzung kostenlos. An immer mehr öffentlichen WLAN-Hotspots kommt man mit dem eigenen Handy oder Laptop ins Internet. In einigen Orten findet man auch Internet-Cafés, in denen man online gehen kann.

Post

Das Porto für einen Standardbrief oder eine Postkarte ins europäische Ausland kostet mit *posta prioritaria* 1 Euro, die Zustellung dauert etwa drei Tage. Die roten Briefkästen haben in der Regel zwei Schlitze: *per la città* (Stadtbereich) und *per tutte le altre destinazioni* (alle anderen Ziele). Die meisten Briefkästen werden einmal am Tag geleert.

Postämter in den Zentren der größeren Orte sind normalerweise montags bis freitags von 8 bis 14 oder 15 Uhr, manche auch länger offen. Samstags schließen sie mittags.

Tageszeitungen in Südtirol

Medien

Viele Bars haben Fernseher mit Satellitenempfang. Auch im Hotelzimmer können Sie unter vielen Programmen wählen.

Deutschsprachige Zeitungen der Region sind *Dolomiten* und *Die Neue Südtiroler Tageszeitung*, auf Italienisch erscheint *Alto Adige*. Ausländische Zeitungen wie *Süddeutsche Zeitung*, *Frankfurter Allgemeine Zeitung*, *Kurier* und *Neue Zürcher Zeitung* sind auch in vielen kleineren Orten erhältlich.

Auf einen Blick

WLAN-Hotspots

WiFree
W **wifree.bz.it**

Internet-Cafés

W **cybercafe.it**

Postämter

Bozen
Pfarrplatz 13.
+39 0471 322 260.

Brixen
Kassianstr. 4.
+39 0472 272 011.

Bruneck
Europastr. 22.
+39 0474 533 911.

Cortina d'Ampezzo
Via Olimpia 23.
+39 0436 882 411.

Meran
Romstr. 2.
+39 0473 274 712.

Sterzing
Meinhard-II-Gasse 1.
+39 0472 726 911.
W **poste.it**

Reiseinformationen

Die meisten Urlauber erreichen Südtirol mit dem Auto, der Eisenbahn oder dem Reisebus. Das Auto garantiert natürlich größtmögliche Unabhängigkeit. Das weitverzweigte Straßennetz ist selbst im Winter in gutem Zustand. Reschen- und Brennerpass sind nur selten wegen Schnees gesperrt, die hoch gelegenen Dolomitenpässe hingegen schon eher (je nach Witterung mitunter auch kurzfristig).

Die Bahn ist in Südtirol ein bewährtes und praktisches Verkehrsmittel. Durch das Eisacktal verläuft die Strecke von Innsbruck über den Brennerpass Richtung Verona mit häufigen Verbindungen in beide Richtungen, durch das Etschtal fährt die traditionsreiche Vinschger Bahn. Mit Bussen kommt man in Südtirol nahezu überallhin, auch in die abgelegensten Orte.

Brennerpass, einer der meistbefahrenen Alpenpässe

Anreise mit dem Flugzeug

Der einzige Flughafen in der Region ist der **Airport Südtirol Alto Adige** am südlichen Stadtrand von Bozen. Seit vorläufiger Einstellung des Linienflugverkehrs im Jahr 2015 werden ausschließlich Verbindungen mit wenigen anderen italienischen Destinationen (u. a. Olbia, Cagliari und Catania) bedient. Flüge von und nach Deutschland, Österreich und der Schweiz werden derzeit nicht angeboten.

Wer eine lange Anreise mit dem Auto scheut und daher mit dem Flugzeug anreisen möchte, kann alternativ die Flughäfen Innsbruck, Mailand, Verona, Brescia und Venedig anfliegen. Von dort gelangt man mit Bussen preisgünstig nach Südtirol.

Schneller und exklusiver ist ein Helikopterflug vom Flughafen zum Reiseziel. Das Unternehmen **Elikos Hubschrauber** bietet Transferflüge per Helikopter von und zu einigen internationalen Flughäfen (u. a. München, Innsbruck, Salzburg, Zürich, Bozen, Venedig, Mailand, Bergamo, Brescia) an. Übrigens: Mit Helikoptern von Elikos kann man auch Rundflüge über die Dolomiten erleben *(siehe S. 9)*.

Anreise mit dem Auto

Die meisten von Norden anreisenden Urlauber kommen über die **Brennerautobahn** A22 *(siehe S. 263)*, die Südtirol in Nord-Süd-Richtung durchzieht. Die Benutzung der Brennerautobahn kostet neun Euro (einfach). Lange Wartezeiten an der Mautstelle erspart man sich mit einem Videomaut-Ticket, das man online (www.asfinag.at) oder bei Automobilclubs (z. B. **ADAC**) erhält, in Österreich bei einigen Stellen, die das »Pickerl« für österreichische Autobahnen verkaufen, und an deutschen Tankstellen Richtung Österreich.

Denken Sie daran, dass auch für die Autobahnen in Österreich Mautgebühren anfallen. Die erforderliche Vignette kann man vorab beim heimischen Automobilclub besorgen oder unterwegs an deutschen Autobahnraststätten. Die A22 ist der wichtigste Verkehrsweg in der Region sowie eine der bedeutendsten internationalen Straßenverbindungen in ganz Europa. In den Hauptreisezeiten kommt es hier gelegentlich zu Staus. Alternativ gibt es noch die alte, mautfreie Brennerstraße von Innsbruck nach Bozen, für die man viel Zeit braucht.

Aus dem westlichen Österreich führt eine Strecke über den ganzjährig geöffneten Reschenpass und weiter auf der Staatsstraße 40. Die landschaftlich schöne, anspruchsvolle Route (mautpflichtig) über das 2474 Meter hohe Timmelsjoch zur Staatsstraße 44 ist nur tagsüber (ungefähr Juni bis Oktober) geöffnet und nicht für alle Fahrzeuge freigegeben.

Europabrücke (bei Innsbruck) – Teil der Brennerautobahn

Ein Hochgeschwindigkeitszug auf der Brennerstrecke

Von der Schweiz gelangt man über den Ofenpass zum Grenzübergang zwischen Müstair und Taufers und zur Staatsstraße 41 im Münstertal. Vom östlichen Österreich empfiehlt sich die Anfahrt über die Bundesstraße B100 Richtung Innichen und die Staatsstraße 49 durch das Pustertal.

Anreise mit dem Zug

Etwa parallel zur Brennerautobahn verläuft die Brennereisenbahn durch ganz Südtirol. Der Fernverkehr über diese Strecke ist seit vielen Jahren durch schnelle und moderne Verbindungen garantiert, die über München und Innsbruck verlaufen. Die Fertigstellung des Brennerbasistunnels für den Zugverkehr ist für 2025 geplant (www.bbt-se.com).

Auch nach dem 2016 erfolgten Ende des Engagements der Deutschen Bahn in diesem Segment verkehren weiter **Autoreisezüge** nach Italien (z. B. Hamburg – Verona), ihr Einsatz ist auf die Zeit von Mai bis Oktober beschränkt. Eine weitere Option für die Anreise ist der Nachtreisezug **ÖBB Nightjet** von München nach Verona.

Zwischen Meran und Mals im Westen Südtirols verkehrt die Vinschger Bahn *(siehe S. 137)*.

Anreise mit dem Bus

Busreisen sind eine sinnvolle Alternative zur Anreise mit Auto oder Bahn. **Flixbus** bietet einige Routen von Deutschland und Österreich an (u. a. nach Bozen und Meran).

Auf einen Blick

Flughafen

Airport Südtirol Alto Adige
+39 0471 255 255.
bolzanoairport.it

Elikos Hubschrauber
+39 335 788 0150.
elikos.com/hubschrauber

Automobilclub

ADAC
+49 89 222 222.
adac.de

Brennerautobahn
autobrennero.it

Eisenbahn

Autoreisezüge
autoreisezug-planer.de/italien.htm

ÖBB Nightjet
oebb.at

Trenitalia
trenitalia.com

Busse

Flixbus
+49 30 300 137 300.
flixbus.de

In Südtirol führen auch lokale Busunternehmen regelmäßige Verbindungen zwischen Bozen und einigen Zielen in Deutschland, Österreich und der Schweiz im Programm.

Eisenbahnnetz

Hauptlinie des Schienennetzes in Südtirol ist die Brennereisenbahn, die über den Brennerpass in Richtung Verona verkehrt. Bei Franzensfeste, Bozen und Trient zweigen Nebenstrecken in die verschiedenen Seitentäler ab.

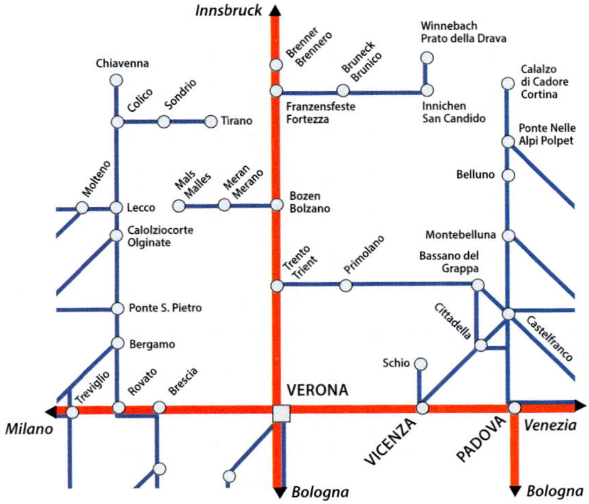

Legende
Hauptstrecke
Regionalstrecke

Mit dem Auto unterwegs

Südtirol ist über die Brennerautobahn A13/A22 gut zu erreichen. Durch diese Hauptverkehrsader sowie ein weites Netz von Staats- und Hauptstraßen ist das Gebiet verkehrstechnisch hervorragend erschlossen. Die meisten italienischen Autobahnen sind mautpflichtig. Für kurvenreiche Bergstrecken sollte man genügend Zeit einplanen. Zweisprachige Wegweiser erleichtern die Orientierung.

Zweisprachiger Staatsstraßen-Wegweiser

Autobahn

Als relativ bequemer Übergang über die Alpen wird der Brenner schon seit Jahrtausenden genutzt. Statt unbefestigte Fußwege wie in der Bronzezeit führt heute jedoch eine mehrspurige Autobahn über den 1370 Meter hohen Pass. Die Brennerautobahn beginnt als A13 in Innsbruck und führt als A22 auf italienischer Seite weiter durch Südtirol bis zu den großen Autobahnkreuzen bei Verona und Modena.

Von der Brennerautobahn gelangt man über Staatsstraßen in die touristisch interessanten Gebiete Südtirols und in die Alpentäler mit ihren Wintersportorten und attraktiven Wandergebieten.

Maut

Die A22 ist wie die meisten Autobahnen in Italien mautpflichtig. Nach der Maut über den Brennerpass *(siehe S. 260)* fallen für Fahrzeuge erneut Gebühren an. Die Mautkosten berechnen sich nach der Länge der gefahrenen Strecke.

Die Ermittlung der Kosten erfolgt über Magnetkarten *(biglietti)*, die man am Autobahnanfang aus Automaten zieht. Bezahlt wird an Mautstationen, die auf Italienisch mit den Schildern Alt – Stazione angekündigt werden. Die Gebühren können Sie mit Bargeld, Debitkarte (z. B. girocard) oder Kreditkarte begleichen. An Wochenenden und in der Urlaubszeit können sich an Mautstationen lange Staus bilden, dennoch sollte man dort auf keinen Fall wenden oder rückwärtsfahren.

Staatsstraßen

Obwohl Südtirol landschaftlich vorwiegend durch Hochgebirge und Hügelland geprägt wird und eher weniger durch Ebenen, ist das Netz der Staats- und Hauptstraßen sehr gut ausgebaut, weitverzweigt und zu allen Jahreszeiten gut befahrbar.

Einige besonders schöne Routen werden in diesem Reiseführer auf der Extrakarte zum Herausnehmen vorgestellt, darunter auch die Große Dolomitenstraße *(siehe S. 94f)*, eine der touristischen Hauptstrecken in den Dolomiten.

Staumauer des Lago di Fedaia ***(siehe S. 221)***

Dokumente und Verkehrsregeln

Autofahrer müssen in Italien neben ihrem Ausweis ihren Führerschein und die Fahrzeugpapiere sowie – bei Anreise aus einem Nicht-EU-Staat – die Internationale Grüne Versicherungskarte bei sich haben. Dringend empfohlen wird zudem das mehrsprachige Europäische Unfallprotokoll (EUP). Dieses kann vor allem bei Unfällen mit mehreren Beteiligten hilfreich sein.

Die Höchstgeschwindigkeit beträgt innerorts 50 km/h, außerhalb von Ortschaften 90 km/h, auf Schnellstraßen 110 km/h und auf Autobahnen 130 km/h. Bei Regen gilt auf allen Autobahnen ein Tempolimit von 110 km/h. Geschwindigkeitsübertretungen werden mit hohen Geldstrafen belegt.

Außerhalb von geschlossenen Ortschaften muss das Abblendlicht auch tagsüber eingeschaltet sein. Die Alkoholgrenze liegt in Italien bei 0,5 Promille, Überschreitungen werden drastisch bestraft. Telefonieren während der Fahrt ist nur mit Freisprechanlage erlaubt. Bitte beachten Sie: In Italien ausgestellte Strafzettel werden auch in Deutschland nachverfolgt.

Es gilt Anschnallpflicht. Kinder unter zwölf Jahren müssen auf dem Rücksitz befördert werden, außer sie sitzen in einem Kindersitz. Auch in Italien ist es Pflicht, eine reflektierende Warnweste im Auto mitzuführen.

In den Bergen unterwegs

Wer im Urlaub in den Bergen motorisiert unterwegs ist, muss vorausplanen. Winterreifen sind im Winter eine Selbstverständlichkeit, in manchen Gebieten ist das Mitführen von Schneeketten Pflicht. Sie können dort, aber auch andernorts je nach Wetterlage von heute auf morgen nötig sein, um voranzukommen. An den Straßen weisen Schilder darauf hin, wenn sie montiert werden müssen. Besucher sollten sich also im Winter auf jeden Fall mit Schneeketten ausrüsten – und schon einmal zu Hause das Anlegen üben. Im Schneegestöber an der Gebirgsstraße ist man sicher froh, wenn jeder Griff sitzt.

Informieren Sie sich vorab immer über die Wetterlage des Gebiets, in das Sie fahren möchten. Insbesondere in den sehr hohen Lagen kann schon Schnee liegen, wenn im Tal der Winter noch weit entfernt scheint. Und wenn im Sommer Regen und Gewitter angesagt sind, sollte man auch eher eine bequemere – und sicherere – Strecke im Tal nehmen als eine kurvenreiche Panoramastraße in der Höhe.

Wer mit dem Wohnwagen unterwegs ist, sollte sich über den Steigungsgrad der ausgesuchten Strecken informieren. Je nach Fahrzeug können einige Touren ausfallen, weil die Straße einfach zu steil für ein Gespann ist.

Beim Fahren im Gebirge gelten einige Regeln. So hat etwa an engen Stellen das Fahrzeug Vorfahrt, das von oben kommt, weil es einen längeren Bremsweg hat.

An sehr unübersichtlichen Stellen und Kurven können Sie durch Hupen Ihre Anwesenheit signalisieren. Wenn Sie an solchen Stellen ein Hupen hören, hupen Sie zurück. Sie warnen damit das entgegenkommende Fahrzeug, dass die Straße nicht frei ist.

Legende

Ausfahrt

Raststätte

Brennerautobahn

Streckenverlauf, Ausfahrten und Rastplätze der Brennerautobahn von Innsbruck über den Brennerpass bis nach Verona (A13 in Österreich, A22 in Italien).

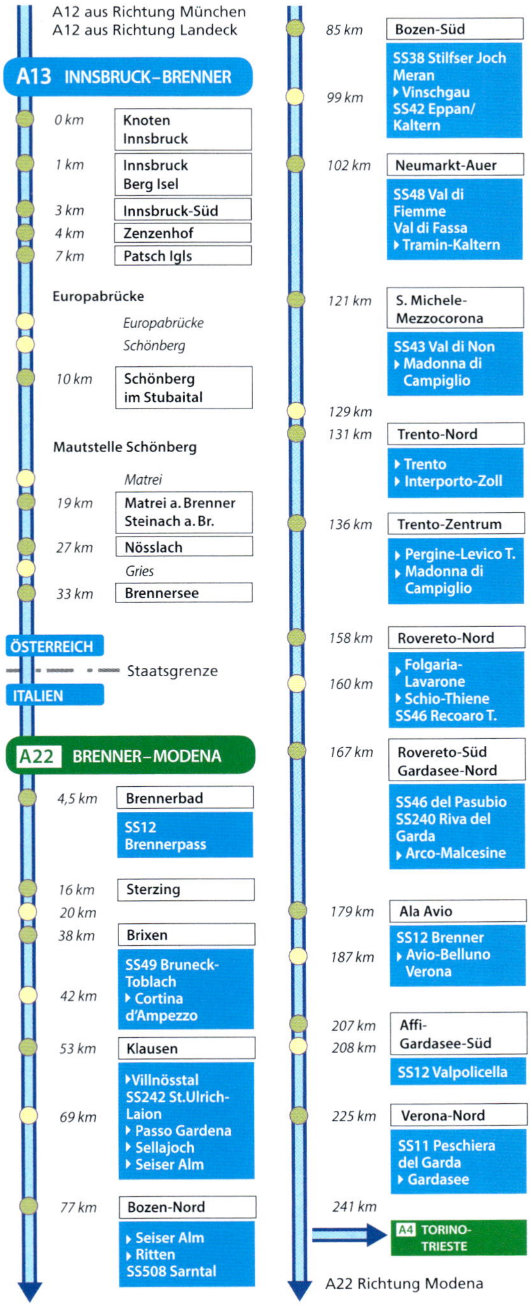

Textregister

Seitenzahlen in **fetter** Schrift verweisen auf Haupteinträge.

Danksagung und Bildnachweis

Dorling Kindersley bedankt sich bei allen, die bei der Entstehung dieses Buchs mitgewirkt haben.

Programmleitung Dr. Jörg Theilacker
Projektleitung Stefanie Franz
Projektassistenz Sonja Baldus, Antonia Wiesmeier
Fotografien Gerhard Bruschke, Christine Rover
Illustrationen Eva Sixt; Andrea Barison, Oriana Bianchetti, Ivo Ceccarelli, Luca Fiorani, Stefania Testa; Arun Pottirayil
Kartografie Mohammad Hassan, Suresh Kumar
Redaktion Dr. Elfi Ledig
Gestaltung und Umschlag Ute Berretz
Schlussredaktion Philip Anton

Ein besonderer Dank geht an die Südtiroler **Alexander Springorum** und **Dr. Margit Hafner** für ihre Hilfe!

Bildnachweis

o = oben, m = Mitte, u = unten, l = links, r = rechts, d = Detail.

Leider konnten nicht alle Urheber der Abbildungen ermittelt werden. Bitte melden Sie sich ggf. beim Verlag.

Acquarena: 199ul. **AVS Dolomiti Balloonweek:** Wolfgang Nairz 38–39o, 61ur, 161o, 161ul, 161ur. **Batzen Bräu:** 44ul. **Bergauf:** 57u, 237or. **Bergila:** 234ul. **Bruschke, Gerhard:** 4r, 76u, 82ol, 82ur, 83ol, 83m, 83ur, 86 (3 Fotos), 87 (2 Fotos), 111ol, 112o, 114ur, 117ol, 117m, 124–125 (7 Fotos), 130–131 (5 Fotos), 150ol, 167ul, 176–177 (5 Fotos), 180–181 (4 Fotos), 194–195 (4 Fotos), 201u, 208ur, 209ol, 210ul, 210ur, 211ol, 214–215 (4 Fotos), 233ol, 234ol, 235ol, 252m, 255u, 258o. **Capriz:** 56ml, 144u (2 Fotos), 235ul. **De Gust:** 145ur, 198ul. **Demetz, Patrick:** 56ur, 183ul, 183ur. **Dolomiti Superski:** 38ul, 203u (2 Fotos), www.whistaler.com 242ul. **Elikos:** 3 –4o, 9o, 25ur, 186–187u, 200. **Embawo:** Jenni Koller 54–55, 56–57o, 198or. **FlyHirzer:** 105o, 241ol, 247u. **Forst Bräu:** 44ul. **Franz, Stefanie:** 104ul, 104ur, 252ul. **Franzensfeste:** Oliver Jaist 155ur. **Gärten von Schloss Trauttmansdorff:** 28ml, 118l, 119ol, 119ur, 239ol. **Hotel Bellevue, Cortina d'Ampezzo:** 210ol. **Hotel Elephant, Brixen:** 150ur. **IDM Südtirol:** 22l, 22u, 48–49 (alle Fotos). **Kellerei Schreckbichl:** 31ol, 44– 45o, 46mr, 56m, 90or. **Gasthof Kohlern, Bozen:** 70ur. **Kraler, Franz, Cortina d'Ampezzo:** 227m. **Kurverwaltung Meran:** Alex Filz 26–27, 30ul, 36ul, 99or, 102, 107ur, 108, 109, 110u, 112ul, 116ol, 138ol, 139ol, 139ur, 140or, 141or. **Loacker:** 101ml. **Malojer Gummerhof:** 71o (3 Fotos). **Manincor:** 90m, 91o. **Maximilian, Brixen:** 199or. **Miramonti Boutique Hotel:** 104o, 230or. **Messner Mountain Museum (MMM):** 8l; Georg Tappeiner 14ul, 16ul, 17ol, 17mr, 85or, 158or, 216or; www.whistaler.com 16mr, 31ur; Paolo Zamsi 16ur. **MKT:** 15mr; Hubert Andergassen 14ur; Georg Tappeiner 14–15o, 14mr. **Moser, Evamaria:** 57r, 236or. **Museion:** Ludwig Thalheimer 78ul. **Museo della Guerra:** 218ol, 221ur. **Museum Ladin:** 175or, 188ur, 189ol. **MuseumPasseier:** 121u. **Onkel Taa:** 232ol. **Osservatorio Planetario Cortina:** Giorgia Hofer 217 (3 Fotos). **Parkhotel Laurin, Bozen:** 70ml, 70mr, 99u (2 Fotos). **PEMA:** 1, 56ul, 183o (2 Fotos), 183um, 188or, 188ul, 236ul. **Pirchhof Naturns:** 123mr. **Rennbahn Meran:** 241ur. **Rienzbräu:** 44ur. **Rifugio Faloria:** 202u. **Rover, Christine:** 2–3, 10–11, 18– 19, 20–21m, 20ul, 21mr, 21or, 22ur, 23ml, 23mr, 23ur, 24ol, 25ol, 32ml, 33mr, 37ml, 43u, 45ur, 105ur, 115m, 126ul, 127or, 160or, 171or, 173ul, 179ol, 181ol, 184ol, 191mr, 191ur, 203o, 204ul, 206ol, 233ul. **Salewa, Bozen:** 31ur. **Seiser Alm Marketing:** 60ur, 115ul, 193or; Laurin Moser 63ur; Oswald-von-Wolkenstein-Ritt: Helmuth Rier 193ol, 193m, 193ur. **Sixt, Eva:** 86u (Illustration), 118–119 (Illustration). **Sketch:** 138ur. **Stadt Hotel Città Bozen:** 74l, 98ul. **Sternwarte Max Valier:** 93ol. **Südtirol Jazzfestival:** 239u. **Südtiroler Archäologiemuseum:** 79m, 252ol. **Südtiroler Ritterspiele:** 9u, 238o. **Südtirol Marketing, Bozen:** 42or, 159or, 232ur, 254ol; Udo Bernhart 106or; Frieder Blickle 37ul, 40–41, 42ul, 46–47o, 47mr, 47ul, 56m, 106ol, 147, 168ul, 188ol, 237u, 245ol, 246ol, 246ul; Christian Brecheis 244ol; Stefan Eisend 38ml, 39or; Alex Filz 63ol, 156ol; Thomas Grüner 246ur; Manuel Kottensteger 67ul; Max Lautenschläger 183m, 191o; Hans-Peter Leu 137ol; Laurin Moser 37ur, 39ml, 58–59, 63or, 132or, 136ol, 255o; Helmuth Rier 36ml, 42ol, 43mr, 47ml, 47ur, 53mr, 71ur, 122ol, 192or, 232ul, 245u; Othmar Seehauser 182u; Stefan Schütz 36mr, 46ul, 243ur, 244ul, 244um; Martin Schönegger 244ur; Erich Spitaler 72ml; Georg Tappeiner 107or; Alessandro Trovati 34–35, 38mr, 38ur, 39mr, 115ur, 240u, 243ol, 243ul, 247ol, 256ul; Clemens Zahn 66l, 90ol, 93ur, 123ur, 135ur, 242ur. **Therme Meran:** 8u, 31m, 50–51, 52–53o, 52mr, 53or, 53ul; Manuela Prossliner 101u, 141ul; Georg Tappeiner 114o. **Thun:** 75r. **Tourismusverein Ahrntal:** 158ul. **Tourismusverein Cortina d'Ampezzo:** 211ur, 213ur. **Tourismusverein Egetmann:** Antie Braito 62or, 62ml. **Tourismusverein Kastelruth:** 185ur. **Tourismusverein Klausen:** 238ul; Wolfgang Gafriller 61ol; Georg Hofen 37mr; Helmut Moling 21ol, 36–37o, 60ol, 147or, 154–155o, 254u; Helmuth Rier 12–13, 182or. **Tourismusverein Pustertal:** 157ol. **Tourismusverein Sterzing:** Klaus Peterlin 145o (2 Fotos), 154ul. **Trachten Runggaldier, Meran:** 140ur. **Val di Fiemme Basket Team:** 224ur. **Verkehrsamt Bozen:** 86ol; Sergio Buono 72ol, 81o, 81ml, 84–85u; Othmar Seehauser 31ul; von Saalfeld 69u. **vigilius mountain resort:** 231ul, 231ur. **Vinschger Bauernladen:** 234ur. **Visit Fiemme:** 202o (2 Fotos). **Wikimedia Commons:** 28m, 29mr, 29ul, 29um, 29om, 31or, 62um, 79 (Details), 96–97u, 113ol, 115um, 121r, 129o, 133ol, 135ul, 148or, 187or, 220ul, 220ur, 250ul, 253m, 256or, 257or; Aconcagua 117ul; Afrank99 73ur, 94ol; Agnes Monkelbaan 24ul; Alessandro Gigliotti 173mr; Andrea Schieber 164–165m; Andrzej Makarczuk 179or; AnkaWue 28ur; Arne Hueckelheim 120or; Bavibaby 126or; Bene16 42ol, 135ml; Bramfab 151ur; Buchhändler4995 78o; Cristian Lorini 194u; David Kostner 29ur; Dirgela 221mr; Ewald Gabardi 8r, 16ol; Fantasy 166ur; FischerH 190ur; Flodur63 169mr; Franz Ley 148ul; Friedrich Boehringer 119mr, 119ul, 185ol; Friesia Orientalis 167mr; Gaudeus Blaas 122ul; Gliwi 88or; Gryffindor 110or, 113u; Guenter Seggebaeing 25or; Haneburger 260ol; Hansueli Krapf 92u; Harald Suepfle 73or; Heimatsound-Festival 238ur; John Fowler 216u; Joseph Anton Koch 121ml; Katus84 17ul; Kaustn 167ol; Kuebi 121ml, 132u; L'empereur Charles 136or; Ladislav Luppa 15ul, 192ul, 197ol; Lars Falkdalen 172ol; Leserkreis 253ur; Llorenzi 24ur, 134or, 157ul, 169ul, 170–171u; Lord Kaxinga 118or; MaiDireLollo 212ol; ManfredK 14mr, 28or, 29or, 30ol, 89ul, 111or, 133ur, 137m; Marco Almbauer 152ur; Marcobarci 129ur; Markus Rung 120ul; Martin Geissler 89ur; Maschaer 33o; Maurizio Napolitano 32ur; Meneerke 33ml; Michl Vikoler 143u; More pics than views 160u; Nicolo 212ur; Noclador 24l, 170or; Ordercrazy 17ur, 170ml; Otto Hundsdorfer 164ml; Palickap 165ul; Paulae 189ur; Piergiuliano Chesi 149o, 197ur; Plentn 128ul; qwesy qwesy 88u, 106ul; Rachel the cat 146or, 178ol; Richard Huber 97m; Roberto Ferrari 134ul; Rocky 165ur; Roman Klementschitz 162ul; Rudolf Simon 137ur; Rufus46 30mr; Sailko 149ur; Schorle 153ul, 196u (2 Fotos); Siga Tetrao 128u; Stefan Lew 89o; Steffen962 163mr; Steinsplitter 162ml, 163ol; Stephen Boisvert 162or; Svickova 23um, 212ul; Thomas Springer 29ml; Tiesse 156ur; Unterillertaler 97ol, 168ol; Uoaei1 30mr, 151ol; Vermondo 159u; Verozmp 166ol; Vince51 135o; Volker Ramsloh 224ol; Vollmond11 15ml, 80o, 84ol, 98or, 101or; Whgler 136ur; Wolfgang Moroder 80u; X Weinzar 29mr; Zavijavah 95or, 213ol. **Wood.Mate** 57r. **Zacher:** 237ol. **ZipLine:** 144ol.

Umschlag und Extrakarte
Vorderseite und Buchrücken: **Südtirol Marketing:** Clemens Zahn.
Rückseite: **Mondadori**.

Sprachführer Italienisch

Notfälle

Hilfe!	**Aiuto!**	[ai'u:to]
Halt!	**Alt!**	[alt]
Rufen Sie einen Arzt!	**Chiami un medico!**	['kia:mi un 'mɛ:diko]
Rufen Sie einen Krankenwagen!	**Chiami un ambulanza!**	['kia:mi un ambu'lantsa]
Rufen Sie die Polizei!	**Chiami la polizia!**	['kia:mi la poli'tsi:a]
Rufen Sie die Feuerwehr!	**Chiami i pompieri!**	['kia:mi i pompi'ɛ:ri]
Wo ist das Telefon?	**Dov'è il telefono?**	['do:vɛ il te'lɛ:fono]
Wo ist das Krankenhaus?	**Dov'è l'ospedale?**	['do:vɛ lospe'da:le]

Grundwortschatz

Ja/Nein	**Sì/No**	[si/nɔ]
Bitte	**Per favore**	[per fa'vo:re]
Danke	**Grazie**	['gra:tsie]
Entschuldigung!	**Mi scusi!**	[mi 'sku:zi]
Guten Tag	**Buon giorno**	[bu'ɔn 'dʒorno]
Auf Wiedersehen	**Arrivederci**	[arrive'dertʃi]
Guten Abend	**Buona sera**	['buɔ:na 'se:ra]
Morgen	**la mattina**	[mat'ti:na]
Vormittag	**la mattinata**	[matti'na:ta]
Nachmittag	**il pomeriggio**	[pome'riddʒo]
Abend	**la sera**	['se:ra]
gestern	**ieri**	[i'ɛ:ri]
heute	**oggi**	['ɔddʒi]
morgen	**domani**	[do'ma:ni]
hier	**qui**	[ku'i]
dort	**là**	[la]
Welche …?	**Quale …?**	[ku'a:le]
Was?	**Che cosa?**	[ke 'kɔ:za]
Wann?	**Quando?**	[ku'ando]
Warum?	**Perché?**	[per'ke]
Wo?	**Dove?**	['do:ve]

Nützliche Redewendungen

Wie geht es Ihnen?	**Come sta?**	['ko:me sta]
Sehr gut, danke.	**Molto bene, grazie.**	['molto 'bɛ:ne, 'gra:tsie]
Freut mich, Sie kennenzulernen.	**Piacere di conoscerla.**	[pia'tʃɛ:re di ko'noʃʃerla]
Bis bald.	**A più tardi.**	[a pi'u 'tardi]
In Ordnung.	**Va bene.**	[va 'bɛ:ne]
Wo ist/Wo sind …?	**Dov'è/ Dove sono …?**	['do:vɛ/ 'do:ve 'so:no]
Sprechen Sie Deutsch?	**Parla tedesco?**	['parla te'desko]
Ich verstehe nicht.	**Non capisco.**	[non ka'pisko]
Wie lange braucht man bis nach …?	**Quanto tempo ci vuole per andare a …?**	[ku'anto 'tɛmpo tʃi vu'ɔle per an'da:re a]
Wie komme ich nach …?	**Come faccio per arrivare a …?**	['ko:me 'fattʃo per arri'va:re a]
Tut mir leid!	**Mi dispiace!**	[mi dis'piatʃe]

Nützliche Wörter

groß	**grande**	['grande]
klein	**piccolo**	['pikkolo]
heiß/warm	**caldo**	['kaldo]
kalt	**freddo**	['freddo]
gut (Adjektiv)	**buono**	['buɔ:no]
schlecht	**cattivo**	[kat'ti:vo]
genug	**basta**	['basta]
gut (Adverb)	**bene**	['bɛ:ne]
offen	**aperto**	[a'pɛrto]
geschlossen	**chiuso**	[ki'u:so]
links	**a sinistra**	[a si'nistra]
rechts	**a destra**	[a 'dɛstra]
geradeaus	**sempre diritto**	['sɛmpre di'ritto]
nah	**vicino**	[vi'tʃi:no]
fern	**lontano**	[lon'ta:no]
auf	**su**	[su]
über	**giù**	[dʒu]
früh	**presto**	['prɛsto]
spät	**tardi**	['tardi]
Eingang	**l'entrata**	[en'trata]
Ausgang	**l'uscita**	[u'ʃi:ta]
Toilette	**il gabinetto**	[gabi'netto]
frei	**libero**	['li:bero]
gratis	**gratuito**	[gra'tu:ito]

Telefonieren

Ich möchte ein …	**Vorrei fare una …**	[vor'rɛi 'fa:re 'u:na]
Ortsgespräch	**telefonata urbana**	[telefo'na:ta ur'ba:na]
Ferngespräch	**telefonata interurbana**	[telefo'na:ta interur'ba:na]
R-Gespräch … führen.	**chiamata a carico del destinatario**	[kia'ma:ta a 'ka:riko del destina'ta:rio]
Kann ich eine Nachricht hinterlassen?	**Posso lasciare un messaggio?**	['pɔsso laʃ'ʃa:re un mes'saddʒo]
Einen Moment, bitte.	**Un attimo, per favore**	['un 'attimo, per fa'vo:re]

Shopping

Wie viel kostet das?	**Quanto costa?**	[ku'anto 'kɔsta]
Ich hätte gern …	**Vorrei …**	[vor'rɛi]
Haben Sie …?	**Avete …?**	[a've:te]
Ich möchte mich nur umsehen.	**Voglio solo dare un'occhiata.**	['vɔ:ʎo 'so:lo 'da:re unokki'a:ta]
Akzeptieren Sie Kreditkarten?	**Accetate carte di credito?**	[attʃet'ta:te 'karte di 'kre:dito]
Wann öffnen/ schließen Sie?	**A che ora apre / chiude?**	[a ke 'o:ra 'apre/ki'u:de]
das hier	**questo**	[ku'esto]
das da	**quello**	[ku'ello]
preiswert	**a buon prezzo**	[a bu'ɔn 'prɛttso]
teuer	**caro**	['ka:ro]
Kleidergröße	**la taglia**	['ta:ʎa]
Schuhgröße	**il numero**	['nu:mero]
weiß	**bianco**	[bi'aŋko]
schwarz	**nero**	['ne:ro]
rot	**rosso**	['rosso]
gelb	**giallo**	['dʒallo]
grün	**verde**	['verde]
blau	**blu**	[blu]

Läden

Antiquitätenladen	**l'antiquariato**	[antikuari'a:to]
Apotheke	**la farmacia**	[farma'tʃi:a]
Bäckerei	**la panetteria**	[panette'ri:a]
Bank	**la banca**	['baŋka]
Blumenhändler	**il fioraio**	[fio'ra:io]
Buchhandlung	**la libreria**	[libre'ri:a]

Delikatessen	**la salumeria**	[salume'ri:a]
Eisdiele	**la gelateria**	[dʒelate'ri:a]
Fischgeschäft	**la pescheria**	[peske'ri:a]
Friseur	**il parrucchiere**	[parrukki'ɛ:re]
Kaufhaus	**il grande magazzino**	['grande magad'dzi:no]
Konditorei	**la pasticceria**	[pastittʃe'ri:a]
Lebensmittelladen	**il negozio di alimentari**	[ne'gɔ:tsio di alimen'ta:ri]
Markt	**il mercato**	[mer'ka:to]
Metzgerei	**la macelleria**	[maʃelle'ri:a]
Obst-/Gemüsehändler	**il fruttivendolo**	[frutti'vendolo]
Postamt	**l'ufficio postale**	[uf'fi:tʃo pos'ta:le]
Reisebüro	**l'agenzia di viaggi**	[adʒen'tsi:a di vi'addʒi]
Schuhgeschäft	**il negozio di calzature**	[ne'gɔ:tsio di kaltsa'tu:re]
Supermarkt	**il supermercato**	[supermer'ka:to]
Tabakladen	**la tabaccheria**	[tabakke'ri:a]
Zeitungsstand	**l'edicola**	[e'di:kola]

Sightseeing

Informationsbüro	**l'ufficio turistico**	[uf'fi:tʃo tu'ristico]
Bahnhof	**la stazione**	[statsi'o:ne]
Bibliothek	**la biblioteca**	[biblio'tɛ:ka]
Bushaltestelle	**la fermata dell'autobus**	[fer'ma:ta delauto'bus]
Garten	**il giardino**	[dʒar'di:no]
Kirche	**la chiesa, la basilica**	[ki'ɛ:za, ba'zi:lika]
Kunstgalerie	**la pinacoteca**	[pinako'tɛ:ka]
Museum	**il museo**	[mu'zɛ:o]
Wegen Feiertag geschlossen.	**Chiuso per la festa.**	[ki'u:so per la 'fɛsta]

Im Hotel

Haben Sie Zimmer frei?	**Avete camere libere?**	[a've:te 'ka:mere 'li:bere]
Einzelzimmer	**una camera singola**	['ka:mera 'siŋgola]
Doppelzimmer	**una camera doppia**	['ka:mera 'doppia]
Bad/Dusche	**il bagno/la doccia**	['ba:ɲo/'dottʃa]
Gepäckträger	**il facchino**	[fak'ki:no]
Schlüssel	**la chiave**	[ki'a:ve]
Reservierung	**la prenotazione**	[prenotatsi'o:ne]

Im Restaurant

Haben Sie einen Tisch für …?	**Avete un tavolo per …?**	[a've:te un 'ta:volo per]
Ich möchte einen Tisch reservieren.	**Vorrei riservare un tavolo.**	[vor'rɛi riser'va:re un 'ta:volo]
Frühstück	**la colazione**	[kolatsi'o:ne]
Mittagessen	**il pranzo**	['prandzo]
Abendessen	**la cena**	['tʃe:na]
Rechnung	**il conto**	['konto]
Vegetarier	**il vegetariano**	[vedʒetari'a:no]
Kellner	**il cameriere**	[kameri'ɛ:re]
Festpreismenü	**il menù a prezzo fisso**	[me'nu a 'prɛttso 'fisso]
Tagesgericht	**il piatto del giorno**	[pi'atto del 'dʒorno]
Vorspeise	**l'antipasto**	[anti'pasto]
Erster Gang	**il primo**	['pri:mo]
Hauptgang	**il secondo**	[se'kondo]
Beilagen	**il contorno**	[kon'torno]
Dessert	**il dolce**	['doltʃe]
Gedeck	**il coperto**	[ko'pɛrto]
Weinkarte	**la lista dei vini**	['lista dei 'vi:ni]
blutig	**al sangue**	[al 'saŋgue]
halb durch(gebraten)	**a puntino**	[a pun'ti:no]
durch(gebraten)	**ben cotto**	[bɛn 'kɔtto]
Glas	**il bicchiere**	[bikki'ɛ:re]
Flasche	**la bottiglia**	[bot'ti:ʎa]
Teller	**il piatto**	[pi'atto]
Serviette	**la tovaglia**	[to'va:ʎa]
Besteck	**le posate**	[po'za:te]
Messer	**il coltello**	[kol'tɛllo]
Gabel	**la forchetta**	[for'ketta]
Löffel	**il cucchiaio**	[kukki'a:io]

Speisekarte

l'acqua minerale gassata/naturale	['akkua mine'ra:le gas'sa:ta/natu'ra:le]	Mineralwasser mit/ohne Kohlensäure
l'aglio	['a:ʎo]	Knoblauch
l'agnello	[a'ɲɛllo]	Lamm
al forno	[al 'forno]	gebacken
alla griglia	['alla 'gri:ʎa]	gegrillt
l'anatra	['a:natra]	Ente
l'antipasto	[anti'pasto]	Vorspeise
l'aragosta	[ara'gosta]	Languste
l'arancia	[a'rantʃa]	Orange
arrosto	[ar'rɔsto]	gebraten
il baccalà	[bakka'la]	Stockfisch
la birra	['birra]	Bier
la bistecca	[bis'tekka]	Steak
il branzino	[bran'zi:no]	Seebarsch
il brasato	[bra'sa:to]	Schmorbraten
il brodo	['brɔ:do]	klare Brühe
il burro	['burro]	Butter
il caffè	[kaf'fɛ]	Kaffee, Espresso
il carciofo	[kar'tʃɔ:fo]	Artischocke
la carne	['karne]	Fleisch
carne di maiale	['karne di ma'ia:le]	Schwein
il cinghiale	[tʃiŋgi'a:le]	Wildschwein
la cipolla	[tʃi'polla]	Zwiebel
il coniglio	[ko'ni:ʎo]	Kaninchen
la cozza	['kɔttsa]	Miesmuschel
i fagioli	[fa'dʒɔ:li]	Bohnen
il filetto	[fi'letto]	Filet
il formaggio	[for'maddʒo]	Käse
le fragole	['fra:gole]	Erdbeeren
la frittata	[frit'ta:ta]	Omelett
la frutta fresca	['frutta 'freska]	frisches Obst
i frutti di mare	['frutti di 'ma:re]	Meeresfrüchte
i funghi	['fuŋgi]	Pilze
il gamberetto	[gambe'retto]	Garnele
i gamberi	['gamberi]	Krebse
il gelato	[dʒe'la:to]	Eiscreme
l'insalata	[insa'la:ta]	Salat
il latte	['latte]	Milch
la lattuga	[lat'tu:ga]	Kopfsalat
i legumi	[le'gu:mi]	Hülsenfrüchte
la lepre	['le:pre]	Hase
lesso	['lesso]	gekocht
il manzo	['mandzo]	Rind
la mela	['me:la]	Apfel
la melanzana	[melan'dza:na]	Aubergine
la menta	['menta]	Minze
la minestra	[mi'nɛstra]	Suppe
la nocciola	[not'tʃɔ:la]	Haselnuss
la noce	['no:tʃe]	(Wal)Nuss
la noce moscata	['no:tʃe mos'ka:ta]	Muskatnuss
l'olio	['ɔ:lio]	Öl
l'oliva	[o'li:va]	Olive